사회복지실천기술론

김혜숙 · 나임순 · 김현경 공저

SOCIAL WELFARE

Social Work
Skills and Technique

학지사

머리말

'사회복지실천기술론' 은 실천론을 기반으로 하여 사회복지사가 개인, 가족, 집단, 지역사회 등 사회복지실천 현장에서 실제로 적용하고 활용할 수 있도록 하기 위한 교과목이다.

이 책에 관한 집필지침은 한국사회복지교육협의회 2012년도 『사회복지학 교과목 지침서』에 준거하였다. 또한 이 과목이 사회복지사 1급 자격시험 대비를 위한 교과목으로 지정되면서 수험생들에게 도움이 될 수 있도록 내용면에서 아주 알차게 구성하였다.

이 책의 저자들은 현재 대학 및 대학원에서 10년 이상 학생들을 가르치고, 현장에서는 정책입안자, 가족상담전문가, 다문화가족전문가로 활동하고 있으며, 좀 더 생생하고 현장감 있는 내용으로 기존 도서와 차별화하고자 하였다. 내용에 대한 구체성을 보여 주고자 사례나 질문들을 곁들여 설명하였고, 예상문제들을 학생들이 풀어보도록 제시하였으며, 부록에서는 현장에서 활용되는 상담에 관한 기록지와 사정척도들을 마련하였다.

이 책의 용어사용에서는 실제 현장에서의 활용에 초점을 두어 '실천기술'을 관계기술, 면접기술, 사정기술, 개입기술, 가족상담, 집단상담이라는 용어와 '사회복지사'를 상담자, 가족상담사, 실천가, 사례관리자, 집단상담사라는 용어로 그리고 '클라이언트'를 내담자, 서비스 이용자 등으로 혼용하여 사용하였다.

사회복지사에게는 현장에서 처음 만나는 클라이언트와 관계를 잘 할 수 있는 대인관계기술과 의사소통기술 그리고 클라이언트와 문제를 잘 협력하여 해결해 나갈 수 있는 개입기술이 요구된다. 따라서 이 책에서는 사회복지사가 만나는 대상을 각 장에서 개인대상, 가족대상, 집단대상, 지역대상으로 분류하여 설명하였다.

이 책은 총 3부 21장으로 구성되어 있고 저자들이 각자의 책임 부분을 공동으로 집필하였다.

제1부에서는 사회복지실천기술의 이해로 사회복지실천기술의 개관, 가치와 윤리, 관계기술 그리고 개인대상 면접기술, 사정기술, 개입기술과 기록의 기술에 대한 내용으로 구성하였다.

제2부에서는 사회복지실천 현장에서 접근모델로 활용되고 기술적인 틀이라고 할 수 있는 중요한 사회복지실천기술의 모델로 심리사회모델, 문제해결모델, 인지행동모델, 위기개입모델, 임파워먼트모델, 해결중심모델, 사례관리로 구성하여 설명하였다. 그리고 각 사회복지실천기술 모델에 대한 주요 개념과 필요한 기술과 기법, 적용사례를 소개하므로 좀 더 구체적으로 실천 현장에서 적용할 수 있도록 하였다.

제3부에서는 가족대상과 집단대상 그리고 지역대상의 실천기술을 다루었다. 가족상담은 가족관계에서 오는 어려움과 고통을 개인의 단위체계로 보지 않고 가족체계로 보며, 가족의 문제해결과 기능의 향상에 초점을 두었다. 그래서 가족에 대한 사정기술, 개입기술을 가족상담 모델별로 분류하여 실천에 필요한 기법들을 설명하였다. 또한 이혼위기에 처한 가족상담의 사례를 실어서 쉽게 이해할 수 있도록 시도하였다.

집단대상 실천기술에서는 집단대상 사회복지실천 영역, 집단상담의 장단점, 집단의 구성과 구조, 집단의 사정기술, 집단의 개입기술을 다루면서 집단상담사의 전문적인 지식과 기술을 습득하도록 설명하였다.

마지막으로는 지역대상의 사회복지실천기술을 간단하게 다루었다. 여기서는 지역사회복지란 교과목이 있기 때문에 상세하게 다루지는 않았다.

저자들은 사회복지실천기술을 좀 더 쉽게 전달하고자 하는 열정과 간절한 바람으로 이 책을 준비하였다. 이 책이 학생들뿐만 아니라 더 많은 학습자들에게도 전문성 향상을 위한 전공서로써 도움을 줄 수 있기를 바랄 뿐이다. 이 책을 세상에 내놓는다는 것은 마치 자녀가 처음으로 학교에 입학하는 것처럼 설렘도 있지만, 미흡하고 부족한 것에 대한 아쉬움 또한 많다. 그러나 점차적으로 부족한 것은 수정 보완해 나갈 것을 약속드리며, 사회복지 현장에서 열심히 실천하고 헌신하는 교수님, 사회복지사, 대학원생, 학생, 모든 분들에게 아낌없는 조언과 애정 어린 비판을 기대한다.

이 책이 세상에서 빛을 볼 수 있도록 아낌없는 지원과 관심을 가져주신 학지사 김진환 사장님, 정승철 부장님, 편집부의 김연재 씨 모두에게 깊은 감사와 사랑을 보낸다.

2013년 3월

서자 대표 김혜숙

차 례

01 사회복지실천기술의 이해

1. 사회복지실천기술의 개관

1) 사회복지실천기술의 개념

사회복지사는 영유아부터 아동, 청소년, 성인, 노인 어르신에 이르기까지 다양한 대상을 만나게 된다. 그중에서도 특히 청소년, 미혼모 여성, 한부모의 가장, 알코올중독자, 결혼이민자, 성매매 여성, 우울증 환자, 장애인, 정신질환자 등 사회적 기능이 취약하고 도움을 필요로 하는 사람들이 많다. 이들은 개인이나 혹은 주변 상황이 열악하여 도움을 요청하는 사람들로, 예를 들어 직업을 원하는 실직자, 가출 청소년, 공공임대주택을 원하는 한부모의 가장, 치매 노인 어르신, 죽고 싶다고 어려움을 호소하는 사람, 소년소녀 가장, 가정폭력에 시달리는 아내, 정신질환자의 가족 등이다. 그러면 사회복지사는 그들의 문제가 무엇인지를 분명하게 파악하고(사정방법), 그들을 원조할 때 어떤 근거와 잣대로 어느 부분은 도움을 주고 어느 부분은 도움을 줄 수 없으며 또 누구에게는 무엇을 어떻게 어떤 방식으로 도움을 줄 수 있는지(개입방법)를 알아야 한다. 사회복지사가 도움을 청하는 모든 사람의 문제를 해결해 줄 수는 없다. 사회복지사는 제한된 자원을 가지고 어떤 경로로 어떻게 적절히 분배하느냐 하는 기술도 필요하다. 또한 도움을 주고 나서 그 효과나 개입이 적절했는지 평가도 이루어져야 한다. 사회복지실천기술의 필요성은 현장에서 일하는 사회복지사가 공정하고 적절하게 직간접적인 서비스를 잘 전달할 수 있도록 하기 위함이다.

사회복지실천의 고전적인 정의는 Richmond가 1922년 자신의 저서에서 "개인과 개인, 그리고 사람과 그 사회 환경 사이에서 의식적인 조정을 통해 인격을 발달시켜 나가는 과정"으로 설명하였다. 이후 1973년 미국사회복지사협회에서는 "개인, 집단, 지역사회가 사회적 기능을 향상시킬 수 있는 자신들의 능력을 회복시키고 그들의 목표달성을 위한 사회적 조직을 창조할 수 있도록 도와주는 전문적인 활동이다."라고 정의하였다(이종복 외, 2006).

기술의 사전적 정의를 보면, 기술은 능력, 명료성, 전문성 등 어떤 것에 대한 이해나 지식과 결합된 실천적 지식을 말한다. 사회복지실천기술은 업무 수행 시 발휘되는 사회복지사의 능력, 솜씨, 기법 등을 말한다. 즉, 직접적인 실천으로 직접 서비스를 전달하는 활동과 관련되는 이론과 기술들이다. 여기서 사용되는 기술이란 주어진 상황 내에서 행동이나 개입과정에서 작용하는 지식, 전문적 능력, 판단, 경험의 정도를 의미한다.

사회복지사는 대화를 통한 면담기술, 상담기술이라고 하는 방법을 동원하여 어떻게 도와줄 것인지를 파악해야 하며, 이 사람의 현재 신체적 · 심리적 상태, 가족의 환경, 경제적 상태나 주변사회 환경체계 등을 잘 알아야 한다. 또한 개인적인 생활태도나 가치, 가족의 체계, 사회 환경을 개선할 수 있도록 전문적인 개인상담의 기술, 가족상담, 집단상담의 기술을 잘 활용해야 한다.

Cournoyer(2000)는 사회복지실천기술을 다음과 같은 네 가지 특성을 지닌 인지적이고 행동적인 행위로 설명한다. 첫째, 사회복지실천의 지식, 가치, 윤리, 의무로부터 나와야 하며, 둘째, 사회복지사에 필요한 핵심적 자질과 일치해야 하며, 셋째, 전문적 통합성의 특징을 반영해야 하며, 넷째, 실천의 단계나 과정의 맥락을 고려할 때 사회복지실천 목적과 일치해야 한다(김인숙, 김용석, 2002).

Barker(1995)는 사회복지실천기술을 "상대방과의 대화 능력, 클라이언트의 문제 욕구 능력 등에 대한 사정 능력, 자원개발과 사회구조를 변화시키는 데 있어 숙련성"이라고 정의하고 있다.

전재일과 이성희(2006)는 사회복지실천기술을 "사회복지실천의 지식과 가치, 윤리, 의무에 기초하여 클라이언트와 관련된 특별한 상황의 변화를 위하여 심리사회적 개입을 할 수 있는 사회복지사의 인지적이고 행동적인 능력"으로 설명하고 있다.

Sheafor 등(1998)도 사회복지사의 실천기술로 효과적인 원조관계 형성기술, 의사소통기술, 기초원조기술을 강조하였다. 따라서 사회복지사는 현장에서 처음 만나는 클라이언트와의 관계를 잘 할 수 있는 대인관계기술과 의사소통기술, 클라이언트의 문제를 잘 협력하여 해결해 나갈 수 있도록 돕는 개입기술이 요구된다. 따라서 사회복지실천에서 필요한 기술을 정리해 보면 다음과 같다(엄명용 외, 2005).

〈표 1-1〉 **사회복지실천의 기초 기술**

구분	내용
면접기술	클라이언트와 대면하여 나누는 의사소통 및 반영기술
사정기술	① 클라이언트의 문제에 관해 수집된 정보와 자료를 해석하는 것, ② 클라이언트의 욕구사정과 강점을 파악하여 정보를 수집 분석하여 종합하는 기술, ③ 사람과 환경 내의 강점과 자원을 이용하여 클라이언트의 문제가 어떻게 다루어질 수 있는지 개입을 고려하는 것
개입기술	① 문제나 어려움을 해결하는 기술, ② 사회복지사가 클라이언트에게 영향력을 행사하며 의도적인 변화를 일으키도록 하는 기술, ③ 클라이언트가 자신이 직면한 문제를 해결하도록 하는 기술, ④ 클라이언트 자신의 능력과 잠재력을 개발하도록 하는 기술(김기태 외, 2004: 239).
팀워크 기술	클라이언트의 문제해결을 위해 다른 전문인과 협력하는 기술
지지망 구축기술	클라이언트의 네트워크 형성, 클라이언트의 자립을 유도하는 기술
협상기술	클라이언트의 복지와 관련된 주변체계와 갈등에 대한 협상기술, 지역사회문제에 대한 협상기술
평가 및 종결기술	사회복지사와의 개입의 적절성이나 효과를 평가하고 클라이언트의 변화를 위해 종결하는 기술

*출처: 손광훈(2009: 79) 재구성

미국사회복지사협회(NASW, 1981)는 사회복지실천을 위한 필수적인 실천기술을 〈표 1-2〉와 같이 제시하였다.

〈표 1-2〉 **NASW에서 제시하는 사회복지실천을 위한 필수 기술**

- 전문가적인 목적과 이해를 기초로 타인의 말을 경청하는 기술
- 사정이나 보고서를 준비하기 위해 관련 정보를 찾아내고 의미 있게 조합하는 능력과 기술
- 클라이언트와 전문적인 원조관계를 형성하고 사회복지사 자신을 도구로 활용하는 기술
- 언어적 · 비언어적 행동을 관찰하고 해석하며 성격이론이나 진단방법을 활용하는 기술
- 클라이언트와 처음 관계를 맺고 신뢰감을 획득하는 기술
- 클라이언트의 민감한 정서적 문제를 위협적이지 않고 지지하는 방식으로 다루는 기술
- 클라이언트의 욕구에 대한 창의적, 혁신적인 해결책을 찾는 기술
- 치료적 관계의 종결 여부를 결정하고 실행하는 기술
- 조사연구의 결과나 전문적 자료를 해석하는 기술
- 갈등관계에 놓인 양측을 중재하고 협상하는 기술
- 조직 간의 협력서비스를 제공하는 기술
- 후원자, 시민, 입법자에게 사회적 욕구를 해석하고 전달하는 기술
- 집단활동에 참여하고 집단을 이끄는 리더의 기술

사회복지사의 실천기술은 개인적인 지식의 습득과 자신의 소양과 자질을 개발하여 지속적인 교육과 훈련을 통하여 이루어진다. 클라이언트와의 관계 형성, 의사소통의 기술, 상담의 기술, 사정기술, 개입기술, 문제분석과 해결 능력, 서비스를 적절하게 전달하는 기술, 자원을 개발하는 기술, 스트레스나 소진상태의 관리, 업무량이나 시간관리, 조사와 평가, 기록, 업무 수행기술이 포괄적으로 포함된다. 특히 사회복지사는 업무를 추진하는 과정에서 발생하는 갈등이나 위기에 대한 대처 능력이나 문제해결 능력이 요구되며, 타인에 대한 배려나 존경, 이타심, 공감력, 자기 통제력과 같은 개인의 태도와 성격적 특성이 중요한 영향을 미치게 된다. 그래서 사회복지사가 되기 위해서는 인간을 연구하는 학문을 지식적으로 공부하고 현장실습이라는 과목을 통해서 직접 현장에서 경험하게 된다. 현장에서 직접 클라이언트를 만나 문제를 인식하고 분석하는 능력도 키워야 한다. 또한 클라이언트에 따라 적절한 지식과 방법을 선택하여 활용하는 실천기술은 직접 현장에서의 지속적인 전문가의 교육이나 훈련과 같은 슈퍼비전을 통해 향상될 수 있다.

2) 사회복지실천의 구성체계

사회복지실천 현장은 넓은 의미에서는 사회복지실천이 이루어지는 전문 분야로, 전문 영역을 말한다. 예를 들어 아동, 노인, 청소년, 여성 등 대상별 분야, 약물 남용, 의료 및 정신보건 분야, 교정, 문제 영역별 분야, 지역사회복지관, 영유아 청소년 복지시설, 병원, 학교, 산업체 등 실천 현장별로 구분할 수 있다(김혜란, 홍선미, 공계순, 2006).

사회복지실천의 구성체계는 [그림 1-1]과 같다.

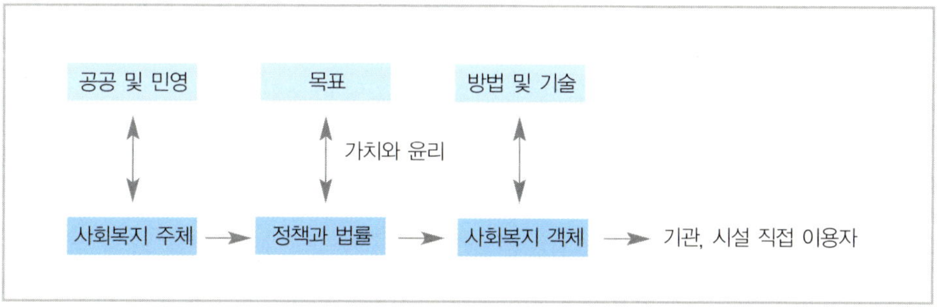

[그림 1-1] **사회복지실천의 구성체계**

(1) 사회복지의 주체

사회복지의 급여를 제공하는 주체를 의미한다. 급여의 종류에는 현금(cash), 현물(kind), 인환권(voucher), 기회(opportunity), 서비스(service) 등 다양한 유형이 있다. 사회복지의 주체는 공공 부문과 민영 부문으로 나눈다. 그러나 공사가 혼합된 형태의 주체도 있다. 이는 다원주의, 다원화의 이점에 따른 것이라 할 수 있다.

공공 부문은 국가, 지방자치단체, 사회복지 전담공무원 등이 해당되며, 민영 부문으로는 사회복지법인, 비영리법인, 개인 등이 해당된다. 이는 기관의 설립 주체와 재원 조달방식에 따른 것으로 정부의 지원에 의해 운영되는 경우는 사회복지사의 업무도 정부의 정책이나 지침에 의해 지도 감독받는 공공기관에 속한다. 반면 사회복지 관련 사업을 목적으로 사회복지법인이나 사단법인, 종교법인, 시민단체, 개인이 운영하는 영리, 비영리 기관은 민간기관에 속한다.

우리나라에서도 지방자치단체가 주관하는 지역복지관, 노인복지시설, 여성회관

등이 위탁경영으로 이루어지고 있다. 중앙정부의 보건복지부에서는 공공부조로 국민기초생활보장사업, 자활사업, 의료급여, 노인, 장애인, 아동의 사회복지서비스 업무 등을 담당한다. 여성가족부에서는 한부모가족사업, 여성의 평등, 아동보육사업 등을 관할한다. 교육과학기술부에서는 유치원교육비, 결식아동급식사업을 담당한다. 통일부에서는 북한이탈자지원사업을 담당한다.

(2) 사회복지의 객체

사회복지의 대상인 객체는 전 국민을 대상으로 하는 경우가 있고, 요보호 대상으로 사회복지서비스가 필요한 사람을 대상으로 하는 경우가 있다. 이는 복지서비스 제공 기준에 관한 가치로서 보편주의냐 선별주의냐에 따른 것이다. 한국에서 사회보장으로는 공적 부조, 사회보험, 사회서비스로 나눈다.

- 공적 부조는 국민기초생활보장법에 의한 최저생계보장으로 요보호 대상자에게 제공된다.
- 사회보험인 국민연금, 국민건강보험, 고용보험, 산재보험, 노인장기요양보험은 전 국민 대상이다.
- 사회서비스로는 노인, 장애인, 청소년, 여성 등의 제한된 대상자에게 제공된다.

사회복지실천의 현장에서는 지역사회의 종합사회복지관, 아동복지시설, 노인복지시설, 한부모가족지원센터, 건강가정지원센터, 다문화가족지원센터, 성매매피해상담소, 성폭력피해상담소, 가정폭력상담소 및 피해자 보호시설, 장애인복지시설, 정신보건센터, 의료사회복지, 학교사회복지 등이 있다.

(3) 사회복지의 목적

국민 개개인은 인간다운 삶과 삶의 질 향상을 위해 사회적 기능의 증진을 목표로 할 수 있다. 사회복지의 궁극적인 목적은 사회통합(social integration)이며, 모든 인간이 더불어 함께 살아가는 정의로운 사회의 구현이다. 이미 영국에서는 1942년 〈Social Insurance and Allied Services〉 William의 베버리지 보고서에서 경제적 파멸의 요인으로써 빈곤, 질병, 나태, 무지, 불결의 다섯 가지 요인 중 빈곤의 문제를 막기 위한 사회보장을 주창하였다. 이것이 오늘날 복지국가의 사회보장을 만드는 데 기초를 두고 있다.

복지사회는 자유, 평등, 민주, 정의, 인권, 의식주가 보장된 사회(최저 수준에서 최적 수준으로)를 말한다.

(4) 사회복지의 가치

가치는 선택의 기준에 따라서 좋은 것(good, 善), 소중한 것(valuable), 바람직한 것, 신념을 말한다. 가치는 곧 행동의 기준이 되며 선택의 조건이 된다. Furniss와 Tilton은 'The case for the welfare state' 에서 복지국가가 추구하고 실현해야 할 가치로서 평등, 자유, 민주주의, 사회통합, 안정, 능률 등 여섯 가지를 제시하였다(전대성, 2005).

Friedlander는 일반적인 선진복지국가에서의 사회복지의 가치를 ① 인간의 존엄성을 구하는 행위, ② 인간의 자율성, ③ 기회의 균등성(교육, 노동의 기회를 평등하게 제공하는 행위), ④ 사회적 책임성(분배와 재분배를 통하여 구성원들이 인간다운 삶을 살도록 하는 행위)에 두고 있다고 하였다(NASW, 1995).

3) 대상에 따른 사회복지실천기술

사회복지실천기술이란 대상자 체계(개인, 가족, 집단, 지역사회)와의 관계에서 사회복지실천의 가치와 지식에 기초하여 상황의 변화를 위하여 개입하는 사회복지사의 능력이며, 사회복지사가 전문직으로 가지고 있는 가치와 전문적 지식을 바탕으로 한 일련의 행위라고 할 수 있다. 사회복지실천기술은 목적을 수행하기에 앞서 지식과 철학, 가치와 윤리를 한데 모아 사회복지 대상자에게 서비스를 제공하는 실천행위를 말한다. 실천기술의 대상에 대해서는 네 가지로 구분할 수 있다(이종복 외, 2006).

(1) 개인대상 실천기술

개인대상 사회복지실천은 사회복지사와 대상자가 직접 일대일로 만나서 대상자와 함께 대상자의 문제나 욕구를 분석하고, 그 해결책을 모색하며, 원조를 실행하는 것을 말한다. 이는 전통적으로 개별사회사업(case work)으로 발전해 왔다. 사회복지 현장에서 만나는 개인은 경제적인 어려움, 장애나 질환 등으로 인해 파생되는 문제들, 사회적 부적응, 가족 내에서의 부적응, 집단이나 조직 내에서의 부적응 등 다양한 문제를 가진다(도광조, 2008).

개인대상 실천기술의 일반적 성격 및 개념은 다음과 같다(장인협, 1992).

- 자기 스스로 해결하기 곤란한 문제를 가진 개인 및 그 가족이 대상이 된다.
- 문제에 대한 과학적 인식과 이에 대한 전문적 기술을 가진 전문가에 의해서 실시된다.
- 개별적으로 이루어진다. 즉, 대상에 따라 그 방법이 여러 면으로 달라진다.
- 환경에의 적응과 인격의 성장발달을 돕기 위한 의식적 노력이 지속적으로 이루어진다.
- 사회복지실천가와 대상자와의 인간관계가 중요시된다. 즉, 사회복지사와 대상자의 협동적 활동이다.
- 예방보다는 치료에 중점을 둔다.
- 개인과 개인이 속하는 사회환경과의 상호작용이다.

개인대상 실천기술은 인간의 발달을 여러 가지 요인에 의하여 영향을 받는 것으로 보며 다양한 지식체계를 종합하여 받아들인다. 정신역동이론, 자아심리학이론을 많이 받아들였고 체계이론과 생태체계이론, 의사소통이론, 인지이론, 행동이론, 위기이론 등으로 지식을 도입하였다.

(2) 가족대상 실천기술

현대사회에서 개인의 문제는 대부분 가족에서 기인된다고 할 수 있을 정도로 현대사회에서의 가족은 여러 긍정적인 기능과 구조를 가지고 있는 반면 부정적인 양상도 포함하고 있다. 한마디로 현대사회에서 가족구조의 변화와 기능 약화로 가족이 가족 내 문제를 감당하기 어려운 상황이다. 따라서 현대사회에서는 가족문제에 사회나 국가가 개입하게 되는 것이다. 맞벌이가족, 재혼가족, 동성애가족, 한부모가족, 독신가족, 노인단독가족, 다문화가족 등 다양한 형태의 가족이 보편적인 가족형태로 자리매김하면서 다양한 가족의 욕구를 충족시켜 주는 가족복지서비스가 필요하게 되었다(한국임상사회사업학회, 2006).

가족을 대상으로 하는 사회복지실천기술은 가족관계에서 오는 어려움과 고통을 개인의 단위체계로 보지 않고 가족체계로 보며, 가족의 문제해결에 초점을 둔다. 클라이언트의 문제가 가족의 영향에 의한 것이라면 가족에 대한 개입이 필수적이며 가족의 기능 향상에 목적을 두고 있다. 아동청소년의 문제, 알코올중독자의 가족, 정신분열증환자의 가족, 부부의 갈등이나 이혼 위기 등은 가족상담적인 접근이 유익하다. 가족에 대한 사전적 접근으로 가족생활교육이 대표적이고, 건강한 가정의 육성과 관련된 다양한 프로그램 접근을 포함한다. 또한 가족에 대한 사후적 접근으로 가족치료(family therapy)를 들 수 있다.

(3) 집단대상 실천기술

집단대상 실천기술은 사회구성원의 사회적 기능을 촉진시키고, 사회적으로 바람직한 목표를 달성하기 위해서 두 사람 이상의 집단 내에 있는 사람과 함께 전문적 실천방법을 수행하는 사회복지사의 계획된 목표 지향적 활동이다. 집단대상 실천기술은 개인의 사회적 기능을 향상시키기 위해 집단을 그 수단으로 삼고, 과정은 개인과 집단의 욕구와 능력 등을 기초로 의도적이고 계획적으로 시행하며, 전문가의 도움으로 기능상의 문제를 가진 집단구성원을 취급함에 있어 특수한 전문적 지식과 기술을 사용한다(박용순, 2005).

(4) 지역사회대상 실천기술

지역사회를 대상으로 하는 실천기술은 거시적 실천으로 사회계획과 지역사회의 조직과정, 지역사회의 문제나 사회문제를 다루기 위한 것으로 지역사회복지론에서 상세하게 다룬다.

4) 사회복지실천기술의 모델

실천적 기술의 모델이라면 일반적으로 실천에 대한 체계적인 접근을 의미한다. 실천적 접근모델은 하나의 분명한 이론에 기반하며, 실천 접근을 용이하게 해 주는 기술적인 틀이라고 할 수 있다. 모델은 이론을 구축하는 데 사용되는 벽돌과 같다. 사회복지실천 현장에서 활용되는 중요한 실천기술의 모델은 심리사회모델, 문제해결모델, 인지행동모델, 위기개입모델, 임파워먼트모델, 해결중심모델, 사례관리의 모델 등이 있다.

5) 사회복지사의 전문지식

사회복지실천의 기초 지식으로는 사회과학의 전반적인 지식을 말한다. 사회복지실천은 인간의 삶의 문제를 다루는 대부분의 사회과학이나 인접학문의 지식을 포함하고 응용학문의 성격이 강하기 때문에 다양한 학문과 밀접한 관련을 맺고 있다. 사회복지학의 원리와 기술에 직 · 간접적으로 응용되는 학문은 심리학, 사회학, 정치학, 문화인류학, 정신의학 등으로 광범위하게 활용되고 있다(Zastraw, 1995).

특히 사회복지학은 개인문제나 사회문제를 해결하는 구체적인 방법을 개발하여 적용하는 데 초점을 두고 개인과 가족, 사회적 기능의 향상을 강조한다. 결국 사회복지학은 국민 개개인의 정신과 신체적으로 건강한 삶을 지향하고 삶의 질을 향상시키는 데 있다고 할 수 있다. 사회복지실천을 위해서는 전문적인 지식이 필요하다. 클라이언트를 사정할 때 필요한 지식과 실제적으로 변화를 초래할 수 있는 개입기술이 필요하며, 실천의 평가와 프로그램 개발에 관한 지식도 필요하다. 사회복지사는 클라이언트에 대한 상황적 이해를 위해서는 심리적 · 사회적 · 환경적 특성을 잘 파악하고 클라이언트의 문제가 발생하는 상황적 맥락을 잘 탐색하고 분석할 수 있어야 한다. 또한 개입에 필요한 지식은 사회복지사가 개인이나 가족, 집단에서 이들을 돕기 위한 실천과정에서 활용되는 실천이론과 개입방법에 관한 지식을 말한다.

사회복지사가 현장에서 클라이언트를 대하면서 필요한 전문지식은 인간에 대한 이해부터 가족, 집단의 역동, 지역사회의 자원개발과 국가의 정책에 이르기까지 다양하다. 이를 구체적으로 살펴보면 다음과 같다(김혜란 외, 2006; 이영호, 2008).

① 인간행동과 사회 환경 그리고 인간발달에 관한 지식

인간의 행동적 특성을 이해하고 환경과의 상호적 영향력을 파악하기 위해서는 인간의 정서적 · 심리적 · 사회적 발달단계와 환경의 물리적 · 사회적 · 문화적 특성 등과 관련된 지식이 필요하다.

② 인간관계와 상호작용에 관한 지식

인간은 사회적인 동물로 개인 간, 가족 간, 집단 간, 지역사회 내의 조직이나 기관과의 관계에서 어떤 형태로 상호 연결되어 기능하는지를 잘 알아야 한다.

③ 실천이론과 실천방법에 관한 지식

다양한 상황과 환경에 적합하고 적절한 서비스의 원조관계와 사회복지실천과정에서 개입의 전략과 전술 등에 필요한 지식이다.

예를 들어, 환경에 적응하지 못하는 아동의 행동을 수정하고자 개입할 때는 인지행동모델을 적용해야 할 것이며, 사회적응에 어려움을 겪고 있는 결혼이주여성, 북한이탈주민의 안정적인 사회정착과 조손가정의 안정적인 기능을 지속적으로 원조하고자 할 때는 사례관리모델을 적용해야 할 것이다. 알코올중독이 있는 아버지와 자녀 간의 갈등을 원조하기 위해서는 심리사회모델을 적용할 수 있을 것이며, 부부 간의 갈등과 이혼위기 등을 수정하고자 할 때는 가족상담모델을 적용할 수 있을 것이다.

④ 특정 분야나 대상 집단에 관한 지식

사회복지사는 보다 효율적인 지원을 하기 위해서는 사회복지 대상자 혹은 집단에 관한 지식이 필요하다. 노숙자, 새터민, 다문화가정, 이혼자, 빈곤자, 실업자, 재소자, 노인, 장애인, 임산부, 알코올중독자, 성폭력자, 빈곤층의 아동, 가출 청소년 등 대상의 특성이나 기관의 상황을 잘 알아야 효율적으로 원조나 연계가 가능하다.

⑤ 사회정책과 서비스에 관한 지식

각 분야별로 도움이 필요한 다양한 대상인 노인, 장애인, 여성, 청소년, 아동 등에 대한 사회복지정책과 서비스 전달체계에 관한 지식이 필요하다. 때로는 이들 대상자에 대한 복지정책에 영향을 미치고, 복지정책 발전을 위한 사회복지사의 역할 등에 관한 지식도 필요하다.

⑥ 사회복지사 자신에 관한 지식

사회복지사는 자신의 가치체계나 신념, 태도, 행동 등이 직간접적으로 클라이언트에게 영향을 미치므로 자신에 대한 인식 능력을 높이고 통찰할 수 있어야 한다.

6) 사회복지사의 활동 영역

사회복지사는 1983년 사회복지사업법이 개정되면서 사회사업 종사자를 사회복지사로 규정하며, 사회복지사(SOCIAL WORKER) 자격증이 보건복지부로부터 발행되고 있다. 사회복지사업법 시행령 제6조에서는 사회복지프로그램 개발 및 운영, 시설거주자 생활지도 업무, 사회복지를 필요로 하는 자에 대한 상담업무를 수행하는 자를 사회복지사로 채용하도록 하고 있다.

한국에서 사회복지실천 분야는 사회복지사업법에 의하여 서비스 대상별 사회복지시설로 분류된다. 서비스 대상에 따른 분류는 아동복지, 청소년 복지, 노인복지, 장애인 복지, 여성복지, 가족복지로 나눈다. 또한 학교나 병원, 정신병원, 사회복귀시설과 같이 물리적인 경계나 특성, 실천 장소에 따라 분류가 가능하다. 여기에는 학교사회복지, 의료사회복지, 정신보건사회복지 등이 해당된다. 특정 대상이나 문제 영역에 국한하지 않은 종합적인 복지서비스를 제공하는 사회복지기관은 지역사회복지 분야로 분류할 수 있다(최해경, 2009).

사회복지사의 활동은 다양하다. 그러나 주로 지역에서 사회복지기관, 사회복지시설 또는 국가사회복지 공무원으로 활동하면서 클라이언트를 발굴하여 상담하고, 후원과 지원을 하며, 지역사회의 저소득계층 가정의 문제를 해결하고, 클라이언트의 자립적인 삶의 강화를 위한 지원을 담당하고 있다. 다양한 영역의 사회복지사의 활동에 대해서 좀 더 알아보고자 한다.

① 사회복지사

사회복지사업 업무를 담당하기 위하여 시 · 도, 시 · 군 · 구 및 읍 · 면 · 동 또는 복지사무전담기구에 사회복지전담 공무원이 활동한다. 1992년 개정된 사회복지사업법에는 사회복지전담 공무원의 법적 근거 및 배치 기준이 명시되었다. 전담 공무원의 역할은 법과 규정에 따라 공공부조제도의 집행과 전문적인 사회복지서비스 제공 등 공공전달체계의 중추적인 역할을 수행하고 있다. 복지 대상자에게 직접적인 서비스를 전달하는 대인서비스와 간접적으로 서비스를 연계하는 행정서비스를 포함한다(장수미 외, 2010).

사회복지사는 지역사회복지기관에서 저소득주민을 위한 가족복지사업, 지역사회보호사업, 지역사회조직사업, 교육 및 문화사업, 자활사업을 직접 수행하고, 기관의 행정업무, 가족기능의 강화, 프로그램의 개발 및 운영, 자원개발과 연계사업 등을 수행한다. 사회복지시설에서는 영유아, 아동, 청소년 시설거주자의 생활지도 업무, 상담 및 치료 업무, 장애인 복지, 노인복지, 가족 및 여성복지, 지역복지, 아동 · 청소년 복지 등 기관에서 사회복지사로 활동한다.

② 학교사회복지사

학교사회복지는 가정, 학교, 지역사회의 연계를 통해 학생 개개인의 잠재력과 사회적 기능 향상과 학교의 기능 향상이 최대한 되도록 돕는 실천전문 분야다.

학교사회복지는 1997년에 서울시 교육청의 시범사업으로 시작된 이후 사회복지기관들이 삼성복지재단의 재정후원으로 학교 현장에서 프로그램과 서비스를 실시하기 시작하였다.

학교사회복지는 저소득 지역에 교육과 복지를 접목하여 지역사회 공동체를 구축하고자 하는 사업으로 2004년부터 '학교폭력 예방 및 교육복지 증진을 위한 사회복지사를 활용한 연구학교' 가 실시되면서 학교사회복지는 더 확대되었다.

학교별로 자체적으로 학교사회복지사를 고용하여 학교복지사업이 진행되고 있으며, 학생들의 정신건강 및 심리적 · 정서적 문제해결과 예방을 다룬다. 특히 학교폭력문제, 왕따문제, 성문제, 학교 부적응 문제, 가출문제 등 개인적인 사례관리와 집단상담, 지역사회연계 등의 업무를 다루며 학생들의 학교생활의 적응을 돕는다.

③ 의료사회복지사

의료사회복지사는 2008년부터 자격제도를 실시하여 대학병원, 종합병원, 노인병원, 재활병원, 정신병원, 여성전문병원 등에서 임상치료팀으로 환자의 심리사회적 문제해결을 돕는 역할을 한다. 질병에 대한 다각적인 접근을 바탕으로 질병을 가진 개인과 환경의 상호관계에 초점을 두고, 의료팀의 일원으로 환자 및 가족의 사회기능 향상을 위하여 전문적인 실천방법을 동원하며, 질병의 예방, 치료 및 재활에 이르기까지 다양한 활동을 수행한다(한인영 외, 2006). 의료법 시행령 제24조에서는 "종합병원에서는 사회복지 종사자 자격을 가진 자 중에서 환자의 갱생, 재활과 사회복귀를 위한 상담 및 지도 업무를 담당하는 요원을 1인 이상 둔다."라고 규정하고 있다.

의료사회복지사는 개인치료, 프로그램의 계획 및 실행, 환자와 가족, 의료진과의 의사소통에 대한 개입, 자원연결 및 정보제공, 위기개입의 상담 및 치료, 입원기간과 퇴원 후에도 정상적인 사회적 기능이 발휘되도록 전문적인 사회복지서비스를 제공한다.

대한의료사회복지사협회에서는 모든 의료기관에서 행해져야 할 의료사회복지사의 직무를 다음의 일곱 가지 범주로 제시하고 있다.

- 심리적 · 사회적 · 정신적 문제해결
- 경제적 문제해결-후원자나 단체 연결을 통한 병원외적 자원 연결
- 지역사회자원 연결
- 사회복귀 및 재활 문제해결
- 팀 접근으로 사례분석 및 평가
- 사회사업부서의 순수 행정업무
- 교육 및 연구조사

④ 정신보건사회복지사

정신보건사회복지는 정신장애를 가진 개인과 그 가족은 물론 정신보건제도 등을 대상으로 한다. 다각적인 접근방법을 통해 환자 및 가족의 사회적 기능 향상과 국민의 정신장애 예방 및 치료와 재활을 위해 활동하는 분야다. 또한 정신보건법에 기초하여 정신병원, 일반병원의 정신과, 정신과 의원, 정신질환자 사회복귀시설, 정신요양시설, 보건소, 정신보건센터에서 활동한다. 정신보건법 시행령 제2조에 의하면 정신보건전문요원(정신보건 사회복지사, 정신보건 간호사, 정신보건 임상심리사)의 공통적인 업무는 다음과 같다.

- 사회복귀시설의 운영
- 정신질환자의 사회복귀 촉진을 위한 생활훈련 및 작업훈련
- 정신질환자와 그 가족들을 위하여 교육, 지도 및 상담
- 진단 및 보호의 신청
- 정신질환 예방활동 및 정신보건에 관한 조사 및 연구
- 정신질환자의 사회 적응 및 직업재활을 위한 보건복지가족부 장관이 정하는 활동 수행이다(최해경, 2009).

정신보건사회복지사는 정신보건 분야의 전문적인 지식과 기술을 갖추고 정신질환자의 개인력, 가족력, 사회조사를 하며, 가족에 대한 상담, 방문지도, 사회복귀 촉진을 위한 생활훈련 및 직업훈련, 정신질환 예방활동, 정신보건에 대한 조사와 연구를 하게 된다.

⑤ 교정사회복지사

교정사회복지사는 법무부 산하 교도소나 교정시설, 보호관찰소에서 범죄인의 재활과 범죄 예방을 위하여 상담 및 치료, 집단상담, 가족상담, 가족교육, 가족캠프 등을 지원한다.

⑥ 군사회복지사 및 군상담사

군대 내의 의무직에 속한 환자상담 및 사회복귀를 위한 복지업무를 담당하며, 군상담사는 관심 사병들이 군대에 잘 적응하도록 개인상담 및 집단캠프를 운영한다. 자살예방프로그램, 분노조절프로그램, 자기주장프로그램, 갈등조절훈련을 실시하여 군대에 대한 적응을 돕고 대인관계 향상을 돕는다.

⑦ 산업사회복지사

기업체에서 일하는 노동자와 그의 가족들을 위하여 임금 및 기본적인 노동조건 외에 물질적인 정신적 서비스와 서비스 제공을 위한 노력으로 사회보험, 공공근로복지서비스, 기업복지, 노동조합복지를 위하여 활동한다. 근로자들을 위한 지원프로그램으로 알코올남용 및 중독문제, 이혼문제, 성격문제, 부부문제, 조직 갈등대처능력, 스트레스 해소, 자녀문제 등을 다룬다(구종희 외, 1999).

7) 사회복지사의 예술성

과학적인 접근은 누가 다른 방법으로 검증해도 똑같은 결과가 나와야 하고, 객관성이 있어야 하며, 계량화할 수 있어야 하고, 이론적 체계화가 이루어져야 한다. 그러나 사회복지에서는 과학적인 방법의 적용은 어렵다. 왜냐하면 인간을 대상으로 하는 서비스 활동이기 때문에 쉽게 계량화 · 수치화할 수 없다. 또한 어떤 연구는 윤리적인 이유 때문에 객관화할 수 없고, 클라이언트의 비밀보장을 지켜야 하며, 클라이언트의 상황을 엄격한 잣대로 검증하기 어려운 여러 가지 문제가 있을 수 있기 때문이다.

사회복지의 많은 부분이 가치에 기반을 두고 있으므로 다른 분야의 과학적 지식을 활용하고 있고, 점차 그 이론적 준거틀을 개발하고 그 효과성을 평가하는 데 과학적 방법의 활용이 높아지고 있다. 따라서 사회복지학은 응용학문으로서, 종합학문이라 할 수 있다. 무엇보다 사회복지실천이 효과적으로 이루어지기 위해서는 과학적 지식이 뒷받침되어야 할 뿐만 아니라 예술성도 수반되어야 한다.

사회복지실천에서 말하는 예술성이란 클라이언트를 대상으로 그들의 욕구나 문제해결을 위해서 정서적 측면에 개입하는 사회복지사의 능력을 말한다. 지식이 있다고 해서, 기술이나 기법을 안다고 해서 사회복지실천의 결과가 반드시 효과적으로 나타나는 것만은 아니다.

사회복지사의 활동이나 클라이언트를 대상으로 하는 실천이 효과적이기 위해서는 기본적인 지식과 기술, 기법 등을 상황에 따라 그리고 클라이언트의 특성에 따라 적절하게 적용할 수 있어야 한다. 실천과정이 진행되는 동안 사회복지사는 클라이언트를 충분히 이해하고 공감하며, 신뢰로운 관계를 형성하고 유지해야 한다. 또한 변화과정에서 나타날 수 있는 클라이언트의 저항이나 양가감정을 잘 조절하고 사회복지사는 클라이언트와 협력하여 문제해결에 적극적으로 참여하여 긍정적인 결과를 기대할 수 있도록 도울 수 있어야 하는데, 이러한 능력을 사회복지사의 예술성이라고 한다. 그리고 "예술이란 능숙한 수행을 하는 데 필요한 특수한 기술로 학습만으로 배울 수 없는 직관적인 능력을 발휘해야 하는 것"이라고 정의된다(American Heritage Dictionary, 1978).

사회복지사가 기본적인 실천을 위해 갖추어야 할 사항으로는 전문적인 지식과 기술, 분명한 목표와 투철한 사명감 그리고 사회복지사로서의 적합한 가치관과 윤리관뿐 아니라 인간의 어려움과 고통에 직면할 수 있는 용기다. 사회복지사는 대인관계 능력을 더욱 개발하여 다가가는 인간관계로 사회적으로 소외되고 약자인 사람들에게 희망과 에너지를 불어넣어 줄 수 있는 능력을 갖추어야 한다. 건전한 판단력, 정직한 태도, 열정, 인정, 순정 등이 사회복지사의 예술성에 포함된다. 사회복지실천에서 예술성에 포함되는 것으로는 다양한 요소가 다음과 같이 존재한다(이애재, 2006: 34-36).

(1) 동정심과 용기

동정심은 동감(sympathy)으로서 괴로움을 겪는 사람의 고통에 몰입하려는 의지를 말한다. 클라이언트와 친숙한 관계, 신뢰의 관계가 형성되기 위해서는 그들의 관심사에 몰입해야 한다. 그렇지 않으면 서먹서먹하고 거리를 두게 된다. 용기는 일상적으로 발생하는 인간의 고통과 혼란 그리고 인간의 부정적이고 파괴적인 생각이나 행동에 대해서도 맞설 수 있는 직면 능력을 말한다.

(2) 창의적인 문제해결 능력

클라이언트의 상황은 보편적이라기보다는 독특하고 항상 변화하기 때문에 상상력과 융통성, 인내심을 가지고 늘 다양한 접근방법으로 확인해야 한다. 그리고 계획을 세우고 결정하기 전까지 지속적으로 수정하고 적용하는 것이 필요하다. 따라서 사회복지사는 다양한 관점에서 대상에 대한 이해와 어려움에도 긍정의 생각을 가지고 지속적인 행동으로 옮길 수 있는 창의적이고 생산적인 문제해결 능력이 필요하다.

(3) 희망과 에너지

클라이언트에게 동기를 부여하고 긍정적으로 행동하게 하는 결정적인 요인은 희망과 에너지다. 희망은 사람에게 선함과 긍정적인 방향으로 변화시키는 능력이고 믿음이며 신념이다. 낙망, 절망, 실망은 죽음으로 이끌어 가지만, 희망은 생명력이고 에너지를 준다. 사회복지사는 에너지를 공급하는 에너자이저(energier)로서 희망을 고취시킬 수 있어야 한다.

(4) 건전한 판단력

상황 속에 인간을 사정하고, 대안을 제시하며, 원조과정을 계획하고 실행하며, 서비스 종료를 결정할 때까지 사회복지사의 판단은 쉽지 않다. 건전한 판단은 사회복지사의 명확하고 날카로운 사고력의 결단에 달려 있다.

사회복지사가 클라이언트와의 관계에서 발휘되는 이러한 실천적인 기능의 원천은 사회복지사의 라이프 스타일과 밀접한 관계가 있다. 실천적 지혜는 많은 사례관리를 통해서 얻어질 수 있고, 자신의 임상경험과 다른 사회복지사의 실천경험을 연구하여 얻어질 수 있다. 또한 사회복지사의 사고와 판단은 과거의 역사적인 사건과 현재의 사건을 통하여 미래의 상황을 예측할 수 있는 능력이 생기고 예술과 문학, 영화, 소설, 드라마 등의 영향을 받는다고 할 수 있다.

예상문제

1. 사회복지사에게 필요한 전문지식으로 적합하지 않은 것은?

① 인간발달에 관한 지식

② 인간관계와 상호작용에 관한 지식

③ 실천이론과 실천방법에 관한 지식

④ 현 정치적 문제나 경제에 관한 지식

정답: ④

해설: 특정 분야나 대상 집단에 관한 지식, 사회정책과 서비스에 관한 지식이 필요하다.

2. 사회복지실천가의 능력(미국사회복지사협회)에 해당되지 않는 것은?

① 문제해결에 필요한 정보를 확인하는 능력

② 다른 사람을 가르칠 수 있는 능력

③ 정서적 괴로움이나 위기상황에서 억압으로 반응하는 능력

④ 전문적 관계에서 역할모델을 제공하는 능력

⑤ 복합적인 심리사회적 현상을 해석하는 능력

정답: ③

해설: 정서적 괴로움이나 위기상황에서 지지적으로 반응하는 능력이다.

3. 프리들랜더(Friedlander)가 제시한 사회복지실천의 기본 가치가 아닌 것은?

① 인간의 존엄성

② 인간의 자율성

③ 기회의 균등성

④ 배분적 정의

⑤ 사회적 책임성

정답: ④

해설: 배분적 정의는 프리들랜더가 제시한 기본 가치에 해당되지 않는다.

02 사회복지실천기술의 가치와 윤리

가치(value)란 객관적으로 증명할 수 없고 주관적으로 선호하는 것으로 '좋다, 바람직하다' 등의 개인에 적절한 행동을 선택하는 데 지침이나 기준이 된다. 따라서 과학적 근거나 규범적 기준이 필요하지 않으며, 인간관계가 개입되지 않기도 한다. 상황에 따라서는 개인의 생각 속에서 그치기도 한다(Barker, 2003).

사회복지실천에 있어서 가치는 그 목적에 따라 세 가지로 구분되기도 하는데 Pumphrey는 사회복지실천의 목적과 관련된 세 가지 가치를 다음과 같이 설명하고 있다(Johnson, 1995).

첫째, 궁극적 가치(ultimate values)로서 대다수의 사람들에게 가장 쉽게 동의를 얻을 수 있는 내용들로서 인간 삶에서 궁극적으로 반영되어야 하는 것들이다. 예를 들어, 자유, 인간의 존엄성, 정의, 차별 배제 등을 말할 수 있다.

둘째, 도구적(혹은 수단적) 가치(instrumental values)는 궁극적 가치를 달성하기 위한 수단으로서 요구되는 가치를 명확하게 하는 것이다. 예를 들어, 클라이언트의 자기결정, 비밀보장, 고지된 동의, 수용 등을 들 수 있다.

셋째, 차등적 가치(proximate values)로서 사회문화적 영향이나 개인의 경험에 따라 찬반이 가능한 가치이며, 특수하고 단기적인 목표를 제시하는 중간 수준의 가치다. 예를 들어, 낙태, 성전환, 안락사, 존엄한 죽음을 위한 치료 거부 등에 대한 가치 등을 들 수 있다.

사회복지실천에 있어서 윤리(ethics)는 가치에서 비롯되나 무엇이 '옳고 그른가'를 판단하는 도덕적 지침이 된다. 이는 올바르고 정확한 것에 대한 관심을 두며 행동에 관한 사회적 태도가 규범이 된다. 따라서 인간관계의 상호작용 속에서 발휘된다고 볼 수 있다. 그렇다면 이러한 가치와 윤리에 대한 개념 구분을 바탕으로 하여 우선 사회복지 전문직으로서의 가치와 윤리 및 사회복지사 개인으로서의 가치와 윤리를 살펴보도록 하겠다(Mooney, 2002).

1. 사회복지 전문직의 가치와 윤리

우리나라에서는 1992년 10월 22일 3차례의 개정을 통하여 한국사회복지사의 윤리강령을 채택하였고, 2001년 재개정하였다.[1] 사회복지 종사자는 다음과 같은 사회복지사 윤리강령, 사회복지사의 기본적 윤리기준, 사회복지사의 클라이언트에 대한 윤리기준, 사회복지사의 동료에 대한 윤리기준, 사회복지사의 사회에 대한 윤리기준, 사회복지사의 기관에 대한 윤리기준, 사회복지윤리위원회의 구성과 운영을 준수해야 할 것이다(한국사회복지사협회 홈페이지, www.kasw.or.kr).

1) 사회복지사 윤리강령의 전문

사회복지사는 인본주의 · 평등주의 사상에 기초하여, 모든 인간의 존엄성과 가치를 존중하고 천부의 자유권과 생존권의 보장활동에 헌신한다. 특히 사회적 · 경제적 약자의 편에 서서 사회정의와 평등 · 자유와 민주주의 가치를 실현하는 데 앞장선다. 또한 도움을 필요로 하는 사람의 사회적 지위와 기능을 향상시키기 위해 사

1) 우리나라 사회복지사의 윤리강령은 한국사회복지사협회 홈페이지(www.kasw.or.kr)에 소개되어 있으며, 이 장에 제시된 우리나라 사회복지사의 윤리강령의 내용은 2012년 6월 기준이다.

회제도 개선과 관련된 제반활동에 주도적으로 참여한다.

사회복지사는 개인의 주체성과 자기결정권을 보장하는 데 최선을 다하고, 어떠한 여건에서도 개인이 부당하게 희생되는 일이 없도록 한다. 이러한 사명을 실천하기 위하여 전문적 지식과 기술을 개발하고, 사회적 가치를 실현하는 전문가로서의 능력과 품위를 유지하기 위해 노력한다.

이에 우리는 클라이언트 · 동료 · 기관 · 지역사회 및 전체 사회와 관련된 사회복지사의 행위와 활동을 판단 · 평가하며, 인도하는 윤리기준을 다음과 같이 선언하고 이를 준수할 것을 다짐한다.

2) 사회복지사의 기본적 윤리기준

사회복지사의 기본적 윤리기준은 전문가로서의 자세, 전문성 개발을 위한 노력, 경제적 이득에 대한 태도로 구분된다. 구체적인 내용은 다음과 같다.

① 전문가로서의 자세

- 사회복지사는 전문가로서의 품위와 자질을 유지하고, 자신이 맡고 있는 업무에 대해 책임을 진다.
- 사회복지사는 클라이언트의 종교 · 인종 · 성 · 연령 · 국적 · 결혼상태 · 성적 취향 · 경제적 지위 · 정치적 신념 · 정신, 신체적 장애 · 기타 개인적 선호, 특징, 조건, 지위를 이유로 차별대우를 하지 않는다.
- 사회복지사는 전문가로서 성실하고 공정하게 업무를 수행하며, 이 과정에서 어떠한 부당한 압력에도 타협하지 않는다.
- 사회복지사는 사회정의 실현과 클라이언트의 복지 증진에 헌신하며, 이를 위한 환경조성을 국가와 사회에 요구해야 한다.
- 사회복지사는 전문적 가치와 판단에 따라 업무를 수행함에 있어, 기관 내외로부터 부당한 간섭이나 압력을 받지 않는다.
- 사회복지사는 자신의 이익을 위해 사회복지 전문직의 가치와 권위를 훼손해서는 안 된다.

- 사회복지사는 한국사회복지사협회 등 전문가단체 활동에 적극 참여하여, 사회정의 실현과 사회복지사의 권익옹호를 위해 노력해야 한다.

② 전문성 개발을 위한 노력

- 사회복지사는 클라이언트에게 최상의 서비스를 제공하기 위해, 지식과 기술을 개발하는 데 최선을 다하며 이를 활용하고 전파할 책임이 있다.
- 클라이언트를 대상으로 연구하는 사회복지사는 저들의 권리를 보장하기 위해 자발적이고 고지된 동의를 얻어야 한다.
- 연구과정에서 얻은 정보는 비밀보장의 원칙에서 다루어져야 하고, 이 과정에서 클라이언트는 신체적 · 정신적 불편이나 위험 · 위해 등으로부터 보호되어야 한다.
- 사회복지사는 전문성을 개발하기 위해 노력하되, 이를 이유로 서비스의 제공을 소홀히 해서는 안 된다.
- 사회복지사는 한국사회복지사협회 등이 실시하는 제반교육에 적극 참여하여야 한다.

③ 경제적 이득에 대한 태도

- 사회복지사는 클라이언트의 지불 능력에 상관없이 서비스를 제공해야 하며, 이를 이유로 차별대우를 해서는 안 된다.
- 사회복지사는 필요한 경우에 제공된 서비스에 대해 공정하고 합리적으로 이용료를 책정해야 한다.
- 사회복지사는 업무와 관련하여 정당하지 않은 방법으로 경제적 이득을 취하여서는 안 된다.

3) 사회복지사의 클라이언트에 대한 윤리기준

사회복지사의 클라이언트에 대한 윤리기준은 클라이언트와의 관계 그리고 동료의 클라이언트와의 관계로 구성된다. 구체적 내용은 다음과 같다.

① 클라이언트와의 관계

- 사회복지사는 클라이언트의 권익옹호를 최우선의 가치로 삼고 행동한다.
- 사회복지사는 클라이언트에 대하여 인간으로서의 존엄성을 존중해야 하며, 전문적 기술과 능력을 최대한 발휘한다.
- 사회복지사는 클라이언트가 자기결정권을 최대한 행사할 수 있도록 도와야 하며, 저들의 이익을 최대한 대변해야 한다.
- 사회복지사는 클라이언트의 사생활을 존중하고 보호하며, 직무수행과정에서 얻은 정보에 대해 철저하게 비밀을 유지해야 한다.
- 사회복지사는 클라이언트가 받는 서비스의 범위와 내용에 대해 정확하고 충분한 정보를 제공함으로써 알 권리를 인정하고 존중해야 한다.
- 사회복지사는 문서 · 사진 · 컴퓨터 파일 등의 형태로 된 클라이언트의 정보에 대해 비밀보장의 한계 · 정보를 얻어야 하는 목적 및 활용에 대해 구체적으로 알려야 하며, 정보 공개 시에는 동의를 얻어야 한다.
- 사회복지사는 개인적 이익을 위해 클라이언트와의 전문적 관계를 이용하여서는 안 된다.
- 사회복지사는 어떠한 상황에서도 클라이언트와 부적절한 성적 관계를 가져서는 안 된다.
- 사회복지사는 사회복지 증진을 위한 환경조성에 클라이언트를 동반자로 인정하고 함께 일해야 한다.

② 동료의 클라이언트와의 관계

- 사회복지사는 적법하고도 적절한 논의 없이 동료 혹은 타 기관의 클라이언트와 전문적 관계를 맺어서는 안 된다.
- 사회복지사는 긴급한 사정으로 인해 동료의 클라이언트를 맡게 된 경우, 자신의 의뢰인처럼 관심을 갖고 서비스를 제공한다.

4) 사회복지사의 동료에 대한 윤리기준

사회복지사의 동료에 대한 윤리기준은 동료와 슈퍼바이저로 구분된다. 구체적 내용은 다음과 같다.

① 동료

- 사회복지사는 존중과 신뢰로서 동료를 대하며, 전문가로서의 지위와 인격을 훼손하는 언행을 하지 않는다.
- 사회복지사는 사회복지 전문직의 이익과 권익을 증진시키기 위해 동료와 협력해야 한다.
- 사회복지사는 동료의 윤리적이고 전문적인 행위를 촉진시켜야 하며, 이에 반하는 경우에는 제반 법률규정이나 윤리기준에 따라 대처해야 한다.
- 사회복지사가 전문적인 판단과 실천이 미흡하여 문제를 야기했을 때에는 적절한 조치를 취하여 클라이언트의 이익을 보호해야 한다.
- 사회복지사는 전문직 내 다른 구성원이 행한 비윤리적 행위에 대해 제반 법률규정이나 윤리기준에 따라 조치를 취해야 한다.
- 사회복지사는 동료 및 타 전문직 동료의 직무 가치와 내용을 인정 · 이해하며, 상호 간에 민주적인 직무관계를 이루도록 노력해야 한다.

② 슈퍼바이저

- 슈퍼바이저는 개인적인 이익의 추구를 위해 자신의 지위를 이용해서는 안된다.
- 슈퍼바이저는 전문적 기준에 의해 공정하게 책임을 수행하며, 사회복지사 · 수련생 및 실습생에 대한 평가는 저들과 공유해야 한다.
- 사회복지사는 슈퍼바이저의 전문적 지도와 조언을 존중해야 하며, 슈퍼바이저는 사회복지사의 전문적 업무 수행을 도와야 한다.
- 슈퍼바이저는 사회복지사 · 수련생 및 실습생에 대해 인격적 · 성적으로 수치심을 주는 행위를 해서는 안 된다.

5) 사회복지사의 사회에 대한 윤리기준

사회복지사의 사회에 대한 윤리기준은 다음의 네 가지 사항으로 구성된다.

- 사회복지사는 인권존중과 인간평등을 위해 헌신해야 하며, 사회적 약자를 옹호하고 대변하는 일을 주도해야 한다.
- 사회복지사는 필요한 사회서비스를 개발하기 위한 사회정책의 수립 · 발전 · 입법 · 집행에 적극적으로 참여하고 지원해야 한다.
- 사회복지사는 사회환경을 개선하고 사회정의를 증진시키기 위한 사회정책의 수립 · 발전 · 입법 · 집행을 요구하고 옹호해야 한다.
- 사회복지사는 자신이 일하는 지역사회의 문제를 이해하고, 그것을 해결하는 일에 적극적으로 참여해야 한다.

6) 사회복지사의 기관에 대한 윤리기준

사회복지사의 기관에 대한 윤리기준은 다음의 세 가지 사항으로 구성된다.

- 사회복지사는 기관의 정책과 사업목표의 달성 · 서비스의 효율성과 효과성의 증진을 위해 노력함으로써, 클라이언트에게 이익이 되도록 해야 한다.
- 사회복지사는 기관의 부당한 정책이나 요구에 대하여, 전문직의 가치와 지식을 근거로 이에 대응하고 즉시 사회복지윤리위원회에 보고해야 한다.
- 사회복지사는 소속기관 활동에 적극 참여함으로써, 기관의 성장발전을 위해 노력해야 한다.

7) 사회복지윤리위원회의 구성과 운영

사회복지윤리위원회의 구성과 운영은 다음의 세 가지 사항으로 구성된다.

- 한국사회복지사협회는 사회복지윤리위원회를 구성하여, 사회복지윤리실천의 질적인 향상을 도모하여야 한다.
- 사회복지윤리위원회는 윤리강령을 위배하거나 침해하는 행위를 접수받아, 공식적인 절차를 통해 대처하여야 한다.
- 사회복지사는 한국사회복지사협회의 윤리적 권고와 결정을 존중하여야 한다.

사회복지사 선언문

1. 나는 모든 사람이 인간다운 삶을 누릴 수 있도록, 인간존엄성과 사회정의의 신념을 바탕으로, 개인 · 가족 · 집단 · 조직 · 지역사회 · 전체 사회와 함께한다.
2. 나는 언제나 소외되고 고통받는 사람들의 편에 서서 저들의 인권과 권익을 지키고, 사회의 불의와 부정을 거부하면서, 개인이익보다 공공이익을 앞세운다.
3. 나는 사회복지사 윤리강령을 준수함으로써, 도덕성과 책임성을 갖춘 사회복지사로 헌신한다.
4. 나는 나의 자유의지에 따라 명예를 걸고 이를 엄숙하게 선서합니다.

2. 미국 NASW 윤리강령

미국 NASW(National Association of Social Work)에서 제시한 사회복지 전문직으로서의 가치와 윤리는 다음과 같다(NASW, 2013, www.socialworkers.org).

1) 서비스 제공으로서의 가치

〈윤리기준〉

사회복지사의 주요 목표는 욕구에 처한 사람을 도우며, 사회문제를 해결하고자 하는 것이다.

- 사회복지사는 개인적인 이익을 초월하여 타인에 대한 서비스를 고양시킨다.

- 어려움에 처해 있는 사람을 돕고 사회문제를 해결하기 위해 사회복지사는 자신의 지식, 가치 및 기술을 활용한다.
- 사회복지사는 금전적 소득을 기대하지 않으면서 자신의 전문적 기술을 자발적으로 발휘하도록 권장된다.

2) 사회정의로서의 가치

〈윤리기준〉

사회복지사는 사회적 부정의에 도전한다.

- 사회복지사는 사회적 변화, 특히 취약하고 억압받는 사람 및 집단을 위한 사회적 변화를 추구한다.
- 사회복지사가 추구하는 사회변화를 위한 노력은 빈곤, 실업, 차별, 기타 유형의 사회적 부정의에 그 주된 초점을 맞춘다.
- 이를 위해 억압과 문화적 · 인종적 다양성에 관한 지식의 민감성을 증진시켜야 한다.
- 사회복지사는 필요한 정보서비스 자원에 대한 접근, 기회의 균등, 모든 사람을 위한 의사결정에 의미 있는 참여를 보장하고자 노력한다.

3) 개인의 존엄성과 가치

〈윤리기준〉

사회복지사는 개인의 타고난 존엄성과 가치를 존중한다.

- 사회복지사는 개인적 차이와 문화적 · 인종적 다양성을 염두에 두고 이들을 보호하고 존중하는 마음으로 모든 사람을 대해야 한다.
- 사회복지사는 사회적으로 책임 있는 클라이언트의 자기결정권을 위해 노력한다.
- 사회복지사는 이들의 욕구를 변화시키고 해결하기 위해 클라이언트의 역량과

기회를 강화시켜야 한다.

- 사회복지사는 클라이언트와 사회에 대한 책임을 인식해야 한다.
- 사회복지사는 사회복지 전문직의 가치, 윤리기준, 윤리원칙에 일관되는 사회적인 책임을 의식하면서, 클라이언트의 이해관계와 자신의 이해관계 사이의 갈등을 해결하기 위해 노력한다.

4) 인간관계의 중요성과 가치

〈윤리기준〉

사회복지사는 인간관계의 본질적인 중요성을 인식한다.

- 사회복지사는 사람들 사이의 관계가 변화를 위한 중요한 매개체라는 것을 인식한다.
- 사회복지사는 클라이언트를 지원하는 과정에서 이들을 파트너로 대우한다.
- 사회복지사는 개인, 가족, 사회집단, 조직, 지역사회의 복지 증진과 회복유지를 위해 사람들 사이의 인간관계를 강화시키고자 한다.

5) 성실성의 가치

〈윤리기준〉

사회복지사는 신뢰성을 줄 수 있게끔 행동한다.

- 사회복지사는 사회복지 전문직의 임무가치, 윤리기준, 윤리원칙을 항상 염두에 두며, 이러한 것에 일관되게 실천에 임한다.
- 사회복지사는 정직하고 책임성 있게 행동하며, 자신이 속한 조직의 입장에서 윤리적인 실현을 증진한다.

6) 능력의 가치

〈윤리기준〉

사회복지사는 자신의 능력이 미치는 범위 안에서 실천을 하며, 자신의 전문기술을 발전 및 강화시킨다.

- 사회복지사는 자신의 전문지식과 기술을 확충하기 위해 끊임없이 노력하며, 이러한 지식과 기술을 실천에 적용한다.
- 사회복지사는 사회복지 전문직의 지식 기반에 이바지하고자 노력해야 한다.

3. 사회복지사 자신의 가치체계

사회복지사 개인에 관한 자기 이해는 사회복지 원조 전문가로서의 가치와 윤리를 발휘하는 데 중요한 사안이 될 수 있다. 한 명의 원조 전문가이기 전에 각기 다른 가정생활과 교육적 배경 등을 통해 형성된 개인의 가치관은 대인관계 서비스를 제공해야 하는 전문가의 가치 발휘에 영향을 미칠 수 있기 때문이다. 예를 들어, 신앙인으로서 낙태는 절대로 해서는 안 된다는 신념이 있는 사회복지사는 다산의 어려움으로 생활고에 시달리는 클라이언트의 임신에 관한 고충을 접하게 될 때 어떠한 결정을 해야 할 것인가? 평소 이혼에 대해 관대한 입장에 있는 사회복지사가 있다고 하자. 그때 부부 갈등으로 찾아온 클라이언트가 있다면 그 사회복지사는 클라이언트에게 어떠한 영향을 미칠 수 있겠는가? 물론 사회복지사는 개인이 지닌 가치관 이전에 원조 전문직으로서의 사회복지서비스를 먼저 고려해야 할 것이다. 이에 여기에서는 다음과 같은 질문으로 한 개인에게 형성된 자신을 탐색해 보는 기회를 갖고자 한다.

1. 나의 생명력(에너지, 정신력)은 무엇으로부터 나오는가?
2. 나는 무엇을 향한 열망을 갖고 사는가?
3. 나는 무엇을 성취하기 위해 살아가고 있는가?
4. 나는 무엇을 하면서 또는 무엇을 생각할 때 자유로움을 느끼는가?
5. 나의 삶에 대한 의미는 무엇인가?
6. 나 자신에 대한 기대가 있다면 무엇인가?
7. 나의 부모님, 나의 형제, 나의 친인척, 나에게 중요한 의미를 주는 사람에게 갖는 기대가 있다면 무엇인가?
8. 살아가면서 충족될 수 없었던 기대가 있었다면 무엇인가?
9. 나에게 중요한 의미를 주는 사람은 나에게 어떠한 기대를 갖고 사는가?
10. 나는 살아가면서 어떠한 신념(믿음)을 가장 소중하게 생각하는가?
11. 나는 나게 주어진 현실을 어떻게 받아들이고 있으며 이겨 나가려고 하는가?
12. 최근 나를 압도시킨 감정(예: 기쁨, 분노, 두려움, 억울함, 슬픔, 아픔 등)이 있었다면 무엇이었는지 설명할 수 있는가? 그러한 감정에 어떻게 반응(대처)했는가?
13. 나의 가족들은 서로의 감정(예: 기쁨, 분노, 두려움, 억울함, 슬픔, 아픔 등)에 대해 어떻게 반응하는가?

4. 사회복지실천에서의 윤리적 갈등

윤리적 갈등(ethical dilemmas)이란 사회복지사가 전문가로서 실천해야 하는 윤리적 의무와 책임이 상호 충돌하게 되어 어떠한 실천행동을 선택하는 것이 윤리적으로 올바른 것인지 판단하기 힘든 상태를 말한다(김기덕, 2002). 사회복지사는 두 가지 이상의 도덕적 원칙 또는 의무가 동등하게 유용하다고 해도 이들 원칙이 서로 모순되거나 충돌하는 상황, 즉 윤리적 갈등 상황에서는 '최선의 선택'을 해야 한다. 가장 대표적인 사항은 비밀보장, 클라이언트의 자기결정, 클라이언트의 알 권리, 온정주의, 분배 문제 등이 있다.

1) 비밀보장

원조과정에서 클라이언트에 대해 알게 된 사항에 대한 비밀보장은 가장 기본적이며 근본적인 윤리원칙이다. 하지만 클라이언트의 비밀보장의 원칙 역시 클라이언트의 자기결정권과 마찬가지로 절대적인 것만은 아니다. 클라이언트의 비밀보장이 타인의 생명권(타인에 대한 살해계획, 방화 등)과 같은 기본적 권리에 해가 되는 경우 클라이언트의 비밀보장은 더 이상 존중될 수 없다. 잠재적으로 위험한 클라이언트의 경우 잠재적 피해자에게 예측될 수 있는 위험성에 대한 알림 조치를 취하는 것은 중요하며, 이는 원조 전문가의 의무라고 할 수 있다. 하지만 클라이언트의 삶의 질 향상을 위해 요청되는 슈퍼비전이나 교육을 목적으로 하는 경우 비밀보장은 예외가 될 수 있다. 그럼에도 불구하고 클라이언트의 사적인 정보가 그대로 노출되지 않도록 최대한 보호해 줄 필요가 있다. 비밀보장은 대체로 절대적 비밀보장과 상대적 비밀보장으로 구분된다(Wilson, 1980).

절대적 비밀보장이란 사회복지사가 클라이언트에 대해 파악하게 된 정보를 어떤 누구에게든, 어떠한 형태로든 비밀로 하는 것을 의미한다. 따라서 이러한 정보는 구두로든 문자로든 어떠한 기록의 형태로도 남기지 않으며, 심지어 슈퍼바이저에게조차도 알리지 않는다.

상대적 비밀보장의 경우에는 제한적 범위와 목적 안에서의 클라이언트에 대한 정보를 공개한다. 예를 들어 사례회의를 통한 슈퍼비전이라든지, 사회복지 실습생의 교육적 목적이라든지, 다학제 전문가들과의 학술적 목적을 위한 정보교류 등을 위해 이루어진다. 이러한 정보 공개의 목적은 근본적으로 클라이언트에게 제공되는 서비스 향상을 위한 것임을 염두에 두어야 한다. 또한 클라이언트에게 제한된 범위와 목적을 분명히 이해시키고 관련 정보의 공개에 대해 동의할 수 있는지 고지된 동의절차를 준수해야 한다.

2) 클라이언트의 자기결정

클라이언트의 자기결정이란 클라이언트 스스로가 자신에게 가장 바람직한 최선의 것을 선택할 수 있는 권리를 의미한다. 사회복지사가 비록 원조 전문가라고 할지라도 클라이언트가 처한 상황이나 배경, 내면의 변화 상태, 그를 둘러싼 자원 등 클라이언트에 속해 있는 구체적인 것을 모두 파악하는 것은 불가능하다. 사회복지사가 전문성을 갖춘 원조 전문가라고 할지라도 클라이언트를 대신하여 결정을 해줄 수 있다는 발상은 상당히 위험한 것이다. 물론 상황에 따라서 클라이언트가 심각한 혼란이나 위기상황에 직면하여 정상적인 범주의 정신상태가 아닐 수도 있다. 이에 사회복지사가 판단하기에 클라이언트의 결정이 바람직하지 않게 판단될 수도 있다. 이러한 경우 원조 전문가로서의 사회복지사는 클라이언트의 자기결정이라는 사항에 윤리적 딜레마를 경험하게 될 것이다. 또한 클라이언트는 도움을 구하는 입장에 있으므로 원조 전문가에게 의존하는 관계에 있을 수 있다. 특히 보호자가 없는 미성년자라든지 병리적 문제로 인지기능에 장애가 있는 개인 등은 클라이언트 자신의 능력의 한계로 인해 개인의 결정과 선택을 전문가에게 의존할 수밖에 없다. 결국 클라이언트의 자기결정권 및 클라이언트의 알 권리를 포기하게 되는 상황에 직면하게 될 수 있다(이윤로, 2007).

3) 클라이언트 알 권리

대부분의 클라이언트들은 원조관계를 시작하거나 과정에 참여함에 있어 자신들에게도 권리가 있다는 점을 잘 깨닫지 못한다(Corey & Corey, 1988: 167). 클라이언트들은 급박하게 직면한 현실적 문제나 스트레스로 인해 취약해지기 때문에 현장에서 제공되는 원조 서비스를 의심 없이 수용하는 경향이 있다. 이에 사회복지사는 클라이언트의 권리를 가장 잘 보호할 수 있는 방법으로 알려진 '고지된 동의(informed consent)'를 실천해야 할 것이다. 사회복지사가 제공할 서비스와 관련한 목적, 위험성, 한계점, 감수해야 할 사항, 대안, 거부할 수 있는 권리, 시간 설정 등에 관해 클라이언트에게 명확하게 알려야 함을 의미한다(Kirst-Ashman & Hull, 1999: 448). '고지된 동의'는 원조 초기 단계에서뿐만 아니라 전 과정을 통해 이루어져야 하는 지속적 절차이므로 기록, 녹음, 녹화 등과 같은 과정상의 구체적 절차와 관련해서도 실행될 필요가 있다. 이러한 과정을 통해 클라이언트는 자신이 기대할 수 있는 사항이 무엇인지에 대한 명확한 이해를 갖게 된다.

하지만 어느 수준과 범위까지 클라이언트에게 알려야 하는가?라고 하는 점이 사회복지실천과정에서 갈등의 여지를 유발하게 한다. Corey와 Corey(1988)에 의하면, 사회복지실천가가 클라이언트에게 너무 많은 정보를 한꺼번에 알려 줌으로써 클라이언트를 당황스럽게 하는 것은 오히려 문제가 될 수 있으며, 역으로 클라이언트가 현명한 선택을 하는 데 도움이 될 수 있는 정보를 밝히지 않는 것 역시 문제가 될 수 있다고 한다. 원조 전문가로서 클라이언트에게 도움이 될 수 있는 정보의 수준과 범위를 결정짓는 것은 문제의 상황과 시기 등에 따라 상당한 신중함이 요구된다.

4) 온정주의

사회복지사는 때때로 자신의 기준에 의해 클라이언트가 요구하지는 않지만 클라이언트에게 필요하다고 생각하는 원조 서비스를 제공하고자 한다. 이를 온정주의에 의한 실천행위라고 볼 수 있다. 사회복지사는 클라이언트의 자기결정의 최대화를 존중할 필요가 있음에도 불구하고 클라이언트에게 설명해도 잘 모를 거라는 스스로의 생각으로 인해 또는 클라이언트에게 도움이 될 것이라는 스스로의 판단으로 온정주의에 기반한 실천을 하는 경우도 있다. 하지만 이러한 행위는 클라이언트의 바람이나 자기결정을 방해하는 행위가 될 수 있음을 염두에 두어야 할 것이다(손광훈, 2009; 김기태 외, 2007).

5) 분배문제

원조 전문가인 사회복지사와 심리학 및 정신의학 전문가와의 분명한 차이는 자원의 활용 및 분배자로의 역할을 한다는 점이다. 사회복지사는 인간의 내면세계에 대한 병리학적 역동성에 관심을 두기보다는 클라이언트를 둘러싼 환경에 대한 이해와 더불어 형평성 있는 지역 자원분배를 통해 클라이언트의 성장을 도모하고자 한다. 이에 사회복지사는 클라이언트에게 형평성의 원칙에 따라 동등하게 자원을 배분해야 하는 윤리적 책무가 있다. 하지만 자원이 제한되어 있는 경우 동등한 배분이 어려울 수 있다. 제한된 자원의 배분을 위한 기준이나 원칙을 세울 때 사회복지사의 개인적 가치가 개입될 수 있으며, 원칙을 세웠다고 해도 자원을 배분하는 과정에 정책의 변화 및 예상치 못한 사례에 직면하게 되면 사회복지사는 윤리적 딜레마에 직면하게 될 수도 있다(손광훈, 2009; 김기태 외, 2007).

5. 사회복지실천에서의 윤리적 갈등 조정 및 해결

사회복지실천과정에서 윤리강령은 사회복지사에게 윤리적 갈등 상황에서 보다 현명한 결정을 선택할 수 있는 지침을 제공해 준다. 하지만 일반적으로 사회복지사가 현장에서 직면한 특정한 상황에 대한 구체적인 정답을 제공해 주지는 못한다. 따라서 윤리적 선택은 갈등하는 가치 사이에서 어떠한 선택을 할 때 성립하게 된다. 이에 Cottone와 Tarvydas(1998: 135)의 다섯 가지 윤리원칙은 윤리적인 갈등을 해결하는 데 도움이 될 수 있을 것이다.

첫째, 개인 결정에 대한 권리를 존중하는 자율성이다.
둘째, 타인에게 선하게 행동하는 것이다.
셋째, 타인에게 피해를 입히지 않는 것이다.
넷째, 타인을 공정하게 처우하는 정의로움이다.
다섯째, 실천과정에서 성실함을 지키는 것이다.

윤리적 의무가 서로 상충될 때 Lowenberg와 Dologoff의 윤리원칙 스크린(Ethical Principles Screen)은 전문적 사회복지실천에서의 기본적인 윤리원칙을 위계서열 형태로 제시해 주고 있다. 사회복지사가 실천과정에서 어떠한 원칙과 의무를 우선적으로 행하여야 하는지를 선택하는 데 도움을 준다(Lowenberg & Dologoff, 1996).

첫째, 생명보호의 원칙이다. 이는 어떠한 상황에서든 인간 생명에 대한 보호가 가장 우선됨을 의미한다. 클라이언트의 자살 및 살인, 방화 등의 계획으로 자신과 타인의 생명을 희생시키려는 의도와 계획을 알게 되었다면 사회복지사는 잠재적 희생자를 보호하는 조치를 취해야 한다. 이는 다른 어떠한 윤리적 의무를 초월하는 가장 우선적인 원칙인 것이다.

둘째, 평등과 불평등의 원칙이다. 이는 모든 개인은 각기 지닌 능력에 따라 다른 처우를 받게 된다는 점을 수용하는 것이다. 예를 들어, 아동과 성인은 지적으로나 물리적으로나 다른 능력을 갖고 있다. 따라서 성인이 아동의 취약성을 이용하여 착취하는 것은 용납될 수 없다. 또한 성인이라도 정신지체 또는 신체장애가 있다면 정상적인 인지 능력을 갖추고 건강한 성인과 동일한 능력을 발휘할 것이라 기대할 수 없을 것이다. 따라서 장애인에 대한 돌봄과 보호가 요구되는 것이다.

셋째, 자율성과 자유의 원칙이다. 이는 윤리적 결정에 있어서 자율과 자유 그리고 독립성 발휘를 존중하는 것이다. 물론 사회적으로 용납될 수 있는 개인적 자유의 범위는 준수해야 할 것이다. 예를 들어, 학대부모의 경우 자신이 낳은 아이임으로 자기 마음대로 할 수 있다는 인식은 개인의 자유로 인정될 수 없다. 아동을 학대하거나 방임하는 것은 사회적으로 용납될 수 없기 때문이다.

넷째, 손실(해악)의 최소화 원칙이다. 이는 어떠한 상황이든 손실을 가장 최소화할 수 있어야 한다는 점이다. 이는 가장 쉽게 복구할 수 있는 것을 선택해야 한다는 것임을 시사한다.

다섯째, 삶의 질의 원칙이다. 이는 개인 및 지역사회의 삶의 질을 보다 개선시킬 수 있는 것을 선택해야 한다는 것이다.

여섯째, 사생활과 비밀보장의 원칙이다. 이는 사회복지실천과정에서 모든 개인은 사생활을 보호받을 권리가 있음을 강조하는 것이다. 이에 따라 사회복지사는 클라이언트에게 원조 서비스를 제공하는 과정에서 알게 된 비밀을 노출시키지 말아야 한다.

일곱째, 진실성과 완전 개방의 원칙이다. 이는 클라이언트를 포함한 다른 사람에게 진실하고 정직하게 대하며 관련된 모든 정보는 합당한 절차에 따라 개방해야 함을 의미한다.

6. 사회복지사가 고려해야 할 윤리적 의사결정의 원칙

사회복지실천 현장에서 사회복지사의 윤리적 의무가 서로 갈등 상황에 있을 때 어떠한 원칙이나 법적 의무를 우선적으로 고려해야 하는지 여기에서는 대표적으로 Lowenberg와 Dologoff(1996)가 제시한 윤리원칙 사정표(Ethical Principles Screen)를 설명하고자 한다. 이는 전문적 사회복지실천의 기본적인 윤리원칙을 위계서열 형태로 제시하고 있다. 실천 현장에서 있게 되는 사회복지사는 윤리적 원칙과 그에 적용되는 법적 의무를 먼저 확인함으로써 만일에 발생하게 되는 갈등을 '윤리원칙 스크린' 에서 제시된 범주에 따라 분류하여 행동에 적용하는 것이 바람직하다 (Cournoyer, 2002; 이영실 외, 2011).

① Lowenberg와 Dologoff의 윤리원칙

- 윤리원칙 1. 생명보호의 원칙: 인간 생명에 대한 보호가 모든 다른 것에 우선하는 최고의 의무임을 강조한다. 따라서 만일 사회복지사가 클라이언트의 타인의 살해의도를 알게 되었다면 다른 윤리적 · 법적 의무를 수행하지 못하더라도 잠재적 희생자를 보호하는 조치를 우선 실천해야 한다.
- 윤리원칙 2. 평등과 불평등의 원칙: 능력이나 권력이 비슷한 사람은 '동등한 취급을 받을 권리가 있고' , 능력이나 권력이 다른 사람은 '서로 다른 취급을 받을 권리가 있음' 을 강조한다. 예를 들어, 성인은 서로 합의하에 성관계를 가질 권리가 있다. 하지만 그 대상이 아동(혹은 청소년)이라면 그들의 동의 여부는 의미가 없는 것이다. 성인은 아동(혹은 청소년)과 성관계를 가져서는 안 된다. 이는 성인과 아동(혹은 청소년)은 사회적 능력이나 권력이 상당히 다르기 때문이다. 마찬가지로 사회복지사 역시 전문적 원조관계에 있으므로 윤리적으로 성인 클라이언트와 성관계를 가져서는 안 된다. 이는 클라이언트가 성관계를 먼저 요구할 경우에도 마찬가지로 적용된다.
- 윤리원칙 3. 자율성과 자유의 원칙: 사회복지사는 클라이언트 스스로 자율성, 독립성, 자유를 기반으로 한 결정을 내리도록 안내해야 한다. 그렇다고 해서

클라이언트의 권리가 무한정적인 것은 아니다. 어느 누구도 자신이나 타인을 살해하는 것, 아동을 포함한 사회적 소수자를 학대하거나 착취하는 것, 장난 삼아 방화를 하는 등의 권리는 없다.

- 윤리원칙 4. 해로움의 최소화 원칙: 사회복지사는 항상 해로움을 가장 최소화할 수 있고 가장 쉽게 역전시킬 수 있는 것을 선택해야 한다. 즉, 피해를 최소화하는 대처를 통해 위험부담을 축소시킨다.
- 윤리원칙 5. 삶의 질의 원칙: 사회복지사는 지역사회를 포함하여 개인과 모든 사람의 삶의 질을 증진시킬 것을 강조한다. 예를 들어, 갑작스런 근로자의 해고는 개인과 가족의 삶의 질을 하락시킬 수 있다. 열악해질 수 있는 클라이언트의 삶의 질을 고려하여 그들과 함께하는 전략을 구축해야 한다.
- 윤리원칙 6. 사생활과 비밀보장의 원칙: 사회복지사는 실천과정에서 그리고 서비스 제공과정에서 알게 된 클라이언트의 사생활을 보호해야 할 의무가 있음을 강조한다. 대중매체가 발달되어 있는 현대사회에서는 특히 온라인(이메일, face-book, SNS 등)을 통한 비밀노출이 클라이언트에게 파급적인 영향을 미칠 수 있음으로 특히 유의해야 한다.
- 윤리원칙 7. 진실성과 완전 개방의 원칙: 사회복지사는 클라이언트를 비롯한 다른 사람에게 정직하고 진실하며 모든 관련 정보를 온전히 개방해야 함을 강조한다. 즉, 클라이언트에게 부정적인 영향을 줄 수 있는 정보나 기록은 제외하고 그들의 삶에 도움이 될 수 있는 사항을 중심으로 개방함으로써 그들의 성장에 기여하고자 함이다.

예상문제

1. 리머(Reamer)가 윤리적 딜레마 상황에서 일반적인 윤리적 결정지침을 제시한 내용과 다른 것은?

① 삶이나 건강에 대한 권리는 교육이나 여가와 같은 추가적인 재화에 대한 기회와 비밀에 대한 권리에 우선한다.

② 개인의 복지에 대한 기본적인 권리보다는 다른 사람의 사생활, 자유 혹은 자기결정권에 대한 권리가 우선한다.

③ 아이들이 의료적 치료를 받을 권리와 욕구는 부모가 종교적 신념으로 치료를 중지할 권리에 우선한다.

④ 자기결정에 대한 사람들의 권리는 그들의 기본적인 복지에 대한 권리에 우선한다. 이 원칙은 그들이 내린 결정의 결과가 다른 사람의 복지를 위협하지 않는 조건하에 받아들여질 수 있다.

⑤ 어떤 정책이 클라이언트나 사회복지사의 복지에 해를 주거나 부당할 때 법, 정책 혹은 절차를 어기는 것은 정당화될 수도 있다.

정답: ②

해설: 리머는 개인의 복지에 대한 기본적인 권리는 다른 사람의 사생활, 자유 혹은 자기결정권에 대한 권리에 우선한다고 하였다.

2. 사회복지사의 내담자에 대한 윤리에 대한 것으로 틀린 것은?

① 사회복지사는 클라이언트의 권익옹호를 최우선의 가치로 삼고 행동한다.

② 사회복지사는 클라이언트가 자기결정권을 최대한 행사할 수 있도록 도와야 한다.

③ 사회복지사는 클라이언트의 직무수행과정에서 얻은 정보에 대해 철저하게 비밀을 유지해야 한다.

④ 사회복지사는 클라이언트가 받는 서비스의 범위와 내용에 대해 충분히 설명할 필요는 없다.

⑤ 사회복지사는 개인적 이익을 위해 클라이언트와의 전문적 관계를 이용하여

서는 안 된다.

정답: ④

해설: 사회복지사는 클라이언트가 받는 서비스의 범위와 내용에 대해 정확하고 충분한 정보를 제공함으로써 알 권리를 인정하고 존중해야 한다.

3. 다음의 설명은 로웬버그와 돌고프(Loewenberg & Dolgoff)의 윤리원칙 준거틀 중 설명하고 있는 원칙은 무엇인가?

능력이나 권력에 따라 사람들은 다르게 취급받지 않을 권리가 있음을 나타내는 원칙

① 생명 보호의 원칙
② 평등과 불평등의 원칙
③ 자율성과 자유의 원칙
④ 삶의 질의 원칙
⑤ 진실성과 완전 개방의 원칙

정답: ②

해설: 평등과 불평등의 원칙은 사람들을 공정하고 평등하게 처우해야 하는 권리다.

03

사회복지실천기술의 관계기술

1. 관계기술

1) 관계의 정의

관계란 개인 및 집단 그리고 체계에서도 중요한 의미가 있다. 사회복지실천과정에서 관계란 '공통된 이해관계를 지닌 두 사람 간의 정기적 또는 한시적으로 감정의 상호작용이 일어나는 조건(Perlman, 1957)' 이며, '클라이언트와 사회복지사 간에 혹은 사회자원과의 교류를 가능하게 하는 연결 통로로서, 클라이언트와 그를 둘러싸고 있는 환경 간에 보다 나은 적응을 가져오도록 개인의 능력과 지역사회 자원을 적절히 동원하고 활용할 수 있도록 돕는 것(Biestek, 1978)' 으로 정의할 수 있다. 또한 '하나의 촉매제로서, 문제해결과 도움을 향한 개인의 에너지와 동기를 지지하고 양성하며 자유롭게 하는 원동력이다(Perlman, 1978).' 라고도 정의되고 있다.

그리고 인간의 행동이 각기 다른 정서적인 반응을 불러일으키는 것처럼, 관계란 일차적으로 한 개인으로부터 다른 개인에게로 흘러가는 감정적인 반응으로 구성된다.' 라고 함으로써 집단의 전체적 역동성보다는 집단을 구성하고 있는 각 개인의 중요성을 강조하고 있다(Perman, 1982). 나아가 체계이론을 적용시켜 통합방법론을 제시한 Pincus와 Minahan(1973)은 "관계란 사회복지사와 클라이언트가 관계하는 체계 간의 정서적 유대라고 할 수 있으며, 이들 관계에는 협력, 협상 또는 갈등의 분위기가 포함될 수 있다."라고 하였다.

사회복지실천 영역에서 학자마다 관계에 대한 개념정의는 각기 다르지만, 공동된 핵심은 클라이언트 혼자가 아닌 또는 원조 전문가 혼자가 아닌 상호 간의 신념이 반영된 교류라는 점을 알 수 있다. 사회복지실천 과정에서 사회복지사와 클라이언트 간 형성되는 관계의 의미는 사적 관계가 아니라 클라이언트에게 심리사회적·정서적 자원 및 물질적 자원이라는 원조를 전달해 주어야 하는 전문적인 관계다. 이때 관계의 수준이나 질은 클라이언트를 도울 수 있는 전문성, 충분한 기관 자원의 제공 여부, 클라이언트에게 합당한 기관 연계 능력 등에 따라 달라질 수 있다.

2) 사회복지사의 전문성에 기반한 관계의 특성

사회복지사와 클라이언트 사이의 관계에서 가장 큰 특징은 전문성에 기반한 관계라는 점이다. 이러한 전문적 관계에는 다음과 같은 몇 가지 요건이 포함된다(조홍식 외, 2009; 양옥경 외, 2011; 김재열·이상호 외, 2010).

첫째, 전문성을 갖춘 의도적인 목적이 있는 관계다. 모든 인간관계가 원조를 목적으로 하지는 않는다. 물론 힘겨울 때 일상에서 만나는 친구, 친인척 및 선후배와의 관계에서도 원조관계는 가능하다. 하지만 이러한 관계는 사회복지사와 클라이언트가 상호 합의한 의식적인 목적을 달성하기 위한 전문적인 관계로서의 만남과는 구별된다. 의도적인 목적 달성을 위한 관계는 클라이언트의 삶의 질 향상을 위한 문제해결을 위한 원조를 목적으로 한 관계인 것이다.

둘째, 통제된 관계에 기초한 원조다. 일상에서 만나는 사적 관계가 아니므로 사회복지사는 클라이언트에 대한 객관성을 유지하고 사회복지사 자신의 감정이나 반응을 전문가로서의 태도에 기초하여 책임감 있게 실행한다. 따라서 시간 약속을 준수하며, 사회복지사의 개인적 호기심이나 욕구가 아닌 클라이언트의 문제에 초점을 두면서 그들의 성장과 변화를 가져오는 관계를 유지하는 것이 중요하다.

셋째, 시간의 제한성이다. 대부분의 사회복지사는 기관에 소속된 직원이므로 클라이언트와 제한된 시간과 기간을 갖고 관계를 유지하게 된다. 클라이언트와 계약된 목적이 성취되었다고 판단될 때 대부분의 관계는 종결됨으로써 원조관계 역시 종결된다. 관계의 종결이 허전함과 상실감을 동반할 수 있겠으나 사회복지사는 클라이언트와 사적 관계가 아님을 염두에 두어야 한다.

넷째, 원조 전문가로서의 권위(authority)다. 원조 전문가로서의 권위는 전문적 지식과 경험을 갖추고 기관에서의 지위와 자원 제공 수준에 따라 클라이언트에게 영향력을 미치는 정도에 따라 달라질 수 있다. 우리나라의 사회복지사는 전문직 윤리강령에 기반한 권위를 갖는다. 사회복지사는 소속 기관에서 부여한 권한과 클라이언트의 인정으로부터 부여받은 권한으로 전문가로서의 권위를 갖고 원조전문성을 발휘할 수 있게 된다. 예를 들어, 술을 마신 상태에서 상담을 요구하는 클라이언트가 있다면 사회복지사는 클라이언트의 취중상담 요청을 단호하게 거절해야 한다. 대신 차후에 클라이언트에게 연락하여 약속시간을 정해서 술이 깬 상태에서 오도록 강조해야 할 것이다.

다섯째, 다학제적 개입이 가능하도록 자원의 연계를 구성한다. 사회복지사가 원조 전문가라고 해도 다양한 심리적 · 사회적 · 병리적 현상에서 발생하는 클라이언트의 문제들을 모두 이해하고 해결에 접근한다는 것은 사실상 불가능하다. 사회복지사는 코디네이터로서 지역사회에 다양한 전문가들, 예를 들어 법조인, 보건전문가, 의료전문가, 교육전문가, 심리전문가, 사회복지전담 공무원 등을 연계하여 복잡한 클라이언트의 문제를 사례회의를 거쳐 해결 가능하도록 돕는 것이 현명하다.

여섯째, 자기노출(self disclosure)의 수준이다. 사회복지사는 클라이언트에 대한 원조 과정에서 적절하다고 판단되는 시기에 자신의 경험을 클라이언트에게 말해주는 것도 바람직하다. 이를 통해 클라이언트는 자신만이 문제를 겪는 것이 아니라 다른 사람도 유사한 어려움을 경험하면서 어떻게 대처하고 극복해 나갔는지에 대한 간접적인 체험이 가능해진다. 하지만 사회복지사의 자기 노출 시기는 클라이언트와 어느 정도 친밀감이 형성되어 사회복지사의 개인 노출 내용에 대해 인지적으로 심리적으로 왜곡된 해석이나 반응 없이 있는 그대로 수용할 수 있을 때가 적절할 것이다. 또한 사회복지사의 자기 노출 수준은 상황에 따라 다르겠으나 노출 이후 클라이언트와의 관계가 민망해진다든가 후회하지 않을 수 있도록 자신이 감당할 만큼 노출하는 것이 바람직하다.

일곱째, 감정이입이다. 사회복지사는 클라이언트를 위한 원조관계에서 대상의 감정 상태를 파악하고 이해할 수 있는 능력이 중요하다. 감정이입은 클라이언트의 감정 상태를 사회복지사가 수용하고 민감하게 반응하게 되는 것을 의미한다. 또한 감정이입은 적극적 경청과 클라이언트의 비언어적 표현까지도 이해할 수 있는 민감성이 요구된다. 클라이언트의 심정을 민감하게 파악함으로써 필요한 원조 서비스를 계획하는 데 박차를 가하게 될 수도 있을 것이다. 그러나 감정이입은 동정심과는 다르다. 사회복지사는 힘겨운 상황에 있는 클라이언트에게 동정심을 느끼게 될 수도 있으나 동정심에 의한 관계 형성은 원조 전문가의 전문성을 떨어뜨리게 할 뿐만 아니라 예상치 않은 관계의 종결로 치닫게 되기도 한다.

3) Biestek의 7대 관계 형성의 원칙

Biestek은 『케이스워크 관계(*casework relationship*)』(1957)에서 원조를 요청하는 사람들에게서 나타나는 공통적인 감정 및 태도를 기초로 하여 사회복지사와 클라이언트 간의 원조관계의 기본 원칙 7개를 설정하였다. 이들 원칙은 사회복지실천 분야에서 현재까지 수용되고 있는 가장 고전적인 관계의 원칙일 뿐만 아니라 사회복지사와 클라이언트의 상호작용에 있어서 사회복지사의 책임을 규정하는 유용한 방식이라고 볼 수 있다. Biestek이 제시한 7대 원칙은 개별화, 의도적 감정표현, 통제된 정서적 관여, 수용, 비심판적 태도, 클라이언트의 자기결정 그리고 비밀보장으로 구성된다(이윤로, 2003; 장수미 외, 2010; 사회복지연구센터, 2012).

첫째, 개별화(individualization)다. 개별화란 모든 클라이언트는 각기 개별적이며 독특한 특성을 가짐으로써 개별 클라이언트를 원조하는 내용과 방법 그리고 과정에서 개인적 특성이 반영되어야 한다는 원칙이다. 즉, 모든 개인의 문제는 사안별로 볼 때 유사해 보일 수 있지만 해결을 위한 접근은 개인마다 차이가 있다. 예를 들어, 이혼이라는 사안은 동일하다고 해도 이혼에 직면한 개인의 문제를 해결하기 위해서는 개별적인 특성이 존중되어야 한다는 점이다. 개별화를 실천하기 위해 사회복지사는 클라이언트와의 약속시간을 철저히 준수해야 할 것이다. 뿐만 아니라 개인에 대한 비밀보장에 대한 사전 설명을 함으로써 클라이언트로 하여금 안심과 믿음을 주도록 한다.

개별화를 존중하기 위한 사회복지사의 역할은 다음과 같다.

- 클라이언트에 대한 편견이나 선입견에서 벗어나야 한다.
- 인간의 발달과정에 따른 지식을 갖고 적용할 수 있어야 한다.
- 경청하고 관찰할 수 있는 능력을 갖춘다.
- 사회복지사가 클라이언트의 진행 속도를 앞서지 말고 보조를 맞추어 나간다.
- 클라이언트의 변화해 가는 감정 상태를 읽어 나갈 수 있는 민감성을 갖춘다.
- 지금-여기에 초점을 두고 클라이언트가 발휘할 수 있는 능력을 활용하도록 한다.
- 클라이언트의 개성과 상황에 따라 융통성 있게 원칙을 적용한다.

둘째, 의도적인 감정표현(purposive expression of feeling)이다. 의도적인 감정표현이란 내면의 감정을 자유롭게 분출하고 싶어 하는 클라이언트가 안전하고 평안하게 자신의 감정을 드러낼 수 있도록 격려해 주는 것을 의미한다. 하지만 의도적인 감정표현을 도모하기 위해 클라이언트에게 지킬 수 없는 약속을 한다든지, 성급한 초기 해석이나 너무 많은 해석으로 혼란과 불신감을 유발시킨다든지, 클라이언트의 감정표현을 비난하는 것 등은 오히려 장애가 될 수 있다. 다음은 의도적인 감정표현을 돕기 위한 사회복지사의 역할이다.

- 우선 사회복지사는 클라이언트를 면접할 때 충분한 시간적 · 정신적 여유를 가지고 진행하도록 한다. 사회복지사 자신이 시간에 쫓기고 평안하지 않다면 클라이언트의 감정적 호소에 진정한 경청이 어려워지기 때문이다.
- 클라이언트가 내면에 쌓인 감정을 자유롭고 평안한 분위기 속에서 표출할 수 있는 분위기를 만들어야 한다.
- 클라이언트가 심리적 고통과 긴장으로부터 벗어날 수 있도록 심리적 환기

(ventiliation)를 통해 자신의 내면을 정화시킬 수 있도록 한다. 이러한 과정은 클라이언트가 자신에게 직면한 문제 상황에 대해 털어놓음으로써 스스로 정리할 수 있는 시간이 될 수 있다.

- 클라이언트가 호소하는 정서적 내용을 경청해 주는 것 자체가 클라이언트에게 심리적 지지가 될 수 있다. 문제를 해결하기 위한 능력 발휘보다 문제에 대한 감정을 다스리는 것이 클라이언트의 진정한 어려움일 수도 있다.

셋째, 통제된 정서적 관여(controlled emotion response)다. 통제된 정서적 관여란 사회복지사가 클라이언트의 감정에 민감성을 가지고 호소하는 바에 대한 충분한 의미를 이해하면서 클라이언트의 감정에 대해 적절한 반응을 하는 것이다. 사회복지사는 클라이언트가 호소하는 어려움에 지나치게 몰입하여 클라이언트보다 더 흥분하거나, 사회복지사가 자신의 과거나 현재에 경험했던 유사한 어려움을 떠올리며 지나치게 반응할 수도 있다. 원조 전문가로서 클라이언트의 감정적 호소에 경청하면서 직면한 현실의 어려움을 해결할 수 있도록 돕기 위해서, 사회복지사는 원조 목적에 맞게 개인의 정서를 조절하고 통제한 상태에서 적절한 반응을 보여야 한다. 그러한 결과로 클라이언트는 자신이 수용된다는 느낌과 자신의 문제에 진지한 관심을 보여 준다는 느낌으로 심리적 평안을 얻을 수 있을 것이다. 통제된 정서적 관여를 위한 사회복지사의 역할은 다음과 같다.

- 사회복지사는 클라이언트가 자기의 감정 및 정서 상태를 말로 직접 표현하지 않더라도 태도에서 묻어나는 클라이언트의 상태를 잘 파악할 수 있는 민감성이 있어야 한다.
- 사회복지사는 클라이언트가 자신의 문제에 관련해 인식하는 감정의 의미를 이해해야 한다. 이러한 이해과정은 지속적으로 진행되어야 한다. 따라서 사회복지사는 인간행동발달을 이해할 수 있는 정신의료, 심리학, 교육학, 인문학 등 인간의 심리사회적 성장을 이해하는 데 기초가 되는 지식을 습득해야 한다.

넷째, 수용(acceptance)이다. 인간은 본성적으로 타인에게 인정받고 싶어 하며 수용되길 원한다. 클라이언트 역시 다양한 장단점을 가진 인간으로서 있는 그대로의 모습으로 수용되길 바랄 것이다. 사회복지사가 대상에 대한 수용을 언급할 때에는 대상에 대한 좋고 나쁨을 분별하는 것이 아니라 현실에 존재하는 그대로의 대상을 인정하고 존중한다는 것이다. 따라서 다양한 환경과 입장에 있는 클라이언트는 누군가로부터 수용받고 있다는 경험을 통하여 존재로서의 자신을 드러내는 데 안전함을 느낄 수 있게 된다. 수용에 대한 사회복지사의 역할은 다음의 요인을 검토하고 극복해 나감으로써 가능해질 것이다.

- 인간발달 행동양식에 관한 충분한 지식을 갖추고 있는가?
- 사회복지사로서 클라이언트에 대한 특정한 부분을 수용할 수 없다면 그것은 과연 무엇인가?
- 클라이언트에 의해서 사회복지사 자신의 감정이 좌우되는가?
- 벗어날 수 없는 편견과 선입견이 있다면 무엇인가?
- 보장할 수 없으면서 말로만 안심시키는 태도를 취하는가?
- 수용과 허용의 차이는 무엇인가?
- 사회복지사로서 클라이언트에 대한 존중감이 있는가?

다섯째, 비심판적 태도(non-judgemental attitude)이다. 비심판적 태도는 클라이언트로 하여금 존재 자체로의 자신을 수용해 주는 것과도 연계된다. 한 개인으로서의 사회복지사 역시 성장과정을 통해 형성된 신념체계와 삶의 패턴이 있게 마련이다. 따라서 타인의 독특한 삶의 문화나 신념체계를 완전히 수용하기는 어렵다. 사회복지사의 윤리강령에 명시된 바와 같이 클라이언트의 종교, 성별, 경제적 지위, 장애 등에 따라 차별하지 않는다는 것 역시 사회복지사 개인으로서의 편견이나 선입견 및 신념에 따라 취할 수 있는 심판적 태도를 삼가라는 의미라고 볼 수도 있다. 사회복지사는 자신의 교육적 배경에서 형성된 인간의 유형화 및 타인과 비교 등으로 인하여 클라이언트의 개별성 및 독특성 등에 대해 심판적 태도를 갖기 쉽다. 허나 그것은 클라이언트와의 관계 형성에 장애가 될 것이다. 물론 클라이언트에 대해 비심판적 태도로 대한다고 하여 클라이언트가 행한 어떤 결과로서 범죄와 같은 만행을 아무런 문제가 없는 것으로 판단하지 말하는 의미는 아니다. 즉, 클라이언트를 둘러싼 문제의 원인과 책임으로부터 전적으로 클라이언트를 자유롭게 하라는 의미가 아니다. 범죄를 행한 클라이언트의 행동의 결과만으로 그를 심판하기 보다는 그러한 범죄를 행한 인간으로서의 클라이언트의 총체적인 삶을 이해하라는 의미에서 비심판적 태도를 갖추라는 것이다.

여섯째, 클라이언트의 자기결정(client self-determination)이다. 클라이언트의 자기결정이란 사회복지실천과정에서 클라이언트 스스로 자신이 나아갈 방향을 결정하려는 의지와 태도를 존중하라는 의미다. 하지만 클라이언트가 자기결정권을 발휘하고자 해도 자신의 능력이 부족하다거나 또는 법적 제한성 및 사회복지기관의 기능과 상충되어 발휘할 수 없는 경우도 발생한다. 예를 들어, 자신의 아이는 자기 마음대로 할 수 있다고 믿어 자녀를 학대하는 클라이언트가 있다고 할 때, 아동보호조치의 의무가 있는 경찰관이나 아동담당 사회복지기관에 종사하는 사회복지사가 알게 될 경우 클라이언트의 자녀에 대한 자기결정권을 박탈할 수도 있다. 그러나 사회복지사의 기본적인 역할은 클라이언트의 역량 강화를 활성화시키고 적당한 자원을 연계시켜 최종적으로는 클라이언트가 자기 문제를 스스로 해결할 수 있도록 도와주는 데 있다. 따라서 원조를 목적으로 하는 사회복지사는 클라이언트가 요청하거나 필요로 하는 다양한 정보제공과 조언의 제시는 가능하겠으나 최종 결정은 클라이언트 자신이 할 수 있도록 두는 것이 바람직하겠다. 클라이언트의 자기결정의 원칙을 적용할 때 사회복지사의 주의사항은 다음과 같다.

- 클라이언트 문제의 주된 해결사는 클라이언트 자신이다. 사회복지사가 원조관계를 유지한다고 해도 클라이언트가 자신의 문제해결자로서의 중심에 있도록 해야 함을 강조해야 한다. 따라서 사회복지사가 클라이언트 문제를 대신 해결해 주는 중심으로서의 역할을 담당해서는 안 된다.
- 사회복지사의 욕구나 생각에 의한 것이 아닌 클라이언트가 요청하는 원조 서비스를 계획하고 연계할 수 있도록 염두에 둔다.
- 클라이언트가 자기결정을 하는 과정에 사회복지사가 직간접적으로 개입하거

나 조정하거나 강제하거나 설득해서는 안 된다.

일곱째, 비밀보장(confidentiality)이다. 모든 클라이언트는 자신의 사생활에 대한 비밀을 보장받고 싶어 한다. 비록 원조를 받는 입장에 있다고 해도 이는 마찬가지다. 따라서 사회복지사는 클라이언트와의 원조관계에서 노출된 정보를 임의로 타인에게 알려서는 안 된다. 하지만 비밀보장에도 비밀보장의 한계라는 예외적인 상황이 있다. 물론 이러한 예외적 상황은 클라이언트 자신이 자신의 이익과 혜택을 고려하여 자신의 상황을 매체 등을 통해 외부로 알리길 원하는 때이거나 사회복지사가 클라이언트의 삶의 질 향상 및 치료 목적으로 슈퍼비전을 받고자 할 때, 사회복지실습과정에서 교육적 목적 등으로 완전한 비밀보장이 불가능할 경우는 예외로 한다.

〈표 3-1〉 Biestek의 원조관계에서의 7대 원칙

7대 원칙	핵심적 욕구
1. 개별화	독특한 개인으로 인정받고 싶은 욕구를 존중함
2. 의도적 감정표현	내면의 감정을 표현하고 싶은 욕구를 존중함
3. 통제된 정서적 관여	원조의 목적에 맞게 정서를 조절하고 통제한 상태에서 적절한 반응하기
4. 수용	가치 있는 개인으로 인정받고 싶은 욕구를 존중함
5. 비심판적 태도	심판이 아닌 존재 자체로 인정받으려는 욕구를 존중함
6. 자기결정	개인의 선택과 결정을 존중함
7. 비밀보장	개인에 대한 비밀이 노출되지 않길 바라는 욕구를 존중함

2. 원조관계 형성에서의 방해요인

클라이언트와 사회복지사의 원조관계에서 클라이언트의 변화를 방해하는 관계요인은 클라이언트와 사회복지사 모두로부터 발생할 수 있다. 클라이언트에 의해 발생되는 방해요인으로는 클라이언트의 내면적 요인인 전이, 양가감정, 저항, 타인에 대한 불신을 들 수 있겠다. 반면 사회복지사로부터 발생되는 방해요인으로는 역전이, 소진, 전문성 부족, 직면 등이 다음과 같이 나타난다(Goldstein & Noonam, 1999; Hepworth et al, 2006; 이영실 외, 2011).

첫째, 전이(transference)다. 정신분석에 의하면 전이란 과거 클라이언트가 살아가면서 맺었던 대상과의 관계에서 갖게 된 복잡한 심리적 덩어리인 콤플렉스를 현재 만나게 된 대상, 즉 사회복지사를 대상으로 그 감정을 옮겨 재현시키는 것이다. 예를 들어, 클라이언트가 과거 부모형제라든지 교사, 선후배 및 직장 동료 등과의 관계에서 경험했던 역동적인 감정(예: 분노, 공포, 불쾌함, 격려 받음, 기쁨, 희망 등)의 경험이 사회복지사를 만나게 되면서 무의식으로부터 살아나게 되는 것이다. 만일 클라이언트가 사회복지사를 과거의 대상이었던 아버지와 유사하게 인식하게 된다면 마치 자신의 아버지와 경험했던 감정양식을 사회복지사에게도 적용하게 될 것이다.

둘째, 양가감정(ambivalence)이다. 인간은 변화에 대한 필요를 인식하면서도 막상 새로운 변화를 시도해야 할 때에는 예측할 수 없는 결과에 대한 두려움이나 불안 등을 갖게 된다. 따라서 현재의 상태가 다소 불만스럽더라도 익숙한 상황이라면 내버려 두고 싶은 정서를 갖게 된다. 이는 사회복지사와의 관계를 통해 새로운 변화를 시도해야 하는 클라이언트가 갖게 되는 자연스러운 감정일 수도 있다. 따라서 사회복지사는 클라이언트에게 제공될 원조과정에 대한 충분한 설명을 통해 다가올 변화에 대한 클라이언트의 불안을 낮춰 주는 노력이 필요하다.

셋째, 저항(resistance)이다. 사회복지사는 클라이언트로 하여금 변화를 유도하고자 계획된 개입 목표에 따라 움직일 것이다. 하지만 클라이언트는 변화에 대한 불안, 불신, 두려움 및 자포자기 등 다양한 이유로 사회복지사의 개입과정을 거부할 수도 있다. 흔히 정신분석에서는 클라이언트의 무의식에 대한 정신분석과정에서 클라이언트가 현실로 인식하기에는 너무나 고통스러웠던 경험의 경우, 치료자인 타인에게 드러내기에 불편한 정서이므로 이를 억압함으로써 클라이언트 자신의 치료에 부정적인 영향을 주는 현상을 저항이라고 하였다. 이렇게 저항이란 정신분석가의 전문적 치료과정에 역행하는 클라이언트의 반응이라고 해석한 것이다. 오늘날은 클라이언트의 저항을 반드시 부정적인 것으로만 해석하지 않는다. 현실로 인정하기에는 너무나 힘겨운 과거의 고통을 드러내야 하고 이를 통해 변화해야 하는 과정을 감당해야 하는 클라이언트의 내적 불안을 여실히 드러내는 것임을 알 수 있게 한다. 이는 오히려 클라이언트의 잠재적인 내적 불안의 근원을 파악하여 접근할 수 있는 기회가 될 수 있을 것이다.

넷째, 타인에 대한 불신(untrust)이다. 일반적으로 클라이언트는 사회복지사와의 관계를 형성하기 이전에 스스로 자신의 어려움을 해결하기 위해 다양한 대처를 시도했을 수 있고, 원조 전문가가 아니더라도 주변에 접근 가능한 사람들에게 도움을 요청했을 수도 있다. 그러나 주변인에게 도움을 청했던 클라이언트의 경험이 반드시 성공적인 결과를 얻었다고 할 수는 없을 것이다. 클라이언트는 자신의 기대와는 달리 주변인에게 거부당했거나 비난받았을 수도 있다. 힘겨울 때 격려와 도움을 받기보다는 내적 상처를 받음으로 인해 클라이언트는 자신에 대한 노출을 삼가게 되고 오히려 다가서려는 사회복지사의 관심과 공감에 방어적 태도를 취하게 될 수도 있다. 이러한 클라이언트의 태도는 과거에 취약했던 상태에서 경험하게 된 자존감의 손상이라고 할 수 있다. 따라서 사회복지사는 클라이언트와의 원조과정에서 지킬 수 없는 약속을 함으로써 클라이언트로 하여금 실망과 불신을 자초해서는 안 될 것이다. 또한 클라이언트가 비록 현재 잠시 실망하더라도 이를 위로하기 위해 실천할 수 없는 과장된 언행을 삼가며, 클라이언트를 위해 지나친 개입 계획을 설계하여 사회복지사 스스로 소진되는 것은 장기적인 원조관계에 부정적인 영향을 미치게 될 것이다.

다섯째, 역전이(transference)다. 역전이는 전이와는 반대되는 개념이다. 이는 사회복지사 개인이 성장과정에서 맺었던 대상과의 관계로부터 갖게 된 복잡한 심리적 덩어리인 콤플렉스를 현재 만나게 된 대상인 클라이언트에게 그 감정이 옮겨 재현되는 것이다. 예를 들어, 사회복지사가 과거 자신의 가족구성원, 배우자, 교사, 선후배 및 직장동료 등과의 관계에서 경험했던 역동적인 감정(예: 분노, 공포, 불쾌함, 격려 받음, 기쁨, 희망 등)의 경험이 클라이언트를 만나게 되면서 무의식으로부터 살아나게 되는 것이다. 만일 사회복지사가 클라이언트를 마치 자신의 어머니로 연상하면서 관계를 형성하다면 사회복지사는 클라이언트를 독특성을 지닌 개인이 아니라 자신의 과거 대상의 일부로 해석하게 되는 오류를 범하게 된다.

여섯째, 소진(burn out)이다. 제한된 시간에 다양한 클라이언트를 만나 원조를 계획해야 하는 대다수의 사회복지사는 시간이 경과하면서 주어진 업무로 인해 소진을 경험하게 된다. 소진은 사회복지사로 하여금 창의적이고 자발적인 원조계획을 구성하게 하기보다는 주어진 최소한의 업무만을 유지하길 바라는 상태에 머물게 할 수 있다. 소진 상태에 있는 사회복지사가 클라이언트와 원조관계를 맺게 될 경우 냉소적인 태도로 최소한의 서비스만을 제공하게 될 수도 있다. 즉, 클라이언트에 대한 인간 중심적 서비스가 아닌 과업 중심적 태도로 변질되는 것이다. 따라서 사회복지사는 원조 전문직으로서의 소진을 예방하기 위해 스스로의 방책을 설계해 둘 필요가 있다. 예를 들어, 가정으로 복귀하게 되면 클라이언트에게 몰입했던 에너지로부터 벗어나 사회복지사 개인을 위한 에너지 충전 시간을 충분히 갖는 것이 중요하다. 사회복지사 자신이 탄력적인 삶을 유지하지 못한다면 클라이언트에게 제공해 줄 심리적 에너지가 쉽게 고갈될 수 있다.

일곱째, 전문성(specialty) 부족이다. 사회복지직은 전문성을 바탕으로 클라이언트와 원조관계를 형성해야 한다. 사회복지 전공 학부과정에서는 전문성보다는 사회복지에 대한 일반적 수준의 이해를 제공하는데, 이를 제너럴리스트(generalist)라고 한다. 대학원 과정에 이르러 사회복지 전문 분야에 대한 구체적인 접근이 강조되면 이를 원조를 전문으로 하는 스페셜리스트(specialist)라고 한다. 하지만 사회복지직에서의 실천은 직접 실천이든 간접 실천이든 휴먼서비스의 제공을 목적으로 한다는 공통점이 있다. 따라서 클라이언트의 성장을 도모하기 위한 전문적 지식과 훈련을 갖춘 이후 실천적 개입을 실행하는 것이 바람직하다.

여덟째, 직면(confrontation)의 부작용이다. 때때로 클라이언트가 자신의 문제에 대한 원인과 영향력을 파악할 수 있는 통찰력이 부족하여 자신의 감정, 생각, 행동 간에 모순을 인식하지 못할 수 있다. 만일 인식하더라도 어떠한 이유로 그에 대한 원인을 수용하길 바라지 않을 수도 있다. 이럴 때 사회복지사는 클라이언트의 통찰력을 촉진시키기 위해 직설적인 태도나 화법 등으로 현상에 직면하게 할 수도 있다. 하지만 직면의 활용은 클라이언트가 관련된 상황을 수용할 준비가 충분히 무르익기 전에는 반작용을 일으킬 수도 있다. 결국 클라이언트는 혼란스러움과 불쾌한 감정을 느낄 수도 있으며, 경우에 따라서는 사회복지사의 의도와는 관계없이 원조관계가 단절에 이를 수도 있다. 따라서 직면의 활용은 클라이언트와 충분한 친밀감이 형성되어 반감이 일어나지 않을 수 있도록 사전에 충분한 분위기 조성을 갖추어야 할 것이다(최해경, 2009).

예상문제

1. 비스텍(Biestek)이 제시한 7대 원칙에 해당되는 것은?

① 개별화, 의도적 감정표현

② 평등과 불평등의 원칙

③ 자율성과 자유의 원칙

④ 비심판적 태도, 공감

정답: ①

해설: 개별화, 의도적 감정표현, 수용, 통제된 정서적 관여, 클라이언트의 자기결정 그리고 비밀보장으로 구성된다.

2. 다음의 설명은 비스텍이 제시한 7대 원칙 중 무엇에 해당되는가?

> 원조 전문가로서 클라이언트의 감정적 호소에 경청하면서 직면한 현실의 어려움을 해결할 수 있도록 돕기 위해서, 사회복지사는 원조 목적에 맞게 개인의 정서를 조절하고 통제한 상태에서 적절한 반응을 보여야 한다. 그러한 결과로 클라이언트는 자신이 수용된다는 느낌과 자신의 문제에 진지한 관심을 보여 준다는 느낌으로 심리적 평안을 얻을 수 있을 것이다.

① 통제된 정서적 관여

② 비심판적 태도

③ 개별화

④ 평등과 불평등의 원칙

정답: ①

해설: 통제된 정서적 관여란 사회복지사가 클라이언트의 감정에 민감성을 가지고 호소하는 바에 대한 충분한 의미를 이해하면서 클라이언트의 감정에 대해 적절한 반응을 하는 것이다.

3. 원조관계 형성에서 사회복지사로부터 발생되는 방해요인에 해당되는 것이 아닌 것은?

① 소진

② 전문성 부족

③ 직면

④ 전이

정답: ④

해설: 역전이가 발생할 때 방해된다.

04

개인대상 면접기술

1. 면접기술

면접기술은 사회복지사가 클라이언트와 만남을 통하여 이루어진다. 사회복지실천과정에서의 면접은 도움을 필요로 하는 사람이 전문적 훈련을 받은 사회복지사와의 대면관계에서 생활과제의 해결과 사고, 감정, 행동 측면의 인간적인 성장을 위해 노력하는 학습과정이라고 할 수 있다. 즉, 전문적 지식과 인간관계의 기술을 갖춘 사회복지사가 클라이언트의 문제를 이해하고 원조한다는 목적을 가지고 의도적으로 이끌어 가는 전문적 대화라고 할 수 있다(이문국 외 역, 1999).

사회복지사는 클라이언트를 만나기 전부터 철저히 준비하고 클라이언트가 어떤 문제로 면접을 보러 왔는지를 검토하여 만나는 것이 바람직하다. 물론 사회복지 현장에서 면접은 일반적으로 많은 부분이 미리 결정될 수 없고, 진행됨에 따라 그 상황에 대한 반응을 해야 하는 경우도 많다. 사회복지사는 면접의 목적을 달성하도록 고도의 개별화된 상황하에서 정당하다고 생각하는 것들을 행하는 데에는 상당한 자유재량을 가지게 된다. 일반적으로 면접시간은 30분에서 1시간 정도다.

면접기술은 사회복지실천과정에서 주로 종합사회복지관 및 사회복지 관련 시설인 노인복지관, 장애인복지관, 한부모가족지원센터, 알코올중독상담센터, 중독자재활센터, 학교상담실, 병원의 정신과, 건강가정지원센터, 여성회관의 상담실, 구청의 사례관리팀, 다문화가족지원센터, 청소년 쉼터, 청소년상담소, 1366 여성긴급전화(가정폭력피해자센터), 성폭력피해자센터, 기업복지의 상담실, 정신보건센터, 법원의 이혼상담, 교정시설, 군대의 상담소 등 정부나 지자체가 운영하는 것 외에도 개인이 운영하는 아동, 청소년, 가족상담센터 등 다양한 곳에서 활용되고 있다.

사회복지실천 현장에서 사회복지사는 특히 어떤 기관인지, 어떤 시설인지에 따라서 상담이나 면접기술이 다를 수밖에 없다. 정신질환자들을 대상으로 하는 정신보건사회복지사, 종합병원에서 일하는 의료사회복지사, 사회복지공무원, 종합사회복지관의 사회복지사, 미혼모센터의 사회복지사, 아동보육시설의 사회복지사 등은 현장에서 역할 업무가 대상에 따라서 다양하기 때문에 일반적인 상담의 기술을 초기, 중기, 종결과정으로 나누어 설명하고자 한다.

사회복지사가 효과적인 면접기술을 위해서 갖추어야 할 내용들은 다음과 같다 (Epstein & Browen, 2002; 손광훈, 2009).

- 사회복지사의 자기인식의 정도와 한계인식
- 내담자와 주고받는 상호작용에 대한 대화의 주제와 초점, 공감반응 능력
- 원조관계를 발전시킬 사회복지사의 능력(라포 형성, 치료적 관계 형성)
- 클라이언트를 존중하며 커뮤니케이션과정에 적극적으로 관여하도록 하는 사회복지사의 대화 능력
- 클라이언트에게 기술적으로 말을 잘하고 질문하는 사회복지사의 능력
- 상담의 목적을 함께 설정하기
- 면접이 행해지는 분위기와 장(場)
- 비밀보장의 정도
- 전이와 역전이 등과 같은 면접과정에서 유발하는 역동성에 대한 사회복지사의 인식 등이다.

1) 첫 면접의 불안수용

사회복지실천과정에서 첫 면접은 사회복지사와 클라이언트 모두에게 불안과 다

양한 감정을 불러일으킨다. 처음 방문한 클라이언트로서는 무엇을 먼저 이야기해야 할지, 문제해결이 가능할지, 사회복지사는 어떤 사람인지, 여러 가지 불안과 의문을 갖게 된다. 면접을 하는 사회복지사도 첫 면접에서 불안이 있을 수 있지만 유연하게 잘 처리하면서 대화를 이끌어 나가야 한다. 클라이언트의 처한 상황에 대해 불안감을 잘 수용해 주면서 침착하게 긍정적인 관계 형성을 하며 내담자와 개인적인 관계가 아니라 전문적인 원조관계 형성을 잘 해야 한다.

사회복지사는 클라이언트의 다양한 욕구와 현재의 문제 상황이나 심리적인 어려움에 대해 수용하며 존중해 주어야 한다. 클라이언트의 행동의 결과만 보지 말고, 그런 행동을 할 수밖에 없는 환경이나 피치 못할 상황에 귀 기울이며 내면의 갈등에도 관심을 기울여야 한다.

예를 들어, 애인의 권유로 함께 주식에 투자해서 돈을 다 날린 클라이언트에게 그래도 그렇지, 어쩌다가 그런 실수를 하셨나요?라고 비난하기보다는 "둘이서 좀 더 돈을 더 벌어 보려고 투자를 하신 것 같은데 뜻대로 되지 않아서 정말 속상했겠네요."라며 공감적인 반응을 하는 것이 중요하다. 사회복지사는 클라이언트를 인간적으로 존중하는 태도가 언어적 · 비언어적으로 표현되어야 한다. 성공적인 첫 면접은 조기종결이나 중도탈락을 예방할 수 있는 기회를 제공할 뿐만 아니라 비자발적이거나 참여 의지가 미약한 클라이언트의 참여 동기를 강화할 수 있기 때문에 매우 중요하다.

2) 면접의 시작단계

이 단계에서 사회복지사는 클라이언트와 첫 면접을 통해서 만나게 된다. 사회복지사는 면접진행을 ① 자기 소개 및 클라이언트 자신에 대한 소개를 요청하기, ② 첫 면접의 목적 설명 및 진행과정 설명하기, ③ 기관의 정책 및 윤리적 요건에 대해 설명하기, ④ 피드백(질문이나 의문점 나누기), ⑤ 클라이언트의 주 호소문제 탐색하기 등과 같은 과업을 수행하게 된다(Cournoyer, 2000).

(1) 사회복지사의 자기 소개 및 클라이언트의 소개 요청

사회복지사는 클라이언트를 상담실이나 사무실에서 만나게 되는데 이때 자신의 성명, 소속기관 및 직위를 분명하게 소개한다. 명함을 주면서 인사를 나눈다. 사회복지사가 먼저 자기 소개를 한다. 예를 들어, ○○복지관의 지역복지팀의 팀장으로 일하는 ○○○입니다.

혹시 사회복지사에게 출신학교나 자격증 관련 질문을 할 경우에는 솔직하게 답을 하는 것이 바람직하다. 실습생인 경우에는 실습생이라고 미리 소개한다.

사회복지사는 자기 소개를 마치고 클라이언트에게 자신의 소개를 요청한다. 혹시 함께 동행한 사람이 있을 때도 소개를 요청한다. 사회복지사는 기관을 방문한 사람의 이름을 확인하고 인사를 나눈다. 동행인이 함께할 경우에는 어떻게 호칭을 부를지를 물어보는 것도 좋다. 일반적으로 아동이나 학생의 부모님일 경우는 ~어머님이라고 불러도 될까요?라고 확인하는 것이 좋다. 개인 내담자인 경우는 ○○○씨라고 해도 될까요? 아니면 선생님이라고 불러도 될까요?라고 묻는다. 사회복지사는 아동이나 청소년인 경우에도 하대를 하는 것보다는 교육적인 측면에서 존칭어를 쓰는 것이 더 바람직하다. ~해 줄래요? ~말해 볼래요? 등의 표현을 한다.

(2) 첫 면접의 목적 설명 및 진행과정 설명

인사를 서로 나누고 사회복지사는 면접의 목적을 설명한다. 면접의 목적은 가능한 직접적이고 분명하면서 부드럽게 진행한다.

> "오늘은 저희 기관을 처음 방문하셨는데 저희 기관을 방문한 목적을 알고 싶습니다. 오늘 어떻게 오게 되셨나요?"
>
> "아이 때문에 어머님께서 오늘 면접을 신청하셨는데, 어떤 도움을 원하시는지 한번 이야기해 주시면 함께 해결방안을 모색해 보도록 하겠습니다."

처음 방문한 클라이언트는 불안감이나 불확실감을 느낄 수 있다. 그래서 사회복지사는 첫 면접을 구조화시키는 것도 하나의 방법이다. 첫 면접이 어떻게 진행될 것이고 얼마 동안 진행되며, 첫 면접에서 다루어야 할 내용이나 해야 할 것을 미리 안내해 주고 나서 본격적인 면접을 시작하는 것도 바람직하다.

또한 사회복지사는 혹시 슈퍼비전을 위한 녹음이 필요하면 클라이언트에게 동의서를 받고 실시해야 하고, 다른 한쪽에 관찰자가 있다면 먼저 이야기를 해 주어야 한다.

클라이언트의 역할과 기대를 설명하면서 클라이언트에게 기본사항을 알려 주는 것도 내담자의 불안을 줄이는 방법이 된다. 클라이언트가 지속적으로 상담을 하게 된다면 앞으로의 역할에 대해서 알려 주는 것도 바람직하다.

- 면접을 위해서는 꼭 시간 약속을 지켜야 한다.
- 시간 약속을 취소할 경우에는 반드시 24시간 이전에 사전에 알려 주어야 한다.
- 면접을 마치고 합의된 면접료를 지불하는 것(지불해야 할 경우)을 알려 주어야 한다.
- 진행과정에서의 어떤 변화나 위기상황을 사회복지사에게 알려 주어야 한다.
- 클라이언트에게 과제 부여 시 성실히 임해야 한다.
- 면접에서 이야기한 내용을 집에서 반복하며 비난이나 위협을 주어서는 안 된다.

(3) 기관의 정책 및 윤리적 요건에 대해 설명하기

사회복지사는 자신의 소속기관에 대해 간단한 설명을 해 준다. "저희 기관은 성폭력 피해자를 위한 서비스 기관으로 모든 면접은 무료로 진행되며 법무부의 지원을 받고 있습니다." 또는 "저희 ○○복지관은 서울시로부터 위탁받아 ○○사회복지법인에서 운영하고 있습니다."

서울 가정법원에 있는 이혼상담실도 이혼위기에 있는 부부들에게 무료로 부부상담을 제공하며 원하면 지속적인 면접도 가능하다. 기관에서 제공하는 서비스는 어떤 것들이 있고, 어떤 사람들에게 제공하며, 얼마나, 어떻게 전달하는지를 설명해 준다. 혹시 의문사항이 있으면 친절하게 답해 주고 안내해 준다. 윤리적인 요소 가운데는 클라이언트의 이야기 내용들을 모두 비밀보장이 된다는 것을 알려 주어야 한다. 그러나 이런 비밀보장이 어려운 경우도 설명해 주어야 한다. 예를 들면, 다음과 같다.

- 사회복지사가 아동학대(신체구타, 성폭력, 방치, 근친상간 등) 사실을 안 경우
- 클라이언트가 자살시도 위험이 있는 경우
- 클라이언트가 타인을 해칠 위험이 있는 경우
- 클라이언트가 사회복지사나 기관을 대상으로 소송을 제기할 경우

사회복지사는 비밀보장이 어렵다는 윤리적인 부분을 설명해 준다. 특히 아동학대에 대해서 교사나 사회복지사는 지역아동학대센터나 경찰에 신고할 의무가 있다. 아동이 지역아동센터나 학교상담사에게 상담을 하면서 오빠나 새아버지에게 성폭력을 당해서 심리적으로 어려움을 호소하는 경우가 발견되곤 한다. 이때 상담사는 교사, 지역아동학대센터, 전문가와 함께하는 사례회의를 통하여 빠른 조치를 해야 한다.

클라이언트가 자살시도나 위험이 있는 경우에도 자살예방 핫라인(1577-0119)이나 보호자에게 즉시 알려 주어야 하고, 상담사도 전문가에게 슈퍼비전이나 도움을 받아서 자살을 예방할 수 있도록 하는 것이 중요하다.

(4) 피드백(질문이나 의문점 나누기)

사회복지사는 첫 면접에서 앞의 내용을 클라이언트에게 설명해 주고 혹시 의문사항이나 궁금한 점이 있는지 물어보고 답을 해 준다.

(5) 클라이언트의 주 호소문제 탐색하기

클라이언트는 사회복지사를 만나는 현 시점에서 문제가 심각하고 심리적 어려움이나 고통을 호소하는 경우가 있다. 그래서 클라이언트는 자신의 주 호소문제를 쏟아내는 경우가 종종 있다. 그럴 때 사회복지사는 잘 공감해 주고 경청하면서도 문제 상황에 대한 다각적인 탐색이 필요하다. 문제에 대한 탐색 시 고려해야 할 사항으로는 다음과 같다.

- 클라이언트 상황의 특성은 무엇이며, 그 자체는 현재 어떻게 나타나는가?
- 문제에 대한 클라이언트의 태도는 어떠한가?

- 클라이언트는 동기가 있으며 문제해결 능력이 있는가?
- 현재 문제가 실제적인 문제인가? 클라이언트는 자신이 의식하지 못하거나 또는 이 시점에서 직면하기 싫어하는 어떤 문제가 있을 수 있다. 그리고 클라이언트는 실제적인 문제의 한 증상으로서 어떤 다른 문제를 표출할 수 있다. 따라서 현재 제시되는 문제가 실제적인 문제가 아닐 수도 있다.
- 클라이언트는 왜 이 시점에서 도움을 구하는가? 클라이언트는 사회복지사에게 도움을 요청하기 전에 다양한 형태로 해결 노력을 하게 되는데, 그러한 구도에서 볼 때 왜 지금의 시점에서 사회복지사에게 도움을 요청하게 되었는가를 파악하여야 한다.
- 문제의 지속기간은 어느 정도인가?
- 클라이언트의 강점과 약점은 무엇인가?
- 클라이언트가 과거에 효과적으로 적용한 문제해결 대처방식은 무엇인가? 또한 현재의 문제에 대처하는 방식이나 태도는 어떠한가?
- 클라이언트의 목표와 기관에 대한 기대는 현실적인가? 클라이언트가 가지고 있는 구체적인 목표는 무엇이며, 기관과 사회복지사에 대하여 어떠한 기대를 가지고 있는가? 그리고 그러한 기대는 얼마만큼 현실적인가를 알아야 한다.
- 개입에 누구의 관여가 필요한가? 사회복지사가 클라이언트의 문제에 개입함에 있어서 도움을 받아야 하거나 함께 활동하여야 할 사람이 있는가를 알아내는 것 등으로 사정을 한다.

3) 질문기술

(1) 질문기술

① 개방형 질문과 폐쇄형 질문

개방형 질문은 내담자가 자신의 생각과 느낌을 이야기하도록 요청하는 질문이다. 내담자의 대답이 예/아니요의 짧은 한두 마디의 말로 마치지 않도록 하는 질문이다. 내담자 스스로 어떤 이야기든 할 수 있도록 문을 열어 놓는 질문이다. 그래서 개방형 질문은 내담자의 문제나 사고, 행동, 동기 등 많은 측면을 탐색하는 것이 유용하다. 특히 내담자가 같은 것을 반복해서 말하고, 문제에 대하여 정말로 탐색하려고 하지 않을 때 유용하다. 또한 의사내용이 명확하지 않고 비언어적인 내담자에 대한 구체적인 방향을 제시할 때 사용될 수도 있다(주은선 역, 2001).

Hill과 O'Brien(주은선 역, 2001)은 개방형 질문을 하는 데 몇 가지 지침을 제공하였다.

첫째, 개방형 질문은 짧고 간단해야 한다. 둘째, 상담자는 몇 개의 질문을 한꺼번에 해서는 안 된다. 왜냐하면 이것은 내담자에게 혼란을 야기할 수 있기 때문이다. 셋째, 상담자는 내담자에게 계속 집중해야 한다. 즉, 내담자의 내면에 무엇이 진행되고 있는지를 탐색할 수 있는 질문을 해야 한다. 넷째, 내담자가 과거의 경험이나 사건에 강한 감정과 반응을 가진다 하더라도 초점은 일반적으로 과거 대신 현재에 있어야 한다.

> 예 "당신의 어머니는 당신을 어떻게 대했나요?"보다는 "지금 당신의 어머니가 당신을 어떻게 대한다고 느끼나요?
> "여기에서 오늘 어떤 도움을 받고 싶은지 말씀해 주시겠습니까?"
> "과거 어머니와의 관계를 말씀하셨는데 지금 심정은 어떠신지 말씀해 주시겠어요?

내담자는 개방형 질문에 답하는 것을 어려워할 수 있으므로 질문의 폭을 줄여서 생각과 감정을 비교적 적절하게 표현할 수 있도록 도와주어야 한다.

폐쇄형 질문은 개방형 질문과는 반대로 예/아니요로 답하거나 자신의 이름, 주소, 연령 등 몇 마디로 간단하게 답하는 것으로 반응하게 한다. 클라이언트의 구체적인 정보나 명확한 의사결정을 위해서는 폐쇄형 질문을 활용한다. 그러나 자주 사용하면 클라이언트 입장에서는 조사 받는 느낌이 들고 딱딱하게 범주화하는 경향이 있으므로 필요할 경우에만 활용한다.

폐쇄형 질문은 경찰서, 법원, 검찰청에서 주로 사용하는 질문기법이다. 사회복지실천과정에서는 주로 개방형 질문을 사용한다.

예 "어제는 남편이 술을 마시고 늦게 들어왔나요?"
"아이가 어제는 학교를 갔나요?"
"정말 이혼을 원하시나요?"

〈표 4-1〉 **개방형 질문과 폐쇄형 질문의 차이**

개방형 질문	폐쇄형 질문
포괄적	범위가 좁고 한정됨
클라이언트에게 선택의 자유를 줌	클라이언트에게 특정한 답변만 요구
클라이언트의 관점, 의견, 사고, 감정까지도 끌어냄	오로지 명백한 사실만 요구
바람직한 촉진관계	관계 폐쇄
예) 남편은 어떻게 반응하셨나요?	예) 남편이 말을 했나요?

② 무엇으로 질문하기

이 질문은 현재에 초점을 두면서 내담자가 자신의 대화의 주제나 초점을 자유롭게 선택할 수 있다는 장점이 있다. 클라이언트가 원하는 대화의 주제에 관해 마음대로 논의할 수 있고, 문제를 지금까지 끌어온 요인이나 관련된 타인에 대한 과거를 탐색할 수 있기 때문에 유용하다.

예 "문제가 무엇이라고 생각하시나요?"
"이 문제를 지속시키는 것은 무엇인가요?"
"이 문제를 해결하기 위해서는 무엇이 필요합니까?

③ 직접적 질문과 간접적 질문

클라이언트에게 직선적으로 "넌 그것이 마음에 드니? 어떻게 생각하니?"라고 물어보는 것이 직접적 질문이고, 넌지시 물어보는 것이 간접적 질문이다. 간접적 질문은 비교적 덜 위협적이고 경직된 마음을 완화시키는 데 더 효과가 있다.

질문은 질문처럼 느껴지지 않을수록 더 좋은 질문이다. 그래서 간접적 질문은 관심을 보여 주면서도 질문처럼 들리지 않는다는 점에서 가치가 있다.

예 직접적 질문과 간접적 질문의 예

선생님은 그런 상황에 대해 어떻게 생각하십니까? (직접적 질문)

선생님은 그런 상황에 대해 어떻게 생각하시는지 궁금합니다. (간접적 질문)

예 간접적 질문의 전형적인 형태

"그것이 가능하다고 믿는지 궁금합니다."

"아버님은 어떻게 생각하시는지 궁금합니다."

④ 질문 사용 시 주의하고 피해야 할 것

- 잦은 폐쇄질문의 사용: 잦은 폐쇄질문의 사용은 마치 내담자를 다그치는 경향이 있어서 마음의 문을 닫게 하고 자신을 방어하게 만들 수 있다. 그래서 가능한 개방적인 질문으로 자신의 견해나 느낌을 표현할 수 있는 기회를 준다.
- 유도질문의 사용: 유도질문은 사회복지사가 내담자에게 특정 방향의 답을 하도록 이끄는 질문이다. 예를 들어, "당신은 자녀들을 때리는 것은 잘못했다고 생각하지 않나요?"
- '왜' 질문의 사용: '왜'라는 질문을 사용하여 질문하는 경우는 정보를 구하거나 이유나 원인을 탐색하는 데 사용한다. 그러나 '왜'라는 말이 듣는 사람의 입장에서는 잘못했거나 비난의 뜻으로 보일 수 있어 자기방어나 자신의 행동의 정당성을 합리화하려는 경향이 나타나므로 가능한 한 '왜'라는 말 대신에 '무엇이' '어떻게' '어디서'를 더 활용하도록 한다.
- 이중 혹은 중첩질문의 사용: 이중질문은 한 번에 한두 가지 이상의 내용을 질문하는 것이다. 내담자는 무엇을 먼저 답해야 할지 혼란을 초래할 수 있다. 질문을 할 때는 하나씩 하나씩 하는 것이 좋다.

예 "너는 어젯밤에 친구들과 노느라 늦게 들어가서 엄마께 야단을 맞았니?

그리고 아버지는 그때 어디에 계셨니?

- 모호한 질문의 사용: 사회복지사가 질문 시 모호한 내용을 물어보는 것은 질문의 대상이나 초점을 흐리게 한다. 누가, 그것, 그 사람, 그것, 그때 등을 많이 사용하는 것은 불분명하다. 누가, 누구에게, 무엇을, 어떻게 했는지 구체적으로 질문해야 한다. 내담자는 질문의 내용을 구체적으로 이해하고 답하도록 해야 한다.

> 예 "부모님이 싸울 때 그때 애들은 무엇을 하였니?"
> "부모님이 싸울 때 그때 동생들은 무엇을 하였니? (구체적으로 지명한다)

4) 적극적 경청의 기술

적극적 경청이란 상대방의 말을 통하여 주의 깊게 내용을 듣는 것이다. 그리고 말하는 사람의 감정을 듣는 것이며 상대방의 몸짓, 표정 그리고 음성의 섬세한 변화까지도 알아차리고 말하는 내용의 진짜 의도나 동기도 알아차릴 수 있는 것을 말한다.

(1) 바람직한 경청의 태도

Covey는 경청의 수준을 다섯 단계로 나누었으며, 그중 공감적 경청만이 상대방의 입장에서 듣는 것이라고 하였다. 바람직한 경청의 태도는 다음과 같다.

- 말하는 사람을 바라본다: 상대방을 바라보는 것은 '나는 당신과 함께 있다. 당신에게 도움이 되고 싶다.' 라는 뜻을 전달하는 것이다.
- 진지한 자세를 취한다: 팔짱을 끼거나 다리를 꼬고 앉아 있는 것은 도울 태세가 제대로 갖추어져 있지 않다는 생각을 품게 만들 수 있다.
- 이따금 상대방 쪽으로 몸을 기울인다: 상체를 약간 기울이는 것은 '나는 당신이 하는 말에 관심이 많다.' 라는 뜻을 전달해 준다.
- 좋은 시선 접촉을 유지한다: 내담자와 좋은 시선의 접촉을 유지한다는 것은

'당신에게 관심을 느끼고 있다. 당신이 하는 말을 듣고 싶다.' 라는 뜻을 전달해 준다.

- 편안하고 자연스러운 자세를 취한다: 편안한 자세는 긴장하거나 주의를 흐트러뜨리는 표정을 짓지 않으며 몸가짐을 편안하고 자연스럽게 하는 것이다(심수명, 2005).

(2) 적극적 경청의 요령

경청은 내담자의 이야기를 주의 깊게 귀담아듣는 태도로, 말의 내용(verbal language)뿐만 아니라 말하려는 의도, 심정(nonverbal language)을 주의 깊게 정성 들여 듣는 태도다. 적극적 경청은 상대방이 하는 이야기의 내용을 파악하는 것은 물론이고, 그의 몸짓, 표정, 음성 등에 나타나는 미묘한 변화를 알아차리고 저변에 깔려 있는 심층적인 의미와 감정을 감지하여 그것을 표현하는 과정을 포함한다. 무엇보다 중요한 것은 상담자가 내담자의 이야기를 경청하고 있음을 확인시켜 주는 것이다. 간단한 음성반응(으응, 아, 그랬구나 등), 관심 어린 질문 또는 내담자 말의 반복이나 요약 등에서 내담자는 '아, 이 사람이 지금 내 말을 잘 듣고 있구나.' 라는 느낌을 갖게 될 것이다. 클라이언트의 메시지 속에는 자신의 사고, 감정, 경험, 행동이 배어 있다. 만약 직장에서 해고당했다고 말한다면 내담자는 그 경험을 자기가 처한 문제 상황으로 보는 것이며, 대부분의 시간을 공상으로 보낸다고 말한다면 그 행동을 자기의 문제 상황으로 보는 것이다. 내담자가 말하려고 하는 것은 문제 상황을 기술할 때 드러내는 경험과 행동과 감정 그리고 무엇을 보태고 무엇을 빼려고 하는지 주의 깊게 경청해야 한다.

이는 클라이언트가 말하는 상황에 미치는 영향까지도 경청하는 것을 말한다. 예를 들어, 그 사람의 자녀가 병들어 고통 중에 있다면 그 상황을 짐작하여 공감해 주면서 경청하는 것이다. 또한 클라이언트가 말하는 이야기를 경청할 뿐만 아니라 자신의 경험, 행동, 정서를 객관적으로 관찰하고 더 나아가 내담자의 독특한 관점이나 경향까지 경청할 수 있어야 한다. 내담자의 가치관과 생각에 대해 있는 그대로 경청해 주고 공감해 주면서도 사실과 다르게 왜곡하고 있는 경우, 이것에 대해서도 냉철하게 지각하고 있어야 한다(심수명, 2005).

Sheafor 등(1997)이 말하는 적극적 경청의 요령은 다음과 같다.

- 클라이언트가 표면적으로 나타내는 말뿐만 아니라 그 이면에 숨겨져 있는 감정까지도 세심하게 살핀다.
- 분명하고 침착하며 흥미를 나타내는 어조를 구사한다.
- 관심과 열린 마음을 갖고 클라이언트의 말을 잘 듣고 있다는 것을 나타내는 몸짓(표정, 눈빛, 고개를 끄덕이는 일)을 적절히 사용한다.
- 클라이언트가 한 말 중에서 불분명하거나 추가적인 정보가 필요하면 적절한 질문을 한다.
- 무엇을 주장하거나 의견 제시를 위한 말보다는 클라이언트를 보다 더 잘 이해하기 위한 말을 한다.

(3) 적극적 경청기술의 3단계

적극적 경청기술은 3단계로 나누어 설명할 수 있다.

- 제1단계: 초대 단계다. 신체적 자세와 얼굴표정, 목소리, 어투 등의 준비 자세를 의미하며, 클라이언트가 편안한 마음으로 말할 수 있도록 분위기를 조성하는 것이다.
- 제2단계: 경청 단계다. 클라이언트의 말을 듣고, 관찰하며, 격려하고, 기억하는 등의 과정으로 귀와 두뇌를 활용하는 것을 의미한다.
- 제3단계: 반영 단계다. 클라이언트의 진술에 대해 진정성이 어떤 것인지를 해석하는 것을 의미한다. '제3의 귀를 사용하라.' 라는 의미로 클라이언트가 말하는 메시지 속에 숨겨져 있는 의미를 파악해 내는 것을 의미한다(성진숙 역, 2000, 엄명용 외, 2005: 95).

5) 반영의 기술

상담자가 내담자를 공감한다는 것은 이해를 바탕으로 한다. 감정반영은 공감과 이해를 전달하는 매우 유용한 방법이다. 아주 짧은 말로 사람의 심리상태를 정확히 나타내는 효과를 볼 수 있기 때문이다. 내담자는 자기가 처한 어려움과 감정상태를 음성 혹은 비음성언어로 나타내는데, 대체로 이 표현은 장황하거나 조리가 없기도 한다. 이에 대해 상담자가 내담자의 메시지를 한두 단어로 재표현해 주고 그것이 내담자에게 다시 납득될 때 두 사람의 의사소통은 이해적 · 공감적인 과정으로 느껴질 것이다.

상담자는 내담자가 감정을 파악하고 명료하게 표현하도록 돕기 위하여 반영을 사용한다. 반영을 통해 상담자는 내담자가 자신의 내적 경험에 빠져들기를 바란다.

(1) 내용 반영하기

감정이입기술로서 클라이언트가 말한 것의 주된 내용을 다시 클라이언트에게 표현하는 것을 의미한다. 클라이언트의 말의 내용을 다시 반영하므로 말의 내용을 잘 들었고 이해하였음을 표현하는 기술이다.

> 예 "당신은 ……을 말씀하시는군요."
> "제가 이해한 바로는 당신은 ……한다는 것 같군요."
>
> 예 **클라이언트:** "나는 이런 일이 내게 있으리라고는 생각지도 못했어요. 아내가 갑자기 가출을 해서 한동안 연락이 없었어요. 그래서 수소문해 보니 처남을 통해서 이혼하겠다는 연락을 받았어요."
> **사회복지사:** "정말 당황스럽겠어요. 부인께서 갑자기 집을 나가버렸고 이혼을 한다는 것을 처남을 통해서 알았다는 말씀이시군요."

Evans 등(성숙진 역, 2000)은 클라이언트가 제시한 메시지나 정보에 대해 사회복지사가 부연설명하는 것은 다음과 같은 의미가 있다고 하였다.

- 사회복지사가 클라이언트의 이야기를 경청하고 이해하는 노력을 보여 주는 것이다.
- 클라이언트와 사회복지사 간에 신뢰관계를 형성하는 데 도움이 된다.

- 클라이언트의 이야기를 잘 이해했는지 점검하는 기회를 준다.
- 클라이언트가 자신의 생각을 구체화시켜 볼 수 있는 기회를 제공한다.

(2) 감정 반영하기

사회복지사는 클라이언트 자신의 상황에서 드러나는 감정상태를 그대로 반영해 주므로 자신의 감정상태를 더 명확하게 알아차리고 자신의 애매한 감정을 방어하기보다는 수용하는 태도를 보인다. 내담자의 언어적 · 비언어적 행동이나 맥락, 말하는 메시지의 내용으로부터 추론한 감정일 수 있다.

사회복지사는 내담자의 감정을 반영할 때, 모든 감정을 반영하기보다는 가장 현저한 감정을 집어내야 한다. 그러기 위해서는 내담자의 언어적 · 비언어적 행동을 관찰하고 내담자가 말로 표현하지 않은 감정까지도 헤아려 볼 수 있어야 한다. 또한 내담자로 하여금 스스로를 수용하기 위하여 자신의 감정에 몰입하도록 하는 것이라면, 내담자가 순간의 감정을 경험하기 위해서는 내담자의 과거 감정보다는 현재 감정에 초점을 맞추어야 한다. 예를 들어, "어머니 때문에 화가 났던 것처럼 들리는군요." 보다는 "어머니에 대해 이야기하는 지금 당신은 화가 난 것처럼 느껴지는군요." 라고 반영하는 것이다.

또한 사회복지사가 내담자에게 다음 단계로 서둘러 재촉하기보다는 현재의 반영에 대하여 열중하여 생각할 시간을 주어야 한다. 내담자가 울거나 화내기 시작한다면, 사회복지사는 내담자가 그 감정으로부터 벗어나도록 하거나 감정을 수습하도록 하기보다는 그러한 감정상태를 경험하고 표현하도록 격려할 수 있어야 한다.

Evans 등(성숙진 역, 2000)은 클라이언트의 감정을 반영할 때 적절한 기술을 다음과 같이 설명한다.

> 예 사회복지사는 "당신은 ~때문에 ~을 느끼시는군요" "~하게 느끼시는 것 같군요."
> 다시 말해, "당신은 ~게 느끼고 계신다는 말씀인가요? 등으로 반영한다.

- 적절한 표현방식으로 클라이언트가 느끼는 감정을 명확하고 간결하게 요약한다.

- 혼란된 감정의 핵심을 반영해 준다.
- 클라이언트의 말을 그대도 되풀이하지 않는다(하지만 상황에 따라서는 필요할 수 있다).
- 현재시제를 사용하면서 현재 감정에 초점을 둔다.
- 몇 가지 표현 구절만을 계속 사용하지 말고 폭넓은 표현방식을 사용한다.

예 아버지의 술주정으로 인한 가정불화로 초등학교 6학년 영수가 사회복지사를 찾아간 경우

클라이언트: "아저씨, 저는 집에 가기 싫어요. 정말로 싫어요.
아버지가 매일 술 마시고 오면 엄마와 큰소리로 싸워요.
나를 때리고 닥치는 대로 물건을 던지고 해서 집에 들어가기가 너무 무서워요."

사회복지사: "그래, 엄마 아빠가 화목하지 못하고 싸워서 네 마음이 아프겠구나.
얼마나 답답하니. 정말 집에 들어가기가 싫다는 느낌이구나."

예 **클라이언트:** "이 문제를 저 혼자서는 도저히 해결하기 어려워서 어떻게 해야 할지 잘 모르겠어요. 현재로서는 나에게 벅차고 자신이 없어요."

사회복지사: "이 문제해결에 어려움을 느끼고 자신이 없다는 느낌이구나."

(3) 감정과 의미 반영하기

사회복지사는 클라이언트가 말하는 내용, 감정, 생각, 의미를 혼합하여 직접적이거나 간접적으로 반응하는 방식이다. 감정이입과 적극적 경청의 완벽한 형태로서 클라이언트의 감정과 사실 혹은 생각을 반영하는 것을 의미한다.

사회복지사의 반응은 클라이언트가 전달한 메시지의 내용뿐만 아니라 감정과 의미도 반영한다. 예를 들어, "당신은 ~때문에 ~을 느끼고 계시는군요." "당신은 ~을 느끼지만, 생각은 ~하시는군요." 등을 활용한다.

6) 공감기술

예 30년간 일한 직장에서 실직된 56세 남자

클라이언트: "저는 이제 참을 수 없습니다. 30년간 청춘을 바쳐 일해 온 직장에서 해고당했습니다. 오직 평생직장으로 알고 있었는데 이럴 수 없습니다. 제가 지금, 이 나이에 무엇을 새로 하겠습니까? 집에는 돈 들어갈 일도 많은데, 저는 지금 아무것도 할 수 없습니다. 너무나 허탈하고 화가 납니다."

사회복지사: "열심히 일해 온 직장에서 해고를 당하셨으니 정말 충격이 크시고 화가 나겠어요. 선생님께서 일자리를 잃어서 세상이 온통 끝난 것처럼 절박한 느낌이 드시는군요. 새로운 일을 할 수 없을 거라는 생각에 허탈하고 속상해 하는 것 같군요."

공감(empathy)은 클라이언트의 입장에서 그의 생각과 감정, 표현을 존중하고 이해하며 인정하는 것을 의미한다(Kadushin, 1990). 상대방의 느낌과 감정을 함께 느끼고 그것을 표현해 주는 것을 말한다. 타인의 입장에 서서 혹은 상대방의 입장에서 생각해 보는 것이 공감의 한 방법이다. 상대방의 말에 대해 '충분히 공감합니다.' 로 표현하는 경우가 많은데 이러한 피상적인 표현으로는 말하는 사람으로 하여금 자신의 느낌이나 감정, 상황이 제대로 전달되었다고 느끼거나 공감받고 있다는 느낌을 주기에는 부족하다. 따라서 클라이언트로 하여금 사회복지사가 자신의 상황과 감정을 진정으로 공감하고 있다는 느낌을 받도록 하기 위해서는 적절한 공감기술을 사용할 수 있어야 한다. 먼저 상대방의 말하는 내용을 잘 듣고 이해하고 노력한다는 사실을 언어적 · 비언어적으로 표현해 주어야 한다.

Shulman(1984)의 공감에 대한 분류는 다음과 같다.

- 클라이언트의 감정에 도달하기: 클라이언트의 입장에서 감정을 경험해 보는 것을 의미한다.

- 클라이언트의 감정을 이해했음을 보여 주기: 클라이언트의 말이나 몸짓, 표현 등을 이해하였음을 같은 방법(몸짓, 표정 등)을 통해 보여 주는 것을 의미한다.
- 클라이언트의 감정을 언어로 표현하기: 클라이언트가 자신의 감정을 충분히 이해하지 못하거나 특정 감정을 언어적으로 정교하게 표현하지 못할 때, 클라이언트의 감정을 헤아려 언어로 표현하는 것을 의미한다(엄명용 외, 2005).

예 **클라이언트:** "제가 가장으로서 직장을 갖지 못해서 자녀 학비도 보탬을 주지 못해서 정말 가슴이 아픕니다."
사회복지사: "네, 참으로 그러겠어요. 얼마나 속상하시겠어요. 저도 자식을 가진 부모로써 그 마음 충분히 느껴집니다. 함께 직장을 찾아보도록 합시다. 적당한 직장을 구할 수 있을 거예요. 힘내세요. 저희가 최대한 도와드리도록 하겠습니다."

7) 명료화 기술

명료화 기술은 클라이언트가 표현을 분명하게 할 수 있도록 격려함과 동시에 클라이언트가 말한 내용을 사회복지사가 잘 이해하고 있는가를 확인하기 위한 질문을 말한다. 따라서 이 기술은 사회복지사가 보다 이해하기 쉬운 말과 생각으로 정리하는 것으로, 특히 클라이언트가 겪고 있는 가장 중요한 문제나 어려움을 파악하고 확인하며 순위를 정할 때 사용한다. 이야기 가운데 애매하거나 일반적인 방법으로 표현되는 것을 좀 더 구체적이고 명확히 하기 위해서 클라이언트가 자신의 말의 내용을 현실적이고 구체적으로 이해할 수 있도록 한다.

명료화 기술의 장점으로는 사회복지사가 클라이언트의 이야기를 주의 깊게 경청하고 있으며, 한편으로는 이야기에 중요성을 부여하고 있음을 보여 주는 것이다.

명료화 기술의 단점으로는 이미 이야기된 바를 확인하는 명료화 기술은 면접의 흐름을 방해할 수도 있다는 점에서 그리고 클라이언트가 혹시 잘못 설명하고 있을 수 있다는 점을 암시할 수 있다는 측면에서 주의해서 활용할 필요가 있다(엄명용 외, 2005).

명료화의 형식은 "~라고 말할 때 구체적으로 무엇을 뜻합니까?" "~에 대해서 좀 더 자세하게 설명해 주실 수 있나요?" 등으로 나타낼 수 있다.

예 **클라이언트**: "저는 아들과 만나기만 하면 싸우고 아주 사이가 좋지 않아요."
사회복지사: "네, 그렇군요. 구체적으로 어떻게 싸우는지 설명해 주실 수 있나요?"

예 **사회복지사**: "어머님께서 경제 상황이 안 좋고 그래서 일을 해야 한다고 하시면서 또 몸도 건강하지 못해서 매일 병원에 다닌다고 하시는데 정말 일을 하실 수 있다는 것인지 좀 더 자세하게 설명해 주시겠어요?"

8) 요약기술

요약하기(summarizing)는 대화가 오랫동안 진행된 후에 내담자의 이야기를 정리해 주는 것이다. 내담자의 호소 내용을 간략하고 구체적으로 정리해 주는 것이 바람직하다. 사회복지사가 내담자의 이야기를 정확하게 이해했는가를 점검하고 내담자가 자신을 정리해서 이해할 수 있도록 도와주는 데 도움이 된다. 이 기술은 지난 면접시간의 내용을 간략하게 요약함으로써 새로운 면접시간을 시작할 수 있고 면접시간을 만족스럽게 마감할 수 있도록 돕는다. 사회복지사가 이야기의 내용을 요약함으로써 진행할 수 있고, 내담자에게는 더 큰 그림을 보게 하고 더 본질적인 문제를 찾게 하며, 상담과정에서 다음 단계로 진행하게 할 수 있다.

김계현(1995)은 다음과 같은 시기에 요약과 환언을 사용하는 것이 적절하다고 추천하였다. ① 내담자가 전달하려는 바가 분명치 않을 때, ② 내담자가 여러 가지의 주제, 내용, 상황, 사건 등을 한꺼번에 말하려고 할 때, ③ 내담자가 너무 오래 말할 때, ④ 내담자가 무슨 말을 하고 있는지 혼돈에 빠졌을 때, ⑤ 상담자 역시 내담자를 충분하고 확실하게 이해하고 있는지 의심스러울 때다.

> **예** 상담의 내용 요약과 주제를 전환할 때의 요약
>
> 오늘 상담에서 어머님이 딸, 소정이와의 관계에 대해서 말씀을 해 주셨고 또 남편과 소정이와의 관계에 대해서도 이야기하셨어요. 그리고 어머님의 현재 건강상태와 소정이의 학교생활의 어려움과 소외감에 대해서도 말씀해 주셨는데요, 자, 이제 앞으로 소정이와의 관계를 어떻게 진행하고 싶은지 한번 이야기해 볼까요?

9) 피드백 주고받기

피드백 주고받기는 사회복지사와 클라이언트 간의 전 과정에서 이루어진다. 특히 면접 초기나 중간, 면접을 마칠 때도 서로 피드백을 나누는 것이 바람직하다. 사회복지사는 클라이언트에게 면접의 내용이나 과정에서 느끼는 점에 대해서 피드백을 요청할 수 있고, 사회복지사도 클라이언트의 행동, 생각, 진술 등에 대해 의견을 제시할 수 있다.

의사소통에 있어서 말뿐만 아니라 감정적인 내용을 짚고 넘어갈 수 있도록 돕는다. 특히 피드백이 부정적일 때는 클라이언트와 사회복지사 감정이 격해질 수 있으며 마음에 상처를 줄 수 있다. 따라서 먼저 피드백을 주는 목적을 분명하게 해야 한다. 피드백의 목적이 판단보다는 오히려 안내하고 생활지도, 지지 그리고 도전을 제공하는 점이라는 것을 강조해야 한다. 피드백의 장점으로는 합의된 목표를 성취하는 데 있어 일련의 행동이 제대로 수행되고 있음을 확인하는 한 방법이 된다.

피드백 제공 시 주의할 점으로는 다음과 같다.

- 피드백을 제공할 때는 클라이언트의 반응이 어떨지를 고려해 보는 것이 필요하고, 만약에 긴장감이 조성되면 다음 기회에 이러한 문제를 다룰 시간적 여유가 있는지를 고려해 볼 필요가 있다.
- 행동에 대한 피드백을 제공할 때는 설명적이고 해설적이기보다는 기술적인 피드백이 보다 초점이 있고 덜 논쟁적이게 된다. 또한 사회복지사의 피드백이 잘못된 것일 수도 있다는 점을 명심할 필요가 있다(Trevithick, 2000; 엄명용 외, 2005).

10) 계약기술

계약기술은 클라이언트와 사회복지사가 각자의 역할, 책임, 기대 및 수행할 업무의 목적을 공식화하고 구조화하는 것이다. 이를 위해 클라이언트와 사회복지사는 성취하고자 하는 목표에 대한 합의점을 모색해야 한다. 계약을 하는 데 있어 클라이언트와 사회복지사는 상호 간의 이해를 필요로 하며, 계약 시 분명하고 명확한 언어로 표현되어야 하며 문서로 보관하는 것이 바람직하다.

계약서에는 일반적으로 상담에서는 상담시간, 기간, 장소, 기본적인 수칙, 비밀보장 및 사례기록절차 등이 포함된다. 또한 상담에 참가하는 사람, 주요 문제나 호소문제, 응급 시 연락할 사람, 업무의 목표나 성취방법, 계약의 파기 요건 등을 명시할 필요가 있다(Trevithick, 2000).

계약과 동시에 행동계획을 작성하는 것은 계약을 구체적인 실천으로 옮기는 방법을 도모하는 것이다. 그리고 계약서는 클라이언트와 사회복지사의 파트너십관계를 공식화하는 기회를 제공하며, 업무 수행의 목적을 분명히 하는 것이다. 특히 이를 작성하는 과정에서 클라이언트의 자유를 최대한 보장하여 문제설정 및 목표설정, 해결방법에 있어 클라이언트의 참여를 촉구할 필요가 있다(엄명용 외, 2005).

예상문제

1. 다음은 적극적 경청요령이다. 틀린 것은?

① 클라이언트가 표면적으로 나타내는 말뿐만 아니라 그 이면에 숨겨져 있는 감정까지도 세심하게 살핀다.

② 분명하고 침착하며 흥미를 나타내는 어조를 구사한다.

③ 관심과 열린 마음을 갖고 클라이언트의 말을 잘 듣고 있다는 것을 나타내는 몸짓(표정, 눈빛, 고개를 끄덕이는 일)을 적절히 사용한다.

④ 클라이언트가 한 말 중에서 불분명하거나 추가적인 정보가 필요하면 말할 때까지 기다린다.

⑤ 무엇을 주장하거나 의견 제시를 위한 말보다는 클라이언트를 보다 더 잘 이해하기 위한 말을 한다.

정답: ④

해설: 클라이언트가 한 말 중에서 불분명하거나 추가적인 정보가 필요하면 적절한 질문을 한다.

2. 요약기술의 유익한 점이다. 틀린 것은?

① 면접시간의 내용을 간략하게 요약함으로써 새로운 면접시간을 시작할 수 있다.

② 이제까지 논의된 핵심적인 내용을 정확하게 설명하기는 어렵다.

③ 클라이언트와의 면접에서 방향을 잃었을 때 혹은 주체에서 벗어났을 때 한 주제를 정리하고 새로운 주제를 옮겨 갈 수 있도록 해 준다.

④ 이 기술은 면접시간을 만족스럽게 마감할 수 있도록 돕는다.

정답: ②

해설: 이제까지 논의된 핵심적인 내용을 간략하고 정확하게 부분적으로 혹은 상세하게 정리해 준다.

3. 개인면접기술에서 질문 사용 시 주의하고 피해야 할 점이다. 틀린 것은?

① 잦은 폐쇄질문의 사용

② 유도질문의 사용

③ '왜' 질문의 사용

④ 이중 혹은 중첩질문

⑤ 간접적인 질문

정답: ⑤

해설: 간접적인 질문은 대화에서 주로 방어를 낮추어 주는 효과가 있다.

05

개인대상 사정기술

사정은 사회복지사가 클라이언트의 문제를 해결하기 위하여 문제가 무엇인지를 탐색하고 알아가는 과정이다. 사정단계에서는 클라이언트에 대한 정보수집, 클라이언트의 문제 규명, 문제와 욕구를 이해하기 위하여 필요한 개인의 내부체계로는 신체적 · 심리적 요인을 사정하게 된다. 또한 가족체계에 대한 사정, 클라이언트의 환경체계, 강점이나 자원을 사정하게 된다. 사정은 클라이언트의 문제해결을 위한 개입의 조사과정으로 분리할 수 없는 계속적인 과정으로 다시 치료과정으로 이어진다. 그러므로 사정이 불충분하거나 잘못되면 개입에서 효과가 제한적이 될 뿐만 아니라 오히려 악영향을 미칠 수도 있다. 특히 사회복지사가 개인의 사례관리를 할 때도 사정을 아주 정확하게 해야 제대로 된 서비스를 전달할 수 있다. 여기서는 생태도, 생활력 도표, 사회적 관계망 표, 사회지지망, 정신상태검사에 대해서 다룰 것이다.

1. 사정도구

1) 생태도

1975년 Hartman은 공적 아동복지 사회복지사가 가족의 요구를 조사할 수 있도록 하기 위하여 가족과 환경체계를 위한 도구로 생태도(ecomap)를 개발하였다. 생태도는 '환경 속의 인간'에 초점을 두기 때문에 클라이언트를 생태학적 관점에서 이해하는 데 도움이 되며, 클라이언트 가족에게 유용한 자원이나 환경이 무엇인지, 가족체계에 스트레스를 주는 것은 무엇인지 그리고 이들 체계 간의 관계가 어떻게 유지되고 있는지에 관한 많은 정보를 제공한다(Hartman, 1978).

(1) 생태도의 기능 및 유용성

- 가족생활 및 가족이 집단, 단체, 조직, 다른 가족, 개인과 맺는 관계의 본질에 대하여 전체적인 시각 또는 생태학적 시각을 갖도록 돕는다.
- 결혼 및 가족상담, 입양과 위탁가정 연구 등의 다양한 상황에도 활용된다.
- 생태도는 기본적인 사회적 정보를 간편하게 기록하는 방법이므로 전통적인 사회력과 사례기록을 보완하는 역할을 한다.
- 클라이언트와 실천가 모두에게 클라이언트 문제에 대한 통찰력을 얻도록 해 주며, 건설적인 변화를 더 잘 모색할 수 있도록 해 준다.
- 가족을 둘러싼 자원 또는 에너지의 유입과 유출을 알 수 있다.
  - 가족체계에 영향을 미치는 개인적 · 심리적 · 사회적 영향요인을 알 수 있다.
  - 클라이언트의 개선방향과 인식의 전환에 도움을 준다.

(2) 생태도 작성방법

- 가족을 표현하는 원을 중앙에 그려 클라이언트와 그 가족을 표시한다.
- 가족이 일상적으로 상호작용하는 관련된 주변 환경체계(직장, 병원, 학교, 친구, 사회복지, 오락, 확대가족성원, 보호관찰소 등)는 중심원 주변에 각각의 원으로

표시한다.

• 가족과 환경체계의 관계를 다양한 선으로 표현한다.
• 가족 및 관련 체계 사이의 자원 및 의사소통 교환인 에너지의 직접적인 흐름의 방향은 화살표로 나타낸다.
• 실선(——)은 긍정적 관계를 나타내는데 실선이 굵을수록(——) 밀착관계를 나타내며, 점선(------)은 미약한 관계 그리고 사선(-++-)은 긴장이 많거나 갈등적인 관계를 보여 준다.
  – 간략한 설명을 원 안에 적어 둔다.
  – 가족과 외부체계와의 상호작용 요소 중 가장 크고, 신속하게 효과적인 가족

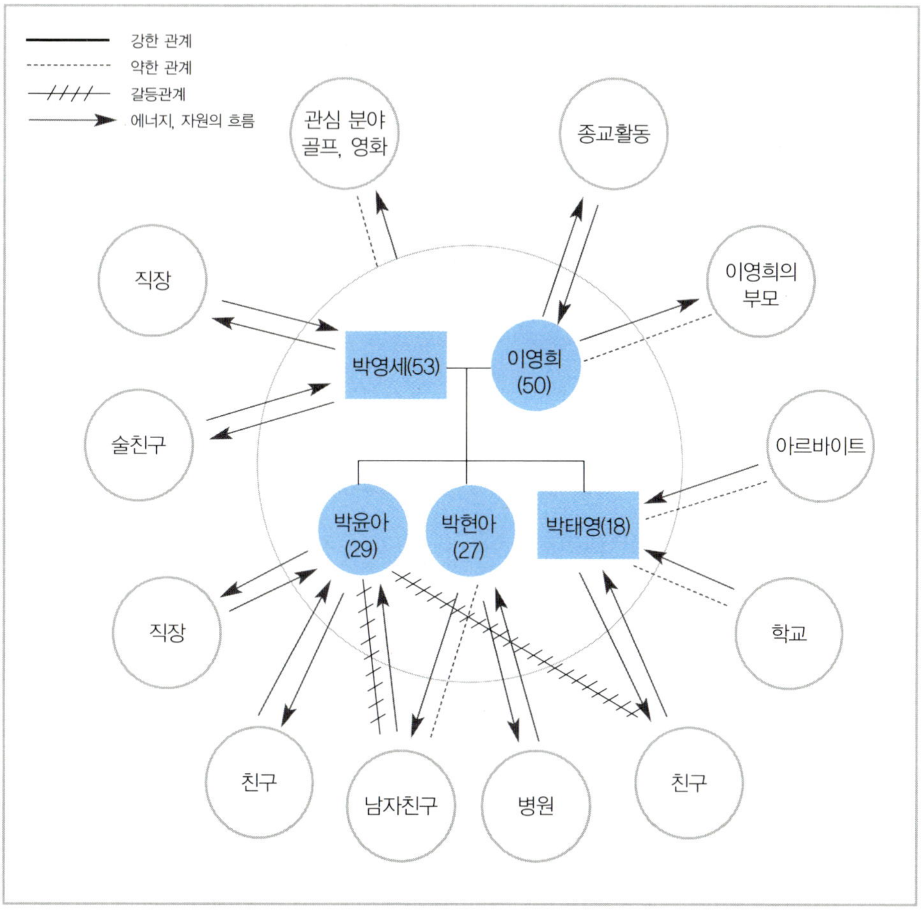

[그림 5-1] **가족의 생태도**

*출처: http://cafe.naver.com/chongshin8c/44

변화를 가져올 요소를 찾아낸다.

(3) 생태도의 분석

- 가족구성원과 외부체계와의 환경요인을 분석한다. 가족이 이용할 수 있는 주요 자원은 무엇인지, 전혀 없거나 있지만 부족한 자원이나 지지는 무엇인지, 가족과 환경 간 관계의 본질은 무엇인지 등을 이해한다.
- 가족과 환경의 경계에 대해 이해한다. 에너지 혹은 투입과 산출의 흐름이 쌍방향인지, 환경으로부터 가족에게로 일방적인지, 가족으로부터 환경에게로 일방적인지에 대해 이해한다.
- 가족 내부에 대해 이해한다. 가족구성원이 외부체계와 서로 다르게 연결되는지, 한 가족구성원이 환경으로부터 단절되어 있는지, 긴장적 관계에 연결되어 있지 않은지, 가족이 함께 혹은 개별적으로 다른 체계와 상호작용하는지 등에 대해 이해한다(김혜란 외, 2006).

2) 생활력 도표

생활력 도표는 가족이나 가족구성원에게 발생한 중요한 사건이나 시기를 중심으로 해서 연대기적으로 작성한다. 가계도나 생태도처럼 원이나 화살표 등 기호를 사용하지 않고 표를 이용한다. 이것은 클라이언트나 가족이 겪고 있는 문제의 발생 시점과 촉발사건의 시점 등을 파악할 수 있는 장점이 있으며, 시간에 보이는 양상이나 사건 간의 관계를 파악할 수 있다. 생활력 도표는 특정 발달단계의 생활경험을 이해하는 데 도움이 되며, 아동과 청소년 대상의 활동에서 유용하게 사용된다. 또한 가족의 다양한 시기의 자료를 조직화하여 표현할 수 있다.

〈표 5-1〉 **생활력 도표의 예(클라이언트 ○○○, 여, 50세)**

연 도	나 이	장 소	가 족	주요 사건	문 제
1980	27	서울	첫째자녀	출생	장애아로 태어남
1982	29	경기	아들	실직과 이혼	실직으로 빚 독촉을 심하게 받으면서 이혼함
1986	33	경기	아들	입원	천식 및 기관지 수술
1988	35	영주	가족 모두	직업 때문에 이사	특수학교 입학, 일 시작

3) 사회적 관계망 표

사회적 관계망 표(social network grid)는 개인, 가족, 직장 등의 사회적 지지체계를 사정하기 위한 도구다. 사회복지사는 가족구성원, 이웃관계, 직장동료 등 외부의 사회체계로부터 얼마나 어떻게 영향을 받는지, 고립되어 있는지를 사정 평가한다. 사회적 관계망 표로 알 수 있는 정보는 가족의 사회관계망에서 중요한 인물, 지지를 받는 생활 영역, 제공되는 지지의 정도, 지지의 방향, 개인적 친밀감의 정도, 접촉 빈도, 관계의 기간을 알 수 있다. 사회적 지지란 사회적으로 친밀하다고

〈표 5-2〉 **사회적 관계망 표**

클라이언트 이름		생활 영역	물질적 지지	정서적 지지	정보/충고	비 판	원조 방향	친밀성	얼마나 자주 보는가?	얼마나 오래 보는가?
		1. 동거 가족 2. 다른 가족 3. 직장/학교	1. 거의 없음 2. 간혹 있음 3. 거의 항상 있음	1. 거의 없음 2. 간혹 있음 3. 거의 항상 있음	1. 거의 없음 2. 간혹 있음 3. 거의 항상 있음	1. 거의 없음 2. 간혹 있음 3. 거의 항상 있음	1. 일방향 2. 당신이 그들에게 방향 3. 그들이 당산에게 방향	1. 친밀하지 않음 2. 보통으로 친밀 3. 매우 친밀	1. 보지 않음 2. 몇 회/년 3. 매달 4. 주별 5. 매일	1. 1년 미만 2. 1~5년 3. 5년 이상
이름	번호									
	01									
	02									
	⋮									
	15									

*출처: 조홍식 외(2006: 129).

생각되는 사람이 정보나 충고, 도움이나 지지를 정서적 · 물질적으로 제공하는지를 말한다. 가족구성원의 관계나 질을 파악할 수 있고, 클라이언트가 타인에 대한 자신의 감정이나 태도도 알 수 있는 계기가 된다(성정현 외, 2005).

4) 사회지지망

클라이언트가 사회복지기관에 도움을 요청할 때 사회복지사는 클라이언트가 자신의 문제상황을 해결하기 위해 어떠한 노력을 하였으며, 어떠한 자원을 활용 혹은 동원하였는가를 사정한다. 이때 사정에서 유용한 도구가 사회적 지지 혹은 사회관계망이다(엄명용 외, 2005).

(1) 사회적 지지의 유형과 지지원

- 공식적 지지: 학교, 종교단체, 비영리단체, 정부 등에서 제공하는 서비스
- 비공식적 지지: 가족, 친구, 이웃
- 사회적 지지: 정서적 지지(위로의 말, 칭찬, 돌봄), 정보적 · 평가적 지지(조언, 피드백)

(2) 사회적 지지의 구조적 측면

- 지지의 방향: 지지를 주고받는 방향이 일방향인지 쌍방향인지를 나타낸다.
- 지지의 빈도와 기간: 얼마나 자주 오랫동안 지속되는지를 나타낸다.
- 지리적 거리: 집 근처에 있는가 아니면 외국인가, 현대 문명의 발달로 그 거리가 상당히 줄어들었다(예: 국제전화, 메신저 대화).
- 지지의 밀집도: 일정 공간 내에 얼마나 많이 몰려 있는가를 파악하는 것이다.

5) 정신상태검사

(1) 정신장애진단 및 통계편람(DSM-IV-TR)

정신보건사회복지에서 흔히 활용하는 정신상태검사는 주어진 시간에 클라이언

트의 정신기능을 평가하기 위한 것으로 정신장애진단 및 통계편람(DSM-IV-TR)을 통해서 진단한다.

정신장애진단 및 통계편람(DSM-IV-TR)은 정신건강과 관련해 광범위하게 인정받고 있는 주요 진단체계로서 주로 정신보건 사회복지 영역에서 활용된다. 본래 정신장애진단 및 통계편람은 사회복지실천에서 중요시하는 사회적 · 환경적 요소가 경시되었으나 최근 개정에서 크게 개선되었다. 정신장애진단 및 통계편람의 체계는 다섯 가지 영역으로 구성된 다축 형식이다. 체계를 구성하는 다섯 가지 축에 개별적 진단을 기록하는 형식이며, I 축과 II축이 핵심요소다.

- I 축에는 임상적 장애, 임상적 관심의 초점이 될 수 있는 그 밖의 상태 등이 기록된다.
- II축에서는 성격장애와 지적장애 등을 포함한 발달장애가 기록된다. II축은 또한 부적응적 성격 특성과 방어기제를 기록하기 위해 사용될 수 있다. DSM-IV(APA, 1994)의 축 II 성격장애항목에는 10개의 성격장애가 분류되어 있으며 증상 및 정신병리에 따라 세 군으로 나누고 있다.

  기이하고 엉뚱한 행동과 정서적 철수를 특징으로 하는 A군에는 편집성(망상성) 성격장애, 분열성 성격장애, 분열형 성격장애가 포함되어 있으며, 연극적이고 변덕스러운, 과장된 정서성을 보이는 B군에는 반사회성 성격장애, 경계성 성격장애, 히스테리성 성격장애, 자기애성 성격장애 등이 그리고 불안과 두려움이 특징인 C군에는 회피성 성격장애, 의존성 성격장애, 강박성 성격장애 등이 포함되어 있다.
- III축에서는 정신장애와 관련이 있거나 혹은 관계는 없지만 정신장애의 치료와 관련이 있을 수 있는 신체적 장애가 기록된다. 신체적 장애는 국제질병분류법(ICD)에 따른다. 의사가 아닌 정신보건 전문가는 진단을 기록할 때 해당 장애를 보고한 사람을 인용해야 하는데, 환자 본인, 주치의, 어머니, 아버지, 위탁모 등으로 인용한다. 정신장애가 일반적인 의학적 상태의 직접적 결과로 판단될 때는 I, III축에 '일반적 의학적 상태로 인한 정신장애'로 기록한다.
- IV축에는 정신장애진단, 치료, 예후에 영향을 줄 수 있는 심리사회적 · 환경적

문제가 기록된다. 심리사회적 · 환경적 문제는 다음과 같이 아홉 가지 범주로 구분한다.

- 일차적 지지집단과의 문제
- 사회적 환경 관련 문제
- 교육적 문제
- 주택문제
- 경제적 문제
- 건강보호서비스 접근문제
- 법적 체계/범죄 관련 문제
- 기타 심리사회적 · 환경적 문제

사정을 하는 사람은 심리사회적 · 환경적 문제 중 어느 것이 정신장애와 관련해 가장 중요한지에 관해 임상적 판단을 해야 한다. 심리사회적 · 환경적 문제가 너무 많으면 우선순위를 정해 가장 중요한 것만 제시한다. 심리사회적 · 환경적 문제는 매우 간결하게 기록되어야 하며 이야기체로 서술하는 것은 피한다. 즉, 간결하면서도 문제를 이해하는 데 충분하도록 구체적이어야 한다. 예를 들어, '불량한 학업성적' 대신 '과학, 수학 과목에서 낮은 성적'으로, '실직' 대신 '결근으로 인한 실직'으로 기록한다.

- V축은 기능의 종합적 사정으로 개인의 한계에 대한 전반적 기능 수준을 0~100점의 범위에서 평가하는 GAP척도를 사용한다. 100은 우수한 기능을 나타내며 1은 자신과 타인을 해칠 만큼 심각한 손상과 잠재성을 말한다. 점수를 부여하기에 부적당한 정보가 있는 경우 0을 입력한다. GAP척도는 심리적 · 사회적 · 직업적 기능에만 작용하며 신체적 · 환경적 기능으로 인한 손상은 제외된다. 상이한 시점에 평가한 여러 번의 결과가 있는 경우 모두 표기한다(최해경, 2009: 300 재인용).

(2) 정신상태검사의 항목

클라이언트의 일반적인 인지적 기능에 초점을 둔 정신상태의 검사내용으로는 다음과 같다.

- 전반적인 외모와 태도 및 행동: 클라이언트의 외모 혹은 용모, 태도나 행동에 대해 파악하는 것을 의미한다. 또한 사회복지사에 대한 클라이언트의 태도가 친화적인지, 솔직하고 면접에 협조적인지 아니면 수동적이며 회피적인지, 방어적인지, 의심하는지, 공격적이며 적대적인지 등을 파악한다.
- 사고: 클라이언트의 생각, 상상, 추리 및 기타 과정을 통해 서로 연결시키고 또 새로운 관념을 만들어 내는 과정이 사고 능력이다. 이 기능의 일탈로 나타나는 사고형태의 장애(비이성적이고 비현실적인 백일몽, 강박관념, 공포증 등)가 어느 정도인지 검사한다.
- 사고의 내용: 클라이언트 자신이 주변 사람들이나 주변에서 일어나는 여러 가지 일, 클라이언트 자신에 대한 생각, 상황에서의 사고 내용을 파악할 수 있다. 사고진행의 장애(사고의 비약, 지연, 두절), 사고내용의 장애(관계망상, 피해망상, 과대망상, 자책망상 등)가 있는지를 검사한다.
- 지각: 외부로부터 들어오는 감각자극을 과거경험과 결부시켜 그 자극의 성질을 사실 그대로 파악하고 그 자극과 자신과의 관계를 이해하는 능력의 정도와 기능 이상(환청, 환시, 환촉, 환미 등의 환각)의 유무가 있는지를 알아본다.
- 감정반응: 클라이언트의 전반적인 감정반응에 대해 알아보는 것으로 환자에게 기분이 어떠한지를 물어본다. 감정반응은 클라이언트가 말하는 사고의 내용과 감정반응이 일치하는지 그리고 그 정도가 타당한 것인지를 판단한다.
- 지적 능력: 정신상태검사에서의 지적 능력은 심리검사와 같이 표준화된 것이 아닌, 클라이언트와의 대화를 통해 기억력, 계산력, 지남력, 읽기, 쓰기, 독해력, 일반적인 지식, 상식, 추상력, 판단력 등과 같은 지적 능력을 알아본다.
- 의식: 주위 환경과 자신의 관계를 제대로 파악하고 이해하며 적절한 대응활동을 할 수 있는지의 정도와 의식의 장애(의식적 혼란, 의식적 혼탁, 섬망, 혼미와 혼수) 여부를 판단하는 것이다.

- 병식: 병식은 클라이언트가 자신이 병이 있다는 사실과 병의 성질을 아는 것을 의미한다.
- 기타 판단력, 현실성, 충동성 조절 능력, 주의력결핍장애, 지남력을 살펴본다.
  - 판단력으로는 사실과 생각을 비교하여 그들의 상호관계를 이해하여 올바른 결론에 이르는 능력으로, 상황에서 대처 능력을 알아본다.
  - 현실성으로는 클라이언트의 진술이 어느 정도 현실적인가, 비현실적인가의 능력을 본다.
  - 충동성 조절 능력은 어떤 일을 하고자 할 때, 이에 대한 순간적 욕구나 충동성을 조절할 수 있는 능력을 말한다.
  - 주의력결핍장애는 일처리 시 집중 능력의 정도와 주의가 산만하며 집중을 잘 못하는지의 여부다.
  - 지남력은 시간, 장소, 사람과의 관계에서 자신의 위치를 식별하고 관계성을 이해하는지의 여부다.

(3) 정서경험과 표현

정서는 흥분된 주관적인 심리상태로, 비합리적이고 조직화되어 있지도 않으나 강력한 행동을 할 수 있는 힘을 일으키는 심리적 과정이다. 정서는 양념이나 윤활유에 비유할 수 있다. 음식에는 양념이 적당히 들어가야 제 맛이 나고 기계나 자동차는 윤활유가 적당히 들어가야 제 기능을 발휘하듯이 개인의 정신생활에 있어 정서의 양과 내용, 방향 등이 적절하게 조절될 때 건강한 상태라고 할 수 있다. 정서의 평가에는 다음과 같은 기능이 포함된다.

- 정서의 양: 감정둔마, 무관심, 무감동, 불안, 우울, 의기양양 등
- 정서의 내용: 부정적 정서, 긍정적 정서, 양가감정 등
- 정서의 방향: 자기지향, 타인지향

(4) 동기 수준과 욕구체계

동기는 에너지를 촉발, 방향성, 조직화, 지속성이라는 특징을 가지고 있는 매우

중요한 심리적 과정이다. 개인은 배고픔, 목마름, 성적 욕구와 같은 생리적 동기(욕구)와 자극동기, 극복동기, 성취동기, 작업동기와 같은 심리적 동기를 갖고 있다. 이러한 동기 수준과 욕구체계에 기능 이상이 오면 무기력하고 무능한 사람으로 취급되거나 일탈된 부적응적 행동으로 나타날 수 있다.

(5) 되풀이되는 대인관계 양상과 특징적인 행동양식

내담자가 자신의 특징적이고 지속적인 대인관계 양상이 파악된다면 그의 관계 형성과 유지에 있어서 부적응적인 요소를 적응적인 요소로 변화시키는 것이 중요하다. 다른 사람과 관계 맺기도 자신의 성격 특성 및 주로 사용하는 방어기제와 특징적인 대처방식과 밀접한 관련이 있다. 예를 들어, 편집성 성격을 가진 내담자는 타인의 동기를 악의적인 것으로 해석하고 끊임없이 의심하고 불신한다면, 자기애성 성격을 가진 내담자는 이상화된 자기(idealized self)에 도취해서 과도하게 칭찬을 받으려고 할 것이며, 타인을 공감할 줄 모르고 착취의 대상으로 여길 것이다. 의존성 성격의 내담자는 끊임없이 지지받고 돌보아 주기를 바라며 생활의 모든 영역에서 결정과 책임을 지지자에게 맡길 것이다. 반사회성 성격의 내담자는 타인의 권리를 무시하거나 침해하며 거짓말을 되풀이하고 공격적이거나 충동적으로 행동할 것이다. 이처럼 내담자의 성격 유형과 대인관계 양상, 예상되는 행동양식을 파악하게 되면 사전에 적절한 상담전략을 세울 수 있게 된다(김재환, 2011).

6) 종합심리검사

'전체로서의 개인' 을 평가하기 위해서는 어떤 심리검사를 활용할 것인가가 중요하다. 개인의 행동은 대단히 복잡하고 또한 독특한 반면 이를 동시에 평가할 수 있는 단일한 심리검사는 존재하지 않기 때문에 개인의 여러 측면을 동시에 평가하기 위해서는 '종합심리검사(full-battery test)'를 사용해야 한다. 종합심리검사는 다음과 같이 세 부분을 각각 대표하는 심리검사를 주축으로 구성된다.

• 자기보고형의 심리검사로 대표적인 것이 MMPI(다면적 성격검사)다. 이 검사

결과로 나오는 증상척도, 성격척도 및 내용척도를 통해 내담자의 일반적인 적응 수준, 증상행동과 방어양식, 문제행동의 원인과 심리적 역동, 진단 분류, 즉 정신적 장애의 특성과 교란 정도 및 양, 적절한 치료적 접근 그리고 상담효과 측정 등에 대한 정보를 얻을 수 있다.

- 객관적 지능검사(objective intelligence test)로는 개인용 지능검사, 특히 웩슬러 지능검사는 지적 · 인지적 기능 외에 개인의 성격 특성, 동기 및 정신병리 그리고 특수한 장애나 능력을 평가할 수 있다. 현재 많은 집단용 지능검사가 사용되고 있으나 한 개인의 인지기능을 정확히 평가하기 위해서는 개인용 지능검사를 사용해야 한다. 이러한 개인용 지능검사로 웩슬러(성인, 아동용)지능검사가 있다.
- 투사적 검사(projective test)는 구조화되지 않은, 즉 자극자료의 모호성, 비구조성, 비친숙성, 가소성이라는 특징을 지닌 그림이나 잉크반점 등 애매한 자극을 사용하여 '예' 나 '아니요' 로 대답하는 대신 자유롭게 반응하도록 하는 것이다. 개인의 투사된 요구, 경험 및 습관적 반응형태에 의해 선택되고 조직된다는 데 근거를 두고 있다. 대표적인 검사로 로샤검사, 주제통각검사(TAT)가 있다(김재환, 2011).

종합심리검사로 많이 활용되어지고 있는 것으로는, 웩슬러의 아동 및 성인지능검사, MMPI(다면적 성격검사), 로샤검사, 벤더게스탈트검사(BGT), 주제통각검사(TAT), 문자완성검사(SCT), HTP 그림검사, 동적 가족화(KFD) 등이 있다.

예상문제

1. 클라이언트의 정신기능 상태를 평가하기 위한 항목에 적합하지 않는 것은?

① 지각 ② 의식

③ 사고의 내용과 진행 ④ 종교관

⑤ 지적 능력

정답: ④

해설: 정신상태검사로는 전반적인 외모와 태도, 행동의식, 사고의 내용과 진행, 지적 능력, 지각, 의식, 병식 등을 살펴본다.

2. 개인대상 사정도구를 설명한 것이다. 틀린 것은?

① 생태도는 가족과 환경의 경계에 대해 이해할 수 있다.

② 생활력 도표는 개인에게만 발생한 중요한 사건이나 시기를 파악할 수 있다.

③ 사회적 관계망은 개인, 가족, 직장 등 사회적 지지체계의 물질적 · 정서적 지지 등을 알 수 있다.

④ 정신상태검사는 심리검사를 활용한다.

정답: ②

해설: 생활력 도표는 개인과 가족에게 발생한 중요한 사건이나 시기를 연대기적으로 기록하여 알 수 있다.

3. 생태도의 사용과 관련된 설명 중 옳지 않은 것은?

① 가족과 환경체계를 이해하기 위한 도구다.

② 가족의 사정만을 위한 도구로서 사용된다.

③ 모든 작업을 가족과 함께하는 것이 무엇보다 중요하다.

④ 분석할 때는 계속 가족의 피드백을 구하도록 한다.

⑤ 가족의 결핍이나 문제보다는 강점을 먼저 언급할 필요가 있다.

정답: ②

해설: 생태도는 가족의 사정뿐 아니라 개입의 전 과정에서 혹은 종결과정에서 변화를 확인하기 위한 도구로 반복적으로 사용할 수 있다. 또한 가족과 환경 간의 사정도 한다.

06 개인대상 개입기술

1. 개입기술의 특성 이해

1) 개입단계의 기술

사회복지사는 초기 단계에서 형성된 전문적인 관계 형성으로 클라이언트의 인지적 · 행동적 · 정서적 변화를 초래할 수 있도록 돕는 과정이 상담의 중기단계의 개입기술에서 이루어진다.

개인대상 실천에서 사회복지사는 대면접촉을 통한 상담기술을 활용한 개입기술로 관계 형성 및 자기통찰과 자기변화 및 자기성장의 과정으로 나아갈 수 있도록 원조하는 직접적인 실천과 지역사회의 자원연계나 환경적인 조정과 같은 개입을 하는 간접적인 실천으로 나눌 수 있다. 직접적인 실천으로는 임상사회사업 분야에서 주로 활용하는 반면, 간접적인 실천 영역은 주로 지역사회를 중심으로 클라이언트 주변체계에 개입하여 사회지지체계나 관련 자원을 활용하는 기술이 있다. 개입단계에서 사회복지사가 클라이언트의 당면한 문제나 고통, 어려움을 해결하기 위해 필요한 기술로는 다음과 같다.

- 문제해결 능력이나 적응 능력을 향상시키기 위한 기술: 문제에 적극적으로 대

처하고, 새로운 환경에 적응할 수 있도록 적응 능력 향상과 자존감을 향상시키는 것이다.

- 클라이언트의 성장과 발달을 위해 클라이언트의 능력을 향상시키고 회복시키는 기술: 자신의 잠재력을 인식하고 성장 가능하게 하며 장점이나 자원을 활용하게 한다.
- 사례관리기술: 사회적 기능을 향상시킬 수 있는 자원, 서비스, 기회 등을 제공할 수 있는 지역사회체계로의 연결 및 관리 기술이다.
- 권익옹호와 임파워먼트: 사회적 정의 및 권익회복을 위해 그리고 소외된 자들이 기회를 가질 수 있도록 돕는 기술이다.
- 지역사회 조직사업: 자원과 서비스, 기회 등을 제공할 수 있도록 지역사회체계의 효과적 기능을 향상시킬 수 있는 기술이다.
- 사회복지의 연구조사, 정책 및 행정의 개선과 변화: 클라이언트의 요구에 반응하여 새로운 서비스를 개발하거나 기존의 서비스 및 자원체계를 개선, 향상할 수 있도록 개입하는 기술이다.

2) 자기탐색과 자기통찰의 단계

자기탐색과 자기통찰은 내담자가 자신의 문제에 대한 심층적 탐색과 깨달음이 이루어지면서 문제가 해결되는 단계다. 이 단계에서 사회복지사의 가장 큰 목표가 클라이언트 자신에 대한 통찰을 촉진시키는 것이라 할 수 있다. Elliott 등(1994)은 통찰이 이루어진다는 것을 다음과 같이 설명하였다.

- 새로운 관점으로 자신을 보는 것
- 자신의 사고와 행동의 패턴, 연계성, 이유, 원인, 범주, 대응, 이해하기가 가능한 것
- 클라이언트의 갑작스러움, 놀라운 느낌 혹은 모든 것이 한꺼번에 합쳐진 듯한 '아하' 를 경험하는 것
- 새로움 혹은 같은 방법으로 생각한 것보다 새로운 느낌을 경험하는 것이다.

내담자가 통찰을 경험하면, 새 방법이나 새 관점으로 볼 수 있고 사건 사이의 관련을 짓거나 그러한 일이 왜 일어났는지 이해할 수 있다. 어떠한 사건에 대한 내담자의 해석은 그다음의 행동과 감정에 영향을 주고 상담 장면에서 어떤 특정 주제에 대해 다루려하는 의지를 갖게 한다. 그러므로 통찰은 상담과정에서 특히 중요하다. 이러한 통찰이 일어나도록 돕는 중기단계에서 주로 사용하는 기법은 직면, 해석, 자기 개방화, 즉시성의 활용 등의 상담기법이 많이 사용된다.

상담 중기단계에 들어서면 클라이언트는 지금까지의 상담을 통하여 자신을 힘들게 하는 심리적인 문제, 문제의 발생 배경 등을 깨닫게 된다. 그러면 클라이언트는 이러한 영역 중에서 자신에게 중요하다고 생각되는 영역에 대하여 상담 시간에 좀 더 깊이 있게 다루기를 원한다. 그뿐 아니라 클라이언트는 통찰을 통한 자기탐색이 깊어지고, 상담시간에 자신이 다른 사람들에게 드러내기 어려워하는 생각들이나 감정을 더 많이 개방하게 된다. 이러한 과정에서 클라이언트는 자신이 처해 있는 외부 환경이나 과거에 있었던 사건이 현재 자신이 경험하고 있는 문제와 어떻게 연결되어 있는지를 깨닫게 되며, 현재 문제와 관련되는 자신의 부적응적 사고, 감정, 생활 패턴 등에 대해서도 깨닫게 된다.

상담 중기단계에서는 내담자가 자신에 대한 자각을 통해 통찰을 경험하게 된다. 자신에 대한 자각이란 외부 환경 및 선행 사건과 내담자가 경험하고 있는 심리적인 문제 간의 관련성에 대해 알게 된다는 것이다. 이것은 내담자의 현재 성격이 어떻게 형성되었는지, 어떠한 사건으로 인하여 문제가 발생하게 되었는지를 깨닫고, 내담자의 현 상황에 영향을 주는 문화적 배경, 성, 사회경제적 지위 등을 이해하는 것을 말한다. 그리고 가족 내에서 가족체계가 유지되기 위해 자신이 떠맡고 있던 역할에 대해 이해하게 된다. 이와 같은 자각을 통해 내담자는 자신이 가지고 있는 문제와 고통의 의미를 발견하며, 자신이 해결할 수 있는 부분과 해결하지 못할 부분에 대한 현실적인 판단을 내릴 수 있게 된다.

또한 내담자는 자신의 부적응적 감정도 자각하게 된다. 자신도 모르게 자신의 행동을 결정하게 되는 감정적 역동을 이해하게 된다는 것이다. 아울러 내담자의 행동에 대한 자각도 하게 된다. 즉, 자신의 행동이 어떠한 것들에 의하여 강화되는지에 대한 통찰과 자신의 행동에 영향을 미치는 무의식적인 힘을 발견하는 것을 의미한다.

이러한 자각은 내담자 혼자 하는 것이 아니라 사회복지사의 도움을 받아서 이루어진다. 그렇다고 해서 상담자가 내담자에 대해 미리 모든 것을 알고 있는 것 또한 아니다. 사회복지사는 내담자의 환경적 요소, 사고, 감정, 패턴 등을 내담자와 같이 발견해 간다. 사회복지사인 상담자는 그것들을 발견해 가는 과정과 방법(상담자의 기본적 태도, 탐색과정과 기법, 직면 등의 기법)을 더 잘 알고 있으며, 다만 많은 내담자를 경험하고 인간의 심리적 · 사회적 역동에 대한 이론에 익숙해 있기 때문에 내담자보다 조금 먼저 깨달을 수 있다는 점이 다를 뿐이다. 드물게는 이러한 자각을 한두 번 경험함으로써 변화하는 내담자도 있지만 대개의 경우 반복적으로 일어나야 하며, 내담자 자신이 가지고 있는 모순과 부적응적 패턴에 대한 자각이 생활의 다양한 측면에서 반복적으로 일어나야 한다. 또한 새로운 자각을 기초로 현실 생활에서 실천할 수 있는 행동계획을 수립하고 실행하며 그에 대한 평가가 있어야 한다. 이와 같은 행동계획의 수립과 실행 그리고 평가는 상담 중기단계의 후반부와 상담 종결단계에서 이루어진다(채유경 외, 2008).

3) 개입단계에서 상담자의 역할

상담 중기단계에 들어서면 사회복지사는 상담이 어떻게 진행되어 가고 있고, 클라이언트에게는 어떤 진전이 있는지를 끊임없이 평가해야 한다. 그리고 상담이 만족스럽게 진전되지 못한 경우 사회복지사는 어떤 이유로 상담이 진전되지 않는지, 이러한 상황을 호전시키기 위해 무엇을 해야 하는지를 검토해야 한다.

이 단계에서 사회복지사는 내담자 자신이 어떤 부분을 변화시키고자 하는지, 그 변화를 어떻게 가져올 수 있는지 알아야 한다. 사회복지사는 내담자가 원하는 변화가 현실로 이루어질 수 있는 행동전략을 개발하도록 도와야 한다. 그리고 내담자의 사고, 감정, 행동의 불일치를 직면시키는 것이 요구된다. 이 과정에서 이루어야 할 상담자 과업은 내담자가 자신감을 가지고 자신이 원하는 바람직한 행동을 할 수 있는 새로운 방식을 찾도록 내담자를 지지하고 그 가능성을 탐색하는 것이다(천성문 외, 2009). 사회복지사가 해야 할 또 다른 중요한 일은 내담자와 협의하여 행동계획을 세우고 그것을 일상생활에서 수행하는 것이다. 어떤 행동계획이 세워져 실천에 옮겨지면 그다음에는 그 계획이 평가되어야 한다(천성문 외, 2009).

사회복지사는 내담자의 심리적 어려움에 대하여 더 깊이 이해하여 내담자의 과거와 현재의 적응에 관하여 더 많이 설명해 주고 해석하게 된다. 내담자에게 제공되는 설명이나 해석은 대체로 현재 일상생활에서 중요한 사람들과의 관계에 관한 것이다. 그러나 때로는 상담시간에 나타나는 내담자의 태도가 사회복지사에게 중요한 정보자원으로 활용된다. 이것은 내담자의 과거 사건을 이야기하거나 상담실 밖에서 있었던 일에 대하여 이야기하는 것보다 내담자의 지각, 인지, 행동을 수정하는 데 훨씬 도움이 된다. 내담자 입장에서는 상담 장면에서 일어난 사건의 불일치에 대한 사회복지사의 해석을 받아들이기 어려워 저항하고 싶을지 모르지만 눈앞에서 일어난 사건이기에 사실 자체를 부정하기는 어렵다는 장점이 있다. 내담자가 사회복지사의 지지와 공감을 바탕으로 자신의 문제를 수치심과 두려움 없이 들여다볼 수 있을 때까지 사회복지사는 충분히 기다려 주어야 한다. 그러나 필요한 개입을 너무 미루어서도 안 된다(채유경 외, 2008).

2. 개입단계의 기술

1) 도전과 직면기술

Egan(1994)은 도전(challenge)을 "자기 패배적이고 남에게 해로운 내적 인지적 혹은 외적 활동을 검토하고 그러한 행동을 변화시키도록 초대하는 것"으로 규정하고 있다. 상담에서는 보통 직면으로 사용하여 내담자가 자신의 문제를 볼 수 있도록 선한 동기를 가지고 깨우침을 갖도록 도와주는 것이다. 내담자가 자신의 사건, 감정, 행동에 대하여 더 인식하고 알아차리도록 안내한다. 내담자의 모순이나 부정, 방어 또는 내담자가 자각하고 있지 못하거나 혹은 비합리적 신념을 지적해 주므로 권면할 수 있다. 자기직면은 자기 스스로 주도성을 가지고 문제를 인식하여 변화에 대한 의지를 보이며 결단하는 것이다. 타인 직면이라면 자신의 문제를 인식하지 못하거나 알아차리지 못해서 다른 사람이 배려하여 알아차리도록 도와주는 것이다. 사회복지사는 클라이언트가 보이는 불일치한 진술이나 행동을 무시하거나 간과할 것이 아니라, 이를 해결하고 직면할 새로운 상황을 연출하는 것을 의미한다. 클라이언트는 자신도 모르게 지속시켜 온 불일치한 생각과 행동의 습관을 깨트려야 하기 때문에 불균형을 경험하는 것이다.

직면은 내담자를 보고 느낀 점 중에서 모순점이나 의혹이 있을 때 그것을 내담자에게 되물어 주는 것이다. 내담자에게 있어서 모순과 불일치는 흔히 미해결된 문제나 양가감정, 억압되거나 억제시키고 있는 감정에 대한 신호일 수 있다(주은선 역, 2001).

사회복지사에게는 내담자가 방어적이지 않으면서 숨기는 것이 없도록 직면하는 고도의 기술을 요하면서 한편으로는 인내와 수용이 필요하다. 사회복지사는 내담자 자신의 상이한 반응이나 관점을 이해하고 수용하면서 사회복지사의 직면을 이해하고 받아들일 수 있도록 기다릴 수 있어야 한다는 것이다.

직면은 내담자의 통찰을 일으키게 하는 강력한 기법인 것을 틀림없지만 강력한 만큼 위험도 따를 수 있기 때문이다. 만약 내담자가 받아들일 준비가 안 되었는데 사회복지사가 무리하게 내담자를 직면시킨다면, 내담자의 저항으로 인하여 상담은 효과적으로 진행되지 않을 수 있다. 사회복지사는 반드시 내담자를 직면시키는 이유와 직면을 통해 성취하려는 것이 무엇인지 분명히 알고 직접적이고 쉬운 언어로 직면시킬 수 있어야 한다.

직면 사용을 위한 지침으로는 다음과 같다(Kadushin & Kadushin, 1997, 엄명용 외, 2005)

- 법규 위반이나 자신과 타인에게 긴박하게 위험을 초래할 경우 원조관계에 관계없이 직면해야 한다. 직면의 필요성이 충분하고 타당한 근거에 의해 직면시킨다.
- 직면하기 위해서는 긍정적인 원조관계 형성이 필수적이다. 내담자에게 궁극적으로는 도움을 주기 위한 것이란 사실을 전달해야 한다.
- 직면의 시기와 빈도, 방법을 잘 선택하여 한다.

- 진실된 마음으로 무례하지 않게 걱정하고 보살피는 분위기에서 직면을 전달한다.
- 가능할 때마다 자기직면을 장려한다. 예를 들어, "잠시 멈추고 당신이 한 것을 한번 살펴봅시다." "당신이 지금 무엇을 했죠?"
- 클라이언트는 극단적인 정서적 긴장상태를 경험할 때 직면을 사용하지 않는다.
- 직면을 사용한 후 예상반응을 살피고 감정이입적 반응이 뒤따라야 한다.
- 직면 후 즉각적인 변화보다는 변화의 동기를 주고 자기점검을 하는 기회를 주는 것이다.

클라이언트가 생각과 행동이 다르게 나타날 때 직면하는 방법의 예를 들면 다음과 같다.

"한편으로 당신은 ~을 원한다고 하지만(느끼지만, 행동하지만, 생각하지만) 또 다른 한편으로 당신은 ~라고 말합니다(행동합니다, 생각합니다) "당신은 한편으로는 엄마가 필요 없다고 생각해서 함부로 말하고 행동하지만 또 한편으로는 엄마에 대한 불쌍함과 자책감을 느끼고 계시네요."

예 직면에 대한 사회복지사의 예

"나는 당신이 잘 될 수 있다고 믿기 때문에 걱정이 되어서 하는 말입니다. 당신의 극단적인 행동은 더 큰 문제를 유발하여 다른 사람에게도 폐를 끼친다는 것입니다. 당신의 행동이 어떤 것이었는지를 우리 한번 같이 생각해 봅시다."

"김 선생님은 부인이 돈을 벌면 자기가 가사 일을 도와주겠다고 하셨는데요. 지금 부인은 3개월째 어린이집에 가서 종일 일을 하고 오십니다. 그럼 김 선생님은 집에서 청소, 아이들 돌보기, 과제 점검, 빨래하기, 설거지 중 어떤 일을 하셨는지요? 말씀해 주시겠어요? 부인에 의하면 일주일에 다섯 번은 12시에 집에 오신다고 합니다. 특히 술을 마시고 늦게 오셔서 자고 있는 아이를 깨운다고 하시는데요. 자신의 행동에 대해 어떻게 생각하시는지요?

2) 해석기술

해석(interpretation)은 클라이언트가 자신의 행동이나 사고에 명확하게 의식하지 못하는 것에 대한 여러 가지 형태의 교육적 설명이다.

해석은 정신역동이론에서 클라이언트의 무의식적인 충동이나 동기, 에너지의 활용이나 해석은 겉으로 보기에는 따로따로 분리되어 있는 말이나 사건들의 관계를 연결 짓거나 방어, 감정, 저항 또는 전이(상담자-내담자 관계)를 설명해 주는 형태로 이루어질 수도 있고, 주제, 흐름, 사고방식 또는 내담자의 행동이나 성격 속의 인과관계를 지적해 주는 형태로 이루어질 수도 있다. 해석은 내담자가 받아들일 준비가 되어 있는 때에 이루어지는 것이 가장 적절하고 효과적이다.

대상관계이론에서 대상이라고 하면 부모, 형제, 배우자, 친구, 심리적으로 중요한 의미를 지니는 기타 인물이 모두 포함된다. 대상관계는 시간적 관점에서 볼 때 크게 두 가지 시점을 포함한다. 하나는 중요한 대상과의 현재의 관계다. 또 하나는 과거에 중요했던 대상과 맺었던 관계로 어린 시절의 부모 또는 형제들과의 관계가 가장 대표적이다. 여기에서 주목해야 할 것은 현재의 대상관계가 아무런 뿌리도 없이 저절로 생겨난 것은 아니라는 점이다. 정신역동이론에서는 현재의 모든 생각과 감정, 행동은 과거에 뿌리를 두고 있다는 입장을 취한다. 어떤 개인이 생의 초기에 중요한 타인과 맺었던 관계는 그 개인에게 일종의 기억흔적으로 남아 있게 된다. 이러한 기억의 흔적을 정신적 표상(mental representation)이라고 한다. 정신적 표상은 항상 의식상태에 있는 것은 아니고, 각 개인의 무의식으로 남아 있으면서 의식적인 인간관계에 영향을 미치게 된다. 인간관계에 대한 정신적 표상은 크게 두 가지로 구분된다. 그것은 인간관계의 두 당사자, 즉 자기와 타인에 대한 정신적 표상이다. 과거의 인간관계 속에서 경험되었던 자기의 역할과 기능 등에 대한 기억흔적은 자기에 대한 정신적 표상인 자기표상(self representation)으로 무의식화되며, 타인의 역할과 기능 등에 대한 기억흔적은 대상에 대한 정신적 표상인 대상표상(object representation)으로 무의식화된다. 이렇게 볼 때 어떤 개인이 현재 맺고 있는 인간관계는 과거에 맺었던 인간관계에서 경험되었던 자기표상과 대상표상을 반영하는 것이라고 할 수 있다(Kernberg, 윤순임 역, 2008)

정신분석에서 환자는 반드시 어린 시절에 자신에게 깊은 영향을 가져다준 인물의 이미지를 상담자에게 투사시키게 될 것으로 생각한다. 이것을 전이라 하고, 치료자는 이것을 잘 분석해서 치료에 잘 이용하려고 한다. 반대로 상담자가 환자에게 투사할 때 이것을 역전이라고 한다. 역전이는 상담자도 인간인 이상 당연한 것이고, 중요한 것은 상담자가 그 감정을 알아차리고 깨닫는 것이다.

정신역동적인 관점에서는 교사와 학생 간의 갈등을 교사가 자기 자녀와의 갈등을 학교 학생에게 전치한다든가 또는 학생이 자기 부모와의 갈등의 방식을 대상만 바꾸어 선생님에게 무의식 가운데 나타낸다고 볼 수 있다.

특히 알코올중독자나 신경성 신욕부진증, 일중독, 성중독 같은 것은 보이는 현상만 보아서는 어렵고, 클라이언트의 내면세계를 좀 더 탐색해 볼 필요가 있으며, 성장과정에서의 대상경험, 트라우마, 거절당한 경험, 유기당한 경험을 통해서 현재의 행동과 연결해서 해석할 수 있다. 예를 들어, 한 여성이 강박증적으로 손과 몸을 자주 씻는 행위가 이해가 되지 않고 자신도 왜 그래야 되는지 모르겠다고 했지만, 성장과정에서 중학교 때 이웃 아저씨의 성폭력 경험으로 자신은 더러워졌으니 몸을 씻어야 한다는 무의식적인 행동들이 결국 청결 강박증으로 나타나게 된 것이다.

Kernberg(2008)는 주관적인 내면의 공허감을 벗어나기 위해 어떤 내담자들은 많은 활동을 하거나 광적인 사회활동, 마약이나 술, 성중독이나 잦은 파트너 교체, 음식을 통한 욕구 해소, 강박적인 행동을 하기도 한다. 또 어떤 사람들은 공허감에 굴복하는 것처럼 기계적인 생활방식을 지니기도 한다. 내면의 공허감을 채우기 위해 애쓰는 내담자들에게 돌아오는 것은 결국 더 큰 소외감일 뿐이다(Kernberg, 윤순임 외 역, 2008). 이렇듯 주관적인 개인의 공허감은 현대사회의 발달로 소외의 시대에 살면서 사회적 · 문화적 소외가 개인의 정신에 영향을 미쳤다고 볼 수 있다. 사회문제, 가족문제, 어린 시절의 트라우마, 급격하게 변화하는 사회의 개인주의적인 특성도 영향을 주었다고 생각한다.

해석과정에서 상담사는 충분히 클라이언트와 긍정적인 관계 형성을 하고 수집한 내용에서 충분한 타당성이 뒷받침될 때 해석을 제공하는 것이 바람직하다. 사회복지사는 내담자가 해석을 들을 준비가 되어 있고, 자신을 이해하는 데 그것을

지사에게 과잉 의존하는 것을 피하기 위해 잘 사용해야 한다. 이 기술은 클라이언트가 원하는 것을 어떻게 해결할 수 있는가에 대한 구체적인 아이디어를 원할 때 또는 클라이언트가 위기상황이어서 빠른 시간 내에 다른 해결책이 필요할 때 사용하는 것이 바람직하다.

(1) 대안제시

문제해결을 위한 대안제시(offering alternatives)는 사회복지사가 클라이언트에게 목표를 성취할 수 있도록 현실적인 선택을 하도록 돕는 것이다. 클라이언트가 문제해결을 위해서 선택할 수 있는 다양한 대안을 제공한다. 정보를 주고 충고를 주는 것과 달리 대안을 제시하는 것은 문제에 대하여 다양한 해결책 가운데 클라이언트가 가장 적합한 것을 선택할 수 있도록 돕는 것이다. 이 기술은 클라이언트로 하여금 선택에 대한 자신의 궁극적인 책임감을 높여 줄 수 있다. 예를 들어, 고등학교 중퇴를 원하는 학생에게 학교를 그만두면 아르바이트 해보기, 검정고시 시험 준비하기, 대안학교에 다니기, 혼자서 자전거로 국내 여행하기, 음악활동에 열중하기 등 다양한 대안을 제시하므로 본인이 정말 원하는 것을 선택하여 책임 있게 행동하도록 하는 것이다.

(2) 정보주기

정보주기(information giving)는 자료나 사실, 의견, 질문에 대한 답의 형태로 클라이언트에게 중요한 과업수행이나 필요한 정보를 제공하는 것이다. 예를 들어, 한부모여성의 취업에 대한 정보나 교육안내, 임대주택의 조건 여부나 국민기초생활보장의 수급자격, 아동의 생활시설 이용, 쉼터, 자폐아 교육 등 구체적이고 정확한 정보를 제공해 줄 수 있어야 한다. 특히 사회복지사는 지역사회의 자원연결을 위한 최신 정보를 보유하고 있어야 한다. 그리고 클라이언트를 타 기관에 의뢰할 때도 사전에 기관과의 조율이나 결정을 확정한 후에 연결해야 한다.

사회복지사는 다양한 지역사회기관의 대표자 이름과 전화번호를 알고 있어야 한다. 지역사회병원, 정신보건센터, 보건소, 구청, 건강가정지원센터, 법원, 정부기관, 알코올중독센터, 아동상담센터, 아동보육원, 미혼모센터, 노인요양원 등 자원이 될 만한 기관이나 직원을 알고 있어야 정보제공에 용이하다.

클라이언트에게 정확한 정보를 제공하기 위해서는 간결하고 명확하게 전달하고 클라이언트가 잘 이해했는지 다시 설명을 요구함으로써 확인한다.

정보 제공 시에는 클라이언트의 교육배경이나 이해력, 언어 수준 등을 고려하여 쉽게 표현한다. 내용이 복잡한 경우에는 단계적으로 설명을 하고 가능한 문서로 작성해서 전달한다. 클라이언트가 제공된 정보를 수용할 의지가 있는지 확인하면서 잘 활용하도록 설명해 준다.

(3) 조언하기

문제해결 부여기술의 세 번째 유형은 조언하기다. 사회복지사는 클라이언트에게 가끔은 조언이 필요하며 제안이나 추천을 할 수 있다. 조언을 할 때는 먼저 클라이언트가 조언을 받아드릴 준비가 되어 있는지, 어느 정도의 조언이 적절한지, 언제 조언을 어떻게 전달할 것인지에 대해 잘 알고 실천해야 한다.

사회복지사는 개인적인 자기취향이나 감정에 따라서 조언을 하는 것이 아니라 객관적인 입장에서 클라이언트의 상황을 잘 이해하고 직접적인 조언이 필요한지 아니면 함께 클라이언트와 대화를 하면서 클라이언트가 스스로 찾아서 최종 결정을 해야 하는지를 파악해야 한다. 예를 들어, 거절을 못해서 인간관계에서 손해를 보는 클라이언트에게는 부드럽게 거절하는 요령을 조언해 줄 수 있고, 알코올중독가정의 부인에게는 알코올 자조집단에 참여하므로 도움이 될 만한 것들을 조언해 줄 수 있으며, 자녀가 위기상황에서 방치된 채 신체적인 고통을 호소할 때는 지금 당장 병원으로 아동을 보내야 한다고 지시를 내릴 수도 있다. 또한 의료적인 원조나 사회보장 급여를 받을 수 있는 방법이나 일자리 제공을 받을 수 있는 방법을 조언해 줄 수 있다.

중요한 것은 사회복지사가 조언을 명령이나 지시형태로 전달하는 것을 피하고 "나는 당신이 고려했으면 하는 제안이 있는데, 말해도 될까요?" "당신이 ~하는 것을 제안(추천)하고 싶은데요." 등으로 말하는 것이다.

6) 간접적인 개입기술

간접적인 개입기술은 여러 형태가 있으나 ① 구체적 서비스의 제공, ② 환경조정, ③ 의뢰, ④ 중재기술, ⑤ 사례관리 등을 볼 수 있다(사회복지교육연구센터, 2011).

(1) 구체적 서비스의 제공

이것은 전형적인 공공부조 분야에서 현금이나 현물 등 구체적 서비스를 제공하여 궁핍한 생활이나 생활환경을 개선하려는 것이다. 그런 의미에서 후원자(provider)는 클라이언트의 문제를 해결하는 데 필요한 자원을 제공하는 사람으로서 활용되기도 한다. 현금이나 현물의 물질적인 원조도 가능하고 저소득 가정의 자녀나 장애인에게 바우처사업을 제공하기도 한다. 이용자에게 현금이 아닌 이용권(상품권)을 주어서 서비스를 이용하도록 하는 것이다. 저소득 아동이 바우처 이용으로 음악이나 예술을 배울 수 있다. 보건복지부에서 실시하는 바우처의 종류는 산모, 신생아, 가사, 간병 도우미, 장애아동재활치료 등 다양하다.

(2) 환경조정

환경조정(environmental manipulation)은 환경관리(environmental management) 또는 사회관계의 조정이라고도 한다. 예를 들어, 가정환경이 나쁘거나 비행 때문에 클라이언트를 일시 교정시설에 수용 보호하고 한편으로는 가족관계와 생활조건의 개선을 계획하거나 실업 중인 클라이언트에게 직업을 제공하며 기술의 습득을 위한 교육과 훈련에 참가시키는 것을 말한다. 즉, 클라이언트의 대인관계를 포함한 생활환경의 개선을 위하여 사회자원을 사용하기도 하고 심리적 도움을 주어 사회 환경에 있어서 좋지 못한 여러 가지 요인을 경감시키거나 제거하여 생활기능을 강화하는 것이다. 이러한 환경조정은 앞에서 설명한 구체적인 서비스 제공과 병행될 때보다 효과적인 경우가 있다. 예를 들어, 실업 중인 남편을 돕기 위해서는 부인에게 적절한 직업상담을 받도록 돕고 자녀에 대해서는 보호캠프에 참여하도록 학자금을 지급하도록 한다.

(3) 의뢰

의뢰(referral)의 기술은 환경조정에 해당할 수도 있지만, 주로 클라이언트의 욕구가 새로 발생하거나 처음에 찾아간 기관의 기능에 해당되지 않는다면, 이것을 전문적으로 취급하는 기관이나 적절한 사회자원을 소개하거나 위탁하여 클라이언트의 욕구와 문제를 해결하도록 돕는 것을 의미한다. 그러기 위해서 사회복지사는 지역사회에 있는 자원에 대해 철저히 잘 알고 있어야 하며, 그 지역사회의 활용 가능한 사회자원에 관한 지식과 정보를 가지고 클라이언트를 돕는 데 활용해야 할 것이다. 가정폭력 피해자에게 쉼터로 의뢰하기, 알코올중독자에게 단주자조모임에 의뢰하기 등이다.

- 의뢰는 세심한 욕구조사가 수반되어야 하고 욕구충족을 위한 의뢰가 되어야 한다.
- 의뢰는 클라이언트가 이용해야 할 자원을 선택하도록 돕는 것이 되어야 한다.
- 의뢰는 클라이언트가 거부당하고 있다는 감정을 환기하도록 돕는 것을 포함한다.
- 의뢰는 클라이언트가 의뢰를 받아들이도록 동기를 부여하고 클라이언트가 자원을 활용하도록 지지하는 것을 의미한다.

(4) 중재기술

중재기술로는 클라이언트와 서비스 제공자 사이에 갈등이 발생하여 클라이언트는 종종 받아야 할 서비스를 받지 못하는 경우가 있다. 사회복지사는 양 당사자의 말을 주의 깊게 들어야 하고, 양쪽 당사자의 원만한 문제해결을 위해 양쪽의 사실적인 입장과 감정적인 요인을 끌어내야 한다. 이때 사회복지사는 어느 쪽에도 치우치지 않는 중립적 자세가 중요하다. 중재훈련프로그램에서 갈등해결 향상을 위한 기술로는 다음과 같다.

- 문제파악하기: 갈등이 되는 진술을 가능한 구체적으로 파악해야 한다.
- 양 당사자 간의 입장 표명하기: 현안 문제에 대해 두 당사자 간의 입장을 표명

하고 무엇을 원하는지 어디까지 양보가 가능하고 어디까지는 안 되는지를 각자의 입장에서 솔직하게 표현하도록 한다. 상대방의 원함에 대해서도 자신의 입장을 표현하는 단계다.

- 다양한 선택에 대하여 최종 합의안 결정하기: 두 당사자들은 해결 가능한 작은 사안부터 하나씩 합의를 이루어 나가도록 하며, 다양한 대안 가운데 가장 적절한 대안에 합의하도록 도와준다.
- 합의된 내용 문서화해서 실행하기: 중재가 완료되어진 것에 대해서는 서로 간에 문서를 작성하여 이행 날짜와 불이행 시의 조치에 대해서도 문서로 기록하고 서로 서명하도록 한다.

이혼법정에서는 조정자가 이혼의 분쟁이나 아동의 양육권과 양육비에 대한 것을 중재하고, 중재자는 노동자와 고용주의 임금 중재, 세입자와 임대인의 갈등 중재, 개인 대 개인, 개인 대 집단, 집단 대 집단의 논쟁과 갈등을 해결하는 역할을 담당한다.

(5) 사례관리

사례관리자(case manager)는 클라이언트의 다양한 욕구를 충족시키기 위하여 지역사회에 있는 서비스 및 자원체계를 개발하면서 동시에 클라이언트와 가족의 사회적 기능을 회복시키기 위한 실천 서비스다. 노인가정의 어르신이나 아동 및 청소년 가정의 학대에 대해서 사례관리를 하는 것이나 노숙자의 상담 외 숙소 제공이나 직장알선 등 재활을 도모하는 역할도 있다.

(6) 옹호

옹호자(advocate)는 클라이언트의 대변자 역할로 클라이언트를 자원과 연결시키고는 클라이언트를 대신하여 일을 진행하고 대변하는 것이다. 특히 클라이언트가 필요한 것을 얻을 능력(힘)이 거의 없을 때 적절하다. 클라이언트를 대신하여 자원을 연결하고 서비스를 받도록 하는 역할이다. 사회복지사는 사회정의를 위하여 약자의 입장을 대변하고, 보호하며, 개입하고, 지지하는 것을 말한다.

3. 종결기술

사회복지사가 상담을 종결할 경우에는 내담자가 처음 호소하는 주요 증세나 문제가 사라지고 만족스러운 결과를 이루어 내면 합의하에 종결한다. 또는 사회복지사는 클라이언트를 다른 기관에 의뢰하므로 종결도 가능하다. 알코올중독자를 알코올중독센터나 자조집단에 의뢰하여 마무리할 수 있다.

환경치료는 사회자원의 활용과 시설에 입소조치나 의뢰 등으로 클라이언트의 부적절한 환경의 조건을 경감 내지 완화시켜 문제를 해결하는 것으로 종결이 이루어진다.

종결에서는 사회복지의 실천적 개입이 얼마나 효과적이었는가를 평가하는 과정을 갖기도 한다. 평가는 서비스 전달자와 받는 자의 효과성 및 개입과정과 방법 모두에 대한 평가가 이루어진다.

종결에서는 클라이언트가 처음 제기된 문제가 어떠한 상태인지, 개입 이후 어떤 변화가 있었는지, 클라이언트의 생각이나 행동의 변화는 어떤 것인지, 다시 다른 개입이 필요하지는 않는지 등을 다룬다. 그래서 클라이언트에게는 변화된 행동을 시도하는 연습과 특별한 지지와 격려가 필요하다. 또한 종결단계에서는 상담관계를 끝낼 때 내담자가 느낄 수 있는 아쉬움과 서운함, 뿌듯함 등 여러 감정을 충분히 다루어 주어야 한다.

1) 종결의 결정

사회복지사가 클라이언트와의 상담을 종결할 때는 내담자 스스로 자신이 많이 좋아졌고 상담이 만족스럽다고 이야기하면, 상담자는 조만간 종결하게 될 것을 예상하고 그에 대해 논의해야 한다. 어떤 내담자는 상담자가 보기에 상태가 많이 좋아졌다고 생각되지만, 내담자 자신은 좋아졌다고 분명하게 말하지 않는 경우가 있다. 이런 경우 내담자가 현재의 생활에 잘 적응하고 있는 것처럼 보인다면 상담자가 먼저 상담을 종결하자는 이야기를 꺼내 그에 대해 논의해 나갈 수 있다. 클라이언트는 종결에 참여함으로써 자신의 변화나 역량에 대한 자신감을 회복하며 독립적으로 기능이 잘된다면 종결이 가능하다.

종결이 적합한지 여부를 결정할 때 다음과 같은 요소를 고려한다(Sheafor et al., 2005; 최해경, 2009).

- 개입목표가 달성되었는가?
- 서비스 제공이 합의된 시간 내에 달성되었는가?
- 클라이언트가 기관에 가지고 온 문제나 상황이 충분히 해결되어 만족스러운 수준으로 기능하고 있는가?
- 사회복지사와 기관은 만족할 만한 시간, 에너지, 기술을 투입하여 효과가 나타났는가?
- 클라이언트를 다른 기관이나 다른 전문가에게 의뢰하는 것이 더 적합한가?

종결의 유형은 첫째는 목표달성으로 인한 종결로 제시된 주 호소문제들이 해결되어 만족스러운 종결을 할 때다. 두 번째는 시간 제한으로 인한 계획된 종결이다. 기관이나 시설에서 클라이언트와 처음부터 시간 제한을 두고 3회기, 5회기, 7회기 등 상담으로 종결된다는 것을 고지해서 종결되는 경우다. 정해진 시간 내에서 성과를 기대하는 것이므로 단기개입으로 변화를 촉진할 수 있는 장점도 있지만, 너무 짧아서 진전이 더디지만 종결해야 하는 경우도 발생한다. 이러한 경우 사회복지사는 공감적이고 비심판적인 태도로 상황을 설명하며 진전이 더딘 것에 대한 이유를 탐색할 필요가 있다. 사회복지사는 새로운 접근방식의 변화나, 다른 사회복지사에게 필요한 서비스로 변경하거나 다음 기회에 서비스를 제공하기로 하고 종결할 수도 있다.

세 번째는 계획되지 않은 종결로 클라이언트가 말없이 종결을 하므로 계획되지 않은 종결이다. 이런 경우는 원조관계에 이상이 있거나 서비스가 도움이 되지 않거나 아니면 클라이언트가 물리적으로 이용하기 어려운 상황이 발생할 수도 있다. 사회복지사는 클라이언트의 중단 사유에 대해서 서로 이야기할 기회를 가질 수 있는지 전화나 메일로 연락하는 것이 바람직하다. 또한 사회복지사의 퇴직이나 업무

변동으로 인하여 종결될 경우에는 클라이언트가 거부당하는 느낌을 가지지 않도록 미리 양해를 구하여 다른 사회복지사에게 잘 의뢰될 수 있도록 한다.

2) 종결 시 감정 다루기

사회복지사는 종결에 즈음하여 클라이언트의 감정을 표현하도록 한다. 구체적으로 "이번 회기가 마지막 시간인데 어떻게 느껴지시나요?" 라고 물을 수 있다. 사회복지사도 클라이언트와 함께 종결에 대한 감정을 교환하며 표현할 수 있다. 지나치게 사회복지사에게 강한 애착을 느끼는 내담자는 상담 종결 이야기를 꺼내면 분리불안과 함께 사회복지사에게 거절당하는 듯한 기분을 느낄 수 있다. 사회복지사와의 분리를 거부하는 이런 감정은 상담 기간이 길면 길수록 더 커질 수 있다. 그러나 사회복지사는 상태가 눈에 띄게 좋아졌는 데도 계속해서 의존하려는 내담자의 요구에 맞추어 상담을 계속 진행해서는 안 되며, 가능한 한 빨리 종결을 준비하여야 한다. 사회복지사는 내담자가 분리불안을 잘 다루면서 스스로 설 수 있도록 지지하여야 한다. 상담 종결 후에도 심리적으로 어려움이 있으면 언제든지 다시 상담할 수 있음을 알려 주어 클라이언트에게 심리적인 안정감을 주도록 하여야 한다.

(1) 상담 성과에 대한 논의와 유지하기

종결과정에서 사회복지사는 클라이언트가 상담과정을 통해 변화하고 성장한 것은 무엇인지, 상담을 통해 해결하지 못한 것은 무엇인지를 탐색해 보아야 한다. 특히 사회복지사는 상담의 성과를 이루기 위해서 노력한 과정에 대해 검토하고, 상담실 밖의 생활에서 상담 성과가 유지될 수 있도록 필요한 노력을 구체화하여야 한다. 또한 현실에서 문제에 부딪혔을 때 상담을 통해 습득한 문제해결 방법을 효과적으로 적용해 나갈 수 있도록 해야 한다(채유경 외, 2008).

(2) 추수상담 및 사후지도하기

상담을 종결한 후에 필요한 경우 추수상담을 할 수 있다. 추수상담은 내담자의 행동 변화를 지속적으로 점검하고, 내담자가 잘하는 점을 강화하며, 부족한 점은 보완할 수 있다. 뿐만 아니라 상담자 자신에게도 상담문제의 해결과정이 적합하였는지에 대한 임상적 통찰을 가져다준다는 점에서 의미가 있다.

사회복지기관에서는 사후지도의 시기와 절차를 안내해 주어야 한다. 사후지도의 목적은 클라이언트의 진전을 체크하는 것으로 사후에 클라이언트의 상황이 어떠한지를 체크하고 전문적인 개입의 효과성을 점검하는 것이다. 또한 사회복지사의 개입의 기술에서 어떤 것은 문제해결에 큰 도움이 되었고 또 어떤 점은 별로 도움이 되지 않았는지를 확인할 수 있다.

종결한 후에 몇 주 또는 몇 달 후에 사후지도가 가능하며 사후에 해결되지 않은 문제가 있다면 클라이언트에게 도움을 제공할 수는 있는 기회를 준다.

한해 10만 8,000명 자살시도 추정…… 28%는 정신질환

우리나라 성인 6명 가운데 1명은 평생 동안 한 번 이상 심각하게 자살하겠다는 생각을 하고, 3.2%는 실제로 자살을 시도한 것으로 나타났다. 보건복지부는 지난해 7~9월 전국 만 18~74세 성인 6,022명을 대상으로 정신질환 실태를 조사한 결과 평생 한번 이상 심각하게 자살을 생각해 봤다는 비율이 15.6%인 것으로 집계됐다고 15일 밝혔다. 또 응답자의 3.3%는 자살을 계획해 본 적이 있으며, 3.2%는 자살을 시도한 것으로 나타났다. 최근 1년 동안 자살을 하겠다는 생각을 심각하게 해 본 비율은 3.7%로 나타났으며, 0.3%는 자살을 시도한 것으로 조사됐다. 이번 조사를 근거로 한해 자살을 시도한 사람은 국내에서 모두 10만 8,000명으로 추산됐다. 이처럼 자살을 생각해 보거나 시도한 사람들은 정신장애를 가진 경우가 많았는데, 자살 생각을 한 경우 57%가, 자살 시도를 한 경우는 75%가 한 개 이상의 정신장애를 가진 것으로 조사됐다.

이번 조사에서는 또 평생 동안 27.6%가 정신질환을 한 번 이상 앓는 것으로 조사됐다. 남성이 31.7%로 여성의 23.4%보다 크게 높았다. 정신질환에는 알코올중독이나 니코틴(담배) 중독도 포함됐는데, 이를 제외하면 14.4%로 나타났다. 이때는 여성이 19.5%로 남성의 9.2%에 견줘 두 배 정도였다. 우울증, 불안 등 기분장애와 같은 정신장애는 주로 여성이, 담배나 알코올중독과 같은 정신장애는 주로 남성이 많은 것으로 분석됐다. 평생 한 번이라도 정신질환을 앓은 비율은 5년 전인 2006년의 12.6%에 견줘 1.8% 높아졌다.

정신질환이 있어도 의료기관이나 정신전문가에게 상담을 받은 비율은 주요 국가에 견줘 크게 낮았다. 우리나라는 평생 한 번 정도 정신건강문제로 의사나 정신전문가에게 상담을 받은 비율이 15.3%에 그치지만, 미국이나 뉴질랜드 등은 최근 1년 동안 상담받은 비율이 약 40%로 크게 높았다.

출처: 김양중 의료전문기자, 한겨레 신문(2012. 2. 16.)

예상문제

1. 개인면접에서 간접적인 개입기술에 해당되는 것은?

가. 정보주기, 의뢰	나. 대안제시, 조언
다. 환경조정, 정보주기	라. 구체적인 서비스 제공, 사례관리

① 가 ② 나, 다 ③ 나, 라 ④ 라 ⑤ 가, 라

정답: ④

해설: 조언, 정보주기, 대안제시는 직접적인 개입기술이다.

2. 개인면접에서 종결 여부 결정확인으로 적합하지 않는 것은?

① 개입목표가 달성되었는가 확인

② 서비스 제공이 달성되었는가 확인

③ 클라이언트가 문제나 상황이 충분히 만족스러운 수준으로 기능하고 있는가 확인

④ 사회복지사는 시간, 에너지, 기술의 투입 효과보다는 시간이 다 되었는가 확인

⑤ 클라이언트를 다른 기관이나 다른 전문가에게 의뢰하는 것이 더 적합한가 확인

정답: ④

해설: 사회복지사는 만족할 만한 시간, 에너지, 기술을 투입하여 효과가 나타났는가?

3. 개입기술에 대한 설명이다. 적합하지 않는 것은?

① 사례관리기술: 개인 및 가족의 사회적 기능 향상을 위한 지역체계와 연계 및 관리

② 지역사회조직사업: 지역사회의 자원과 서비스, 기회 등을 발굴하여 효과적으로 배분한다.

③ 문제해결기능: 문제에 적극적으로 대처하여 해결할 수 있는 능력을 키운다.

④ 권익옹호 및 임파워먼트: 사회적 강자들이 약자를 보호하도록 하는 기술

정답: ④

해설: 권익옹호 및 임파워먼트는 사회적으로 소외된 약자들이 기회를 가질 수 있도록 돕는 기술이다.

07

기록의 기술

1. 기록의 기능

사회복지사가 클라이언트와의 원조관계에 대한 기록을 남겨야 하는 근본적인 이유는 다음과 같다. 전문직으로서의 책무성, 정보의 공유, 서비스 네트워크 조성, 서비스의 일관성 유지, 클라이언트와 사회복지사의 의사소통 촉진, 서비스와 서비스 관련 사항의 평가자료 그리고 각종 자료로서의 용도다. 구체적인 내용은 다음과 같다(이윤로, 2007; 이영실 외, 2011; 사회복지교육연구센터, 2012).

첫째, 전문직으로서의 책무성이다. 사회복지사는 클라이언트, 해당 기관, 지역사회 및 정부 등으로부터 할당된 예산을 가지고 활동하게 된다. 따라서 윤리적으로나 법적으로 중요한 책임성을 갖고 실천활동을 하게 된다. 그럼으로 제공되는 서비스나 개입 내용을 기록하고 설명하고 평가함으로써 전문직을 수행하게 된다.

둘째, 정보의 공유를 목적으로 한다. 클라이언트에 대한 비밀보장을 유지한다고 해도 경우에 따라서는 클라이언트 자신과 가족, 대리인, 고용주에게 정보를 제공함으로써 클라이언트의 치료적 목적에 활용될 수 있도록 기여할 수 있다. 또한 상황에 따라서 법정, 지역사회 관련 기관, 기금조성을 위한 조직, 보호관계망, 공인집단 등에도 자료를 제공할 수 있다.

셋째, 서비스 네트워크를 조성하기 위함이다. 이는 클라이언트의 원조를 위해 노력하는 다양한 분야의 전문가와 의사소통을 촉진시키는 역할을 한다. 전문가들의 개별적 노력을 조정할 수 있도록 돕고, 원조를 위해 구성된 전문가 구성원들에게 집단결정과 집단행동을 강화시키는 데 기여한다.

넷째, 서비스의 일관성 유지를 목적으로 한다. 기록은 사례의 지속성을 유지시키는 도움을 준다. 특히 담당 사회복지사의 휴가, 업무부서의 재배치, 사직, 이직 및 예상하지 못한 상황에서 클라이언트에 대한 업무가 다른 사회복지사에게 배치되었거나, 클라이언트가 다른 기관으로 의뢰되었을 때 현재까지의 진행과정을 파악할 수 있게 하여 지속적 서비스의 제공을 가능하게 해 주기 때문이다.

다섯째, 클라이언트와 사회복지사의 의사소통 촉진기록은 클라이언트와 사회복지사가 의사소통하는 도구로 활용될 수 있는데 두 가지 형태가 있다. 우선 클라이언트가 자신의 변화 정도를 스스로 기록하여 사회복지사와 공유하는 형태가 있다. 다음은 사회복지사가 클라이언트에 대한 개입 내용 및 과정을 기록하여 공유하는 형태가 있다. 만일 클라이언트가 기록 문서를 볼 수 있도록 허용하는 기관의 사회복지사는 자신이 작성한 기록을 클라이언트가 읽을 수 있다는 점을 염두에 두어야 할 것이다.

여섯째, 서비스와 서비스 관련 사항의 평가자료가 된다. 기록은 슈퍼비전이나 자문 및 동료의 검토를 원활하게 해 준다. 따라서 슈퍼바이저, 자문가, 동료들과 클라이언트의 상황과 개입과정에 대해 공유하고 지도 · 감독을 받는 데 중요한 자료가 된다. 슈퍼바이저는 기록을 통해 사회복지사의 실천사항을 사정하고 필요한 변화를 제시해 줄 수 있게 된다. 또한 서비스의 과정과 효과를 모니터하는 근거자료가 된다. 사회복지사는 기록 내용을 바탕으로 모니터를 받음으로써 서비스 활동을 검토하고, 평가하고, 수정하고, 지속적으로 최신화된 모니터를 받을 수 있다.

일곱째, 각종 자료로서의 용도다. 사회복지사는 클라이언트에 대한 원조 서비스의 시작부터 종결까지 모든 사항을 기록해야 한다. 만일 문서화된 기록이 없다면 사회복지사는 클라이언트에게 아무것도 제공한 것이 없는 것으로 평가될 것이다. 문서화된 기록은 사회복지사의 실천과정에서의 어려움을 구조화하는 데 도움이 될 뿐만 아니라, 해당 기관에서 약속한 프로그램 및 서비스를 실제로 실행하였는지를 보여 주며, 해당 기관이나 프로그램에 지원된 예산 또는 재정적 투입을 정당화해 주는 것이다.

2. 기록의 유형

사회복지실천기술로서의 기록의 종류는 다양하다. 따라서 사회복지사는 클라이언트의 원조과정을 문서화함에 있어서 자신이 소속된 기관이 요구하는 기록의 형태를 제대로 습득할 필요가 있다. 대부분의 사회복지기관에서 활용하는 기록의 형태는 다음과 같다(이윤로, 2007; 김기태 외, 2007; 사회복지교육연구센터, 2012; 이영실 외, 2011).

1) 과정기록

과정기록(process recording)은 클라이언트와 면담과정에서 나눈 이야기 내용, 클라이언트의 인식, 행동, 태도, 드러난 감정, 사회복지사가 관찰한 내용 등 클라이언트와 사회복지사의 상호작용을 구체적으로 자세히 기록하는 방법이다. 면접내용, 사회복지사의 의견, 슈퍼바이저의 평가 등을 구분하여 기록할 수도 있다. 면접을 녹화한 비디오테이프를 보고 언어적 · 비언어적인 내용을 포함하여 관찰한 모든 것을 기록한다. 대부분 직접적 인용을 그대로 기록한다. 사회복지사가 관찰한 인상이나 코멘트는 오른쪽 별도의 난에 기록한다. 따라서 과정기록은 면접과정에 대한 유익한 반성이 가능하다. 작성요령은 클라이언트와 면접 후 최대한 빨리 작성하는 것이 기억의 오류를 방지하는 데 도움이 된다. 클라이언트에 대한 비밀보장을 유념하면서 기록해야 하며, 상황에 따라 메모도 가능하다. 과정에 따른 기록내용은 다음과 같다.

(1) 탐색과정에서의 기록내용

- 클라이언트의 특성: 클라이언트의 인구학적 특성인 이름, 주소, 생년월일, 성,

교육 수준, 가족구성, 직업, 수입, 종교, 결혼상태 등을 기록한다.

- 원조 개입의 시작 사유: 클라이언트가 의뢰된 경로는 무엇인가? 현재 문제에 대한 인식은 어떠한가? 등을 기록한다.
- 현재와 과거의 클라이언트 상황에 대한 기술: 클라이언트의 문제를 역사적·생태학적 맥락에서 이해하기 위하여 현재 클라이언트의 상황을 이해하는 데 적절한 정보는 무엇인가? 등을 기록한다.
- 자원과 제약: 클라이언트의 문제해결을 위하여 필요로 하는 이용 가능한 자원과 사회복지서비스는 무엇인가? 자원의 부적합요인과 장애요인과 같은 자원 활용에 대한 제약은 어떠한가? 등을 기록한다.
- 사정: 클라이언트의 현재 상황은 어떠한가? 문제의 원인은 무엇인가? 개입계획에 대한 사회복지사의 소견은 어떠한가? 등을 기록한다.

(2) 형성과정에서의 기록내용

- 서비스에 영향을 미치는 결정: 클라이언트에게 제공되는 사회복지서비스에 영향을 미치는 중요한 결정과 그 정당성은 무엇인가? 등을 기록한다.
- 서비스의 목적: 사회복지실천을 통해서 무엇을 달성할 것인가? 등을 명확하게 기록한다.
- 서비스의 계획: 어떻게 사회복지실천의 목표를 달성할 것인가? 등을 명확하게 기록한다.

(3) 실행과정에서의 기록내용

- 중간노트(midterm notes): 계획된 사회복지서비스가 시작되면, 클라이언트의 상황과 제공된 사회복지서비스에 대해 정기적으로 사정하고 기록한다.
- 서비스 재검토: 사회복지서비스의 결정과 활동에 대한 공식적 재평가를 기록한다. 일반적으로 날짜, 참여자, 제안내용, 결정내용 등을 기록한다.

(4) 종결과정에서의 기록내용

- 서비스 종결의 방법과 사유: 사회복지실천의 책무성과 평가, 향후의 계획을

위해 사회복지서비스의 종결 이유와 방법을 기록한다.

- 서비스 활동과 결과 요약: 사회복지서비스의 개괄적 서술, 서비스 개시 이유, 서비스 진행 동안의 클라이언트와 관련 상황, 서비스의 목적, 계획과 과정, 중요한 사건, 종결 시의 클라이언트 및 클라이언트의 상황, 서비스에 대한 평가, 향후 서비스와 사후 검토를 위한 제안 등을 기록한다.
- 사후관리: 원조 서비스 종결 이후에도 클라이언트가 성취한 변화의 지속적 유지를 위한 사후관리(follow-up)가 필요하다. 클라이언트의 현재 상황 및 상태, 향후 서비스에 대한 제안, 클라이언트와 관련한 모든 행동에 대한 정보 등을 기록한다.
- 서비스의 특성: 행정적 처리나 조사연구를 위한 구조화된 기록으로서, 사회복지서비스의 특성을 기관별로 표준화된 기록양식에 따라 기록한다.

(5) 과정기록의 장단점

- 장점: 사회복지교육 차원에서 지도감독(슈퍼비전)이나 실무학습 수단으로 유용하다. 구체적으로 기술된 정보를 바탕으로 사례의 진행을 모니터할 수 있다. 또한 오디오테이프나 비디오테이프를 녹화하여 활용함으로써 실천 현장에서 어떠한 일이 발생되었는지에 관해 더욱 정확한 이해와 반성의 기회를 가질 수 있다. 이는 사회복지사의 면접내용 및 문제해결을 위한 태도에 대해 구체적인 슈퍼비전을 받는 데에 도움이 된다. 특히 사회복지 실습생이나 초보 사회복지사의 경우 클라이언트에 대한 사정기술을 발전시키고 자신의 통찰력을 성장시킬 수 있는 기회가 될 수 있다.
- 단점: 사회복지사가 과도한 업무로 중압감을 갖게 될 때 기록에 지나친 시간을 소요하게 된다면 면접이나 원조과정에서 일어난 상호교류에 대한 실제 내용에 대해 불완전하고 왜곡된 정보로 처리할 수도 있다. 있는 그대로를 정확하게 기록해야 하나 기록에 지나치게 몰입하다 보면 오히려 면담을 소홀이 할 수 있다.

사회복지사는 생생한 사실을 정확히 기록하기 위해서 가능한 면담 직후에 기억이 정확할 때 빨리 기록해 두는 것이 바람직하다. 또한 과정기록 내용을 공식적으로 활용할 경우에는 클라이언트와 약속했던 비밀을 유지(예: 전과사실, 입양사실 등)하고 지극히 개인적인 사항이 밖으로 유출되지 않도록 항상 염두에 두어야 한다. 기록을 마치면 슈퍼바이저가 검토하고 승인한 후 별도로 보관한다.

〈표 7-1〉 **과정기록의 예**

면담내용	슈퍼바이저의 코멘트
사회복지사: 어서 오세요, 편찮으신데 여기까지 와 주셔서 감사합니다. 많이 불편하시면 침대에 가서 이야기하셔도 되고 여기 소파에 누우셔도 됩니다. 불편해하지 마시고 편안하게 이야기하세요. **오달자:** 아니에요. 움직이는 것은 가능하고 운동도 할 겸 여기저시 돌아다니기도 해서 괜찮아요. **사회복지사:** 김영희 간호사로부터 오달자 씨 상황에 대한 이야기는 간단히 들었습니다. **오달자:** 제가 교통사고를 당해서 두 달 넘도록 입원을 해야 한대요. 치료비는 보험회사에서 대준다고 하니까 문제는 없는데 아이들이 문제예요. 4살짜리 아들과 2살짜리 딸이 있는데 어린이집에 안 다니거든요. 제가 데리고 있는데 제가 병원에 있으니 아이를 돌봐줄 사람이 없어요.	비밀보장이나 사생활보호를 위해 사회사업실에서 면담을 한 것은 좋지만 장시간 앉아 있기 힘든 클라이언트를 위한 별도의 배려가 필요함

* 출처: 2012 국가공인 자격서(2011: 5009).

2) 요약기록

요약기록(essential recording)은 일반적으로 사회복지기관에서 가장 많이 사용하는 형태로 시간의 흐름에 따라 변화된 상황, 개입활동, 중요한 정보 등을 요약하여 기록하는 것이다.

기록내용과 형식은 다음과 같다.

- 날짜 및 클라이언트의 기본 사항을 기록한 후 기록이 필요한 중요한 사항을 선택하여 시간의 흐름별로 조직화하여 기록한다.
- 잘 정리된 요약기록이란 정보들을 효과적으로 조직화하는 데에 있다. 따라서 주제별로 제목을 단 후 아래에 구체적인 내용을 기록한다.
- 세부적인 면담내용을 제외한다면 사회복지사가 실천한 일보다는 클라이언트에게 일어난 변화에 초점을 두어 기록한다.

〈표 7-2〉 **요약기록의 예**

2008년 2월 4일
외과 간호사 김영희가 오달자를 의뢰했다. 오늘 첫 면담을 했는데, 오달자는 교통사고를 당해 2개월 이상 입원을 해야 하는 상태다. 입원기간 동안 자녀를 돌봐줄 사람이 없어 걱정을 많이 하고 심리적으로 불안한 상태다. 입원기간 동안 자녀를 돌봐줄 서비스나 정보에 대해 도움을 요청했다.

요약기록의 장단점은 다음과 같다. 우선 장점은 사례가 장기간 지속될 경우 효과적이다. 기록내용은 사회복지사가 중요하다고 판단한 것을 위주로 구성하기 때문에 과정기록에 비하여 시간이 적게 들고 전체 서비스 과정을 고려하면서 융통성 있게 핵심을 중심으로 구성한다. 따라서 클라이언트와 그를 둘러싼 상황 그리고 서비스가 갖는 특수성 등 관련 의미를 개별적으로 반영할 수 있다.

단점은 클라이언트가 전달한 언어적 · 비언어적 표현이 세부적으로 전달되지 않을 수 있다. 사회복지사가 중요하다고 파악한 사안에 초점을 두고 기록하였기에 기록내용은 사회복지사의 주관적 능력에 전적으로 의존할 수밖에 없다. 또한 면담내용은 과정기록에 비해 비교적 단순하여, 기록내용의 초점이 명료하지 않을 수도 있다. 기록의 질은 실제로 제공한 서비스의 질에 비례하는 것이 아니라 기록에 투자한 시간에 따라 달라질 수 있다.

요약기록을 할 때에는 다음과 같은 주의사항이 요구된다.

- 단기 서비스나 전형적인 일상 서비스는 구조화된 양식이나 체크리스트를 활용한다.
- 복합적이고 개별화된 서비스에 대해서만 요약기록을 활용한다.
- 기록에 포함해야 할 내용과 포함되지 않는 내용에 대한 지침서를 세밀히 만든다.
- 면담 직후 기록하여 기록의 정확도와 신뢰도를 확보한다.
- 장기개입의 경우, 요약기록이 유용하므로 매일 면담내용을 기록할 수 있는 사례 노트를 활용하여 시간에 따라 기록하도록 한다.

3) 이야기체 기록

이 기록방법은 사회복지사가 클라이언트와 그를 둘러싼 상황 그리고 원조 서비스에 대해 이야기하듯이 서술해 나가는 것이다. 따라서 면접내용이 정리되고 재구성되어 서술된다. 총괄적인 기록이 가능하며 클라이언트의 상황과 제공된 서비스에 대한 특성이 잘 반영될 수 있다. 이야기체 기록은 원조 서비스가 개인, 부부, 가족, 집단 등 어떠한 대상에게 전달되든지 관계없이 개별화된 서비스를 문서화하는 데 도움이 된다. 또한 몇 가지 주제 등으로 제목을 정하면 문서가 훨씬 조직화되며, 단점과 한계를 보완하기 위해서는 사례 노트를 활용하면 좋다.

이야기체 기록(narrative records)의 장단점은 다음과 같다. 장점은 사회복지사가 중요하다고 판단되는 모든 사항을 자유롭게 기록할 수 있다. 또한 클라이언트와 그를 둘러싼 상황 그리고 제공된 서비스가 지닌 독특한 본질을 개별적으로 반영할 수 있다. 단점은 이야기를 재구성하고 서술해야 하므로 시간이 많이 소요되고, 지나치게 길다는 점이다. 기록의 질이 사회복지사의 문장력이나 기록에 투여된 시간에 의해 좌우될 수 있기 때문에 서비스의 질에 관심을 더 쓰는 것이 바람직 할 수도 있다.

이야기체 기록의 단점을 보완하기 위해서는 다음과 같은 사항에 주의가 요구된다.

- 이야기체 기록의 효율성을 높이기 위해 사례 노트를 만들어 시간 순으로 간단하게 요약해 적어 두는 것도 유용하다.
- 전형적인 정보(예: 우울과 같은 정신건강에 대한 호소 등)에 대해서는 구조화된 양식이나 목록을 사용한다.
- 복합적이고 개별화된 서비스에 관한 정보에 대해서만 이야기체 기록을 활용한다.
- 사례가 있을 때마다 가능한 한 즉시 기록하여 정보의 정확성과 신뢰성을 확보한다.

〈표 7-3〉 **이야기체 기록의 예**

사업보고서
의뢰: 조이스미스는 88/9/2에 입원과 동시에 사회사업과로 의뢰되었다. 그는 응급실을 통해 입원되었는데, 경찰이 그를 응급실로 데려왔다. 조이는 팔과 다리가 멍들어 있었을 뿐만 아니라 다리와 엉덩이에도 불에 덴 상처가 있었다. **배경**: 주이는 3살이지만 2살도 채 안 되어 보인다. 그는 작고 연약하여 사람을 두려워한다. 조이는 스미스 씨 부인의 여섯 자녀 중 막내다. 다른 자녀들의 나이는 5세에서 14세 사이다. 조이보다 큰 다른 자녀들은 모두 학교에 다니며 이중 셋은 특수교육프로그램에 들어가 있다. 스미스 씨는 조이를 "그 애 엄마처럼 느린"아이로 기술했고 그는 조이가 대소변을 가리지 못하고, 말을 못하고 둔하기 때문에 발달이 느린 것으로 알고 있다. 조이는 한 번도 의사나 교사의 평가를 받아 본 적이 없다. **서비스 정보**: 내과의사는 9/24에 아동학대에 대한 보고서를 제출하였는데, 그는 조이의 화상이 매우 뜨거운 목욕물에 의한 것이며, 멍든 상처를 조이가 목욕탕에서 나오려고 저항하다 생긴 것이라고 진술하고 있다. P의사와 나는 즉시 조이의 부모에게 학대보고서에 대한 사실을 알렸고, P의사는 모든 의심스런 상해들이 보도되어야만 한다고 설명하였다. 우리는 학대를 조사하고 학대 증거를 발견하였던 아동복지부와 함께 서비스를 조정하였다. 퇴원하면 조이는 집으로 돌아갈 것이고, 우리 부서의 슈퍼비전을 받을 것이다. 조이는 10/21에 조기 아동교육프로그램을 위한 검사를 받을 예정이다. 사회사업가 ___________ 년 월 일

*출처: 2012 국가공인 자격서(2011: 506).

4) 문제중심 기록

이는 병원이나 의료 프로그램을 적용하는 세팅에서 흔히 사용하는 기록형식 중 하나다. 상당히 간소한 양식으로써 문제중심 기록(Problem-Oriented Recording, POR)은 다음의 'SOAP' 이라는 네 가지 요소를 포함한다.

- S(Subjective Information): 클라이언트의 자기보고에서 나온 내용으로 클라이언트의 주관적 상황에 대한 인식, 정서, 행동 등에 관한 정보를 의미한다.
- O(Objective Information): 전문가의 직접적인 관찰, 임상적 실험, 체계적인 자료수집 등에서 얻어진 정보를 의미한다.

〈표 7-4〉 SOAP기록의 예

클라이언트: 오달자(만 30세, 여)
의뢰자: 의사 김영희
면담일시: 2008. 2. 4.
면담장소: 사회사업과 상담실
의료적 상태: 2008. 1. 25. 교통사고로 전치 10주 진단받고 입원

S: 입원기간 동안 자녀를 돌보아줄 사람이 없어서 매우 걱정함
O: 낮에는 이웃에, 밤에는 남편이 자녀들을 돌봄, 자녀를 이웃에 맡기는 것에 대해 불안해함, 오달자는 2개월 이상 입원을 해야 함
A: 자녀를 돌봐줄 탁아서비스 및 비용문제를 해결할 수 있는 대안을 마련해야 함
P: 자녀를 돌봐줄 지역사회자원 찾아보기, 탁아서비스 비용을 지원해 줄 수 있는 지원 찾아보기

*출처: 2012 국가공인 자격서(2011: 507).

- A(Assessment): 주관적 정보 및 객관적 정보의 검토를 통해 추론된 전문가의 사정평가와 결론을 의미한다.
- P(Plan): 원조 전문가가 특정한 문제를 제기하거나 해결하는 방법을 의미한다.

문제중심 기록의 장단점은 다음과 같다. 우선 장점은 다른 전문직과의 의사소통을 촉진함으로써 다양한 영역의 전문가와 공조를 원활하게 해 준다. 또한 특정한 문제에 초점을 둘 수 있기 때문에 문제해결의 진전에 대한 모니터링과 사후관리를 쉽게 할 수 있다. 단점으로는 문제중심의 사정으로서 사정의 영역이 부분적이거나 상당히 단순하기 때문에 클라이언트의 강점과 자원을 중요시하지 않는다는 점이다. 클라이언트의 강점보다는 문제를 강조하고 개인과 환경의 상호작용보다는 개인에게 초점을 두고 있다. 따라서 심리사회적인 관심보다는 병리적이며 생의학적 관심에 초점을 두고 있기에 생태체계적 관점이나 강점과 잘 부합되지 않는다. 그렇기 때문에 서비스 전달의 복잡성을 간과하는 경향이 있다.

문제중심 기록을 할 때에는 다음과 같은 사항을 염두에 두면 도움이 될 수 있다.

- 사례를 진행하면서 다른 문제들이 드러나게 되면 새로운 문제를 추가하여 각 문제에 번호를 매겨 문제파악을 용이하게 한다.

- 기관에 따라 표준용어와 통일된 번호체계를 사용하여 클라이언트의 문제유형을 파악하고 용이하게 하며 책무성을 나타내는 문서가 되도록 한다.
- 사례기록에서 사례진행 사항을 파악하고 개입계획에 초점을 두고 기록하는 별도의 페이지를 작성한다.

5) 목표중심 기록

이 기록 유형은 목표성취척도를 활용하여 서비스의 구체적 목표를 달성하고자 하는 움직임을 기록하고 평가하는 방법이다. 또한 목표중심 기록(Goal centered recording)에서는 목표에 초점을 두어 기록을 구체화한다. 따라서 사회복지사는 클라이언트가 성취할 수 있는 목표에 초점을 맞추고 목표성취를 향한 내담자의 노력을 기록하고 측정할 수 있다는 장점이 있다. 하지만 서비스가 어느 정도 효율적이었는지, 성취된 결과가 서비스에 의한 직접적 영향인지를 파악하는 것은 어렵다는 단점이 있다.

6) 녹음 및 녹화기록

이는 음성 녹음(voice recording)과 화면 녹화(video recording)를 이용하여 면접과정을 관찰하고 재조사하며 분석하는 기록이다. 또한 면담이나 개입장면의 전체를 기록하는 것이므로 직접 필사하는 것보다 효과적이며 기록 보관의 보충적인 자료로 활용될 수 있다.

장점으로는 오디오나 비디오를 활용하기 때문에 임상교육용으로 유용하다고 할 수 있다. 하지만 단점으로는 녹음이나 녹화 시 클라이언트에게 사전에 공지하여 반드시 동의를 받아야 한다는 점이다. 또한 클라이언트가 녹화나 녹음을 지나치게 의식하여 면담과정에서 집중력이 감소되거나 평소처럼 자연스럽게 하지 않고 어색할 수 있다는 점이다.

7) 시계열 기록

이는 단일사례에 대한 서비스 목표달성과정에 대한 정보 제공을 목적으로 한다. 따라서 서비스의 효과성을 기록하는 것에 관심을 둔다. 이를 위해 사회복지 개입의 표적이 되는 행동, 태도 등을 지속적으로 되풀이해 기록한다. 시계열 기록(time-series records)은 사회복지사, 클라이언트 또는 제삼자에 의해서도 기록이 가능한데 달성할 목적을 정의하고 그것이 얼마나 성취되는가를 시간 경과에 따라 기록한다.

클라이언트와 그를 둘러싼 상황에 대한 사정과 그 후에 서비스의 목적이나 목표 성취활동에 대한 평가에 사용된다. 서비스의 목적 또는 목표가 설정되자마자 측정 도구가 결정되고, 측정과정이 시작되며, 기록하는 작업이 시작된다. 시계열적 기록은 측정 목적, 과정, 누가 측정하는가에 따라 다양성을 나타내며, 측정을 기록하는 것은 항상 동일한 원칙을 따른다. 무엇이 기록되고, 언제 기록되며, 누가 기록하느냐 하는 것이 명시되어야 하며, 서비스 과정을 통하여 일관성이 있어야 한다. 하나 이상의 측정이 사용될 때 각각의 측정을 기록하기 위해 보통 별도의 양식이 사용되며, 다른 시간대에 다른 자료원으로부터 수집된 정보를 한 가지 양식 안에 다 합쳐 놓는 것은 자료의 정확도를 해칠 수 있다. 각각의 양식으로부터 얻어진 정보는 후에 언제든지 단일 차트 속에 합쳐질 수 있다. 시계열적 기록양식의 주요 내용에는 양식사용 지침(누가, 언제, 왜, 무엇을), 측정 자체, 측정시기, 측정과정이나 측정 자체에 영향을 줄 수 있는 개인적 · 상황적 특수 요인 등이 있다. 시계열적 기록의 형태로는 행동에 관한 기록, 진행업무일지, 지지적 작업 프로그램에 대한 시간표, 시계열적 그래프 등이 있다.

시계열 측정을 선택하고, 실행하며, 해석하는 활동을 혼동시키는 몇 가지 요인은 다음과 같다.

- 선택된 측정이 변화를 실제로 대표하지 않을 때다.
- 측정과정 자체가 개입과정과 개입의 효과에 영향을 미칠 때다.
- 측정된 효과와 효과를 준 원인과 서로 연계를 시키는 것이 어려울 때 등이 있다.

- 시간이 지나치게 소모적인 경우에는 클라이언트에게도, 기관 차원에서도, 해결해야 할 문제에도 적합하지 않을 수 있다

8) 컴퓨터 및 표준화 양식을 활용한 기록

컴퓨터를 통하여 미해결로 남겨 두었던 사례와 재조사를 위한 사례분석이 가능하다. 하지만 척도화로 나타낼 수 없는 클라이언트의 독특한 경험이나 상황, 성격적 특성 및 서비스의 특수한 질적 내용을 컴퓨터로 처리하는 것은 상당히 곤란하다. 예를 들어, 말기 암환자가 경험하게 되는 고통의 수준을 척도화하는 것은 불가능할 것이다. 왜냐하면 환자가 감내해야 하는 주관적 고통의 수준을 객관화하기는 상당히 힘들기 때문이다. 이러한 경우는 구조화된 면접으로부터 벗어나 클라이언트의 내면을 반영할 수 있는, 심층적인 면담을 추구하는 질적 조사를 통한 기록을 남겨야 할 것이다. 하지만 수치화가 가능한 표준화된 기록의 경우, 예를 들어 담당 건수, 서비스 양식, 효과성, 욕구 및 만족도 조사, 평가, 예산, 회계, 클라이언트 및 서비스 기관 직원들에 관한 정보를 수집 및 분석한 자료는 컴퓨터로 쉽게 정리되고 분석될 수 있다. 나아가 대부분의 양적 기록은 질문이나 체크리스트의 양식과 같은 표준화된 양식을 통해 편리하게 문서화될 수 있다.

3. 양질의 기록이란

사회복지기관에서는 원조과정에서 제공되는 서비스의 특성과 진행사항에 관한 정보를 문서로 보관하기 위해 기록한다. 기록이란 클라이언트, 욕구, 상황, 서비스 교류를 개별화하고 유형화시키는 데 초점을 둔다. 또한 클라이언트-욕구-상황에 대해 사정하고 이용 가능한 자원을 목적, 계획, 활동에 연계시킨다. 기록의 궁극적인 목적은 클라이언트에 대한 서비스 전달을 원활히 하는 데 있으며, 기록과정을 통해 자료를 검토, 선택, 분석, 구성하여 사례에 관한 의사소통의 주요 자원이 될 수 있다. 하지만 사회복지실천 현장에서 기록의 기술이 원조 서비스 제공보다 중

요성에서 선행되지는 않는다는 점을 염두에 두어야 할 것이다.

그렇다면 양질의 기록이란 어떠한 요건을 담고 있는 것인지 살펴보도록 하자.

- 간결하고 구체적으로 기록한다.
- 사실에 근거하고 명확하고 타당성 있게 기록한다.
- 논리적이고 상황에 맞는 시기적절성이 있다.
- 전문이론에 기초하여 의미 있고 유용한 정보를 갖추고 있다.
- 사회복지 전문성에서 요구하는 윤리를 바탕으로 한다.
- 전문가의 의견을 제시하면서도 클라이언트의 관점을 존중한다.
- 원조 서비스의 결정과 실천에 초점을 둔다.
- 서비스 전달과정이 잘 설명되어 있다.
- 사정 개입 평가의 기초가 되는 클라이언트와 그를 둘러싼 상황에 관한 정보가 함축된다.
- 각 단계마다 목적, 목표, 계획과정과 진행 및 서비스 전달에 관한 정보가 함축된다.
- 현상에 대한 설명과 사회복지사의 의견이 명확하게 분리되어 기록함으로써 읽는 사람이 사회복지사의 관찰사항과 해석을 별도로 이해하는 것이 가능하다.
- 정보를 효과적으로 문서화할 수 있고 쉽게 찾을 수 있다.

예상문제

1. 사회사업실천 기록방법 중의 하나인, SOAP 포맷에서 'O'는 무엇을 의미하는 것인가?

① 객관적 정보

② 주관적 정보

③ 계획

④ 측정

정답: ①

해설: 객관적 정보(Objective Information)다.

2. 이 기록의 장점은 사회복지사가 중요하다고 판단되는 모든 사항을 자유롭게 기록할 수 있다. 또한 클라이언트와 그를 둘러싼 상황 그리고 제공된 서비스가 지닌 독특한 본질을 개별적으로 반영할 수 있다는 점이다. 이것은 무엇인가?

① 이야기체 기록

② 요약기록

③ 과정기록

④ 문제중심 기록

정답: ①

해설: 이야기체 기록의 장점이다.

3. 문제중심 기록을 할 때 염두에 두어야 할 내용으로 적합하지 않는 것은?

① 사례를 진행하면서 새로운 문제를 추가하여 각 문제에 번호를 매겨 문제파악을 용이하게 한다.

② 기관에 따라 표준용어, 통일된 번호체계를 사용한다.

③ 사례기록에서 사례진행 사항만 파악하고 개입계획에 초점을 두지 않고 기록한다.

④ 클라이언트의 문제유형을 파악하고 용이하게 하며 책무성을 나타내는 문서가 되도록 한다.

정답: ③

해설: 문제중심 기록에서는 사례기록에서 사례진행 사항을 파악하고 개입계획에 초점을 두고 기록하는 별도의 페이지를 작성한다.

* Part 01 참고문헌

구종희 · 김진수 · 최종혁 · 김윤배(1999). 산업복지학의 이해. 서울: 홍익재.

김기덕(2002). 사회복지윤리학. 서울: 나눔의 집.

김기태 · 김수환 · 김영호 · 박지영(2007). 사회복지실천론. 경기: 공동체.

김계현(1995). 카운슬링의 실제. 서울: 학지사.

김재열 · 이상호 외(2010). 사회복지실천론. 경기: 신정.

김혜란 외(2006). 사회복지실천기술론. 서울: 나남출판.

김혜란 · 홍선미 · 공계순(2006). 사회복지실천기술론(제2판). 서울: 나남출판.

남기철 · 변귀연 · 양숙미 외(2005). 사회복지실천기법과 지침. 서울: 나남출판.

도광조(2008). 사회복지실천론. 경기: 양서원.

박용순(2005). 사회복지실천론. 경기: 양서원.

사회복지교육연구센터(2012). 사회복지실천론. 서울: 나눔의집.

________________(2012). 사회복지실천기술론. 서울: 나눔의집.

서울대학교 사회복지실천연구회 역(1999). 사회복지실천기법과 지침. 서울: 나남출판.

심수명(2005). 감수성 훈련. 서울: 다세움.

손광훈(2009). 사회복지실천기술론. 경기: 공동체.

양옥경 외(2010). 사회복지실천론. 서울: 나남출판.

양옥경 · 김정진 · 서미경 · 김미옥 · 김소희(2011). 사회복지실천론. 서울: 나남.

이영실 · 나임순 · 정명희 · 황희숙 · 최정자(2011). 사회복지실천론. 경기: 양서원.

이영호(2008). 사회복지실천기술론. 경기: 공동체.

이윤로(2007). 사회복지실천기술론. 서울: 학지사.

이애재(2006). 사회복지실천기술론. 경기: 양서원.

이문국 외 역(1999). NASW. 서울: 나눔의 집.

이종복 · 전남련 · 김덕일(2006). 사회복지실천론. 경기: 학현사.

엄명용 · 김성천 · 오혜경 · 윤혜미(2005). 사회복지실천의 이해. 서울: 학지사

장수미 · 최정숙 · 박형원 외(2010). 사회복지실천기술론. 서울: 학지사.

장인협(1992). 사회사업실천방법론. 서울: 서울대학교출판부.

전대성(2005). 사회복지개론. 경기: 계축문화사.

전재일 · 이성희(2006). 사회복지실천기술론. 서울: 형설출판사.

조홍식 · 김연옥 · 황숙연 · 김융일(2009). 사회복지실천론. 서울: 나남.

채유경 · 임상록 · 김혜숙 외(2008). 상담심리의 이론과 실제. 경기: 파란마음.

천성문 외(2009). 상담심리학의 이론과 실제. 서울: 학지사.

최해경(2009). 사회회복지실천론. 서울: 학지사.

한국사회복지사협회 홈페이지(www. kasw.or.kr). 사회복지 전문직의 가치와 윤리.

한국임상사회사업학회(2006). 사회복지개론. 경기: 신정.

한인영 · 최현미 · 장수미(2006). 의료사회복지 실천론. 서울: 학지사.

허남순 · 한인영 · 김기환 · 김용석 공역(2004). 사회복지실천 이론과 기술(*Directsocial work Practice: Therapy and skills*). 서울: 나눔의집.

American Heritage Dictionary (1978).

Baker, R. L. (2003). *The Social Work Dictionary*. Washington, D.C: NASW Press.

Biestek, F. P. (1978). *The Casework Relationship*. Chicago: Loyola University.

Corey, G., Corey, M. S. & Callanan, P. (1988). *Issues and Ethics in the Helping Professions* (3rd ed.). Brooks/Cole Publishing Company.

Cournoyer, B. (2000). *The social Work Skills Workbooks (3rd ed.)*. Belmont CA: books/coie. 사회복지실천기술연습(김인숙 · 김용석 역). 서울: 나남출판.

Goldstein, E., & Noonan, M. (1999), *Short-term treatment and Social Work practice: An interative perspective*. New York: Free Press.

Egan, G. (1994). *The skilled helper (5th ed.)*. Monterey, CA: Brooks/Cole.

Elliott, R., Shapiro, D. A., Firth-Cozens, J., Stiles, W. B., Hardy. G. E., Llewelyn, S. P., & Margison, F. R. (1994). *comprehensive process analysis of insight events in cognitive-behavioral and psychodynamic-interpersonal psychotherapies*. Journal of Counseling Psychology.

Epstein, L., & Browen, L. B. (2002). *Brief treatment and look at the task-centered approach*. Boston.

Evans, D. R., Hearn, M. T., Uhlemann, M. R., & Jvey, A. E. (1998). 상담의 필수기술(성수진 역). 서울: 나남출판.

Hepworth, D. H., Rooney, R. H., Rooney, G. D., Strom-Gottfried, & Larsen, J. (2006). *Direct Social Work Practice: Theory and Skills (7th ed.)*. Thomson Brooks/Cole Publishing Company.

Hill, C. E., & O'Brien, K. M., (2001). 상담의 기술(주은선 역). 서울: 학지사.

Kadushin, A. & Kadushin, G. (1997). *The social Work Interview (4th ed)*. New York: Colombia University Press.

Kadushin, A. (1990). *The social Work Interview (3th ed).* New York: Colombia University Press.

Kirst-Ashman, K. K. & Hull, G. H. (1999). *Understanding Generalist Practice* (2nd ed.). Nelson-Hall Publishers.

Kernberg, O. F. (2008). 경계선 장애와 나르시시즘(윤순임 외 공역). 서울: 학지사.

Loewenberg, F. M. & Dolgoff, R. (1996). *Ethical Decisions for Social Work Practice.* Itasca, IL: Peacock.

Mooney, L. A. (2002). *Knox, David, Schacht, Caroline, Understanding Social Problems* (3rd ed.). Belmont, CA: Wadsworth/Thomson Learning.

NASW. (1995). *Encyclopedia of Social Work.* Maryland: NASW.

National Association of Social Workers. (1981). *Standards for Social Work Practice in Child Protection (rev. ed).* silver spring, MD: Author.

National Association of Social Work (2013). *Code of Ethics.* www.socialworkers. org.

Perlman, H. H. (1957). *Social Casework: A Problem-solving Process.* Chicago: The University of Chicago Press.

Perlman, H. H. (1986). The problem-solving model. In F. Turner (Ed.), *Social work treatment: Interlocking theoretical approach (3rd ed.).* New York: The Free Press.

Perlman, H. H. (1978). *Relationship: The Heart of Helping People.* Chicago: University of Chicago Press.

Perlman, H. H. (1979). *Social Casework: A Problem-Solving Process.* Chicago: University of Chicago Press.

Perlman, H. H. (1982). "The Relationship". In H. Rubenstein and M. Bloch (Eds.), *Things That Matter.* New York: MacMillan.

Pincus, A. & Minahan, A. (1973). *Social Work Practice: Model and Method.* Itasca. IL.: Peacock Publishers.

Richmond, M. (1899). *Friendly Visiting among the Poor.* New York: MacMillian.

__________ (1922). *What is Social Casework.* New York: Russell Sage.

Sheafor, B. & Horejsi, G. (1998). *Techniques and Guideline for Social Work Practice (4th ed). Boston,* MA: Allyn Bacon. 사회복지실천기법과 지침(서울대사회복지실천연구회 역). 서울: 나남출판.

Sheafor, B. W. Horejsi, C. R., & Horejsi, G. A. (1997). *Techniques and Guideline for Social Work Practice (4th ed).* Boston, MA: Allyn Bacon.

Sheafor, B. W. Horejsi, C. R., & Horejsi, G. A. (2005). 사회복지실천기법과 지침(남기철 공역). 서울: 나남출판.

Shulman, L. (1984). *The skills of helping: Individuals, Family, and Groups (3rd ed)* Itasca, IL: F. E. Peacock.

Trevithick, P. (2000). *Social Work Skills: A Practice Handbook*. Philadelphia, PA: Open University Press.

Wilson, S. J. (1980). *Recording–Guidelines for Social Workers*. New York: The free Press.

Zastraw, C. (1995). *The practice of social work (5th ed.)*. Pacific Grove, CA: Books/Cole.

Part 01
사회복지실천기술의 이해

Part 02
사회복지실천기술의 모델

Part 03
대상 수준에 따른 사회복지실천기술

PART 02
사회복지실천기술의 모델

사회복지사의 사회복지실천모델 선정은 클라이언트와의 원조관계에서 명확한 개입과정과 실천기술을 사용하는 데 있어서 가장 핵심적인 요소다. 제2부는 사회복지실천모델 중에서 매우 유용하게 쓰이고 있는 대표적인 일곱 가지 모델인 심리사회모델, 문제해결모델, 인지행동모델, 위기개입모델, 임파워먼트모델, 해결중심모델, 사례관리 등의 다양한 이론과 관련 기술을 학습할 수 있도록 구성하였고, 각 장마다 모델의 이론적 배경, 기본 가정, 주요 개념, 원칙과 특징, 실천과정, 실천기법 등을 다루었다.

08

심리사회모델

1. 이론적 배경

심리사회모델은 Richmond에서 시작되었으며 Hamilton, Hollis, Garrett, Austin, Reynolds 등에 의해 발전되었다. 이론적 배경으로는 정신분석학과 자아심리학, 생태체계이론, 역할이론, 의사소통이론 등을 기반으로 하고 있다. '심리사회적 이론' 이라는 용어는 1931년 Hankins에 의해 처음으로 사용되었으나 Hamilton의 『케이스워크 이론과 실천』(1940)에서 본격적으로 활용되기 시작했으며, 그 후 1960년대에 Hollis에 의해서 사회복지실천이론으로 활용되기 시작하였다.

심리사회모델은 개인의 생물학적 요소, 심리내적 및 정서적 특성, 외부의 환경 및 물질적 조건 그리고 이들 상호 간의 영향력에 대한 중요성을 강조한다. Richmond는 인간의 문제를 심리적이고 사회적인 문제로 이해하면서, 효과적으로 원조가 이루어지기 위해서는 개인과 환경 간의 보다 나은 적응을 강조했다. 즉, 클라이언트의 문제는 개인의 생물학적 요소와 심리내적 및 정서적 문제 또는 개인을 둘러싸고 있는 환경의 문제 그리고 개인과 환경의 상호작용상의 문제로 보아야 한다는 관점이다. 사람과 환경에 대한 이중적 초점은 오늘날 심리사회적 실천의 대전제인 '상황 속의 인간(Person in environment: P-I-E)' 개념의 효시가 되었다.

심리사회모델의 주요한 이론적 기반으로 자리하고 있는 정신분석학과 자아심리학(ego psychology)은 프로이트 심리이론에 기원을 두고 있으며 Freud, Hartmann, Erikson 등에 의해서 발전되었다. 자아심리학은 정신분석적 자아심리학과 의식적 자아심리학으로 나눌 수 있다. 정신분석적 자아심리학은 인격의 중추로서 무의식에 포함되어 있는 자아를 기본 개념으로 하고 있다. Freud는 자아, 초자아, 원초아의 개념을 도입하여 모든 에너지의 근원을 원초자아라고 하였으며, 자아가 활동하는 데 필요한 에너지조차도 원초자아에게 의지할 수밖에 없다고 하였다. 이와 구별하여 의식적 자아심리학에서는 자아를 무의식적인 성적 에너지 또는 공격적 에너지에 좌우되는 연약한 존재가 아니라 나름대로의 독립성과 자율성을 가진 존재로 보았다. 따라서 의식적 자아심리학에서 자아는 원초자아의 충동을 억제할 수 있는 능력과 초자아의 지나친 윤리적 요구를 완화시킬 수 있는 힘을 동시에 가진 창조적이고 주체적인 현실적응기제다.

현대 자아심리학은 Hartmann이 발표한 『자아심리학과 적응문제(1939)』에서 생득적 · 생물학적 자아인 자율성을 주장함으로써 시작되었다. 자아를 무의식적이고 원초적 힘의 영향을 받는 빙산의 일각으로만 규정한 Freud식 사고와는 대조적으로 자아를 자율성을 지닌 독립적 존재로서 보았으며, 심리성적 발달단계와 자아기능이 같은 수준으로 발달되지 않을 수 있음을 주장하였다. 이러한 자아기능에 관한 관점은 Perlman의 『케이스워크: 문제해결과정(1957)』에서 구체적으로 찾아볼 수 있다. 그녀는 클라이언트를 자신의 인생을 스스로 책임질 수 있는 능력을 가지고 있는 존재로 보았으며, 문제해결과정을 통해 이러한 능력을 지지하는 것이 사회복지실천에서 원조과정의 핵심임을 강조하였다.

또한 심리사회모델은 개인의 행동이 개인체계와 환경체계가 상호작용하는 개방체계의 맥락 속에서 이해되어야 한다는 체계이론으로부터 지대한 영향을 받았을 뿐만 아니라 정신의학, 심리학, 사회학, 인류학 등을 포함하는 다양한 지식체계로써 클라이언트 상황에 대한 이해를 도모하였다. 제2차 세계대전 후 1940년대와 1950년대에는 사회과학의 발전으로 인해 사회학적 조사가 활발하게 이루어졌다. 특히 빈곤계층과 소수민족 등의 사회적 약자에 대한 새로운 조사 결과는 사회복지 분야에서 인류학에서 주장하는 문화적 차이와 사회학적 이해를 넓히는 데 매우 중대한 정보를 제공하였다. 사회구조가 클라이언트의 문제발생에 영향을 주고 사회구조의 개선 없이는 클라이언트의 문제해결이 어렵다는 사회학 측의 주장은 심리사회모델의 초점이 개인에서 사회로 이동하는 데 영향을 주었다. 이와 더불어 인간은 사회구조 안에서 지위를 가지게 되며 그 지위와 관련된 역할을 가지게 된다는 역할행동이론과 반복적인 의사소통 패턴이 인간관계의 상호작용을 지배하는 규칙으로 설명하고자 한 의사소통에 관한 새로운 이론 등도 심리사회모델에 도입되었다.

2. 기본 가정 및 주요 개념

1) 기본 가정

심리사회모델은 기본적으로 성격체계의 구조 및 발달에 관한 Freud의 이론에 근원을 두고 자아심리학과 체계이론 등의 영향을 받아 형성되었다. Woods와 Robinson(1996)은 인간의 행동에 대하여 다음과 같은 가정을 제시하였다. 첫째, 인간의 근본은 선하다. 둘째, 인간의 행동은 단순히 이해될 수 있는 것이 아니며, 예측 가능한 방법으로 영향을 받고 변화할 수 있다. 셋째, 인간의 현재 행동을 이해하기 위해서는 과거를 중요시한다. 따라서 현재의 문제나 상황을 이해하기 위해 과거를 파악할 필요가 있다. 넷째, 인간의 무의식은 인간의 행동에 중대한 영향을 주지만 행동을 결정짓는 유일한 요인은 아니다.

또한 Turner(1996)는 심리사회모델의 기본 가치를 다음과 같이 전제하였다. 첫째, 인간은 존엄성을 가지고 있다. 사회복지사는 클라이언트의 상황을 있는 그대로 받아들여야 하고(수용, acceptance), 클라이언트가 느끼는 것을 함께 공감(감정이입, empathy)하고 클라이언트의 자기결정(self-determination)에 대하여 존중하는 것이 중요한데 이것은 인간의 존엄성과 가치를 최대한 존중하는 것에서 비롯된다.

둘째, 인간은 성장 능력, 학습 능력, 적응력, 사회적 · 물리적 환경을 변화시킬 수 있는 능력을 가진 긍정적 존재다. 즉, 클라이언트에 대한 사회복지사의 존중과 진실한 관심이 클라이언트에게 전달되면 클라이언트 체계 내에 긍정적인 변화가 지속적으로 일어난다는 변화에 대한 낙관론이 전제된다.

셋째, '인간이 어떻게 기능하는가?'에 대해서는 Freud의 이론이 적용된다. 인간의 감정과 생각은 무의식에 존재하며, 인간의 성격체계는 생각과 감정 및 행동에 영향을 주는 역동적 체계다. 방어기제는 긍정적 · 부정적 목적에 모두 사용되며, 겉으로 드러난 문제들은 내부의 갈등을 해소하고자 하는 적응 노력의 산물이다. 또 신경증은 인간관계의 경험에 뿌리를 두고 있는 것으로 사회적 기원을 가지고 있다.

넷째, 심리체계는 독립적으로 존재하는 것이 아니라 생리체계 · 사회적 체계와 끊임없이 상호작용한다.

다섯째, 동일한 문제 상황이라 하더라도 클라이언트의 문화적 배경 · 사회경제적 배경 · 계층 · 주변 환경 등이 개별적으로 다루어져야 한다.

2) 주요 개념

(1) 상황 속의 인간

심리사회모델로 접근하는 사회복지사들은 심리적 체계뿐만이 아니라 상황에 영향을 미치는 모든 관련 체계를 다룬다. 클라이언트의 상황 속에서 생물학적 · 심리사회적 요인들이 끊임없이 상호작용을 한다. 예를 들어, 개인의 건강은 그의 성격이나 정서뿐 아니라 사회적 관계에 영향을 미친다. 이와 마찬가지로 개인의 성격이나 정서적인 영향은 그대로 신체에 반영된다. 이와 같은 체계들 간의 상호관련성으로 인해 어느 한 체계의 변화는 다른 체계들에 영향을 주어 변화를 일으킨다. 그러므로 심리사회모델 실천에서는 변화와 적응에 대한 각 체계들의 이해가 매우 중요하다. 개인, 소집단, 가족, 중요한 타자, 다른 영역의 전문가 그리고 클라이언트 생활 내 여타 체계의 다양한 수준에서 원조 제공을 강조함으로써 클라이언트의 복잡하고 광범위한 문제에 효과적으로 대처하고자 한다.

(2) 자기지시 및 자기결정

자기지시(self-direction)는 자신의 방향을 정하고자 하는 클라이언트의 권리이며, 자기결정(self-determination)은 클라이언트 스스로 결정을 내리고 선택할 권리, 주체적인 태도 등의 개념이다. 클라이언트가 자기지시나 혹은 자기결정에 있어서 신체적 · 정신적 장애 또는 결정 선택의 폭이 제한되는 등 많은 조건이나 제약, 정서적 딜레마가 동반된다. 사회복지사는 클라이언트가 자신의 행동과 감정에 대해 이해하고 통찰함으로써 자신의 문제를 해결하기 위한 능력을 고취하도록 원조하는 것이 중요하다.

(3) 전문적 관계 형성

심리사회모델에서는 사회복지사와 클라이언트가 함께 실천과정에서 협력적 관계를 강조한다. 그러나 실제로는 이러한 관계를 방해하는 요인들이 많이 존재한다. 특히 비자발적 클라이언트의 경우 저항이나 의심이 심할 수도 있다. 심리사회모델을 지향하는 사회복지사들은 모든 인간은 연령에 상관없이 성장하고, 학습하며 적응해 나가는 능력이 있음을 믿는다. 사회복지사와 클라이언트 사이의 긍정적이고 전문적 관계인 라포(rapport) 즉, 상호신뢰관계는 클라이언트에게 희망과 자신감을 주어 성격체계의 변화를 초래할 수 있으며, 이러한 변화는 클라이언트가 치료를 종결한 후에도 지속적으로 유지될 수 있다.

3. 심리사회모델의 개입과정

1) 초기단계

초기단계에서는 클라이언트의 문제에 관한 심리사회적 조사가 이루어진다. 조사에서는 클라이언트의 표출된 문제와 그 문제의 관련 요소, 인생발달단계(life-stage)상의 검토, 가족생활주기(family life cycle), 원가족에 대한 정보 등을 수집한다. 심리사회모델은 정신분석과는 달리 무의식에 대한 탐색은 다루지 않으나 클라이언트의 문제에 직접적 연관성이 있을 경우에는 유아기나 아동기 등 과거의 탐색이 다루어진다. 클라이언트는 이 단계에서 자신의 문제를 인식하게 되기도 하고 혹은 병리적인 것으로 규정한 문제가 발달과정상의 정상적 위기상황으로 밝혀지기도 하여 클라이언트가 자신의 문제를 재규정하고 해결책을 찾는 계기가 된다.

심리사회모델에서는 클라이언트의 욕구에 대한 탐지 능력과 문제의 원인에 대한 이해가 강조되기 때문에 다음과 같은 문제들이 제기된다. 첫째, 과거사를 어디까지 거슬러 올라갈 것인가의 문제다. 사회복지사는 클라이언트의 문제가 시작된 시점과 어떤 내력을 가지고 있는가를 중시한다. 이와 함께 윤리적 · 계층적 · 인종적인 영향을 포함한 문화적 요소와 클라이언트에 대한 역할기대 및 클라이언트의 가치관도 강조되고 있다. 둘째, 성격 탐구에 관한 문제다. 즉, 무의식계의 어느 수준까지를 다룰 것인가를 결정하는 것이다. 심리사회적 케이스워크는 완전한 무의식계까지는 거의 취급하지 않는다. 셋째, 클라이언트가 도움을 요청하지 않는 생활 측면에 대하여 어느 정도로 탐구하는가 하는 문제다. 제시된 문제의 본질을 탐구함에 있어서 더 큰 문제나 다른 문제를 발견하게 될 경우에는 그것에 대한 평가를 하기 위해서 보다 폭넓고 충분한 정보를 수집해야 한다.

Hollis(1972)는 초기단계의 기본 과제를 다음과 같이 제시하였다. 첫째, 클라이언트가 사회복지사의 개입에 대한 필요성을 이해하도록 돕는다. 둘째, 클라이언트와 사회복지사와의 전문적 관계를 확립한다. 셋째, 클라이언트를 원조과정에 참여시킨다. 넷째, 환기(ventilation)와 지지를 제공하고 치료적 개입을 시작한다. 다섯째, 심리사회적 진단과 치료에 필요한 정보를 수집한다.

2) 심리사회적 사정단계

심리사회적 사정(assessment)단계는 심리사회적 조사에서 얻어진 사실을 분석하고 추론하는 과정이다. 사회복지사는 상황 속의 클라이언트에 대한 심리사회적 사정을 하는데, 클라이언트와 상황에 대한 이중 초점을 지니면서 여러 체계가 서로 어떻게 작용하고 있는가 하는 상황적 맥락의 중요성이 강조된다. 일상, 성격, 가족의 특성 그리고 문제 상황과 여타의 다른 요소들의 관련성, 클라이언트가 겪고 있는 스트레스, 특정한 딜레마의 형성과 작용 방식 등을 알아내야 한다. 이와 같은 사정과정에서 나타나는 바와 같이 초기 심리사회모델을 진단주의라고 하는데, 이는 개별사회사업의 수행을 위해서 클라이언트에 대한 진단이 기본적으로 필요하기 때문이다.

심리사회적 사정에서 다루어야 할 내용들을 살펴보면 다음과 같다(Cooper & Lesser, 2002; 김기태 외, 2007).

- 신상정보: 클라이언트의 연령, 성별, 종교, 결혼상태, 고용, 가족, 친구, 재정상태, 주거상태, 클라이언트의 외모, 의복상태, 지능, 언어구사 능력, 면접에 대한 태도 등
- 의뢰의 경위: 누구에 의해 의뢰되었는가? 의뢰한 기관에서는 클라이언트의 문제는 무엇이라고 보는가? 자발적 클라이언트인가 혹은 비자발적 클라이언트인가? 클라이언트는 의뢰의 이유를 이해하고 있는가?
- 제시된 문제: 클라이언트가 사회복지사와 만나게 된 이유는 무엇인가? 현재 그의 문제는 무엇인가? 이러한 질문들에 대한 답변으로서 클라이언트가 자신의 문제를 설명하면서 사용하는 정확한 어휘에 주목해야 한다. 특히 클라이언트가 바라보는 자신의 문제가 의뢰처가 해석하는 클라이언트 문제와 다를 경우는 더욱 그러하다.
- 문제의 역사: 문제가 발전되어 온 경위에 관한 것으로, 현재 문제 상황이 본질적으로 급성적인가 혹은 만성적인가? 촉진적 사건이 있다면 이는 무엇인가? 증상의 진행과정은 어떠했는가? 문제를 해결하기 위해 어떠한 노력을 시도했는가? 이전에 치료를 받은 적이 있다면 당시의 치료기간, 빈도 및 결과는 어떠했는가? 클라이언트의 치료에 대한 반응은 어떠했는가? 치료관계에 대해 클라이언트는 어떻게 느꼈는가?
- 상담경험: 이전에 클라이언트가 상담을 받은 적이 있는가? 그 결과는 어떠했는가?
- 가족배경: 가족의 사회경제적 · 교육적 · 직업적 배경을 설명하면서 가족구성원들의 상호작용에 대한 내용 또한 포함시켜야 한다. 클라이언트는 가족에 대해 어떻게 생각하고 가족들은 클라이언트를 어떻게 바라보는가?
- 개인력: 클라이언트의 발달과정상의 역사를 설명하는 부분으로서 출생, 각 발

달단계에서 발달과업의 완수 등에 대한 내용을 포함한다. 이와 함께 과거의 약물복용이나 물질남용, 신체적 · 성적 혹은 정서적 외상경험 등에 대한 정보들도 다루어야 한다. 클라이언트가 아동일 경우 학교생활 및 친구들과의 관계 등을 알아본다.

- 의료적 사항: 이에 대한 정보는 현재 클라이언트의 심리사회적 장애들에 영향을 미치고 있는 의료적 혹은 기질적 문제의 가능성을 배제시키는 데 도움을 준다.
- 문화적 배경: 클라이언트의 문제가 특정의 문화적 맥락 안에서 발생하고 있는 것은 아닌가 하는 점을 주시할 필요가 있다.
- 종교: 클라이언트의 현재나 과거의 종교적 활동이나 신념 등에 대해 알아본다.
- 정신상태와 현재 기능의 수준: 자아기능의 개념은 사회복지실천의 사정에서 매우 중요하다. 사회복지사는 클라이언트의 자아기능의 특징, 방어기제, 강점 및 한계점 등에 대해 살펴야 한다.
- 정신상태 검사: 클라이언트의 정신상태에 대한 정보들을 체계화하고 기록하는 방법이다. 이를 바탕으로 정신장애의 진단 및 통계편람에 따라 진단을 한다.
- 정신장애의 진단 및 통계편람에 따른 진단: 앞의 내용들을 통해 클라이언트의 정신상태에 대한 명확한 이해가 된 다음 진단해야 한다. 대부분의 사회복지실천기관 및 여타 정신보건전문가들은 DSM-IV의 분류체계를 따르고 있다. 일부 사회복지사들은 의료적 모델에 기초한 이 분류체계는 사회복지에서의 강점관점과 부합되지 않는 점을 들어 이의 사용을 반대하고 있지만 클라이언트의 증상들에 대한 명확한 이해를 위해 필수적인 경우가 있다.
- 요약: 수집된 모든 정보는 심리사회모델의 이론적 준거틀의 맥락 안에서 이해하고 치료목표를 확립하는 데 도움이 된다.
- 치료 모델에 대한 추천 및 치료 목표: 사회복지사는 요약 부분을 토대로 정교한 치료 목표들을 수립하고, 치료를 효과적으로 이끌 수 있는 최적의 이론적 모델을 선택한다.
- 평가계획: 치료계획에서 평가방법도 미리 계획되어야 한다.

3) 개입단계

이 단계에서는 개입의 목표와 계획을 수립한다. 심리사회모델의 목표는 클라이언트와 환경 간에서 혹은 클라이언트와 타인의 상호작용에서 나타나는 역기능을 해결하는 것이다. 심리사회모델에서는 클라이언트의 과거 경험이 현재의 심리사회적 기능에 영향을 준다고 본다. 따라서 개입과정을 통해 클라이언트의 과거와 현재의 사건이나 경험에 관련된 내적 갈등을 클라이언트 스스로 이해하고 통찰함으로써, 클라이언트가 환경에 잘 적응하고 성장하도록 돕는 것을 목표로 한다.

이때에 클라이언트 스스로가 바라는 변화와 그의 상황, 사회복지사가 클라이언트를 위해 가용할 수 있는 시간과 능력, 기관의 기능 등의 제 측면을 고려하여 개입방법이 구체화되며 클라이언트 스스로가 변화시키는 노력을 하는 과정에 최대한으로 현실적 지원 제공을 해 주는 것을 목표로 해야 한다.

심리사회모델은 개인과 가족 그리고 환경까지도 포함하여 다양한 수준에서 개입할 수 있으며, 다양한 수준의 개입이 혼합되어 개입하기도 한다. 개입과정에서 사회복지사는 클라이언트의 심리적 변화나 대인관계를 위한 직접적 개입을 할 것인지, 클라이언트의 상황에 관련된 환경의 변화를 위한 간접적 개입을 할 것인지 아니면 양쪽 모두를 포괄하는 통합적 개입을 할 것인지를 판단해야 한다. 사회복지사는 개인과 상황에 이중적 초점을 둔 다양한 개입을 하면서, 클라이언트 개별면담과 가족면담을 병행하기도 하며 그 밖의 중요한 타인과의 면담을 추가하기도 한다. 사회복지사는 상담자, 자원 제공자 및 탐색자, 해석자, 중재자, 옹호자, 중개자, 사례관리자 등의 역할을 담당한다.

4) 종결단계

클라이언트의 문제 상황이 개선되어 안녕과 사회적 기능이 회복되고, 대인관계가 향상되어 개입목표가 달성되었다고 사회복지사와 클라이언트가 동의하면 개입이 종료된다. 종결단계에서는 사회복지사와 클라이언트의 관계단절로 발생할 수 있는 정서적 안정과 분리불안을 최소화하기 위하여 지금까지 형성된 관계 및 감정을 다루어 주고 정리할 수 있도록 원조한다. 종결 후 일정기간 동안에는 사후관리(follow-up)를 통해 클라이언트의 상태를 점검하는 것이 좋다(설진화, 2008).

4. 심리사회모델의 개입기법

1) 직접적 개입기법

심리사회모델의 개입기법으로는 클라이언트의 심리 내적인 변화를 위한 직접적 개입기법과 클라이언트의 환경의 변화를 위한 간접적 개입기법으로 나눌 수 있다(Hollis, 1972). 직접적 개입기법으로는 다음 여섯 가지의 사회복지사와 클라이언트 간의 의사소통 형태를 들 수 있다.

① 지지

감정과 행동을 지지하기 위해서 관심사를 충분히 공유하고 클라이언트의 불안을 감소시키면서 사회복지사와 클라이언트의 문제해결 능력에 대하여 확신을 표현하여 격려한다. 지지(sustainment)를 전달하기 위해서 사회복지사는 경청, 관심과 수용, 감정이입적 이해, 격려, 불안이나 죄책감에 대한 재보증, 신뢰감을 표현하는 등 다양한 언어적 · 비언어적 형태의 의사소통기법을 사용한다. 예를 들어, 끄덕임, 미소, “그런 느낌은 자연스러운 것입니다.” “좀 더 말씀해 보시지요.” 등과 같은 표현이다.

② 직접적 영향 주기(direct influence)

사회복지사는 문제해결을 위하여 제안이나 조언을 통해 클라이언트의 동기와 행동을 강화한다. 사회복지사는 클라이언트의 제안을 격려하고 강화하기, 사회복지사 자신의 제안이나 조언하기, 현실적 제한 설정하기 그리고 클라이언트와 강한 신뢰관계가 형성되었을 경우에 옹호적 행동을 사용한다. 예를 들어, “제 생각에는 ~하셔야 할 것 같습니다.” “이번에는 ~하는 것이 나을 것 같습니다.” “생각대로

~하시는 것이 좋겠습니다." 등이 있다.

③ **탐색-기술-환기**

클라이언트가 자신의 상황과 환경과의 상호작용에 관련한 감정을 스스로 탐색하고 이들에 대한 감정을 표출함으로써 진단적 이해와 함께 감정정화와 긴장완화를 시키는 기법이다. 이러한 과정에서 자신의 감정을 이끌어 내 표현하고 분출하는 것만으로도 자연스럽게 문제가 해결될 수 있다. 사회복지사는 이를 위하여 초점 잡아 주기, 부분화하기, 화제 전환하기 등의 기법을 사용하며, 탐색-기술 과정에서 드러나지 않은 클라이언트의 감정에 대하여 민감해야 한다. 탐색-기술-환기(exploration-description-ventilation) 기법의 예를 들면, "직장에서 동료들 사이의 관계의 문제점을 좀 더 말씀해 보세요." "가족여행을 갔을 때 아버지와 무슨 일에 대하여 말다툼을 했습니까?" "동생과의 관계는 어떠신지 구체적인 예를 들어 말씀해보세요." 등이다.

④ **개인-상황과의 관계 반영**

클라이언트가 자신의 상황과 관련된 스스로의 생각과 감정에 대하여 더 잘 알 수 있도록 하는 의사소통 형태다. 반영에는 타인, 상황, 사건 등에 대한 클라이언트의 생각을 알아보는 외부 반영과 상황이 클라이언트 자신에게 어떤 영향을 주는가를 생각해 보게 하는 내부 반영, 그리고 자신의 행동이 자신이나 타인에게 어떤 영향을 주는가를 생각해 보게 하는 중간 정도의 반영으로 나눌 수 있다. 사회복지사는 이를 위하여 논리적 토의 및 추론, 설명, 일반화, 명확화, 직면, 요약, 행동시연, 역할극, 교육 등의 기법을 사용한다. 개인-상황과의 관계 반영(person-situation reflection) 기법의 예를 들면, "반항적인 따님에 대하여 아버지로서 어떤 원인을 제공하였다고 생각합니까?" "당신을 그토록 화가 나게 하는 남편의 행동은 무엇입니까?" "아버님은 아드님과 어떤 경우에 가장 사이가 나빠집니까? 등이다.

⑤ **유형-역동성에 관한 반영**

클라이언트의 성격과 행동 유형, 사고방식 및 감정상의 특징, 초자아와 자아의 기능 수행 등 심리내적 역동에 대하여 클라이언트 자신이 이해할 수 있도록 돕는 의사소통 기법이다. 사회복지사는 이를 위하여 명확화, 해석, 통찰력의 개발 등의 기법을 사용한다. 이러한 유형-역동성(pattern dynamic reflection)에 관한 반영 기법의 예를 들면, "당신은 남편과 불화가 있을 때마다 아들에게 화풀이를 하는 것 같지 않습니까?" "당신은 자신에게 얼마나 비난하고 자학하고 있는지를 느낀 적이 있었나요?" "당신은 일이 잘못되었을 때마다 주위 사람의 탓으로 돌리고 있다고 생각하신 적이 있나요?" 등이다.

⑥ 발달적 반영

클라이언트의 성격과 사회적 기능 수행에 영향을 미치고 있는 과거와 현재의 경험을 반영함으로써 클라이언트의 유년기의 경험과 원가족과의 경험 등 과거와 현재의 행동 간의 인과관계를 자각하도록 돕는 기법이다. 사회복지사는 이를 위하여 논리적 토의 및 추론, 설명, 일반화, 명확화, 해석, 직면, 요약, 통찰력의 개발, 옹호, 행동시연, 역할극, 교육 등의 기법을 사용한다. 발달적 반영(developmental reflection) 기법의 예를 들면, "조부모님에게 다섯째 딸이라고 구박 덩어리로 취급받으면서 성장하신 어머니가 당신을 딸이라고 차별하지는 않으셨나요?" "당신이 어렸을 때에도 아버지에게 이와 같은 감정을 느꼈던 적이 있었나요?" "당신의 유년기와 청소년기에 특별히 중대한 사건은 어떤 것들이 있습니까?" 등이다.

2) 간접적 개입기법

직접적 개입기법과 대조되는 것으로 간접적 개입기법이 있다. 이것은 문제를 해결하기 위하여 클라이언트의 대인관계나 사회 환경의 변화를 위한 활동이다. 사회복지사는 클라이언트를 둘러싸고 있는 사회 환경자원을 발굴하여 제공하고 옹호 및 중재자의 역할을 한다. 사회복지사는 최대한으로 사회의 환경자원을 활용하기 위해서 기관의 정책과 기관의 자원, 기관의 권력구조를 이해해야 하며 자신이 소속되어 있는 기관뿐 아니라 타 기관의 직원과도 협력관계를 유지해야 한다. 이러한 간접적 개입과정에서 클라이언트 신상에 대한 비밀보장과 클라이언트의 자기 결정과 이에 따른 클라이언트의 책임성이 강조된다.

5. 심리사회모델의 개입사례

1) 사례 개요

(1) 상황

클라이언트 정미는 중산층 가정의 막내딸로 현재 고등학교 1학년이다. 정미는 부모님과 언니와 함께 살고 있지만, 부모님 모두 직장생활을 하셔서 가족과 함께 하는 시간이 부족했고, 우등생인 언니에게 열등감을 가지고 있다. 부모님은 물질적으로 부족함이 없이 자녀를 키우겠다는 생각에 치우쳐 딸의 학교생활이나 정서적인 면에 대해서 중요성을 인식하고 있지 않다. 더구나 정미는 자신에 대해 부모님의 관심이 전혀 없고 가족 간에도 애정이 없다고 느끼고 있는데, 최근 정미의 태도가 불량하다고 비난하시는 부모님에게 불만이 많다. 그러나 부모님은 정미가 부모님의 마음을 몰라준다고 속상해 하고 있다.

(2) 클라이언트의 문제

불량한 친구들과 어울리면서 학교에 결석이 잦으며, 가끔 집에 들어가지 않는다. 주변의 어른이나 친구들에게 불량한 태도로 행동하고, 부모님과 마주치지 않으려고 무시하며, 자신의 감정을 나타내지 않는다.

2) 심리사회적 사정

(1) 개인적 차원

클라이언트 정미는 부모님으로부터 충분한 관심과 애정을 받지 못한 성장과정에서 부모님이 자신을 사랑하지 않는다고 인식하고 있으며, 자신의 일을 알아서 잘하는 우등생인 언니에게 열등감이 있다. 자신에게 관심을 보이는 사람에게는 옳고 그른 것에 대한 판단이 없이 무조건 따르는 경향이 있다. 또한 부모님과 함께하는 시간이 부족하여 가정교육을 제대로 받지 못해 어른이나 친구들과의 대인관계에 서 불량한 행동을 한다.

(2) 가족 차원

정미의 아버지는 능력이 없는 실업자인 아버지와 남의 집 일을 해 주며 겨우 생활해 나가는 환경에서 성장하였기 때문에 굳은 결심으로 열심히 공부하여 지금은 회사의 높은 지위에 있으며 돈도 많이 벌고 있다. 그러나 정미 부모님은 각자가 자신의 일에만 치우쳐 생활하고 있으며 가족과 함께하는 시간이 부족하다. 또한 자녀의 심리적, 정서적 안정감보다는 물질적인 충족이 중요하다고 생각하고 있어 관심과 애정이 부족하고, 딸의 문제점을 잘 알지 못한다.

정미의 어머니는 부유한 가정의 무남독녀로 사랑을 독차지하며 자랐다. 자기주장이 강하고 사치가 심하며, 직장 일로 늦게 귀가하는 일이 잦아 딸과 대화하거나 같이 보내는 시간이 거의 없다. 정미의 언니는 부모가 관심을 써 주지 않아도 공부도 잘하고, 스스로 알아서 잘해 왔기 때문에 정미의 비뚤어진 행동에 대하여 이해하지 못한다. 클라이언트는 언니에 대하여 열등감이 있으며, 가족에게 소외감을 느끼고 있다.

(3) 사회적 차원

정미는 학교에서 마음을 나눌 친구가 없다. 친구들은 정미가 물질적인 것에 잘난 체한다고 여기고 있으며, 마음속으로는 친구로 생각하지 않으면서 필요에 따라 물질적인 것을 착취했다. 불량한 친구들과 어울리면서 더욱 이미지가 좋지 않아서 나쁜 아이로 이미지가 굳어졌다.

(4) 문화적 차원

정미의 부모는 자녀에게 물질적인 지원에 치중하고, 고등학교 1학년의 사춘기에 있는 정미의 정서적인 면은 고려하지 않았다. 가정교육이 부족하여 대인관계에서 부적절한 언어습관이 있고 품행이 불량하다.

3) 개입과정

(1) 초기단계

- 정미가 사회복지사와 친밀한 라포를 형성할 수 있도록 하고, 면담 시 안정감 있는 분위기를 제공한다.
- 정미가 자신의 문제 상황을 잘 이해할 수 있도록 하며, 본인 스스로 판단할 수 있는 자기결정권이 있음을 알려 준다.
- 정미의 가족상담도 병행한다.

(2) 사정단계

- 정미는 가족과 함께하고 싶고, 관심을 받고 싶은 욕구가 있다고 판단된다.
- 아버지는 가족들에게 물질적으로 풍요롭게 해 줄 수 있는 자신의 능력을 인정받으려는 욕구가 많다.
- 어머니는 원하는 것을 다하며 성장했기 때문에 자신을 위한 관리에만 신경을 쓴다.
- 언니는 누가 신경 써 주지 않아도 자신의 일을 잘해 왔기 때문에 클라이언트도 그러길 바라는 것으로 판단된다.

(3) 개입단계

- 클라이언트가 자신의 감정을 솔직하게 표현할 수 있게 한다.
- 클라이언트의 언어 습관을 예의 바르게 교정한다.

〈표 8-1〉 개입단계의 목표와 활동계획

목 표	활동계획	기대 결과
감정 표현하기	• 일기 쓰기 • 노래, 춤 등으로 표현하기	• 정미가 자신의 상태를 정확하게 파악할 수 있다. • 부모님이나 언니 등 가족들이 클라이언트의 감정을 알 수 있다. • 학교에서도 선생님과 친구들에게 자신의 감정을 표현함으로써 원만한 대인관계에 도움이 될 것이다.
언어 습관 고치기	• 언어 프로그램에 참여	• 정미가 자신의 언어 표현이 바람직하지 못하다는 것을 깨닫고 고치고자 노력할 것으로 기대된다. • 부모와의 대화도 원만해지고 더 나아가 대인관계도 향상될 것이다.
부모와의 관계회복	• 문자메시지 보내기 • 통화 자주하기 • 서로에게 편지쓰기	서로에 대해 관심을 가지도록 노력함으로써 감정이나 생각에 대한 가족 간의 상호이해가 깊어지고, 나아가 대인관계에서도 상대방을 이해하려는 태도를 기르는 데 도움이 될 것이다.
부모와의 관계개선	• 가족과 외식하기 • 가족과 운동하기 • 가족과 여행하기	가족이 함께하는 기회와 시간을 늘림으로써 가족의 정서적인 교류와 가족의 중요성을 깨닫게 한다. 또한 가족의 사랑을 받고 있다는 인식을 통해 자신을 가치 있는 존재로 여기게 될 것이다.

• 클라이언트와 부모님 간의 관계를 회복하고 개선한다.

(4) 종결단계

• 정미의 언어 습관이 교정되어 예의 바르게 변화되었다고 판단되면 종결한다.

• 정미와 부모의 관계가 개선되어 원하는 목표에 도달되었다고 판단되면 종결한다.

• 종료 후에도 전화를 통하여 정미의 상태를 점검함으로써 사후관리를 한다.

예상문제

1. 다음 보기에서 심리사회모델의 이론적 배경을 모두 고르시오.

가. 학습이론 나. 정신분석이론 다. 체계이론 라. 자아심리이론 마. 역할이론

① 가, 나, 다 ② 가, 다, 라 ③ 나, 다, 라 ④ 다, 라, 마 ⑤ 나, 다, 라, 마

정답: ⑤

해설: 학습이론은 인지행동모델이론에 속하고, 심리사회모델은 정신분석학, 자아심리학, 생태체계이론, 역할이론, 의사소통이론 등을 기반으로 하고 있다.

2. 눈물을 흘리는 클라이언트에게 사회복지사는 "눈물이 말하는 것은 무엇인가요?"라고 질문했다. 심리사회모델에서 볼 때 어느 기법에 해당하는가?

① 직접적 영향 ② 탐색-묘사-환기 ③ 유형적 역동 고찰

④ 발달적 고찰 ⑤ 개인-환경에 관한 고찰

정답: ②

해설: 클라이언트가 자신의 상황과 환경과의 상호작용에 관련한 감정을 스스로 탐색하고 이들에 대한 감정을 표출하도록 하는 기법이다.

3. 다음 심리사회모델에 대한 설명 중 옳은 것은?

① 개인의 과거는 무시한다.

② 개인의 다원성을 무시한다.

③ 문제상황에 따라 획일적이다.

④ 개인의 심리체계는 독립적이다.

⑤ 인간의 발달과정과 환경적 영향을 중시한다.

정답: ⑤

해설: 심리사회모델은 인간과 환경의 상호작용을 강조한다.

09

문제해결모델

1. 이론적 배경

문제해결모델은 1950년대 미국 시카고 대학의 Perlman에 의해서 처음 소개된 이론으로서 클라이언트의 문제해결 능력과 대처 능력을 향상시키는 것을 목적으로 하는 사회복지실천방법이다. 이 모델은 정신분석학파의 영향을 받은 진단학파와 사회복지기관과 자아의 의지를 강조하는 기능주의학파의 오랜 논쟁을 종식시키는 통합적 실천모델로 각광받았다. 진단주의 학파가 클라이언트의 과거를 탐색하여 평가함으로써 진단 및 치료계획을 세우고 지나치게 경직된 치료과정에 대한 반대 입장에서 자아 기능에 의한 인간의 지속적인 변화 가능성, 보다 실용주의적이고 현재를 강조하고자 하는 기능주의학파로부터의 개념을 통합시켜 문제해결접근을 적용하였다. 그는 장기간의 내적 성찰 없이도 클라이언트가 당면한 사안에 효과적으로 대응할 수 있도록 개인적 강점을 활용하는 데 초점을 두었다. 현재의 강조, 클라이언트에게 동기를 부여하기 위한 전문적 관계의 활용, 초기-중기-종결의 단계 구분 등이 문제해결접근에서 찾을 수 있는 기능주의적 특징들이다. 그러나 기능주의 개념들의 활용에도 불구하고 Perlman은 여전히 '진단' 이라는 용어를 사용하였고, 심리사회적 모델의 자아심리학의 영향을 받아 진단주의의 입장을 보이기도 하였다.

문제해결모델은 초기 자아심리학과 교육학자인 Dewey의 반성적 사고(reflective thinking)에서 많은 영향을 받았다. 문제해결이라는 용어도 Dewey의 이론에서 비롯되었다. 반성적 사고는 인간이 외부환경이나 자신의 행위를 판단하고 결정하는 인지적 과정을 의미하는 것으로 교육이나 학습은 문제해결과정을 습득하는 것이라고 보았다.

따라서 Perlman은 클라이언트가 자신의 문제를 해결할 수 있는 능력을 향상시켜 주는 교육과 치료의 중간과정이라고 보았다. 또한 문제해결모델에는 의사소통이론, 역할이론, 체계이론 그리고 인간의 다양성에 관한 개념이 포함된다. 문제해결모델은 자아심리학의 영향으로 문제해결에 있어서 자아의 중요한 역할과 인성문제의 해결을 시도하는 것으로 개념화하고 있다. Dewey의 이론은 문제해결모델의 기저와 일치되며, 역할이론에서는 사회적 역할이란 사회적 기능을 의미하는 것으로서 개인은 사람이나 대상에 대해서 어떠한 지위나 행위의 테두리 안에 위치한다는 관점을 제공하였다. 체계론은 단선론적 원인에 입각한 의료적 모델에서 벗어나 여러 가지 원인에 의해 행동이 일어난다고 보는 순환적 원인론으로의 전환을 가져왔다. 즉, 문제의 원인을 개인의 행동에 초점을 맞추던 방식에서 벗어나 인간과 환경 간의 상호작용을 살펴보고 이를 이해할 수 있는 구조를 제공하였다. 이후 Compton과 Galaway에 의해 1970년대부터 사회복지실천의 새로운 관점으로 각광받아 온 생태체계적 관점이 문제해결모델에 통합되었다. 이에 따라 문제해결모델은 개인뿐 아니라 집단, 조직, 지역사회에까지 확대되었으며, 사회체계들 간의 상호작용과 그 변화에 강조점을 두었다.

Perlman은 1957년 『케이스워크: 문제해결과정』을 발간하면서 문제해결모델을 사회복지 분야에 소개하였으며, 개별사회사업의 목적은 '치료'가 아니라 현재의 '문제'에 대처하는 개인의 능력 향상이라고 정의하였다. 문제해결모델에서는 인간의 본질에 대하여 낙관주의 관점을 취한다. 인간은 환경으로부터 정보를 얻게 하고 생물학적, 심리적, 문화적 및 사회적 욕구들을 충족시키는 데 이 정보들을 사용하는 능력을 가지고 있다. 즉, 인간은 목적한 바를 얻기 위해 이성과 논리의 인지적 힘을 사용하는 능력을 생득적으로 지닌 존재다. 그러므로 문제해결이란 문제를 주어진 상태에서 목적한 상태로 변화시키는 데 주력하는 인지활동으로 규정지을 수 있다(Mayer, 1994). Perlman은 문제해결모델의 구성요소로 4P의 개념을 제시하였다. Perlman의 문제해결모델은 사회복지실천을 개인과 환경 간의 상호작용과정에서 문제(problem)를 가지고 있는 사람(person) 즉, 클라이언트가 어떠한 장소(place), 즉 사회복지기관에서 그 문제를 해결하기 위해 도움을 구하며, 이러한 도움은 문제해결을 위한 체계적인 과정(process)을 통해 제공되는 것이라고 정의하였다. Perlman은 후에 사람, 문제, 장소, 과정의 네 가지 요소에 클라이언트와 함께 과정을 진행하는 '전문가(professional person)' 의 개념과 물질적 재화, 기회, 관계, 사회지지 등의 유무형의 모든 서비스를 지칭하는 '제공(provision)' 의 개념을 추가해서 6P의 개념으로 확장시켰다(Perlman, 1986: 25) Compton과 Galaway는 문제해결모델을 발전시킨 학자들이다. 이들은 케이스워크의 범위를 벗어나 집단, 조직체, 지역사회 등에도 적용하였다. 문제해결모델을 중심으로 과제중심모델, 위기개입모델, 생활모델 등은 병행되는 방법이다.

2. 기본 가정 및 주요 개념

1) 기본 가정

문제해결모델의 기본 가정은 다음의 몇 가지로 볼 수 있다. 첫째, 인간에게는 문제를 해결함에 있어 직관을 확장하고 자기 자신을 활용하는 본능이 존재한다고 가정한다. 즉, 인간에 대한 관점으로서 종래의 병리적 인간관에서 벗어나 문제를 다룸에 있어 인간의 능력과 강점을 강조한다. 이 개념은 후일 Germain과 Gitterman에 의해 더욱 발전되어 개인과 환경 간의 지속적 교류작용을 강조하는 생활모델의 기반이 된다.

둘째, Perlman은 인간 능력에 대한 믿음을 바탕으로 하여 삶 자체를 지속적인 문제해결과정으로 간주한다. 즉, 정신 내면 혹은 클라이언트 자신의 문제를 규명하기보다는 클라이언트의 일상생활에서 만족 수준을 저해하는 것을 문제로 보는 관점을 지닌다. 따라서 문제해결과정은 이러한 일상문제를 풀어 가는 일종의 도구로써 인식된다.

셋째, 문제해결모델에서는 변화에 대한 잠재성을 가장 강하게 만드는 것이 클라이언트 자신의 동기라고 가정한다. 클라이언트는 현재 위기가 존재한다고 느낄 때에만 도움을 구한다고 보므로 사정 시 동기에 대한 측면이 매우 강조된다. 이는 클라이언트의 동기와 관련성을 가지고 있으며, '지금-여기'를 강조한다.

넷째, 장소(place)에 대한 개념의 중요성이다. 문제해결모델에서는 기관이 클라이언트에 기대하는 것 그리고 클라이언트가 기관에 기대하는 것을 미리 정확하게 아는 것이 중요하다. 양측은 모두 개입의 성격을 결정지을 수 있는 중요 요소들이므로 이들에 대한 조율이 미리 이루어져야 함이 요청된다. 그러기 위해 다양한 기관에서 사회복지사와 클라이언트 간의 계약이 보다 더 공식적 형태를 띠는 경향을 보인다. 이처럼 장소의 개념은 기관의 절차적 형식 및 기능과 관련되며 이는 기능주의의 영향을 보여 주는 측면이기도 하다.

다섯째, 제한적 시간의 사용이 과업을 완수하는 데 도움이 된다는 신념이다. 이는 많은 사회복지실천가에게 널리 알려져 있으며, 문제해결모델이 기능주의의 영향을 받았음을 보여 주는 부분이다. 문제해결모델의 영향을 받은 단기치료모델과 과업중심모델에서는 시간에 대한 제한적 사용이 더욱 상세하게 이루어지고 있다.

여섯째, 부분화의 개념이다. 이는 복잡한 문제를 작고 통제할 수 있는 단위들로 나누는 것을 의미하며 이는 초점의 유지에 매우 중요한 역할을 한다. 부분화를 통해 클라이언트의 불안은 감소되며, 이로 인해 클라이언트는 자신이 해낼 수 있는 만큼의 문제해결 능력을 전적으로 발휘할 수 있다. 커다란 문제의 작은 일부분을 성공적으로 해결해 냄은 클라이언트로 하여금 보다 복잡하고 어려운 문제들로 자신의 능력을 옮겨 가도록 하는 동기를 제공한다. 이것을 처음에는 케이스워크로부터 적용되었으나 차츰 다른 개입방법에도 확대되었다. 특히 복합적 문제를 가진 가족이나 위기상황을 느끼는 클라이언트들에게 매우 유용하게 적용된다.

Perlman에 이어 Compton과 Galaway(1994)는 클라이언트가 살아가면서 겪게 되는 문제들이 결코 클라이언트의 나약함이나 실패를 의미하는 것이 아니라 오히려 인간의 자연스러운 성장과 변화의 결과물이라고 보았다. 이러한 관점은 삶에 있어 문제는 피할 수 없는 것인 만큼 그것을 해결하는 능력 또한 인간은 가지고 있음을 전제로 하고 있다. 그러나 클라이언트가 지식을 결여했거나, 적절한 자원을 갖지 못했거나 혹은 문제해결 능력을 손상시키는 어떠한 정서적 반응을 경험했을 때에는 문제해결과정 자체가 방해받을 수 있다.

2) 주요 개념

(1) 문제

문제해결모델은 인간의 삶은 문제를 해결해 가는 연속적인 과정이라는 가정에서 출발한다. 문제해결모델에서 문제란 클라이언트의 인성에서 비롯된 것이 아니라 일상생활에서 경험하는 자연스러운 것으로 보고, 근본적인 어려움은 특정한 문제가 아니라 문제를 해결하는 클라이언트의 태도에 있다고 하였다. Perlman은 클라이언트의 문제해결 능력을 회복시키는 것이 개입의 목적이며, 사회복지사는 이를 위하여 다음의 노력을 해야 한다고 하였다.

- 변화를 위한 클라이언트의 동기를 이끌어 내고, 활력을 주며, 방향성을 제시한다.
- 문제에 관련하여 클라이언트의 정신적, 감정적, 행동적 능력을 활성화시키며, 문제에 대한 대처방식을 반복적으로 훈련시킨다.
- 클라이언트가 자원을 발견하고 이용할 수 있도록 하여 문제의 경감 혹은 해결을 돕는다.

(2) 사회적 체계

Perlman은 인간은 사회적 역할체계 안에서 생활하는 것으로 가정하고, 사회복지사는 클라이언트의 역할체계 안에서의 역기능을 이해하기 위해 노력해야 한다는 점을 강조하였다. Pincus와 Minahan 그리고 Compton과 Galaway가 체계이론을 도입함에 따라 문제가 클라이언트의 인성 측면보다는 클라이언트체계 내 혹은 환경과의 상호작용 안에서 발생하는 관점으로 보았다. Pincus와 Minahan은 사회복지사의 활동과 관계되는 기본 체계로 4체계모델을 제시하였다. 사회복지사는 변화매개체계, 클라이언트체계, 표적체계, 행동체계 등의 네 체계가 어떻게 상호작용하는지를 이해하고 다양한 수준의 체계와 연결되어 일한다. 여기에서 변화매개체계(change agent)는 사회복지관, 상담실, 쉼터, 치료기관 등과 같이 사회복지사가 소속되어 있는 기관이나 시설 및 조직이 해당되며, 변화매개체계는 나름대로의 활동 영역과 활동방침 등을 가지고 자원을 제공하고 연계한다. 이곳에서 일하는 사회복지사를 변화매개인이라고 한다. 클라이언트체계(client)는 서비스나 도움을 필요로 하는 개인, 집단, 지역사회를 말하며, 사회복지사와 계약이나 업무동의가 이루어질 때 구성된다. 표적체계(target)는 목표체계라고도 하며, 변화매개인이 목표를 달성하기 위해 영향을 주거나 변화시켜야 할 사람으로서 클라이언트체계와 중복되기도 한다. 행동체계(action)는 변화매개인이 목표를 달성하기 위하여 공동으로 상호작용하는 모든 체계가 해당된다. 예를 들어, 클라이언트의 이웃체계, 가족체계, 학교체계, 동료체계, 지역사회체계, 전문가체계 등을 말한다.

Compton과 Galaway(1994)는 문제해결과정을 이론화시키면서 Pincus와 Minahan의 4체계에 전문가체계(전문체계)와 의뢰-응답체계 등 두 체계를 추가하여 사회복지실천의 여섯 가지 사회체계 유형을 제시하였다. 전문가체계는 사회복지사로 구성되어 있는 한국사회복지사협회나 사회복지기관들의 연합으로 구성된 한국사회복지협회, 사회복지전문인을 길러 내는 한국사회복지교육협의회 등이 속한다. 사회복지사는 전문가체계의 도움을 얻어 자신의 자신이 소속된 기관에서 자신의 영향력을 증대시킬 수 있다. 의뢰-응답체계는 클라이언트가 다른 사람의 요청이나 법원, 경찰 등에 의해 강제로 변화매개체계에 오게 된 경우, 일반 클라이언트체계와 구별하기 위해 사용된다. 즉, 서비스를 요청한 사람을 '의뢰체계' 라고 하며, 강요에 의해 오게 된 사람을 '응답자' 라고 한다.

(3) 사회복지사와 클라이언트 간의 관계

문제해결모델에서 '사회복지사와 클라이언트 간의 관계' 는 치료의 도구로서 구조적으로 사용된다. 치료관계에서 클라이언트는 스스로 문제해결자로서 기능하며, 사회복지사는 클라이언트를 위해서 일하는 것이 아니라, 클라이언트와 함께 작업한다. 클라이언트와 사회복지사의 관계는 문제해결과정에서의 창의적 사고와 격려의 원천이 된다. 이를 위해 클라이언트와 사회복지사는 문제, 목적, 자원, 계획 및 실행 등에 대해 의사소통을 할 수 있어야 한다. 사회복지사는 클라이언트와의 지지적 관계 형성을 격려하며, 클라이언트 스스로 문제 상황에 대한 이해와 인식을 명료화시킬 수 있도록 돕는다. Hepworth와 Larsen과 같은 일부 문제해결 이론가들은 클라이언트들이 잘 개발된 문제해결의 기술을 갖고 있지 않기에 현실에서 문제를 경험하게 되므로 이들에게 문제해결기술을 가르치는 것이 중요하다고 주장했다(Hepworth & Larsen, 1993). 그러므로 문제해결모델의 목적은 클라이언트의 문제해결 능력과 대처 능력을 향상시키는 것에 있다.

(4) 진단의 개념

Perlman은 진단주의학파의 '진단' 이라는 용어를 계속 사용했으나 그 개념에 있어서는 진단주의학파와 상당한 차이를 보였다. 치료를 위한 준비로서가 아니라 사례의 전 과정을 통해 지속되는 것으로서 '진단' 을 이해했으며, '진단적 사정' 이라는 용어를 사용하였다. 이러한 개념은 현재의 '사정' 이라는 용어가 가진 의미와 유사한 것으로, 클라이언트의 문제해결 동기와 대처 능력, 문제의 성격, 클라이언트가 바라는 결과 그리고 결과를 얻는 데 필요한 자원 등에 초점을 두었다.

3. 문제해결모델의 개입과정

Perlman(1972)은 문제해결을 위해 클라이언트의 참여와 협조를 강조하며, 문제해결이란 상황에 따라 문제를 재사정하고 수정하는 지속적인 원조과정(on-going helping process)이라고 하였다. Perlman은 문제해결의 과정을 다음의 세 단계로 설명하고 있다. 첫 단계는 완화하고 에너지를 동원하며, 클라이언트의 변화를 위한 동기의 방향을 제시해 주는 과정이다. 다시 말하면, 문제해결의 과정은 클라이언트를 무능력하게 하는 불안과 두려움을 줄이고, 당면한 문제해결에 투입할 에너지를 방출하게 한다. 두 번째 단계는 문제해결을 위한 클라이언트의 정신적 · 정서적 능력 및 활용 능력을 발휘하도록 한다. 세 번째 단계는 문제를 해결하거나 감소시키는 데 필요한 도움 및 자원과 접근하도록 한다.

Morales와 Sheafor(2001)는 문제해결모델 과정을 ① 문제 확인, ② 문제 분석, ③ 해결대안, ④ 해결대안의 우선순위 결정, ⑤ 해결의 시행, ⑥ 문제해결 평가

〈표 9-1〉 Compton과 Galaway의 문제해결과정

개입과정	단계별 과제	수행내용
접촉단계	문제확인	클라이언트, 타인들, 사회복지사가 보는 문제의 관점들이 확인되면서 함께 일해 나갈 문제가 규정된다.
	목표확인	단기 및 장기 목표가 진술된다. 클라이언트가 원하거나 필요한 것은 무엇인가? 어떤 자원들이 활용 가능한가?
	계약	기관의 자원에 대한 명시와 문제에 대한 탐색이 확정되기 전의 임시적 성격을 지닌다.
	탐색	클라이언트의 동기, 기회, 자질 등에 관한 것을 알아본다.
계약단계	사정과 평가	• 문제들은 클라이언트체계의 욕구와 어떠한 관련성을 갖는가? • 어떠한 요소들이 문제를 만들고 유지하는 데 일조하는가? • 클라이언트는 어떤 자원과 강점을 지니고 있는가? • 사회복지실천으로부터 어떠한 지식과 원칙이 적용되는가? • 문제해결을 위해 이론적으로 어떻게 최대한 체계화시킬 것인가?
	행동계획의 형성	• 달성 가능한 목적의 설정 • 대안 및 그것들의 결과를 검토 • 적절한 서비스 방법의 결정 • 변화를 위한 초점의 확인 • 사회복지사와 클라이언트의 역할을 명시
	예후	• 사회복지사의 성공을 위한 희망사항은 무엇인가?
행동단계	계획의 실행	• 개입지점의 구체화 및 과업할당 • 사용될 자원과 서비스의 확인 • 누가, 언제, 무엇을 할 것인가를 명시
	종결	• 클라이언트와 함께 성취 및 성취가 가지는 의미에 대한 평가 • 성공이 완전하지 못한 이유들에 대해 클라이언트와 분석 • 성취들을 유지하는 방법에 대해 대화 • 관계의 종료를 다룸 • 자연발생적 네트워크에서의 지지를 점검
	평가	• 접촉단계에서부터 계속되는 과정 • 목적을 달성하였나? • 변화 창출에 적절한 방법이 선택되었는가? • 클라이언트는 지속적으로 문제를 해결하기 위해 무엇을 배웠는가? • 사회복지사는 유사한 사례를 다룰 때 도움이 되는 것을 배웠는가?

등의 여섯 단계로 구성하였다. Compton과 Galaway(1994)는 이러한 과정이 실천에 적용될 때 순환적 성격을 지닌다는 점을 지적했다. 즉, 문제해결모델에서는 클라이언트와 사회복지사는 필요하다면 어떠한 단계에서라도 이전의 단계로 돌아가거나 혹은 앞의 단계로 더 나아가는 유연한 과정의 전개가 중요하다는 것이다.

Compton과 Galaway(1994)는 문제해결의 과정을 접촉단계, 계약단계, 행동단계의 세 단계로 구성하고 문제해결모델의 실제 적용을 위해 〈표 9-1〉과 같은 구체적 형식을 제시하였다.

4. 문제해결모델의 개입기법

문제해결모델에서 사회복지사는 클라이언트의 문제해결 능력과 대처 능력을 향상시킴으로써 클라이언트 문제의 경감 혹은 해결을 돕는 데 개입의 초점을 둔다.

1) 체계와 상황의 파악

문제들은 클라이언트와 관련된 다양한 체계(system)의 상황(context)에서 발생한다. 사회복지사는 클라이언트의 자원과 강점, 타인들, 기관의 자원 등을 탐색한 후, 이들 체계와문제들과의 상호 관련성 및 클라이언트의 욕구와 어떠한 관련성을 갖는지를 확인하면서 클라이언트와 함께 문제해결을 위해 일해 나갈 문제를 규정해야 한다. 상황의 변화는 문제해결 또는 문제의 재발 방지를 위해 필요하다. 사회복지사는 클라이언트가 자신의 상황에 대한 이해와 인식을 명확히 하도록 돕는다.

2) 사회기술훈련

사회기술훈련은 부적응, 불행, 잠재 능력 개발 실패, 생산성 상실 등에 대한 가능성을 줄이는 대처기술을 습득함으로써 사회적 역기능을 예방하는 폭넓고 다양한 기술이다. 사회기술훈련을 시작하기 전 단계에는 필요한 기술이 무엇인지 결정한다. 예를 들어, 일시보호기관에 있는 여성을 대상으로 일상생활을 수행하기 위해 필요한 공공교통수단 이용하기, 식사 주문하기, 전화 걸기, 대화 등의 기술을 배우도록 개발된 프로그램도 있다. 기술 습득에 효과적인 방법으로는 시범, 역할극 등이 있다. 대리경험으로 배우는 시범은 사회복지사가 시범해 보이거나 또는 참여자 중 지원자가 그 기술을 시범으로 보여 줌으로써 기술을 배우도록 하는 데 자기효능감을 높여 준다.

3) 스트레스관리

스트레스 관리는 사람들이 삶의 문제와 연관하여 긴장이나 스트레스를 더 효과적으로 대처하도록 돕는 공통의 목적이 있고, 모든 접근방법에 쓰이는 광범위한 용어다. 스트레스에 대해 극단적으로 불안이나 분노로 반응하는 사람들을 위해 널리 사용되고 있다.

스트레스 관리를 위해 많이 사용되는 방법은 긴장완화훈련이다. 긴장완화훈련은 심호흡하기와 근육이완운동 등의 기술 습득을 통해 긴장을 줄이고 대처노력을 강화할 수 있다.

4) 협조적인 관계기술

문제해결접근에서 사회복지사는 클라이언트를 위해서 일하는 것이 아니라, 클라이언트가 자신의 문제에 해결자로서 기능하도록 전문적 관계에서 클라이언트와 함께 작업해 나가게 된다. 클라이언트와 사회복지사의 협조적인 관계를 위해 클라이언트와 사회복지사는 문제, 목적, 자원, 계획 및 실행 등에 대해 의사소통을 할 수 있어야 하며, 사회복지사는 클라이언트를 격려하고 지지적 관계를 형성하고 상호노력하면서 광범위한 문제해결과정에 참여시킬 수 있다.

5. 문제해결모델과 해결중심모델의 비교

문제의 원인을 알아야 해결책을 찾을 수 있다는 문제해결모델의 시각과 달리 해결중심모델의 접근방법은 문제의 원인을 규명하지 않는 대신에 문제가 발생하지 않는 예외에 초점을 두며, 내담자들로 하여금 예외를 확대하는 방법으로 해결책을 찾도록 원조하는 모델이다. 두 모델의 차이점을 비교하면 다음과 같다.

〈표 9-2〉 **문제해결모델 vs. 해결중심모델**

문제해결모델	해결중심모델
1. 문제와 해결책 사이에 필수적 관계에 있다.	1. 내담자의 문제와 해결책은 별개다.
2. 문제의 진단에 관심을 갖는다.	2. 내담자가 원하는 해결에 초점을 둔다.
3. 전문가는 내담자 문제에 대한 정확한 진단과 사정이 중요하므로 진단기준이나 평가틀이 필요하다. (예) DSM-IV, genogram	3. 내담자 문제의 사정보다는 내담자의 장점이나 예외에 대한 탐색이 내담자의 문제해결 능력을 향상시킨다고 본다.
4. 문제와 관련된 개인, 사회력 조사 등 문제에 관한 정보가 중요하다는 관점이다. (예) 문제가 언제 더 심각한가? 문제의 발생원인은 무엇인가?	4. 문제와 관련된 개인, 사회력 조사를 최소화하고 문제가 해결된 예외상황이나 문제가 없었던 때에 관하여 질문한다. (예) 언제 문제가 발생하지 않는가? 문제가 발생하지 않을 때 무엇을 하는가?
5. 치료자는 내담자의 문제를 해결하는 전문가다.	5. 내담자가 자신의 문제에 관한 전문가다.
6. 전문가의 준거틀을 중시한다.	6. 내담자의 준거틀을 중시한다.
7. 내담자의 저항을 중시한다.	7. 내담자의 저항은 존재하지 않는다.

6. 문제해결모델의 개입사례

1) 사례 개요

중학교 3학년에 재학 중인 15세의 청소년 철이가 반복되는 가출로 의뢰된 사례다. 철이의 부모님은 3년 전 이혼하였고 지금 철이는 외할머니 댁에서 외할머니와 외삼촌, 그리고 어머니와 함께 살고 있다. 철이는 외할머니의 잦은 잔소리와 간섭이 싫어 중학교 1학년 때부터 가출을 반복하였고, 학교에 결석을 자주하고 성적이 많이 떨어지자 학교 상담선생님에 의해 기관에 의뢰되었다.

2) 클라이언트의 가족사항

- 어머니: 2남 2녀의 장녀로 부모와 형제간에 우애가 좋고 긴밀한 관계를 가지고 있다. 결혼 전부터 현재까지 직장생활을 하고 있으며, 친정이 경제적으로 여유가 없어 학생인 막내 남동생의 학비를 지원해 주고 있지만 부담감을 느끼고 있다. 자녀가 외아들 철이 하나이므로 클라이언트에게 거는 기대가 크다.
- 할머니: 일찍 남편과 사별하고 대학에 재학 중인 막내아들, 이혼한 딸, 손주와 함께 생활하고 있다. 감정 표현이 서툴러서 클라이언트와 관계가 좋지 않다.
- 아버지: 어머니와 이혼 후 클라이언트와의 관계가 소원해졌다.
- 외삼촌: 클라이언트와 나이 차가 크지 않아 잘 따르고 둘의 관계가 원만하다.

3) 사정(진단계획)

- 클라이언트체계: 이 사례에서는 철이가 변화매개인의 서비스를 제공받아 문제를 해결하려는 클라이언트다.
- 표적체계: 클라이언트의 문제를 해결하기 위하여 함께 변화되어야 하는 주변인으로 첫 번째 표적체계는 외할머니이고, 두 번째 표적체계는 어머니, 세 번째 표적체계는 아버지다.
- 행동체계: 변화매개인이 문제를 해결하기 위하여 상대하는 사람들로 이 사례에서 행동체계는 학교 상담선생님, 사회복지사, 외삼촌 등이다.

4) 문제해결과정

개입과정	단계별 과제	수행내용
초기 단계	문제확인	• 클라이언트체계, 표적체계, 행동체계의 관점에서 보는 문제: 잦은 외박과 가출, 학교 무단결석과 성적, 흡연과 음주 • 변화매개체계가 보는 문제: 사회복지사의 관점에서 문제는 외할머니의 간섭과 잔소리, 어머니의 기대에 대한 부담, 이혼에 따른 가족분리에서 야기된 자아정체감 혼란, 잦은 외박과 가출, 학교 무단결석과 성적, 흡연과 음주
	목표확인	① 표적체계의 목표 클라이언트의 상황을 이해시켜 클라이언트의 행동변화를 위한 노력을 촉구한다. • 외할머니: 클라이언트에게 잔소리와 간섭을 줄이고 칭찬과 격려를 하여 클라이언트의 행동변화를 위해 노력한다. • 어머니: 클라이언트에게 과도한 관심과 기대를 표출하는 것 대신에 사랑을 표현하여 클라이언트의 행동변화를 위해 노력한다. • 아버지: 클라이언트와 잦은 접촉을 통하여 아버지에 대한 반감을 줄이고, 가족의 소중함과 아들에 대한 사랑을 일깨워 준다. ② 행동체계의 목표 • 학교 상담선생님: 클라이언트의 일탈행위의 원인을 파악하고, 클라이언트의 학교생활의 어려움을 상담하여 학교에 잘 적응하고 학교를 잘 다닐 수 있도록 돕는다. ③ 변화매개체계의 목표 • 변화매개체계인 사회복지사는 표적체계가 클라이언트의 행동변화를 위해 변화되도록 노력하며, 클라이언트에게 필요한 자원을 연결시켜 준다.
	탐색	클라이언트의 일탈행동의 동기, 변화할 수 있는 기회, 자질 등을 알아본다.
중기 단계	사정	• 클라이언트의 귀가 습관의 변화에 대한 중요성을 이해시키고, 동기부여 및 귀가규칙 준수 훈련을 한다. • 클라이언트의 학교 적응의 어려움: 대안학교로 전학하는 방안을 클라이언트와 그의 가족과 함께 상의한다. • 외할머니의 저항: 상담을 통해 간섭과 잔소리 중단에 대한 저항을 없애고 철이에게 칭찬과 격려를 하도록 행동의 변화를 유도한다. • 어머니와 아버지의 이혼에 대하여 클라이언트의 이해를 돕고 변함없는 가족의 소중함을 인식하도록 돕는다. • 어머니와 아버지의 클라이언트에 대한 행동변화를 위해 노력한다.
	문제해결 계획의 실행	• 외할머니, 어머니, 아버지의 바람직한 태도의 변화를 위하여 3~5회기의 적절한 회기의 상담을 제공한다. • 클라이언트의 귀가규칙 준수에 대해 가족들이 지지하고 격려한다. • 클라이언트의 학교 부적응 문제의 대안으로 직업고등학교 진학이나 또는 직업훈련기관 입소 등에 대한 가족들의 동의와 지지 및 적절한 학교나 훈련기관을 찾는다. • 사회복지사와 클라이언트의 변화의 초점을 지속적으로 점검하며 음주와 흡연 문제의 해결을 위해 적절한 회기의 상담을 진행한다.

종결 단계	실행의 검토	• 클라이언트의 가출습관 변화와 음주 및 흡연 문제의 해결을 검토한다. • 클라이언트의 직업학교 진학에 대한 가족동의 및 학교 결정을 확인한다. • 외할머니, 어머니, 아버지의 바람직한 태도 변화를 검토한다.
	종결	• 클라이언트와 함께 문제해결이 가지는 의미에 대해 평가한다. • 문제해결이 완전하게 달성하지 못한 이유들에 대해 클라이언트와 함께 분석한다.

예상문제

1. 문제해결모델에 관한 설명으로 옳지 않은 것은?

① 콤튼(Compton)과 갤러웨이(Galaway)는 사회체계를 네 가지 유형으로 분류하여 정의한다.

② 클라이언트가 사회적 역할체계 안에서 생활하는 것을 가정한다.

③ 최초로 일반사회복지를 위한 실천모델을 제시하였다.

④ 사회복지사는 클라이언트와 함께 작업한다.

⑤ 클라이언트의 근본적인 어려움은 문제를 해결하는 태도에 있다.

정답: ①

해설: 콤튼과 갤러웨이는 사회체계를 여섯 가지 유형으로 분류하였다.

2. 문제해결모델의 특성과 내용이 틀린 것은?

① 대표자: 페를만(Perlman), 에릭슨(Erikson), 화이트(White) 등이다.

② 사람(person), 문제(problem), 장소(place), 전문가(profession)가 문제해결 구성요소의 4P다.

③ 사회복지사는 클라이언트를 문제해결이 부족한 사람으로 보고 잠재 능력의 향상을 도모한다.

④ 인간생활을 문제해결의 과정으로 보고, 기술을 가르치는 것으로 본다.

⑤ 구성요소 4P 중 Place는 공식적인 사회복지사업 분야에서 기관의 유용함을 제시해 주었다.

정답: ②

해설: 문제해결모델에서 구성요소의 4P는 문제(problem), 사람(person), 장소(place), 과정(process) 등이다.

3. 콤튼과 갤러웨이가 분류한 실천체계를 모두 고르시오.

ㄱ. 표적체계	ㄴ. 전문(가)체계	ㄷ. 변화매개체계	ㄹ. 옹호체계

① ㄱ, ㄴ, ㄷ ② ㄱ, ㄷ ③ ㄴ, ㄹ ④ ㄹ ⑤ ㄱ, ㄴ, ㄷ, ㄹ

정답: ①

해설: 콤튼과 갤러웨이는 사회복지실천의 구성요소를 변화매개체계, 클라이언트체계, 표적체계, 행동체계, 전문가체계(전문체계), 의뢰-응답체계 등의 6체계로 분류하였다.

10 인지행동모델

1. 이론적 배경

인지행동모델은 행동주의자가 주장하는 환경결정주의와 프로이트주의자의 정신 내적 결정주의의 양 극단을 피하고, 인지이론과 행동주의이론을 통합하였다. 즉, 인간의 문제는 사회적 상황 내에서 존재하며, 사회적 · 생물학적 · 심리적 요인에 영향을 주고받는 것으로 보는 동 시대의 사회사업 관점과 그 맥을 같이한다.

인지행동모델의 이론적 배경을 살펴보면, 행동을 수정할 수 있다는 행동수정이론과 학습이론에 기반을 두고 있다. Skinner에 의해 주도된 행동주의는 인간의 행동은 자극에 의해 학습된 반응의 결과라는 이론을 기초로 하여 행동은 수정될 수 있다는 것을 실증적으로 입증하는 데 주력하는 한편, 정신분석학이론이 매우 비과학적이라고 비판하고 인지적 요소가 행동에 대한 이해와 치료에 핵심적 역할을 한다고 주장하였다. 인지행동모델은 인간의 사회적 · 행동적 역기능이 사건이나 상황에 대한 클라이언트의 잘못된 인지와 비합리적 사고로 인해 발생하였으며, 인지 및 행동의 수정을 통해 그 역기능이 해소될 수 있다고 전제한다. 인지행동모델 실천가는 클라이언트가 상황을 왜곡하여 역기능적 문제를 일으키는 잘못된 가정과 사고의 유형을 검토하여 정서를 변화시킬 수 있도록 하는 인지치료와 함께 강화를 통해 바람직한 행동을 습득하고 실제 생활에서 행동의 변화를 유지시키도록 돕는다. 이런 이유에서 인지행동모델을 '행동이론에 근거한 인지적 개입기술(cognitive intervention based on behavioral approach)'이라고 한다. 이와 같이 행동주의와 인지이론 간의 상호관련성을 결합시킴으로써 클라이언트의 다양한 문제에 모두 적용될 수 있는 통합이론인 인지행동모델이 출현했다.

인지치료의 영역에 행동적 기법을 접목시킨 최초의 임상가는 Ellis와 Beck이다. 1962년 Ellis는 인지심리치료자들의 기본서로 알려진 『이성과 정서』를 출판하였는데, 여기에서 효과적 심리치료 및 상담이란 클라이언트가 역기능적 사고와 왜곡된 인지를 확인하고 이를 변화시키는 데 초점을 두는 '합리적 정서행동치료(REBT)'라고 주장하였다. Beck은 우울증, 불안장애, 성격문제 등의 치료에 인지이론을 효과적으로 활용하는 연구에 큰 업적을 이루었다. 이들은 인지 · 정서 · 행동의 상호 연관성을 근거로 하여 치료자와 클라이언트의 적극적인 협동을 통한 4~14회 정도의 단기적 심리치료로 발전시켰다. 클라이언트의 역기능적이고 비합리적인 사고와 행동을 밝히는 동시에 클라이언트 내면과 대인관계 모두에 효과적으로 대응하도록 순기능적 기법을 습득시킴으로써, 클라이언트가 자신의 문제에 효과적으로 대처하는 전략을 개발하도록 원조하는 것이 치료의 목표다. 인지행동모델로 접근하는 임상가들은 인지치료자 혹은 인지행동치료가로 불리는데, 인지행동모델에는 Ellis의 합리정서행동치료(rational-emotive behavioral therapy), Beck의 인지치료, Lasarus의 복합형태(multimodal)치료, Meichenbaum의 인지행동수정, Maultsby의 합리행동치료 등이 있다. 그러므로 인지행동모델은 심리정신역동이론, 인지심리학, 사회학습이론, 행동수정이론 그 외에 임상경험에서 추론한 다양한 이론 등을 바탕으로 하고 있다.

1) Ellis의 합리정서행동치료(REBT)

Ellis는 부정적인 감정과 증상은 비합리적 신념에서 비롯된다고 주장하였다. 비합리적 신념을 규명하고 도전함으로써 이를 재구조화하는 것이 치료의 목표다.

(1) Ellis가 제시한 비합리적 신념

Ellis가 제시한 비합리적 신념과 이를 반박하는 근거는 다음과 같다.

〈표 10-1〉 Ellis의 비합리적 신념과 이에 대한 반박 근거

비합리적 신념	반 박
모든 주요 타인으로부터 사랑과 인정을 받는 것은 성인에게 절대적으로 필요하다.	주요 타인의 편견이나 선호에 의해 좋아하지 않거나 무관심할 수 있다.
가치 있는 사람이 되기 위해서는 모든 면에서 완전한 능력이 있고 적절하며, 성취적이어야 한다.	결과보다는 과정이 중요하며, 다른 사람을 이기기 위해서보다 자신을 위해 노력하는 것이 바람직하다.
사악하고 나쁜 사람은 그의 악행에 대하여 비난받고 처벌받아야 한다.	악행을 하는 사람이 반드시 악한 사람은 아니며, 처벌함으로써 악행이 줄어들기보다 오히려 악화되기도 한다.
원하는 대로 상황이 되지 않는다면 이는 끔찍하고 파멸적이다.	현실을 도전으로 수용하고 자신을 유용하게 통합하는 방법을 배워야 한다.
불행은 외부적인 요인에 기인하며, 사람은 슬픔과 근심의 조절 능력이 거의 없다.	스스로 슬픈 감정에 빠지도록 만들었기 때문에 자신이 불행하다는 감정이 생긴 것이다.
험하거나 두려운 일이 일어날 가능성을 늘 염려해야 한다.	사전 대비는 필요하나 대처 능력이 떨어지고 그 일이 실제로 일어나는 데 기여할 수도 있다.
인생의 어려움과 책임을 대면하는 것보다 회피하는 것이 쉽다.	싫더라도 자신이 감당하는 것은 불필요한 고통을 최소화하며 이로부터 자신감을 얻는다.
우리는 의존할 수 있는 강한 사람을 필요로 한다.	의존하면 의존할수록 더 의존하게 되며, 결국 인생이 다른 사람의 처분에 따라 결정된다.
현재 행동은 전적으로 과거에 의해 결정된 것이며, 과거에 미친 영향은 현재에도 비슷한 영향을 미친다.	과잉일반화로, 과거가 현재에 영향을 미치기는 하나 현재를 변화시켜 보다 나은 미래를 만들 수 있다.
우리는 다른 사람의 문제에 대해 매우 근심해야 한다.	관심을 가질 수 있지만 변화할 수 있는 실제 능력이 부족한 상황에서 비합리적이다.
인간의 문제는 완벽한 해결이 있으며 이런 해결책을 찾지 못하면 파멸이다.	완벽하고 절대적인 진리는 없으며, 가장 현실적인 선택을 하는 것이 바람직하다

*출처: 이준우 · 이화옥 · 임원선(2004) 재구성

(2) Ellis의 합리정서치료모델

Ellis는 합리정서치료모델의 개입과정을 ABCDE로 도식화한 ABC모델을 통해 설명하였다. 첫째, 선행사건(Activating event)은 개인에게 정서적 혼란을 야기하는 어떤 사건을 말한다. 둘째, 신념체제(Belief system)는 어떤 사건이나 행위 등과 같

은 환경적 자극에 대해서 개인이 갖게 되는 태도 또는 사고방식을 가리킨다. 셋째, 결과(Consequence)는 선행사건에 접했을 때 비합리적인 태도 내지 사고방식으로 그 사건을 해석함으로써 느끼게 되는 정서적 결과다. 넷째, 논박(Dispute)은 자신이 가지고 있는 비합리적인 신념체계나 사고를 발견하여 그것이 사리에 맞는 것인지를 검토해 보도록 촉구하는 것이다. 다섯째, 효과(Effect)는 클라이언트가 가진 비합리적인 신념을 철저하게 논박함으로써 합리적인 신념으로 대체된 후에 느끼게 되는 자기 수용적인 태도와 긍정적인 감정의 결과를 말한다.

① ABCDE모델의 사례

- A: 지정된 기간 내에 과제물을 제출하지 못하여 스트레스를 받은 사건
- B: 과제는 항상 완벽하게 해서 제때에 내야 해. 나는 그렇게 하지 못해서 무능력한 사람이고 사람들에게 인정받지 못할 거야.
- C: 스트레스로 인한 결과로 과제물 제출을 포기하고 수업을 아예 빠져 버린다. 정서적으로 불안, 초조, 죄책감, 좌절감이 든다.
- D: 나는 항상 완벽해야 하는가? 한 번 제출하지 못했다고 해서 끝장나는가? 완벽하게 해야 한다는 생각이 나의 정서와 행동에 어떤 영향을 미치는가? 등을 점검한다.
- E: 어떤 사람도 모든 일을 항상 완벽하게 할 수는 없어. 한번 숙제를 제출 안했다고 인생이 끝장나는가? 숙제하는 과정에서 내가 최선을 다했다는 것이 중요해, 어떻게 하면 더 잘할 수 있을까? 등 합리적 신념으로 대치된 새로운 나를 수용한다.

2) Beck의 인지치료

Beck은 정신건강상의 다양한 문제를 다룸에 있어 인지치료를 체계적이며 구체적 방식으로 적용시키는 데 공헌했다. Beck은 인간의 인지를 형성하는 요소를 스키마(schema), 규칙, 기본 신념 등으로 구분해서 설명했다. 스키마란 인지 구조를 말하며 신념과 규칙은 스키마 내용에 해당된다.

(1) 스키마(도식, schema)

스키마란 인지의 구조를 일컫는 것으로서 도식이라고도 한다. 대개 이전의 경험에 의해 형성되며 결과적으로 인간의 사고, 감정 및 행동의 내용을 결정짓는 역할을 한다. 스키마는 유지된 기간과 믿음 수준에 따라 핵심 믿음체계와 중간 믿음체계로 형성된다.

① 핵심 믿음체계

근원적으로 깊은 수준에서 형성된 믿음이 핵심 믿음체계(core belief system)다. 핵심 믿음체계는 모든 영역에 영향을 미쳐서 경직되어 있고 지나치게 일반화되어 있다. 반면 자동적인 사고는 특정한 상황과 관련하여 생기는 것이고, 인지의 가장 표면적인 수준이라고 간주된다.

② 중간 믿음체계

핵심 믿음체계와 자동적 사고 사이에는 태도, 규칙, 가정으로 이루어진 중간 믿음체계(intermediate belief system)가 있다. 어떤 상황을 보는 관점에 영향을 주지만 자신은 잘 인식하지 못한다.

③ 자동적 사고

스키마의 산물로서, 한 개인이 어떤 상황에 대해 내리는 즉각적이고 자발적인 평가를 의미한다. 어떠한 사건에 대한 개인의 즉각적이고도 계획되지 않은 해석을 말한다. 자동적 사고(automatic thought)를 인식하게 되면 자신의 사고의 타당성을 평가할 수 있게 되어 자신의 해석이 잘못됨을 알고 이를 교정할 수 있다.

(2) 인지적 왜곡

외부로부터의 자극들이 스키마를 침해할 때 그 자극들이 왜곡을 불러일으키는데, 이것이 정신병리에 주요 요인이 된다. 인지적 왜곡의 예는 다음과 같다(Freeman et al., 1990: 5).

- 이분법적 사고: 극단적인 사고유형이다. 흑 아니면 백으로 보거나, 성공하지 않으면 그 외의 모든 것에 완전히 실패했다고 본다.
- 과도한 일반화: 일부 사건에 의거하여 무관한 상황에까지 적용하여 광범위하게 법칙이나 결론을 내리는 유형으로, 특히 한 부정적 부분이 반복적으로 일어날 것이라고 추정한다.
- 선택적 추론: 전 과목의 시험에서 한 과목을 제외한 나머지는 모두 우수한 성적을 얻은 학생이 좋지 않은 점수를 받은 한 과목에만 골몰하여 낙심한다. 즉, 상황 안에서 작은 부분을 차지하는 부정적 측면에 치중하여 나머지 긍정적 측면을 간과하는 경향을 의미한다.
- 긍정적 측면의 격하: 친구들로부터의 긍정적 피드백을 믿지 않으면서 친구들이 단지 듣기 좋도록 그러한 말을 하는 것뿐이라는 식으로 생각한다. 이 경우 개인은 긍정적 경험을 그럴 만한 가치가 있는 것이 아니라는 식으로 격하시킨다.
- 독심(mind reading): 뚜렷한 증거도 없이 타인들이 자신에게 부정적으로 군다고 생각한다. 상대방이 정중하게 대함에도 불구하고 "저 사람이 나를 바보로 생각한다는 걸 난 알 수 있어."라고 짐작한다.
- 예언하기(fortune telling): 미래의 사건을 혼자 예측하면서 이것이 마치 기정사실인 것처럼 반응을 보인다.
- 비극화(catastrophizing): 일어날 수 있는 부정적 사건을 올바르게 바라보지 않고 참을 수 없는 대이변이나 비극으로 여긴다. "어머나, 내가 만일 기절하면 어쩌나!" 이때 기절이라는 것은 썩 유쾌하지 않은 사건이기는 하지만 매우 위험한 것은 아니라는 고려는 두지 않는다.
- 최소화: 긍정적 특징이나 경험을 인정하기는 하지만 대수롭지 않은 것으로 치부한다. "물론 전 제 일을 잘하고 있죠. 그런데 그게 무슨 상관인가요? 제 부모님은 저를 존중해 주지 않는데요." 등으로 생각한다.
- 정서적 추론: 자신이 느끼는 정서를 실제의 사실로서 해석하는 경향을 일컫는다. 즉, 정서상의 반작용(reaction)은 항상 실제 상황을 반영하고 있다고 생각하는 경향이다. 예를 들어, "죄책감을 느낍니다. 그래서 난 나쁜 사람입니다."라

는 식으로 해석한다.

- '~해야만 해' 라는 명령식의 진술: 동기를 제공하거나 행동을 제어하기 위해 이러한 식의 언급을 사용하는 경우다. 이러한 명령조의 진술은 개인의 죄책감, 압박감 혹은 원망 등을 야기한다.
- 라벨링: 구체적 사건이나 행위를 언급하기보다는 자신에게 총체적이고도 부정적인 라벨을 부여하는 것을 말한다. 라벨링은 앞서 언급된 바 있는 과도한 일반화의 극단적 형태다. "내가 이번엔 그 기회를 놓치고 말았어." 보다는 "난 실패자야."라는 식으로 생각한다.
- 개인화: 이는 부정적 사건을 정당한 근거 없이 자신의 책임으로 돌리는 경향이다. 이러한 왜곡들이 때로는 일부 기능적 역할을 하기도 하지만, 대개의 경우에 부정적 영향을 미치며 역기능적 행동을 발생시킨다. Beck은 이런 왜곡의 일부는 부적응적 사고들을 야기하며, 개인이 자신의 인생경험을 헤쳐 나가는 능력을 방해하고 내적 조화를 깨뜨림으로써 개인에게 고통을 주는 부적절한 정서적 반작용을 유발한다고 했다.

2. 인지행동모델의 기본 가정

인지행동모델에서는 인간의 본질에 관하여 다음과 같은 가정을 제시하고 있다. 첫째, 인간의 성격은 심리 내적인 힘에 의해 결정되는 것이 아니라 유연성을 지니며 물리적 및 사회적 요소 모두에 의해 영향을 받는다. 둘째, 인간은 수동적으로 반응하는 존재가 아니라 외부 및 내부적 환경을 형성하고 변화시킬 것을 결정할 수 있는 존재다. 셋째, 인간은 자신의 인생을 어떻게 살아 나갈지를 결정할 수 있는 창조적 존재다. 넷째, 인간의 행동은 환경이 끊임없이 인간에게 제공하는 정보와 개인의 인지적 과정의 상호작용의 결과다. Lantz(1996)는 인지행동모델의 주요 가정을 몇 가지로 설명했다. 첫째, 가장 핵심적 개념은 인간의 정서가 인간 인지로부터의 직접적 결과라는 가정이다. 자신과 그를 둘러싼 사회적 상황에 대한 생각, 가정 혹은 믿음으로부터 인간의 정서가 초래된다는 것이다. 둘째는 잘못된 믿음,

왜곡, 비합리적 사고 등이 개인의 의식적 수준 밖에서 일어난다는 것이다. 즉, 잘못된 생각을 학습하고 사용하면서 이러한 인지적 신념은 '자동적'이 되며, 당사자는 무엇이 구체적으로 잘못된 개념 혹은 생각인지를 알지 못한 채로 역기능적 정서가 형성된다. 셋째, 첫째 가정에는 예외가 있다는 점이다. 즉, 일부 역기능적 정서는 개인의 인지로부터의 직접적 결과라기보다는 유기적, 생리학적, 신경학적 혹은 화학적 문제들의 결과라는 것이다. 이러한 예로써 혈당의 불균형, 영양실조, 노화, 뇌 화학물질상의 불균형을 야기하는 우울증과 정신분열병 등이 있다. 넷째, 모든 불유쾌한 정서들이 역기능적인 것은 아니며, 마찬가지로 모든 유쾌한 정서들이 기능적인 것은 아니라는 것이다. 즉, 잘못된 생각이나 신념이 유쾌한 정서상태를 초래할 수도 있으나, 결국에는 역기능을 초래한다는 것을 보여 주는 좋은 예라고 할 수 있다(김기태 외, 2007).

3. 인지행동모델의 개입전략

인지행동모델은 사회복지사가 직접 치료한다기보다 클라이언트의 역기능적 감정과 행동을 불러오는 잘못된 생각이나 신념, 왜곡, 비합리적 자기대화(self-talk) 등을 확인하고 이에 클라이언트 자신이 도전하며 변화시키도록 돕는 데 목표가 있다.

1) 인지적 전략

- 클라이언트의 의미체계를 이해한다. 클라이언트 개인적 견해와 내적인 타당성을 수용하고 환경적 반응, 개인적 행동, 정서적 반응 등을 이해한다.
- 똑같은 사실이나 상황을 다른 개념이나 감정에 연결시키고 다양한 반응과 감정이나 견해를 제공해 줌으로써 클라이언트가 다른 의미를 고려할 수 있는 능력을 육성한다.
- 인지적 평가, 감정, 행동, 대인적 반응 사이의 관계와 자신의 평가가 부적절할

수도 있다는 가능성을 클라이언트가 인식하도록 한다.

- 클라이언트가 적합한 의미와 기대를 갖도록 원조하고 변화된 클라이언트의 견해를 지지해 주는 새로운 경험을 제공한다. 이때 과업할당과 행동실험이 유용하게 이용될 수 있다.

2) 행동적 전략

- 행동변화의 일반적 원칙을 설명해 준다.
- 클라이언트의 학습목표를 성취 가능한 과업으로 조직하고 각 과업에 상응하는 행동규칙을 구체적으로 설명한다.
- 클라이언트의 행동연습을 가르치고 격려하며, 사회복지사의 원조 없이 다른 상황에서 보다 힘들고 독립된 행동을 수행할 수 있는 기회를 준다.
- 클라이언트는 자신의 실제 환경 속에서 새로이 획득한 기술을 시험해 볼 수 있다.

3) 정서적 전략

- 클라이언트가 객관적으로 자신의 감정을 인식하기 위해서는 그러한 감정이 일어난 상황을 한번 떨어져서 관찰해 볼 필요가 있다. 분리된 인식(detached awareness)은 자신의 감정을 칭찬이나 비난 없이 관찰 가능하게 하고, 그러한 감정에 대한 몰두가 적응적 기능에 어떻게 방해가 되었는지를 깨닫게 한다.
- 클라이언트에게 숨을 깊이 들이쉬고 근육을 이완시키는 법을 가르치는 것이다. 불안과 관련된 문제에 대처하는 적극적인 전략으로서 이완될 수 있다.

4) 사회환경적 전략

모든 문제가 개인의 대처방식이나 노력의 결과는 아니다. 사회복지사는 문제를 초래한 원인인 사회환경을 변화시키려는 조직적 · 교육적 · 정치적 노력에 참여할 필요성이 있다.

4. 인지행동모델의 개입과정

인지행동모델은 앞에 기술된 Ellis, Beck 등 다양한 치료모델이 있으므로 일반적으로 수행되는 개입과정을 살펴보았다.

1) 초기단계

① 접수

이 단계에서는 클라이언트가 심신의 이완상태에서 사회복지사와 클라이언트가 대화할 수 있는 상태를 조성하고, 인지치료의 원리와 절차를 간단하게 설명한다. 인간은 자신의 믿음과 생각으로 인해 인생을 살면서 문제를 경험하는 것이 지극히 자연스러운 것이라는 것을 충분히 인식시킨다.

② 문제청취

클라이언트에게 자신의 문제와 목적을 정확하게 기술하도록 요청한다. 클라이언트와 사회복지사 사이에 충분한 라포가 형성되도록 클라이언트가 호소하는 어려움을 그대로 받아들이면서 클라이언트 입장에서 문제를 이해하도록 노력한다.

③ 문제 우선순위의 설정

클라이언트의 복잡하고 다양한 문제 가운데 우선적으로 개입할 우선순위를 정한다. 클라이언트의 입장에서 성취 가능한 변화를 목표로 선정하는 것이 좋다. 그리고 클라이언트가 선택한 변화를 달성하기 위해 클라이언트와 사회복지사의 치료관계는 동반자적 관계로 신뢰하고 존중할 수 있는 친구가 되어야 한다.

④ 자료수집

클라이언트의 문제해결에 대한 사후평가를 위해서는 개입 전의 문제 상황에 대한 자료수집이 필요하다. 문제의 발생빈도, 문제의 정도나 강도, 문제의 지속기간 등을 알아본다.

2) 개입단계

① 역기능적 인지 및 부정적 사고체계 탐색과 정황분석

이 단계에서는 클라이언트의 문제 속에 내재하는 비합리적 신념, 왜곡된 인지 및 사고체계를 인식하도록 돕는 단계다. 클라이언트가 잘못된 인지 및 사고체계를 갖게 한 상황의 구체적 장소, 관련된 인물, 구체적 정황, 클라이언트의 행동 등으로 나누어 묘사하도록 한다. 클라이언트가 자신에게 하는 대화, 그로 인해 갖게 된 감정과 행동, 타인의 반응 등의 상호관계를 클라이언트 스스로 인식하도록 돕는다. 클라이언트가 사물을 실제 있는 그대로 보고 클라이언트의 인지 및 사고체계가 어떻게 작용하여 어떤 결과를 초래했는지, 변화되어야 하는 이유는 무엇인지를 충분하게 토의하며 동의해야 한다. 이 과정에서 클라이언트 자신이 과거의 잘못된 인지 및 사고체계를 버리고, 새로운 체계로 변화시키는 문제를 극복할 수 있도록 주요 타인의 지속적인 지지와 격려가 필요하다.

② 순기능적 인지 및 사고체계로 전환

클라이언트 문제의 무의식적 원인보다는 클라이언트의 행동, 진술된 생각, 감정, 목적에 기초하여 개입한다. 클라이언트의 행위가 자신의 목적에 부합되지 않을 때 클라이언트에게 알려 준다. 예전과 다른 새로운 사고를 하게 됨으로써 나타나는 갈등, 불안 현상이 나타날 수 있으므로 자기구술로 변화연습을 하고 사회복지사가 모델링을 통해 도와준다. 이 과정에서 클라이언트의 병리적인 면보다 강점을 찾아 그것을 이용하고, 클라이언트의 작은 성공에 대하여 칭찬해 준다.

③ 변화를 지속시키기 위한 과제 내주기

변화된 인지체계가 생활 속에서 지속될 수 있도록 클라이언트에게 과제를 내준다. 사회복지사는 클라이언트가 일상생활에서 경험하는 자신의 역기능적 자기구술을 발견하여 순기능적 자기구술로 바꾸는 훈련을 통해 변화하도록 지지한다.

3) 종결단계

클라이언트 문제로서 역기능적 인지 및 부정적 사고체계에 대한 개입을 종결하면서, 얼마나 순기능적인 인지 및 사고체계로 전환되었는가 하는 개입의 목표달성 정도를 확인하는 단계다. 또한 클라이언트 자신, 다른 사람, 그를 둘러싸고 있는 세상에 대한 의식을 확장시킴으로써 그가 원하는 변화를 달성하는 궁극적인 책임자는 클라이언트 자신이며, 어떤 과거의 사건이나 무의식이 현재 행위를 변명해 줄 수 없음을 인식시킨다.

5. 인지행동모델의 개입기법

인지행동이론에서는 클라이언트의 역기능적인 인지왜곡이나 잘못된 사고, 감정, 행동을 파악하고, 이에 대하여 인지 및 행동의 변화를 원조하는 개입전략과 기술을 사용한다. 그러나 클라이언트가 일정한 교육 수준이나 지적 능력을 가진 경우에 한하여 적용이 가능하며, 지적 능력이 떨어지는 경우에는 효과성에 많은 제한이 있다. 인지행동모델의 주요한 기술은 다음과 같다.

- 긍정적 배려(positive regard): 인지이론치료에서 낮은 자긍심은 부정적 생각으로부터 나오는 자신에 대한 잘못된 정서적 반응으로 본다. 사회복지사가 치료과정 동안 클라이언트에게 존중과 지지 그리고 격려를 제공함으로써 클라이언트가 가치 있는 중요한 존재임을 나타낼 수 있고, 이때 비로소 왜곡된 인지를 새로운 방식으로 인지하는 기회가 제공된다.
- 내적 의사소통의 명료화(clarifying internal communication): 클라이언트가 자신에 대해 독백하고 사고하는 것에 대해 사회복지사가 피드백을 제공함으로써, 자기 자신 및 타인들에게 한 말 속에 감춰져 있는 인지적 오류와 비합리적 신념에 대한 통찰과 인지적 검토를 통하여 인지적 변화를 돕는다.
- 설명(explanation): 클라이언트가 잘못된 생각들을 변화시키도록 돕는 기법으

로 엘리스가 제시한 ABC모델(촉발사건, Activating→신념, Belief→정서적 결과, Consequences)에서 클라이언트 자신의 정서가 어떻게 작용하는가를 인식하도록 하는 기법이다.

- 과제기록(written homework): 클라이언트 자신의 비합리적 사고와 문제에 대한 인식을 향상시켜 새로운 행동이나 변화를 돕는 데 유용한 방법이다. Maultsby는 Ellis의 ABC모델에 근거해서 서면과제물의 양식을 만들었는데, 이는 다음과 같다(Lantz, 1996: 105).

A: 무슨 사건인가?

B: 그 사건에 대한 나의 잘못된 생각들은 무엇인가?

C: 나의 느낌은 어떠한가?

D1: A에 대한 나의 묘사는 정확한가?

D2: 앞의 B부분은 합리적인가? 그렇지 않다면 그에 대해 도전하시오.

E: D1과 D2로부터 어떤 새로운 정서가 초래될 것인가? 등의 질문으로 구성되어 있다.

앞의 양식과 더불어 사회복지실천에서 많이 사용되는 또 다른 과제물 양식으로 역기능적 사고기록(dysfunctional thought record)이 있다. 이 기법은 주로 원조자와의 만남 밖의 클라이언트 생활에서 발생하는 자동적 사고를 감시하고 이에 도전하기 위해 사용된다. 다음의 〈표 10-2〉는 이 양식의 한 예다(김기태 외, 2007).

〈표 10-2〉 **역기능적 사고기록 양식**

날 짜	상 황	정 서	자동적 사고	합리적 반응	결 과

- 역설적 의도(paradoxical intention): 특정 행동이 발생할 것에 대하여 클라이언트가 불안해하는 나머지 오히려 더 그 행동이 유발될 때, 클라이언트가 두려워하는 행동을 하도록 지시(이중구속적인 메시지 전달)함으로써 클라이언트의 인지적 오류에 도전하고 불안을 감소시킨다. 예를 들어, 심하지 않지만 직장

에서 회의 중에 혹시 여러 사람 앞에서 말더듬과 떨림을 일으키지나 않을까 하는 불안이 실제 말더듬과 떨림을 야기하는 요인이 된다. 이 경우 치료자는 클라이언트에게 매 회의가 시작될 때마다 말더듬과 떨림을 의도적으로 시도해 볼 것을 지시한다. 클라이언트가 시도하더라도 그렇게 되지 않았다는 사실은 클라이언트로 하여금 과거의 끔찍한 불안감을 중단시키는 데 도움을 준다. 그러나 자살의사를 지닌 클라이언트의 경우나 실제로 육체적 원인에 기인한 증상을 다룰 때 역설적 의도의 기법은 결코 사용되어서는 안 된다. 그리고 이 기법의 사용이 적절할 때에도 클라이언트에게 이러한 치료기법에 대해 충분히 이해를 시킨 다음 동의를 얻은 후 실행되어야 한다.

- 소크라테스 문답법: 소크라테스식 대화는 사회복지사가 클라이언트의 관점을 이해하고 클라이언트가 논리적인 결론에 도달하도록 사회복지사가 제시한 질문이다. 질문은 환자를 함정에 빠뜨리거나 공격하지 않으며, 클라이언트가 객관적이고도 방어적이지 않는 태도로 자신을 볼 수 있도록 한다.
- 이완훈련: 근육의 수축과 이완, 깊고 규칙적인 호흡, 즐거운 사고나 심상 등을 훈련함으로써 일상생활에서 유발되는 스트레스에 대처할 수 있도록 한다.
- 경험적 학습(experiential learning): 인지적 오류에 부합하지 않는 특정한 행동을 하도록 함으로써 클라이언트가 자신의 인지적 오류를 발견하고 수정하도록 한다. 자기주장훈련, 모델링, 역할극, 사회기술훈련, 심리극(psychodrama) 등을 활용할 수 있다.
- 모델링(modeling): 관찰학습과정을 통해 클라이언트가 시행착오학습을 거치지 않고 원하는 행동을 학습할 수 있도록 모델행동을 따라 하도록 한다. 즉석 모델링(live modeling), 상징적 모델링(symbolic modeling), 복합 모델링(multiple modeling), 참여자 모델링(participant modeling)이 있다.
- 인지 재구조화: 클라이언트의 역기능적 사고와 관념을 인식하고 이를 현실적인 사고와 관념으로 대치하고 순기능적일 수 있도록 돕는 것이다.
- 시연(rehearsal): 발달시키고자 하는 행동을 반복적으로 연습함으로써 행동으로 숙달되도록 하는 것이다. 이 기술은 집단상담을 통해 여러 사람의 피드백을 동시에 받을 수 있다는 점이 매우 효용가치가 높다.

- 자기대화(self-talk): 자기대화란 스스로에게 주는 메시지를 말하며, 자기대화의 왜곡을 수정하도록 도움으로써 습관적인 사고방식을 변화시켜, 문제가 되는 감정이나 행동을 효과적으로 통제할 수 있다.
- 자기지시기술(self instruction skill): 클라이언트가 자신의 목표나 변화시키기를 원하는 구체적인 행동에 대한 지침과 계획을 세우는 것으로 자기 언어화(self verbalization)를 활용한다. 클라이언트는 사회복지사로부터 모델링이나 언어적 도움(verbal guidance)을 받을 수도 있고, 자기 자신에게 말하면서 수행할 수도 있다.

6. 인지행동모델의 개입사례

1) 사례 개요

내담자는 이인영(여, 20)이며 대학신입생이다. 고등학교 3학년 때 학원에서 공부하면서 새로운 사람을 만나는 것에 대해 심한 불안감을 느낀 경험을 한 이후 새로운 사람을 만나려고 할 때나 앞에 나서야 할 일이 있을 때 불안감, 긴장감, 위압감이 있으며 긴장하면 식은땀이 나고 장이 꼬이고 꾸르륵하는 소리가 크게 들린다고 호소하고 있다. 부모님께 말씀을 드렸는데 별로 대수롭지 않게 여기시고 한약만 두 차례 먹었는데 전혀 효험이 없었다. 정신병원에 가 볼까 하다가 정신병자로 몰아부칠까 봐 염려되어 그만두었으나, 스스로 정신병자로 단정 지었다. 고등학교 3학년 때 이 문제를 극복하기 위해서 매일 30분에서 1시간씩 명상 책이나 요가 책을 가져다 놓고 시도해 보았는데, 그 당시만 장소리가 조용해지고 사람들을 다시 보게 되면 장소리가 다시 나서 혼란스러웠다. 대학에 합격을 하고 시간적인 여유가 있어 어떻게 해서든지 나의 문제를 해결해야겠다는 생각을 강하게 하고 있다. 전화번호부를 뒤지다가 청소년상담센터를 알게 되었다. 사실 일반적으로 '청소년 상담' 하면 성폭력을 당했거나 미혼모가 되었거나 그런 문제로 도움을 청하는 곳 같아서 오지 않으려고 했는데 나름대로 오기가 생겨서 오게 되었다.

2) 초기단계(1~2회)

인영이의 문제는 모든 면에서 완벽해야 한다는 비합리적 사고를 강화해 왔다는 점이다. 내담자는 오히려 그런 생각을 하게 될수록 사람을 대하는 데 불안감, 긴장감, 위압감이 들었고 이런 정서적 강박은 꾸르륵하는 장소리가 나는 등 신체 증상으로 나타나 더욱 힘들게 하고 있다. 인영이는 자신의 부적절한 정서적 문제와 신체적 증상이 자신의 잘못된 인지와 사고체계에 원인이 있다는 것을 인식하게 되었고, 자발적 노력에 비례하여 바람직한 행동의 변화가 이루어진다는 것을 이해하였다.

- 정서적 목표: 이유 없이 엄습하는 긴장감, 불안감, 위압감에서 벗어난다.
- 행동적 결과 목표: 장에서 나는 소리나 식은땀 같은 신체적 증상에서 벗어나고 또한 대인관계를 자유롭게 맺는다.

〈표 10-3〉 **역기능적 인지 및 사고체계 vs. 순기능적 인지체계**

역기능적 인지 및 사고체계	순기능적 인지체계
장에서 나는 꾸르륵 소리를 다른 사람들이 듣는다면 나는 웃음거리가 될 것이다.	내 장소리를 다른 사람들이 듣게 되더라도 대부분의 사람들은 그냥 지나친다. 만약 그 소리로 나를 웃음거리고 만든다면 그것은 그 사람들의 문제일 뿐, 내 문제는 아니다.
나는 항상 다른 사람에게 잘 보여야만 한다.	항상 다른 사람들에게 잘 보일 필요는 없다. 잘 보이게 되면 좋지만 그렇지 않더라도 나의 가치가 하락하는 것은 아니다.
나는 내가 제일 잘나야만 한다.	'제일 잘난 사람'이 되는 것이 중요한 것은 아니고 인간답게 열심히 사는 것이 더욱 중요한 가치다.

3) 개입단계(3~5회)

인영이의 부적응 행동과 정서는 자신의 사고구조에 기인된 것에 대해 인정하였으며, 그동안 호소해 온 증상이 점차 사라지면서 자신의 완전주의적 사고가 오히려 자신의 삶을 파괴하고 있음을 분명히 깨닫게 되었다.

"이 세상에는 아무도 완전한 인간은 없다. 다만 최선을 다하는 데 진정한 삶의 의미가 있다."라는 합리적 신념의 의미를 자기구술로 재확인하며 지속적으로 행동으로 실천하게 되었다. 5회 면접 시, 상담자가 앞으로 남은 면접 횟수를 정하자 내담자가 상담의 종결에 대한 준비가 되어 있지 않은 상태에서 저항하는 모습을 보이기도 했다. 상담자가 내담자에게 시간적 제한에 대한 이유를 설명하였고 이를 잘 이해하였다.

4) 종결단계(6~7회)

종결과정에서 상담자는 인영이에게 일상생활에서 올바른 인지와 사고를 적용하는 방법을 구체적으로 가르쳐 주었다. 종결회기에서 인영은 앞으로 자신이 직면하게 될 어려움을 확실하게 대처할 수 있는 방법을 알았다고 말했다. 어려움을 이겨내는 인내심도 길러졌고 세상을 즐겁게 사는 방법을 알게 되었다고 말했다.

예상문제

1. 다음 중 인지행동모델의 주요 가정이 아닌 것은?

① 인간관은 낙관론적 관점이다.

② 인지활동은 모니터하고 바꿀 수 있다.

③ 인지를 변화시킬 수 있다고 가정한다.

④ 인지변화를 통하여 행동도 변화시킬 수 있다.

⑤ 인지과정은 행동에 영향을 주지 않고 왜곡된 인지에만 영향을 준다.

정답: ⑤

해설: 인지와 행동은 끊임없는 상호작용의 결과다.

2. 엘리스(Ellis)의 합리적 정서행동치료에 관한 내용으로 옳은 것은?

① 행동적 요소에는 초점을 맞추지 않는다.

② 인간은 자신의 비합리적인 사고를 바꿀 수 있는 힘이 없다.

③ 개입의 표적은 부정적인 감정이다.

④ 인간의 정서와 행동에 영향을 미치는 외부 사건의 중요성을 중시한다.

⑤ 정신장애는 어떤 사건에 대한 절대적인 평가를 하려는 경향에서 발생한다.

정답: ③

해설: 합리적 정서치료에서 개입의 표적은 부정적인 혹은 비합리적인 사고다.

3. 다음 사례에서 도출된 '인지적 오류' 로 옳지 않은 것은?

> "어머니는 제 능력이 형제들 중에 가장 뛰어나다며 저만 대학에 보냈어요. ① 저는 그게 당연하다고 생각했어요. 취업면접에서도 면접관이 ② 먼저 악수를 청하지 않으면 떨어졌다고 좌절했어요. 그런데 ③ 지난달에 어머니도 오시지 않은 것을 보면 이제 저를 신뢰하지 않는 것 같아요. ④ 아버지만 살아계셨더라도 제게 이런 일은 없었을 거예요. ⑤ 이런 대접을 받고 산다는 것은 실패한 삶이에요."

① 과잉일반화

② 임의적 추론

③ 선택적 축약

④ 개인화

⑤ 이분법적 사고

정답: ①

해설: ①은 자동적 사고다.

11 위기개입모델

1. 이론적 배경

위기개입모델은 자연재해나 갑작스러운 사건으로 인해 격심한 고통의 감정을 일시적으로 경험하고 이로 인해 극심한 스트레스 상황에서 일상생활을 수행하는 데 어려움이 발생하는 경우, 이에 대처할 능력이 부족하여 문제를 갖는 사람들에 대한 관심에서부터 시작된 모델이다. 이 모델은 위기상황에 대처하지 못하는 사람들에게 즉각적으로 필요한 서비스를 제공하고, 격심한 고통 이후에 발생할 수도 있는 심각한 심리적 붕괴 현상의 예방에 목표가 있다.

위기개입이론은 스트레스 및 대처이론, 병리적 위기 및 역기능적 결과에 관한 임상조사 등의 영향을 많이 받으면서 형성되었다. 건강 및 인간서비스 영역에 종사하던 실무자들은 위기를 아예 발생하지 못하도록 예방하고, 심리적 병리나 가족해체 등을 미연에 방지하는 개입을 개발함으로써 이 이론의 지식을 형성하는 데 기반을 이루었다.

위기이론 발전의 중요한 계기가 된 것은 1942년 493명의 목숨을 앗아간 미국 보스턴 코코넛 그로브 나이트클럽의 대화재 사건이었다. 이 사건 이후 1944년 정신의학자였던 Lindemann은 생존자들의 심리적 증상에 대한 비탄과정을 이론화하였다. 1946년 Lindemann과 Caplan이 함께 보스턴 지역의 정신건강을 위한 지역사회 프로그램인 Wellesley 인간관계 봉사기관을 설립하게 되는 결과를 가져왔다. 정신의학자였던 Caplan은 위기를 개인들에게 있어 매우 독특한 기회라고 보았으며 이를 통해 개인들은 더 나은 혹은 더 못한 정서적 균형을 이룩할 수 있음을 강조하였고, 지역사회를 기반으로 하는 예방 차원의 위기개입서비스를 주창하는 선도자가 되게 하였다. Jacobson과 그의 동료들(1965)도 Benjamin Rush 생활문제 연구소를 개설했다.

Erikson(1980)의 발달에 관한 이론에 의하면, 사춘기를 자아동요로 인한 갈등이 증대하는 정신적 성숙단계로 보고 성숙위기, 상황적 위기, 환경적 위기에 대한 연구의 기초를 제공하였다. 그는 인간은 전 인생에서의 위기들을 맞이하게 되며, 이들을 해결하는 정도에 따라 개인의 성장이 결정된다고 하여 심리학적 위기론의 근거를 마련하였다.

사회복지학자였던 Parad는 문제해결접근법을 위기개입에 적용하는 데 주력함으로써 1960년대와 1970년대 동안 여러 전문적 영역 중에서도 특히 사회복지실천에서 위기이론 및 개입의 급속한 성장을 가져오게 했다. 한편, 가족위기에 관한 연구는 전쟁으로 인한 가족의 이별과 재회에 관한 측면을 이론화했던 Hill(1958)의 연구를 기반으로 이루어졌다. Hill의 연구 이후 역기능적 가족행동 및 가족해체를 설명하려는 시도를 포함한 가족의 스트레스 반응에 관한 많은 연구가 뒤따랐다.

위기이론은 스트레스에 대한 생리적 반응의 연구에서 많은 영향을 받았다. 변화로 인한 유기체의 불균형 상태에서 항상성을 되찾으려는 분투가 일어나며, 경보단계와 저항단계를 거쳐 더 이상 위협을 감당할 수 없을 때 고갈상태가 발생하며, 이것은 종국적으로 질병을 유발한다(Ell, 1996). Lazarus(1966)는 스트레스 반응상의 생리적 요인으로부터 심리적 요인으로 강조점을 전환시켰는데, 그는 스트레스 반응에서의 잠재적 중재요인에 초점을 두었다.

사회복지사들에게 있어 위기개입서비스의 제공은 일상적 업무라고 할 수 있다. 그들은 지역사회 내 위기개입에 있어서 괄목할 만한 성과를 보았다. 주로 지역사회 정신보건프로그램, 자살방지센터, 가족서비스센터, 의료체계 등에 있던 사회복지사들에 의해 위기개입의 초기 발달이 이루어졌다. 최근 들어 아동복지체계, 학교체계, 강간치료센터, 가정폭력센터, 재난구조체계 등의 다양한 현장에서 위기개입의 활용 영역이 폭넓게 자리잡고 있다.

2. 기본 가정 및 주요 개념

1) 기본 가정

위기이론은 다음의 기본적 가정을 기초로 하고 있다(김기태, 2007).

- 개인은 일상생활에서 내적 · 외적 스트레스가 심하고 균형상태가 파괴되는 기간이 있다. 이러한 상황은 일반적으로 위험한 사건에 의하여 유발된다.
- 비록 위기상황이 질병이 아니고, 병리적 경험도 아니며, 개인의 현재 생활상황을 처리하기 위한 현실적 노력을 반영하는 것이지만, 그것은 인생 초기의 미해결된 혹은 부분적으로 해결된 갈등과 연결될 수도 있다. 이러한 상황에서 위기는 두 가지 기회를 제공할 수 있다. 즉, 현재의 문제를 해결하고 이전의 문제를 조정하는 기회를 제공한다.
- 위기상황의 시작과 마지막 해결 간의 전체 시간의 길이는 위험한 사건의 심각성, 개인의 특정한 반응, 성취되어야 하는 과업의 본질과 복잡성 그리고 가능한 상황적 지지 등에 따라 다르다. 그러나 실제적인 심한 불균형 상태는 일반적으로 4주에서 6주까지 지속된다.
- 위기상황을 해결하는 동안에 개인은 도움에 대해 특히 순응적이다. 습관적인 방어기제가 약화되고, 일상적 대처유형이 부적절하게 되며, 자아는 외부의 영향과 변화에 대하여 더욱 개방적이다. 따라서 최소한의 노력으로 최대한의 효과를 거둘 수 있다.
- 위기개입상담자의 역할은 수동적 혹은 중립적이라기보다는 적극적이다.
- 재통합 단계 동안에 장차 다른 상황에서 더욱 효과적으로 대처할 수 있는 새로운 자아장치가 출현할 수도 있고 새로운 순응양식이 전개될 수도 있다.
- 위기개입은 그 대상이 개인이든 가족이든 무의식적 · 정신내면적 갈등해결에

역점을 두지 않는다.

- 회복된 평형상태는 위기 이전의 평형상태보다 더 좋을 수도 있고 혹은 같거나 나쁠 수도 있다.

위기개입의 실천상의 주요 원칙들은 사건, 대상, 방법, 전달체계 등의 다양성에도 불구하고 다음의 원칙들이 공통적으로 포함된다(김기태 외, 2007).

- 신속한 개입도움은 가능한 한 신속하게 제공되어야 한다.
- 행동: 사회복지사의 역할은 적극적이며 주로 행동에 초점을 둔다.
- 제한된 목표개입은 시간 제한적이며 증상의 완화가 일차적 목표다.
- 희망과 기대: 위기에 처해 절망감에 빠져 있는 클라이언트에게 희망을 고취시켜 주는 것은 매우 중요하다. 이는 주로 사회복지사의 태도에 의해 성취된다.
- 지지: 실용적인 정보와 확실한 심리적 지지를 보내야 하며, 더불어 사회적 지지가 동원되기도 한다.
- 초점적 문제해결: 문제파악과 해결에 초점을 두면서 클라이언트가 조종할 수 있을 만큼 현실에 직면하도록 돕는다.
- 건전한 자기상 확립: 클라이언트는 실패자로서의 자기상(self-image)을 갖기 쉽다. 클라이언트와 신뢰관계를 조성하며 클라이언트의 방어를 줄이고 에너지를 동원시킴으로써 자기상을 보호한다. 이와 함께 현실 테스트와 경험의 직면에 대한 인지적 사안을 다루면서 건전한 자기상을 확립시키도록 원조한다.
- 자립: 사회복지사는 상황을 사정하고 개입을 계획함에 있어 클라이언트가 함께 참여할 기회를 제공한다. 그리고 감정, 증상, 걱정거리 등에 대한 표현을 격려하고 자신감 회복을 위해 효과적 대처를 할 수 있도록 가능한 한 빨리 지원한다.

2) 위기개입모델의 특징

위기개입모델의 특징은 Karen & Grafton(1993)이 정리한 것을 토대로 하여 다음과 같이 요약할 수 있다.

- 현재 상태에 중점을 두며, 생활문제에 초점을 맞춘다. 따라서 정신병리적인 문제나 무의식적 · 정신 내적 갈등해결에는 역점을 두지 않는다. 위기개입의 제일 목표가 클라이언트가 최소한 위기 이전의 기능 수준으로 회복하도록 돕는 데 있으므로 현재의 위기상황과 관련된 구체적인 문제에 일차적인 초점을 두어야 한다.
- 위기개입은 상대적으로 단기적 접근이다. 위기상황의 시작과 마지막 해결까지 시간적 길이는 위험한 사건의 심각성, 개인의 특정한 반응, 성취되어야 하는 과업의 본질과 복잡성 그리고 가능한 지지와 자원 등에 따라 다르지만 일반적으로 4주에서 6주 정도다. 더구나 핫라인과 같은 위기개입서비스는 개입의 기회가 더욱 단기적일 수밖에 없다.
- 구체적이고 관찰이 가능한 문제들이 위기개입의 표적이다. 위기개입은 위기와 그 위기에 대한 클라이언트의 문제양상에 초점을 둔다. 즉각적으로 현재의 위기를 해결하는 것이 중요하기 때문에 그것과 관련이 없는 과거로 인해 시간을 낭비하는 것은 불필요하다.
- 사람은 위기에 몰렸을 때 적응을 하든, 못하든 대처하려는 잠재력을 가지고 있다고 가정한다. 위기개입은 긴장된 사건, 성숙 위기들, 긴급한 상황에 대한 개입이기 때문이다.
- 시기적절한 개입은 위기 기간 동안 사람들의 방어를 낮추고 치료적 개입에 대한 수용성을 높여 준다. 따라서 최소한의 노력으로 최대한의 효과를 거둘 수 있다.
- 환경은 특성을 변화시키거나 개인의 대처양식을 변화시킴으로써 균형상태를 회복할 수 있다.
- 위기개입을 할 때에는 가장 적절한 치료전략을 수립해야 하며, 단순히 차선책

으로 접근해서는 안 된다. 위기란 본질적으로 심각하기 때문에, 가장 적절한 해결을 모색하는 것 자체가 개입의 최우선순위가 되어야 한다. 클라이언트가 가지고 있는 다른 문제에 대해서는 위기개입을 하고 난 후에 다룰 수 있다.

- 위기개입모델은 위기로 인해 도움이 필요한 클라이언트에 대한 집중적 · 구체적 · 즉각적인 개입의 중요성을 강조한다. 문제해결과정에서 클라이언트가 참여하는 것이 중요하나 위기상황에서는 클라이언트나 가족이 당황하여 대안을 찾아내기 어려운 상태에 있으므로, 사회복지사가 해결의 대안을 제시하고 이끌어 갈 필요가 있다. 따라서 다른 어떤 실천접근에서보다 사회사업가의 개입에 있어 보다 적극적이고 직접적인 역할을 수행해야 한다.

3) 주요 개념

(1) 위기

위기란 개인의 일상적이고 안정적인 상태에서의 급격한 정서적 동요로서, 주로 사용해 오던 문제해결 및 대처 능력이 더 이상 작동되지 않는 특징을 지닌다. 따라서 위기개입이란 위기로 인한 불균형 상태를 회복하기 위하여 일정한 원조수단을 개인, 가족, 집단 그리고 지역사회 등에 적용하는 과정을 말한다(김기태 외, 2007).

위기 유형은 대체로 발달과정상의 위기와 상황적 위기로 구분된다. 결혼, 자녀 출산, 은퇴 등의 사건은 전자에 포함되며 폭력에의 노출, 실업, 재해, 이혼, 교통사고 등은 후자에 포함된다. 모든 사람은 일상생활에서 빈번하게 스트레스적 사건에 뒤따르는 위기에 노출되지만 그러한 사건에 대한 개인의 반응은 사건의 성격, 그것이 주는 의미, 개인적 및 환경적 자원의 적절성에 대한 인식 등에 따라 다양하게 나타난다. 그러나 모든 위기에 있어 공통적인 사항은 위기(危機)라는 한자에서도 알 수 있듯이 위험과 기회의 공존하는 측면을 간과해서는 안 된다. 위기가 발생하여 개인의 심리 · 정서 · 사회적 제 측면들에서 불균형을 초래하였더라도 성공적 위기해결은 자긍심을 향상시키고 대처기술을 넓히는 기회를 제공한다.

(2) 위기대비계획

위기대비계획(anticipatory planning)은 클라이언트가 위기를 통해 배웠던 대처행동을 명확하고 구체적으로 이해함으로써 미래의 위기상황에서 대처해 갈 수 있도록 하는 것을 의미한다.

(3) 스트레스와 대처

어떠한 사건에 대한 스트레스 반응은 개개인의 잠재적 요인에 따라 다양하게 나타날 수 있다. 개인은 사건의 의미, 사건으로 인한 위협이나 도전 그리고 활용할 수 있는 자원 등에 대하여 인지적으로 평가할 수 있으며, 이로 인해 개인은 인생 사건에 직면했을 때 더 이상 수동적이지 않고 능동적으로 대응할 수 있는 대처 능력이 있다(Lazarus, 1966).

4) 정신분석 및 단기심리치료와의 차이점

위기개입은 치료목표, 치료의 초점, 치료자의 주요 활동, 징후 그리고 평균적 치료기간 등에서 정신분석 및 단기심리치료와는 구분되는 독자성을 지닌 방법론이다. 이들 간의 차이점은 다음 〈표 11-1〉과 같다.

〈표 11-1〉 **정신분석, 단기심리치료, 위기개입의 비교**

구 분	정신분석	단기심리치료	위기개입
치료의 목표	성격의 재구조화	구체적 증상 제거	위기의 해결
치료의 초점	1. 과거 2. 무의식	1. 현재 상황과 관련된 과거 2. 무의식의 억제	1. 현재 2. 위기이전 기능 수준의 회복
치료자 주요 활동	1. 탐색적 2. 수동적 관찰자 3. 비지시적	1. 지지적 2. 참여 관찰자 3. 간접적(indirect)	1. 지지적 2. 적극적 참여자 3. 직접적(direct)
징후들	신경증적 성격양상들	급성으로 와해된 정서적 고통 및 심각한 상황들	인생 상황에 대처하는 능력의 급작스러운 상실
평균치료기간	무한정	1~20회	1~6회

*출처: Aguilera(1998); 김기태 외(2007) 재구성

3. 위기개입모델의 개입과정

위기상황의 치료모델에서 Golan은 위기개입 단계를 초기단계, 중기단계, 종결단계로 분류하였다. 초기단계에서는 관계 형성, 위기의 실재 여부, 현재 위기상황 파악, 사회복지사와 클라이언트가 수행할 계약의 수립이 이루어진다. 중기단계에서는 현재 상황에서 구체적인 문제해결을 위해 계획된 과업의 확인과 실행, 부적절한 과업의 수정, 새로운 대처방안의 습득이 이루어지는 본격적인 개입실행의 단계다. 종결단계에서는 시작부터 현재까지의 개입상황을 자세히 검토하면서 종결과업 수행이 이루어지는데, 이 단계에서 중요한 것은 새로운 자원과의 결속 강화, 개발된 대처 유형과 성취의 확인, 사후계획 등이다.

McGee는 위기개입을 4단계인 개시단계, 케이스의 취급, 케이스의 종결, 사후처리로 나누었다. 그는 개시단계에서는 관계 형성, 사정, 행동계획의 개발을, 케이스 취급단계에서는 행동계획의 실행으로 신속한 처리를 중시하였다. 케이스의 종결단계에서는 종결 또는 의뢰가 이루어지고, 사후처리단계에서는 클라이언트의 기능 정도와 개입의 효과확인이 이루어진다(서진환 외 역, 2001).

Aguilera(1998)는 사정단계, 치료개입의 계획단계, 개입단계, 위기의 해결 및 향후 계획단계 등의 4단계의 위기개입 과정을 제시하였다. 그 내용을 구체적으로 살펴보면 다음과 같다.

① 사정단계

사회복지사는 사건 및 위기에 대한 정확한 사정을 위해 초점화 기술을 적극적으로 사용한다. 사정단계에서의 과제는 당면문제에 초점을 맞추는 데 있다. 질문 중 하나는 '왜 오늘 도움을 찾아왔는가?' 하는 질문이다. 오늘이라는 시점이 중요하다. 위기개입에서 반드시 고려해야 할 특수한 영역인 자살 또는 타살의 위험에 대한 부분이다. 잠재적인 위험성이 있다고 판단되면 정신과의사에게 의뢰하여야 한다.

② 치료개입의 계획단계

최소한 위기 이전의 균형상태로의 회복을 목표로 치료가 계획된다. 위기발생이 개인의 생활 및 환경에 미친 파괴 정도를 파악하고 개인이 가진 강점, 과거에 성공적으로 사용되었던 대처기술, 지지를 줄 수 있는 타인 등에 관한 정보를 구한다.

③ 개입단계

사회복지사는 클라이언트가 현재의 위기와 선행사건을 어떻게 인식하고 있는가를 고려해야 한다. 상황적 사건과 클라이언트가 경험하는 극도의 괴로움 간에 관련성 여부를 파악하고 클라이언트가 자신의 위기에 대한 현재 느낌을 깨닫도록 인지적 이해를 돕는다. 이와 더불어 치료자는 과거에 클라이언트에게 어떤 대처방식이 성공적으로 사용되었는지, 지금의 위기에도 적용가능한지 탐색함으로써 위기의 대처기제를 탐색한다.

④ 위기의 해결 및 향후 계획단계

긴장과 불안을 감소시키는 데 성공적이었던 클라이언트의 적응적 대처기제를 강화시킨다. 이 단계에서 사회복지사의 과제는 클라이언트가 위기를 겪어오는 동안에 배웠던 것을 통해 미래의 다른 위기에 대처할 수 있도록 위기대비계획(anticipatory planning)을 돕는다.

4. 위기개입모델의 개입기법

1) 지지적 기술

지지적 기술은 클라이언트가 직면하고 있는 위기가 클라이언트 자신이 생각만큼 위험하지 않다는 사회복지사의 확신을 표현하고, 클라이언트를 도우려는 사회복지사의 의지를 전달함으로써 클라이언트의 자신감과 자존심의 결여 및 불안감 등을 감소시켜 준다. 여기에는 다양한 기술을 적용할 수 있다.

- 경청과 수용: 사회복지사의 주의 깊은 경청은 클라이언트에게 관심을 표현하는 가장 기본적인 방법이다. 클라이언트는 사회복지사에 의해 수용되고 관심을 받을 때 지지받는 느낌을 갖게 되어 억제된 감정이나 사고를 표현할 용기가 생기게 된다.
- 재보증: 클라이언트는 도움을 받을 수 있고, 겪고 있는 위기상태가 절망적이 아니며, 위험적 상황을 성공적으로 조종하고 해결할 수 있을 뿐 아니라 자신이 인식하고 있는 것보다 더 많은 능력이나 힘을 가지고 있다는 것을 사회복지사가 클라이언트에게 전달하는 방법이다. 자아가 약화되거나 장애가 심한 사람에게는 재보증(reassurance)과 같은 지지적 기술을 사용하거나 환경조정을 통하여 불안을 감소시킨다.
- 격려: 클라이언트가 의식적으로 감추어져 있거나 표현할 수 없었던 감정표현을 격려받음으로써 희망을 갖게 한다.
- 관심의 구체적인 표현: 지지에 대한 클라이언트의 욕구가 강하고 불신이나 불안이 심하므로 클라이언트를 도우려는 사회복지사의 관심과 욕구를 표시하기 위하여 말보다는 구체적인 서비스가 필요하다.
- 언어적 지지: '음' '예' '당연합니다' '그렇지요' 등의 표현을 함으로써 지지를 전달한다.
- 이차적 지지: 사회복지사의 관심과 끊임없는 주의를 클라이언트에게 전달하는 부차적인 효과를 갖는다.

2) 지시적 기술

지시적 기술은 클라이언트의 행동을 촉진시키기 위해서 사용되는 기술이다. 예를 들어, 고용주와 유익한 관계를 맺도록 제안이나 조언을 하거나, 의사의 자문이나 의학적인 충고를 따르도록 하거나, 어떤 특정한 방법으로 어린이를 다루게 하는 것 등과 같은 방법이 포함된다.

3) 환기법

환기란 클라이언트가 내면에 가지고 있는 감정을 표현함으로써 발산하도록 돕는 것이다. 말하는 것이 클라이언트에게 안도감을 주거나 감정을 경감시키는 것이 아니라, 그 감정에 더욱 깊이 몰두하게 하는 경우도 있고 정서의 한 측면의 표현은 다른 측면을 감추게 하는 것이 될 수도 있다.

4) 명료화

명료화란 클라이언트의 현실지각을 증진시키는 활동을 말한다. Hollis는 명료화의 기술로서 세 가지 반성적 토의기술을 제시하였다. 그는 현재의 클라이언트 개인상황에 대한 반성적 토의, 클라이언트 행동의 심리적 유형과 역동성에 대한 반성적 토의, 현재행동과 관련된다고 생각되는 클라이언트의 과거의 요인에 대한 반성적 토의 등을 명료화 범주에 포함시켰다. 즉, 클라이언트의 상황과 심리와 그 사이의 관계를 명료화하여 클라이언트가 위기에 대하여 분명하게 인식하게 된다.

5) 환경조정

Hamilton(1951)은 환경조정이란 클라이언트의 긴장과 압력을 감소시키기 위하여 사회적 상황을 교정하거나 개선하는 것이라고 하였다. 환경조정은 클라이언트를 유해한 환경으로부터 옮기거나 환경의 본질을 변화시키는 것을 의미한다. 사회복지사는 클라이언트가 환경조정을 할 수 있는 가능성을 탐구해 볼 수 있도록 격려한다. 즉, 직업전환, 이사, 학교에 가는 것 또는 그들의 사회적 · 물리적 환경에서 변화를 시도하도록 한다. 또 이와 더불어 클라이언트가 지지적 관계의 대인관계망을 발전시키도록 돕는다. Jacobson과 그의 동료들에 의해 위기개입과 관련하여 특별히 개발된 것으로 항상 지지적인 경청방식을 이용하는 환경조정기술도 포함된다.

예상문제

1. 다음 사례에 적용한 개입모델은?

> 성폭력 피해아동의 어머니 A씨는 아동의 치료와 법률지원 과정에서 사회적 편견으로 심적 고통을 받고 있으며 서비스 제공자를 불신하여 거부하고 있다. 이에 사회복지사는 어머니 A씨가 절망감에 아동의 안전을 위협하는 선택을 할 가능성을 고려하여 24시간 이내 안전 확보를 위한 지지체계를 구성하였다.

① 해결중심모델 ② 심리사회적 모델 ③ 위기개입모델
④ 임파워먼트모델 ⑤ 과제중심모델

정답: ③
해설: 성폭력 피해로 인한 위기에서 사회복지사가 개입한 사례다.

2. 다음 사례에 대한 위기개입방법으로 옳지 않은 것은?

> A씨는 자녀의 취업으로 수급 자격을 잃게 되었다. 수급탈락 이후 미래에 대한 불안으로 자살 충동을 보이고 있다. 탈락원인은 담당 사회복지사가 자녀의 취업 상황을 동사무소에 보고했기 때문이라고 생각하고 일체의 접촉을 거부하고 있다.

① 수급탈락으로 인한 이익과 불이익을 객관적으로 이해할 수 있도록 돕는다.
② A씨에게 수급탈락이라는 촉발사건의 의미가 무엇인지 확인한다.
③ 자살 충동을 막고 안전을 확보한다.
④ A씨의 의존적 성격의 원인을 분석한다.
⑤ A씨 가구의 실제 수입 변화를 확인한다.

정답: ④
해설: 위기개입모델에서는 성격적 결함에 초점을 두지 않는다.

3. 위기개입모델의 이론가들로 묶인 것은?

① Lindemann, Caplan

② Pincus, Perlman

③ Pavlove, Thorndike

④ Rank, Pincus

⑤ Hamilton, Waston

정답: ①

해설: 위기개입모델의 이론가들로는 Lindemann, Hill, Caplan, Lazarus, Jacobson, Parad 등이 있다.

12

임파워먼트모델

1. 이론적 배경

사회복지실천에서 임파워먼트모델(empowerment model)은 역사적으로 볼 때, 미국 시카고학파를 이끈 Addams의 인보관 운동, 19세기 미국 흑인 여성들과 소수민족집단의 사회개혁, 초기 집단사회사업실천, 급진주의적 정신의료사회사업가였던 Reynolds의 활동 등을 꼽을 수 있다(Turner, 1996).

Addams의 사회적 평등, 사회정의, 다양한 문화에 대한 수용 등의 진보주의적 세계관 등은 사회복지에서의 임파워먼트 실천방식을 이루어 내기에 충분했다. 이와 함께 미국의 흑인들은 뚜렷한 분리정책이 행해지던 19세기 당시, 그들만의 원조체제를 개발할 수밖에 없었다. 흑인 여성 행동가들은 정치적 성향의 집회를 주최하며 사회개혁을 추진하였고, 이러한 노력들은 인보관 운동과 더불어 사회행동의 전기를 마련하는 역할을 하였다.

대공황의 영향으로 미국의 사회복지체계는 커다란 전환점을 맞게 되었다. 이러한 가운데 Reynolds는 근로계층과 억압받는 집단들을 위한 옹호자로서 사회정의의 구현 및 시민권의 확립에 많은 관심을 두었다. 사회복지실천에서 의료모델의 사용을 반대했던 것으로도 유명했던 그녀는 환경적 변화를 일으키고 클라이언트의 강점을 최대한 살리는 데 초점을 두었다(Cooper & Lesser, 2002). 이외에도 정치학, 심리학, 사회학, 경제학, 해방신학 등도 임파워먼트 이론의 통합에 기여하고 있다.

임파워먼트의 사전적 의미는 힘이나 권위를 주는 것, 능력을 주는 것, 가능하게 하는 것, 허용하는 것 등으로 풀이된다. 임파워먼트모델에서는 임파워먼트를 힘이나 자기결정을 구하는 사람들 스스로에 의해서만 개시되고 유지되는 반성적 활동(reflective activity)으로 규정하고 타인들은 이러한 과정을 단지 도와줄 수 있는 존재로서만 간주하고 있다(Lee, 1996).

임파워먼트 접근법은 개인이 지니는 고통을 사회경제적 지위, 성역할, 연령, 성정체성, 육체 혹은 정신적 기능 등의 차별성에 근거한 외부적 억압에서 비롯되는 것으로 이해하며, 이러한 차별성으로 인한 장벽에 개인이 직면하도록 하는 데 원조의 초점을 둔다. 이러한 점에서 이 접근법은 개인의 잠재력 발현과 관련한 개인의 변화와 함께 정치 · 사회적 측면에서 변화를 추구하는 이중 초점적 특징을 지닌다. 이러한 임파워먼트모델에서는 세 가지 차원으로 접근하는데, 첫째, 자신에 대한 긍정적이고 잠재적인 이해의 개발, 둘째, 자신을 둘러싼 환경의 정치 · 사회적 현실에 대한 비판적 이해를 위한 지식과 능력의 구축, 셋째, 개인적 · 사회적 목표, 즉 해방을 성취하기 위한 자원과 전략과 같은 좀 더 기능적인 능력의 축적 등이 포함된다.

임파워먼트모델의 이론적 기반은 생태체계 관점과 강점 시각이다. 임파워먼트모델은 1970년대 이후 사회복지에서 일반체계이론과 생태학이론을 활용하게 되면서 나타난 강점 중심의 실천모델이라고 할 수 있다.

1) 생태계적 관점

Germain의 생태계적 관점은 인간과 환경이 어떻게 서로 영향을 주고받는지 준거틀을 제공하였다. 생태계적 관점은 모든 생명체와 무생물체계의 상호 의존성 및 관계의 상호 교류적 본질을 이해하도록 함으로써 개인과 개인을 둘러싼 사회구조 간의 연결을 가능하도록 도왔다(Lee, 1996). 즉, 개인과 환경 간의 조화가 이루어질 때 개인은 힘의 근간이 되는 잠재력을 발전시킬 수 있으나, 빈곤하고 사회적 억압을 받는 사람들은 이러한 조화를 이룰 기회를 거의 가지지 못하면서 잠재력 또한 억눌리게 된다. 이처럼 환경적 맥락에서 클라이언트 체계를 조망하게 해 주며 사정과 계획 단계에 매우 유용하다.

- 인간에 대한 관점: 인간에 대한 낙관론적인 시각을 갖는다. 인간과 환경이 지속적인 상호작용을 하면서 영향을 미치며, 상호 적응하는 호혜적 관계를 유지한다.
- 행동과 부적응에 대한 관점: 인간과 환경이 상호이익을 달성하는 균형점을 찾고 거기에서 동기가 유발되어 '행동' 이라는 실체로 구체화된다. 문제는 환경의 자원 유무와 관련이 있어서 자원을 조정하면 변화 가능한 것으로 간주하고, 부적응에 대해 낙인찍거나 비난하지 않는다.
- 변화에 대한 관점: 클라이언트의 강점을 강조하고 사회복지사와 파트너십을 형성함으로써 개인과 환경의 상호작용에 개입해서 변화 가능성을 확대하고자 하며, 변화에 개방적이다.
- 사회체계에 대한 이해: 다양한 체계 수준은 위계질서가 존재하며 경계가 있고, 자율성을 가지고 다른 체계와 상호작용한다.

2) 강점 관점

임파워먼트모델에서 클라이언트의 문제를 보는 관점은 클라이언트의 강점을 강화하는 것이 클라이언트의 역량을 향상시킬 수 있는 전략으로 본다. 클라이언트를 독특한 존재로 보고 개인의 다양성을 인정하고 존중하면서, 문제에 해결점을 발견하고 강점을 강화하는 데 초점을 둔다.

〈표 12-1〉 **병리 중심과 강점 중심 비교**

병리 중심	강점 중심
진단에 따라 증상이 있는 개인으로 본다.	개인은 독특한 존재로, 강점과 기질, 재능, 자원이 있는 존재다.
치료의 초점은 문제다.	치료의 초점은 가능성이다.
클라이언트가 말한 진술은 전문가에 따라 재해석된다.	클라이언트가 말한 진술은 그 사람에 대해 알아가는 중요한 방법 중 하나다.
사회복지사는 클라이언트 진술에 회의적이다.	사회복지사는 클라이언트 진술을 인정한다.
어린 시절의 상처는 성인기 병리를 예측할 수 있는 전조다.	어린 시절의 상처는 개인을 약하게 또는 강하게 할 수 있다.
치료 핵심은 전문가가 세운 치료계획이다.	치료 핵심은 개인, 가족, 지역사회의 참여다.
사회복지사는 클라이언트 삶의 전문가다.	개인, 가족, 지역사회가 클라이언트 삶의 전문가다.
개인의 발전은 병리로 제한된다.	개인의 발전은 항상 개방되어 있다.
변화 자원은 전문가의 지식과 기술이다.	변화 자원은 개인, 가족, 지역사회의 장점, 능력, 적응기술이다.
원조목적은 행동, 감정, 사고, 관계에서 부정적인 결과와 증상의 영향을 감소시킨다.	원조 목적은 그 사람의 삶의 질을 제고한다.

2. 기본 가정 및 주요 개념

1) 기본 가정

임파워먼트 접근에서는 첫째, 억압이 구조적 차원에서 일어나는 현상이며 개인과 지역사회에 매우 광범위한 영향을 미친다는 점을 기본 가정으로 하고 있다. 둘째, 모든 개인은 현안 문제를 해결할 수 있는 충분한 능력을 가지고 있으며, 제도화된 억압과 그것을 유지하는 사회구조를 분석할 뿐만 아니라 스스로에게 미치는 영향에 대해서도 인지할 수 있다고 본다. 그러므로 이러한 개인이 억압하는 원천에 도전하기 위해 자신의 내부적 자원을 동원 · 강화시키며 가족, 집단, 지역사회 안에서도 협동적으로 활동할 수 있는 능력을 지니는 것은 당연하다.

Miley와 DuBois(1999)는 사회복지실천 패러다임으로서 임파워먼트에 대한 가정을 제시하였다.

(1) 인간에 대한 가정

- 모든 인간은 수용과 존경을 받아야 한다.
- 클라이언트들은 자신의 상황을 가장 잘 안다.
- 모든 인간행동은 맥락 안에서 타당성을 지닌다.
- 도전은 클라이언트 내부적 원인으로 인해 생기는 것이 아니라 인간체계와 물리적 · 사회적 환경 간의 교류로부터 생겨난다.
- 강점이란 매우 다양한 것으로서 개인의 존중감, 문화적 자부심, 지역사회 내에서의 성공적 관계 형성 및 상호 의존성 등을 모두 포함한다.

(2) 변화에 대한 가정

- 변화는 가능한 것일 뿐만 아니라 필연적인 것이다.
- 생태체계 일부분에서의 작은 변화도 전체에게 유익한 변화의 시작일 수 있다.
- 변화를 견뎌내는 것은 강점을 형성한다.
- 강점 및 성장 잠재성은 모든 인간체계를 특징짓는다.
- 기회를 부여받음으로써 인간체계는 능력을 고양시킨다.
- 협력관계는 힘의 느낌을 자극하면서 이를 행동으로 옮기도록 이끈다.
- 문화적 차이는 폭넓은 관점과 부차적 대안, 종합적 해결의 가능성 등을 제공하는 자원이 된다.
- 클라이언트는 자신을 변화에 영향을 미칠 수 있는 주체로 인식해야 한다.

(3) 임파워먼트에 대한 가정

- 임파워먼트는 클라이언트와 실천가가 동반자로서 함께 임하는 협력과정이다.
- 클라이언트 체계를 유능하며 자원과 기회로의 접근이 허용된 존재로 본다.
- 능력은 어느 누가 무엇을 하라고 지시하는 상황 속에서가 아니라 인생경험, 그중에서 특히 유효성을 확인하게 한 경험을 통해 획득되거나 다듬어진다.
- 비공식적 사회관계망은 스트레스를 조정하고 통제감과 능력을 증대시키는 데 필요한 지지의 중요 출처다.
- 사람은 자신의 임파워먼트 과정에 참여해야 하는데, 목적이나 수단 그리고 결

과에 대해서도 스스로 규정지어야 한다.

- 인식(awareness) 수준은 임파워먼트에서의 핵심적 사안이며 변화가 일어나는 데는 정보가 필요하다.
- 자원을 효과적으로 사용할 수 있는 능력으로의 접근을 시도한다.
- 어떤 상황이라도 복합적 요인이 관련되어 있으므로 효과적 해결을 모색함에 있어 다양한 접근을 해야 한다.
- 임파워먼트 과정은 역동적이고, 항상 변화하며, 계속 발전한다.
- 개인적 발달과 사회경제적 발달의 구조가 평행선을 이룰 때 임파워먼트는 성취된다.

2) 주요 원칙

임파워먼트모델의 실천원칙을 다음의 세 가지로 제시할 수 있다(서진환 외 역, 2001).

① **맥락화**(contextualization) **원칙**

사회복지사의 전제나 방침보다는 자신의 '사회적 존재성'에 대한 클라이언트 나름의 이해에 초점을 맞추는 것을 의미하며, 클라이언트의 현실에 기초하여 대화를 열어 나갈 수 있어야 한다는 것을 말한다. 이러한 대화 속에서 클라이언트는 삶에 대한 자신의 느낌과 이해를 표현하고, 상세히 설명하며 성찰할 수 있게 된다.

② **임파워먼트**(empowerment) **원칙**

사회복지사는 클라이언트가 자신의 욕구를 충족시킬 수 있는 다양한 가능성들을 파악할 수 있도록 도움을 제공하게 된다. 이러한 노력의 핵심은 클라이언트로 하여금 자신의 삶에 영향을 미치는 결정을 스스로 내릴 수 있게 돕는 데 있다.

③ **집합성**(collectivity) **원칙**

소외감을 줄이고 클라이언트를 대인관계로 연결하는 데 초점을 둔다. 이러한 유형의 사회화 경험은 클라이언트로 하여금 자기 자신의 가치를 보다 강하게 느낄 수 있게 해 준다.

3) 주요 개념

① 임파워먼트

임파워먼트(empowerment)는 클라이언트가 충분하게 자신의 삶에 대한 결정과 행위에 있어 힘을 가질 수 있도록 원조하는 것이다. 클라이언트 자신이 처한 상황을 스스로 개선하기 위한 행동을 취할 수 있도록 개인적 · 대인적 · 정치적 측면에서 힘을 키워 나가는 과정이다. 임파워먼트는 클라이언트가 자신의 욕구, 복지, 만족감을 강화하는 데 환경과 상호작용을 할 수 있는 능력을 재습득하거나 얻도록 하는 것이다.

② 협력과 파트너십

클라이언트를 경험과 역량을 가진 원조과정의 파트너로 본다. 다시 말하면, 클라이언트를 잠재력을 가진 인간으로 그리고 문제해결을 위한 자원으로 인식하여 클라이언트의 참여를 중시하고 변화노력 전 과정에서 클라이언트의 자기결정권을 강조한다. 클라이언트는 변화과정에 능동적으로 참여하는 파트너다.

③ 클라이언트에 대한 '소비자' 시각

사회복지사는 자기결정권 보장에 대한 딜레마에 종종 부딪힌다. 이러한 문제에 대한 해결책이 바로 클라이언트를 소비자로 보는 접근이다. 클라이언트는 기존의 수혜자, 환자, 도움을 받는 사람들이라는 낙인으로부터 소비자라는 개념으로 전환된다. 서비스를 수혜가 아닌 하나의 권리로서 이해하는 것, 클라이언트에게 서비스에 대한 능동적인 선택권을 부여하는 것이다.

④ 역량

역량(competence)은 인간체계의 구성원을 돌보는 기능을 수행할 수 있으며, 다른 체계와 효율적으로 상호작용하고, 사회적 · 물리적 환경의 자원체계에 기여할 수 있는 능력이다. 역량은 개인적 특성, 대인상호관계, 사회적 · 물리적 환경에서 비롯되는데, 이러한 3차원이 잘 기능할수록 각 개인이 환경에 대처할 수 있는 역량은 더욱 향상된다. 임파워먼트모델에 근거한 사회복지사는 개인의 문제를 클라이언트 체계의 결점으로 보기보다는 개인적 역량과 환경적 요구 사이의 불일치로 인하여 발생한다고 본다.

⑤ 강점 관점

강점 관점의 사전적 의미는 어떤 대상이나 사물을 관찰하거나 고찰할 때 그것을 보거나 생각하는 각도다. 사회복지실천에서 말하는 강점 관점의 개념은 모든 인간은 성장하고 변화할 능력을 이미 내면에 가지고 있고, 문제가 생겼을 때 문제를 해결할 능력과 힘을 갖고 있다.

3. 임파워먼트모델의 개입과정

임파워먼트모델은 개인, 가족 그리고 지역사회가 그들의 상황을 개선하는 행동을 수행함으로써 개인, 개인 상호 간 또는 정치적인 힘을 증가시키는 과정을 포함한다. 그러므로 클라이언트는 사회복지사와 변화과정의 동반자로서 협력적 관계를 가지면서 목표나 방향설정에 있어서도 스스로 통제력을 갖게 된다. 이러한 임파워먼트모델의 실천과정은 대화단계, 발견단계, 발전단계로 구성되어 있다 (전재일, 2007).

1) 대화단계

클라이언트와 함께 그들의 현 상황과 목적 및 강점에 대한 지속적인 대화를 통하여, 클라이언트와 실천가 모두가 공헌할 협력적 파트너십으로 정의된다. 대화단계에서는 그들 관계의 목적을 명확히 하고 수용과 존중과 신뢰에 기반한 파트너십

(동반자 관계 형성)을 수립한다. 클라이언트와 실천가 각각의 역할을 규정하고 특정 목적을 위하여 함께 나갈 방향을 설정함으로써 목적의식이 구체화되고 클라이언트의 참여를 동기화한다.

2) 발견단계

발달단계에는 클라이언트와 사회복지사는 해결책을 위한 자원을 체계적으로 수립한다. 이 자원은 클라이언트체계 내부 혹은 외부의 사회, 물리적 환경에 존재할 수 있다. 클라이언트의 도전 상황에 대한 기술을 세심히 경청함으로써, 사회복지사와 클라이언트가 파트너로서 변화계획을 발달시키기 위해 수집된 정보를 조직한다. 이 과정에서 사회복지사는 변화를 위한 자원인 클라이언트의 강점 지향의 사정을 통하여, 자원의 역량을 사정하고 해결방안을 수립한다.

3) 발전단계

발전단계의 주요 과제는 대인관계 및 제도적 사회복지사와 클라이언트는 약속한 계획을 수행하기 위하여 협력한다. 이외에도 발전단계의 주요 과제는 자원의 활성화, 기회의 확대, 동맹관계 창출 성공, 성과의 집대성 등이 있다. 마지막 과정인 성과의 집대성은 클라이언트가 사회복지사와의 노력 끝에 성장하고 발전하고 변화한다는 것을 강조한다.

클라이언트의 독립성과 성공의 지속을 격려하기 위하여 사회복지사는 종결과정을 쉽게 하고 클라이언트에게 지난 과정을 검토하도록 한다. 발전단계에서 실천가와 클라이언트는 대인관계적 자원과 제도적 자원을 활성화하기 위하여 조정하고, 다른 체계와 동맹을 창출하며, 자원개발을 통해 여러 기회를 확대한다. 이러한 접근은 클라이언트의 고유 역량과 환경자원을 강화하게 해 준다. Miley, O'Melia, DuBois(1995)는 generalist 실천에서의 임파워먼트모델의 실천단계를 다음과 같이 정리하였다.

〈표 12-2〉 **임파워먼트모델의 실천단계와 과정 및 활동내용**

<table>
<tr><th>단 계</th><th>과 정</th><th>활동내용</th></tr>
<tr><td rowspan="3">대화단계
(Dialogue Phase)</td><td>파트너십 형성</td><td>• 역량강화의 관계 수립
• 클라이언트의 고유 능력 인식
• 사회복지사와 클라이언트 각각의 독창성 존중</td></tr>
<tr><td>현재 상황의 명확화</td><td>클라이언트가 겪고 있는 도전적 상황 확인, 목적 탐색</td></tr>
<tr><td>방향 설정</td><td>• 관계 형성을 위한 예비 목적 결정
• 클라이언트의 동기 활성화, 적절한 자원 탐색 지도</td></tr>
<tr><td rowspan="3">발견단계
(Discovery Phase)</td><td>강점의 확인</td><td>• 클라이언트의 강점 탐색, 역경의 극복
• 도전적 상황과 문화적 정체성에 대처</td></tr>
<tr><td>자원의 역량 사정</td><td>클라이언트의 다양한 교류관계(환경, 가족과 사회집단, 조직, 지역사회 제도)의 자원 탐색</td></tr>
<tr><td>해결방안 수립</td><td>클라이언트와 환경자원을 활용하고 원하는 목적으로 이끌어 줄 달성 가능한 행동계획 수립</td></tr>
<tr><td rowspan="5">발전단계
(Develop-ment Phase)</td><td>자원 활성화</td><td>자문, 자원 운영과 교육을 통하여 이용 가능한 자원을 가동함으로써 행동계획을 이행한다.</td></tr>
<tr><td>동맹관계 창출</td><td>클라이언트의 본래 원조망과 서비스 전달체계 내부에서 클라이언트 상호 간 역량강화적 동맹관계 수립</td></tr>
<tr><td>기회의 확대</td><td>프로그램 개발과 지역사회 조직, 사회 행동을 통한 새로운 기회와 자원 개발</td></tr>
<tr><td>성공의 확인</td><td>성취를 확인하고 지속되는 행위를 알리기 위한 변화 노력의 성공 평가</td></tr>
<tr><td>성과의 집대성</td><td>성공을 축하하고 긍정적 변화를 정착시키는 방식으로 변화 과정을 종결한다.</td></tr>
</table>

*출처: Miley et al(2001)

4. 임파워먼트모델의 개입기법

Miley와 DuBois(1999)는 임파워먼트모델에서 자원의 활성화, 동맹의 형성, 기회의 확대 등의 세 가지 수행기법을 제시하였다.

1) 자원의 활성화

자원의 활성화란 클라이언트 체계가 개인 차원 및 사회환경 내에서 활용 가능한 자원으로 접근하도록 도모하는 것으로서 자기효율감의 향상, 대인관계상의 능력 배양, 강점의 구축, 변화의 유도, 문화적 자원의 발굴 등과 같은 활동들이 포함된다. 자원들을 조정하고 관리하는 이러한 전략들에 관해 사회복지사는 클라이언트와 함께 협의해야 할 것이다.

2) 동맹의 형성

사회복지사들과 클라이언트들은 임파워먼트 집단에서 힘을 하나로 모으며, 자연적 지지망 안에서 클라이언트의 기능을 향상시키고 서비스 전달망을 조직하게 된다. 이러한 동맹은 정서적 결속과 지지를 가져다주며 힘의 기초를 형성하게 한다. 이를 위한 핵심적 기법으로는 임파워먼트 집단의 형성, 비판적 의식의 개발, 욕구에 응하는 사회적 서비스 전달체계의 구축, 클라이언트-서비스 동맹의 구축, 대인관계상의 힘의 극대화와 같은 내용이 포함된다.

3) 기회의 확대

사회적 구조 안에서 기회의 확대는 사회개혁, 정책개발, 입법적 옹호활동 및 지역사회의 변화노력 등을 통해 이루어질 수 있는데, 이는 공정한 자원의 분배를 보장하고 공명정대한 사회정책을 개발해야 하는 사회복지의 전문적 의무와 직결된다. 여기에는 환경으로부터의 기회와 위험성을 인식, 지역사회 임파워먼트 및 개발에 종사, 사회정의의 쟁취, 정치 · 사회적 힘의 발휘와 같은 내용이 포함된다.

4) 사회복지사의 역할

임파워먼트모델에서는 클라이언트의 무력감을 줄이면서 임파워먼트로 이끄는 사회복지사의 역할에는 다음의 세 가지가 있다(Morales & Sheafor, 2001).

- 자원 자문가(resource consultant): 사회복지사는 클라이언트의 자긍심과 문제

해결 능력을 향상시키는 방식으로 클라이언트와 자원을 연계시키는 역할을 담당한다.

- 민감성 증진 역할(sensitizer role): 클라이언트의 문제를 해결하는 데 필요한 지식을 얻는 데 도움이 되는 모든 역할행동을 사회복지사는 병행해야 한다.
- 교육자/훈련자: 사회적으로 살아가는 동안 겪게 되는 문제의 해결 혹은 과업의 완수를 위한 학습과정을 사회복지사는 관리하는 역할을 하게 된다.

5) 전통적 문제해결 과정과 역량강화 과정의 비교

전통적인 문제해결 과정	역량강화 과정
1. 문제(욕구, 결함, 증상, 병리) 중심	1. 강점(소망, 열망, 재능, 기술, 지식) 중심
2. 문제를 부정적으로 인식	2. 문제를 도전과 기회로 적극적으로 인식
3. 분석적	3. 총체적
4. 전문가적 관점 중심, 질문식 인터뷰	4. 클라이언트 자신의 관점에서 정보 수집, 민속지학적, 대화적, 목적적
5. 초점: 과거와 현재 중심	5. 초점: 지금 여기에 두며 미래 중심
6. 전문가 중심	6. 협력적 동반자 관계 중심
7. 클라이언트를 수동적 수혜자로 인식, 전문가에 의해 통제됨	7. 클라이언트를 적극적 권리 행사자, 소비자, 서비스 이용자로 인식
8. 최종 목적: 문제해결	8. 최종 목적: 삶의 질 향상

예상문제

1. 임파워먼트모델(empowerment model)과 관계 없는 것은?

① 강점의 향상

② 환경자원의 활용

③ 자기결정권의 강조

④ 소외계층에 대한 관심

⑤ 제공자와 수혜자의 관계

정답: ⑤

해설: 임파워먼트모델에서 클라이언트와 사회복지사는 제공자와 수혜자로서의 개념이 아니라 협력관계다.

2. 임파워먼트모델의 개입단계에서 클라이언트가 기대하는 목적을 달성하기 위해 환경적인 자원과 클라이언트를 활용하는 활동계획을 세우는 단계는?

① 강점 확인 ② 파트너십 형성하기

③ 기회 확장 ④ 자원 활성화

⑤ 해결책 구성

정답: ⑤

해설: 해결책 구성단계에서 클라이언트의 목적달성을 위해 활동계획을 세운다.

3. 강점 관점(strength perspective)과 가장 관련이 높은 것은?

① 임파워먼트모델 ② 위기개입모델

③ 심리사회적 모델 ④ 문제중심모델

⑤ 해결중심모델

정답: ①

해설: 임파워먼트모델과 강점 관점은 이론적인 기반이 같다.

13

해결중심모델

1. 이론적 배경

해결중심모델(Solution Focused Model)은 단기치료의 대표적인 개입방법을 제시하고 있다. 특히 클라이언트 지향적인 접근방법으로, 클라이언트를 자신의 문제를 가장 잘 아는 전문가로서 인정함과 동시에 문제해결의 주체로서 전문적 관계의 동반자로 인정한다(엄명용 외, 2005). 해결중심이론은 1960년대와 1970년대의 가족치료이론 중 하나로서 문제보다는 해결을 중시하는 관점에서 발전하게 되었으며, 우리나라에는 1987년 Berg와 De Shazer에 의해 처음 소개되었다. 해결중심모델은 Alto에서 전략적인 치료이론인 MRI(Mental Research Institute)이론을 기초로 발전하였으며 Erikson의 가치, 철학, 기술이나 전략이 중심이 되어 발전하였다. 문제는 어려움을 반복적으로 잘못 다룬 것으로 규정하며, 생각과 행동에 대한 자기 강화 패턴에 초점을 둔다. 문제의 형태와 역기능보다는 상호순환적인 과정과 피드백 고리에 관심의 초점을 두고, 시도되었던 문제해결책에 초점을 둔 상담이론이다.

2. 기본 가정 및 주요 개념

1) 기본 가정

해결중심모델의 기본 가정은 임파워먼트(empowerment)의 개념을 많이 내포하고 있는데, 임파워먼트란 자신의 필요를 획득할 수 있으며, 나아가 타인이나 사회에 영향을 미칠 수 있는 능력을 말한다. 특히 클라이언트의 자기결정권을 존중하며, 클라이언트의 잠재력 향상과 독특성을 인정하며, 강점에 초점을 두고 있다.

Metcalf(1998), O'Connell과 Palmer(2003), Peller와 Walter(1998)는 해결중심모델의 기본 가정을 다음과 같이 제시하고 있다(엄명용 외, 2005).

첫째, 클라이언트는 자신이 무엇을 원하고 있는가, 삶에서 어떤 변화가 일어나기 바라는지를 가장 잘 알고 있는 전문가(expert)다. 클라이언트의 문제해결 능력을 인정하는 것을 중요시한다. 치료의 목적은 클라이언트가 원하는 것이어야 한다.

둘째, 해결중심이론을 활용하는 사회복지사는 클라이언트를 변화시키는 전문가가 아니라 클라이언트의 변화에 도움을 주는 자문가(consultant) 역할을 한다. 클라이언트와 함께 문제의 해결 가능성 및 기회를 파악하고, 탐색하며, 이를 공동의 노력으로 해결하도록 한다.

셋째, 해결중심이론을 기반으로 한 개입과정에서는 문제내용 자체보다는 문제해결 방안과 새로운 행동유형을 시작하는 데 초점을 둔다. 즉, 문제의 원인과 문제의 발전과정에 관심을 두기보다는 해결방안 구축과정에 초점을 둔다.

넷째, 해결중심이론은 클라이언트의 잠재적인 변화 욕구를 인정하고 중요시한다.

다섯째, 사회복지사의 역할은 클라이언트가 문제해결을 위한 열쇠를 사용하도록 돕는 데 있다. 즉, 클라이언트 자신이 이미 알고 있는 문제해결 방안을 생각해내도록 돕는 역할을 한다.

여섯째, 사회복지사와 클라이언트의 관계는 협력적인 동료관계다. 이는 사회복지사가 클라이언트 스스로 문제해결을 하는 데 좀 더 나은 해결방안과 최선의 선택을 위해 함께 노력해야 한다.

2) 해결중심모델의 주요 원칙

정신분석학, 인본주의 등 대부분의 전통적인 사회복지실천에서는 문제해결을 위하여 과거로 되돌아가 문제의 원인을 조사한다. 이러한 방법은 문제의 원인이 무엇인가를 밝히기 위해서 많은 시간이 소요되며, 문제의 원인이 밝혀졌어도 문제는 해결되지 않고 그대로 남는 경우가 많다. 그러나 해결중심적 단기치료에서는 현재의 문제가 무엇이며, 현재의 문제를 지속시키는 것이 무엇인가를 분명하게 밝힘으로써 현재의 문제나 증상을 제거할 수 있다고 본다.

Peller와 Walter(1992)는 『단기치료에서 해결에 초점을 두는 것(*Becoming Solution-Focus in Brief Thrapy*)』에서 가족을 대상으로 한 사회복지실천의 두 가지 초점을 제시하고 있다. ① 무엇이 문제를 계속 유지시키는가? ② 우리는 어떻게 해결책을 세울 것인가? 등이다.

미국 밀워키의 De Shazer는 "클라이언트가 원하는 해결이 무엇인가?"에 초점을 두어 클라이언트를 돕는 치료방법을 개발하였다. 클라이언트가 구체적으로 치료를 통하여 클라이언트가 바라는 또는 기대하는 미래가 어떤 것인가를 분명히 하는 것이 우선이다. 문제가 일어날 때와 일어나지 않을 때가 어떻게 차이가 나는가? 문제가 일어나지 않을 때는 언제인가? 왜 일어나지 않는가? 라는 데 강조를 두어 예외를 증가시키므로 문제를 해결하려고 한다. Berg와 De Shazer와 김인수는 해결중심적인 접근을 위한 여덟 가지의 원칙을 중요시한다(엄명용 외, 2005).

첫째, 병리적인 것 대신에 건강한 것에 초점을 둔다. 클라이언트의 성공경험에 초점을 두며, 치료에 활용한다. 문제가 있다 하여도 해결 가능성이 있는 관점에서 재진술하도록 한다.

둘째, 클라이언트의 강점, 자원, 건강한 특성을 발견하여 치료에 활용한다.

셋째, 탈이론적이고 비규범적이며 클라이언트의 견해를 존중한다. 클라이언트가 표현하는 모든 불평방법을 수용하고, 개별성을 최대한 존중한다.

넷째, 단순하고 가장 솔직한 의미를 추구한다. 해결중심이론은 치료방법의 경제성을 추구하는데, 이는 단순한 것에서부터 복잡한 것으로 치료를 함으로써 성취한다. 복잡한 것은 필요할 때에만 다룬다.

다섯째, 변화는 불가피하다. 해결중심이론은 예외적인 상황을 탐색하고, 문제상황과의 차이점을 발견함으로써 문제가 발생하지 않는 상황을 증가시킨다.

여섯째, 현재와 미래를 지향한다. 클라이언트를 과거와 문제로부터 멀리하고, 미래와 해결방안을 구축하는 데 관심을 집중하도록 한다. 과거에 대한 이해는 현재의 문제를 이해하는 데 도움이 될 경우 매우 제한적으로 시도한다.

일곱째, 클라이언트의 자율적인 협력을 중요시한다. 사회복지사와 클라이언트가 함께 해결방안을 발견하고 구축하는 과정에서의 협력을 중요시한다. 비자발적인 클라이언트에게 협력을 요청하는 것이 어려운 과제로 떠오르게 된다.

여덟째, 해결중심모델은 ① 어떤 것이 기능을 하면, 그것은 고치지 않는다. ② 일단 효과가 있는 것을 알면, 그것을 좀 더 한다. ③ 효과가 없다면, 다시는 같은 방법을 사용하지 않고 다른 방법을 사용하는 등의 철학을 중요시한다.

이와 같은 원칙으로 접근하는 해결중심모델은 다음의 특징을 가지고 있다.

첫째, 철학적 특징을 들 수 있다. 해결중심모델은 잘못된 점을 수정하는 것보다는 바라는 것이 이루어지도록 노력하는 쪽에 초점을 두어 문제를 해결한다. 클라이언트가 바라는 해결점과 문제는 원인을 찾지 않아도 성취가 가능하다고 보는 것이다.

둘째, 해결에 초점을 두어 진행하는 것이다. 문제행동에 관한 예외적 행동을 인식하게 하고 해결에 대한 기대감을 갖게 한다.

셋째, 칭찬을 활용한다는 점이다. 클라이언트에게 바람직하고 효과적인 것은 어떤 것(말, 행동, 생각 등)이든지 칭찬해 준다. 칭찬은 클라이언트 자신을 긍정적으로 보도록 도우며 치료자와 쉽게 협조관계를 맺게 한다.

넷째, 과제를 수행한다는 점이다. 클라이언트가 기존에 사용하던 행동, 감정, 생각 등을 중심으로 과제를 구성하여 클라이언트가 과제를 수행하도록 하는 것이 훨씬 효과적이다.

다섯째, 치료가 과학적이라는 점이다. 독특하고 공식화된 형태의 과제를 제시할 수 있으며, 공식화된 절차와 방법이 있다.

여섯째, 치료기간이 짧고 효과적이라는 점이다. 상담 횟수는 평균 6회이며, 치료 성공률은 약 78%로 보고 있다.

일곱째, 가족치료이지만 모든 가족이 필요하지 않다. 상담에 직접 참여하는 가족은 한 사람만으로도 가능하다. 가족 중 어느 한 사람의 변화는 다른 가족원에게 영향을 줄 수 있다고 가정한다.

3. 치료자와 클라이언트의 관계유형

De Shazer와 Berg는 치료자와 클라이언트 관계를 방문형, 불평형, 고객형으로 범주를 구분하였다. 클라이언트는 이 세 가지 유형 중의 하나에 고정되어 있지 않으며, 면접과정에서 방문객에서 고객으로, 불평자로부터 고객으로 바뀔 수 있다.

1) 방문형

방문형의 특징은 일반적으로 법원, 직업훈련, 보호관찰관, 학교, 가족, 고용주 등의 명령, 즉 타의에 의해 치료자에게 온 상황에서 볼 수 있다. 문제에 대한 책임감이 없거나, 자신의 문제를 인정하지 않는 경향이 있다. 문제해결 동기가 약하고, 가능한 한 치료자와의 관계를 끝내려고 한다.

유용한 접근법은 ① 가능한 한 겸손하게 하고, 성실하고 진실한 태도를 취한다. ② 클라이언트가 항상 상담을 받은 사람들을 볼 수 있도록 한다. ③ 효과가 없는 것보다는 효과가 있는 것을 찾도록 한다. ④ 클라이언트의 의사결정을 존중하고, 자신에게 중요한 것에 관하여 판단할 수 있는 능력을 믿어 준다. ⑤ 타의로 치료소에 온 것은 치료를 의뢰한 사람과 잘 지내기 위한 노력이며, 갈등을 최소화하려는 긍정적인 노력인 것은 인정하고 칭찬한다. 칭찬할 수 있는 것을 찾는다. ⑥ 자신에게 좋아지려고 노력하는 일을 모두 부각시켜 주고 인정해 준다.

2) 불평형

불평형의 특징은 클라이언트가 자신을 위해서가 아니고 다른 사람을 위한 목표를 가지고 있을 때 발생한다. 부모, 배우자, 자녀, 고용주가 문제가 있는 것을 불평하는 것이다. 자신은 희생자라고 생각하고, 자신의 위치와 역할을 변화해야 하는 단계에 있다는 것을 알지 못한다. 문제가 있음을 인식하고 있으나 문제해결 의지는 약하며, 오히려 사회복지사에게 해답을 얻기 원하는 수동적인 클라이언트다. 유용한 접근법은 사회복지사는 이런 클라이언트를 치료를 받아야 할 대상으로 생각하기보다는 치료를 위한 자원으로서 투자해야 할 대상으로 생각해야 한다. 클라이언트에게 과거와는 다른 방법으로 할 것을 격려한다.

3) 고객형

고객형의 클라이언트는 문제를 해결하기 위하여 어떠한 것이든 시도하려는 의지가 있는 상태를 의미한다. 문제를 시인하고, 문제해결을 위해 도움을 요청하며, 변화를 위해 무엇인가를 할 준비가 된 것을 언어적이든 비언어적이든 표현을 한다. 매우 긍정적이고 협력적인 치료관계로 쉽게 발전할 수 있다. 문제는 실제로 고객형 클라이언트의 비율은 상대적으로 낮다. 고객형 클라이언트가 된다는 것은 단계적인 과정이 필요하다.

4. 해결중심모델의 개입과정

1) 개입목적

해결중심모델의 개입목적은 클라이언트로 하여금 불평거리에 대한 예외적 행동이나 해결방법에 가능한 빨리 초점을 맞춤으로써 불평에 대한 클라이언트의 개념을 재조정하고, 클라이언트가 이야기한 상황에 관하여 문제가 되는 것과 전체 상황을 재구성해 주는 것이다. 사회복지사는 지금-여기(here-now)에 초점을 맞추고, ① 클라이언트가 상담을 통하여 원하는 것이 무엇인가? ② 클라이언트가 원하는 것이 그들에게 어떻게 변화를 줄 수 있는가? ③ 클라이언트가 자신이 원하는 것을 위해 노력하고 있다는 것을 어떻게 알 수 있는가? ④ 클라이언트는 그들이 지금 원하는 것을 얼마나 경험하고 있는가? 등 네 가지 내용을 다룬다.

해결중심모델에서 개입목표의 설정은 일곱 가지 원칙에 준한다.

첫째, 클라이언트에게 중요한 것을 목표로 한다. 클라이언트에게 중요한 것과 치료에서 성취하기를 원하는 것을 분명히 하는 것은 사회복지사에게 목표설정을 명확하게 한다.

둘째, 작은 것을 목표로 한다. 측정할 수 있는 용어로서 작은 목표를 정확하고 구체적으로 설명한다.

셋째, 구체적이고 명확하며, 행동적인 것을 목표로 한다. 애매모호한 목표설정의 문제는 치료과정이 이루어졌는지를 파악하기가 불가능해진다. 애매모호한 목표설정의 예를 들면, '정상적인 생활을 하는 것' '행복하게 되는 것' 등이다.

넷째, 없는 것보다는 있는 것에 관심을 둔다. 목표는 클라이언트가 하지 말아야 하는 것보다는 해야 하는 것에 관해 설정되어야 한다.

다섯째, 목표를 중시하기보다는 시작으로 간주한다. 즉, 목표를 성취하기 위하여 처음 단계에서 필요한 것을 명확하고 구체적으로 설정해야 하며, 한 단계씩 목표를 향해 나아가도록 클라이언트를 돕는다.

여섯째, 클라이언트의 생활에서 현실적이고 성취 가능한 것을 목표로 한다. 대부분의 클라이언트는 치료를 위해 자신의 목표가 성취 불가능한 것을 이미 알고 있거나 재조정하고, 좀 더 현실적인 것으로 바꾸기 위해 협상하기도 한다.

일곱째, 목표 수행은 힘든 일이라고 인식시킨다. 클라이언트가 변화하는 것이 힘들다는 것을 인식하는 것은 매우 중요한 기능을 한다. 목표 수행이 힘들기 때문이라고 생각함으로써 클라이언트의 자존감이 보호받을 수 있다.

2) 개입과정

횟수에 제한을 두지는 않으나 일반적으로 6회에서 15회로 제한하며, 치료 간격은 1주에서 6주의 간격을 둔다. 해결중심치료에서는 일방경(one-way mirror), 인터폰 시스템을 사용하며, 치료팀은 2명으로 1명은 주 치료자이고, 나머지 1명은 보조 치료자이면서 관찰자가 된다. 치료자는 일방경에 치료자가 한 명 더 있다는 것을 반드시 알려야 한다. 치료시간은 전체 60분으로, 먼저 40분 정도 상담하고 10분 정도 중단한 후 동료 팀과 치료시간에 나왔던 이야기의 내용을 정리한다. 개입과정을 단계별로 정리하면 〈표 13-1〉과 같다.

〈표 13-1〉 **해결중심모델 개입과정**

개입과정	과 제	내 용
제1단계	내담자에게 초점 맞추기	• 치료자와 내담자의 신뢰관계 형성 • 내담자의 준거틀 내에서 작업 • 내담자의 문제에 대한 지각과 판단이 수용되고 이해받을 때 해결중심적 대화시도 • 내담자의 관계유형 파악
제2단계	치료목표의 설정	• 클라이언트가 바라는 해결점이나 목표를 조사하고, 내담자와 치료자의 협상에 의한 구체적이고 명확한 치료목표 세우기
제3단계	해결책 안으로 들어오기	• 해결중심으로 이끄는 다양한 질문법 활용하기(면담 전 변화에 대한 질문, 기적질문, 척도질문, 대처질문, 관계성 질문)
제4단계	해결 중심적 개입	• 치료자는 내담자에게 동료와 함께 피드백으로 전달할 메시지를 작성하여 전달한다. 피드백 내용에는 칭찬, 연결과정, 과제를 부여한다. • 내담자의 장점을 인정해 주고 동기부여와 자신감을 부여한다.
제5단계	작은 변화 유지하기	• 내담자에게 일어난 작은 변화를 계속적으로 유지하기 • 무엇이 어떻게 달라졌는지, 그것이 더 좋아진 것인가요? 그때는 어떻게 가능했어요?

5. 해결중심모델의 개입기법

Peller와 Walter(1998)는 해결중심모델에서 제시하는 주요 기술을 크게 일반적인 상담기술, 질문 기술, 메시지 작성과 전달 및 과제부여 기준, 목표설정으로 구분하였다. 치료자는 이러한 기술을 활용하여 클라이언트가 자신의 자원을 발견하고 사용하도록 돕는다.

1) 해결중심모델의 상담기술

해결중심모델의 상담기술에는 경청과 인정, 호기심 갖기, 초대하기, 격려하기 등이 있다.

〈표 13-2〉 해결중심모델의 상담기술

기 술	내 용
경청과 인정 (listening & acknowledging)	사회복지사와 클라이언트 간의 신뢰형성의 기초가 된다. 클라이언트의 강점과 능력에 대해 경청하고, 이러한 강점을 인정해 줌으로써 클라이언트가 사회복지사로부터 존중받고 있다는 느낌을 갖도록 한다.
호기심 갖기 (being curious)	병리적 관점보다는 문제해결에 초점을 두고 클라이언트를 진단하거나 특정한 어떤 것을 하도록 강요하는 것이 아니라, 클라이언트가 원하는 것을 성취하기 위해 어떻게 해야 하는가를 명확히 하도록 질문하고 그에 대한 반응에 호기심을 갖는 것이다.
초대하기 (invite)	클라이언트가 상담으로부터 기대하는 바가 무엇인지, 클라이언트의 목적이 성취되고 문제가 해결되는 것 또는 발전을 나타내는 징조가 무엇인가에 대해 대화하도록 초대한다.
격려하기 (encouraging)	사회복지사가 클라이언트가 효과적인 것을 하도록 용기를 북돋아 주는 것이 중요하다.

2) 해결중심모델의 질문기술

질문기술에는 첫 면접 이전의 변화에 관한 질문과 예외질문, 척도질문, 대처질문, 기적질문 등이 있다. 이에 대한 내용은 〈표 13-3〉과 같다.

〈표 13-3〉 **해결중심적 상담기술**

기 술	내 용
첫 면접 이전의 변화에 관한 질문	치료 약속을 잡는 것만으로도 클라이언트의 상태는 어느 정도 해결된다. 그래서 클라이언트가 처음 전화를 걸거나 약속시간을 정한 후부터 처음 면접에 왔을 때까지 변화된 것이 있는지를 묻는 것이다. 긍정적인 변화가 일어났다면, 그렇게 될 수 있었던 요인이 무엇인지를 파악하여 이를 강화하려는 의도가 있다.
예외질문 (exception question)	• 성공했던 경험과 현재 잘하고 있는 것을 발견하는 질문 • 문제해결을 위해 성공적으로 잘하고 있으면서도 의식하지 못하고 있거나 가치를 두고 있지 못하는 것을 발견하고, 사회복지사가 의식적이고 의도적으로 성공하였던 클라이언트의 행동을 강화시키는 기술 • 언제 문제가 발생하지 않는가? 문제가 발생하지 않았다는 것을 어떻게 아는가?, 어떻게 하면 문제가 발생하지 않을 것 같은가? 등의 질문(송성자, 1995).
척도질문 (scaling question)	• 문제의 심각성, 치료목표 성취도, 결과 평가 등을 수치로 표현하는 질문 • 주의: 시간제한을 해야 클라이언트가 혼돈하지 않음. 과거에 초점을 두지 않음 (예) 1부터 10까지 있는 척도에서 10은 문제가 해결되었다고 확신하는 것을 말하고, 1은 문제가 가장 심각할 때를 말한다. 오늘은 몇 점에 해당하는가?
대처질문 (coping question)	• 자신의 미래를 절망적으로 보는 클라이언트에게 사용하는 기술이다. • 절망적인 상황에서도 잘 견디어 더 나빠지지 않은 것을 강조하고, 위기에서 대처해 온 방법을 파악하고, 그것을 인식, 강화, 확대하기 위해 활용하는 기술 (예) 전혀 희망이 없을 때 어떻게 아침에 일어나서 하루를 보내는가? 어떻게 모든 것을 포기하지 않고 지탱해 왔는가?
기적질문 (miracle question)	• 치료자가 예외를 발견할 수 없을 때나 목표가 불분명할 때 사용하는 질문이다. • 현실변화의 구축 가능성에 대한 자기상을 형성하기 위하여 문제가 해결된 미래에 대해 상상해 보고, 해결하기 원하는 것들을 구체화하고 명료화하여, 클라이언트가 안도감, 희망, 용기를 갖도록 하는 기술이다. (예) 지난밤에 잠자는 동안 정말 기적이 일어나서 모든 문제가 해결되었어요, 그렇다면, 아침에 당신은 먼저 무엇을 보고 기적이 일어난 것을 알 수 있을까요? 그런 기적이 일어나도록 하려면 당신은 무엇을 해야 되겠습니까?

3) 메시지 작성과 전달 및 과제부여 기술

(1) 메시지 작성과 전달기술

40분 정도 상담한 후, 5분 내지 10분 동안 치료실을 떠나 팀과 자문하는 시간을 갖고 클라이언트에게 제시할 메시지와 과제를 작성한다. 이때에 치료자는 다음 사항을 유념하여야 한다. ① 클라이언트가 이미 실시하고 있는 것이 클라이언트에게 도움이 되고 좋은 것임을 알리고 칭찬한다. ② 가능한 한 클라이언트가 사용한 단어를 사용하는 것이 클라이언트의 협조를 증가시킨다. ③ 사회복지사는 클라이언트의 목표에 동의하고 긍정적인 방법으로 말해야 한다. ④ 적절한 시기에 도움을 받으러 왔으며 목표가 성취되는 것은 매우 힘든 것이라고 강조한다. ⑤ 칭찬은 관계성을 가지고 해야 한다. ⑥ 적절한 문장으로 시작을 해야 한다. ⑦ 과제를 주기 전에 목표를 명확하게 한다.

(2) 과제부여기술

사회복지사는 클라이언트에게 생각, 관찰, 확인, 작은 것 행동하기 등과 같은 과제를 내준다. 예를 들어, 문제가 해결된다면 무엇이 달라질 것인지 생각해 오기, 당면한 문제를 극복한다면 무엇을 할 것인지 생각해 오기, 계속하고 싶은 것이 무엇인지 생각해 오기 등이다.

예상문제

1. 다음 사례에서 활용한 해결중심모델의 질문기법은?

> "아버지가 술만 마시면 심하게 때리고, 그게 너무 고통스럽고 견디기 어려워 그 수준이 10점인 날들의 연속이라고 했지? 그런데 혹시 때리지 않는 날도 있니?"

① 기적질문
② 예외질문
③ 척도질문
④ 대처질문
⑤ 관계성 질문

정답: ②

해설: 보기는 평소와 다른 예외적인 경우를 물어본 것이다.

2. 다음의 설명에 해당되는 사회복지실천모델은?

> • 클라이언트의 자원, 건강성, 성공경험에 초점을 둔다.
> • 탈이론적, 비규범적, 현재와 미래지향적
> • 사회복지사의 자문가 역할이 강조된다.

① 해결중심모델
② 행동수정모델
③ 문제해결모델
④ 4체계모델
⑤ 정신역동모델

정답: ①

해설: 보기는 모두 해결중심모델의 특징이다.

3. 다음은 해결중심모델의 어떤 질문인가?

> 부인에게 질문한다. “남편이 술 먹고 늦게 들어왔을 때 가장 힘들어 하는 사람은 누구인가요?”

① 기적질문

② 예외질문

③ 척도질문

④ 대처질문

⑤ 관계성 질문

정답: ⑤

해설: 가족구성원 간의 관계양식과 반응을 알고자 하는 관계성 질문이다.

14 사례관리

1. 역사적 발달 배경

사회 문제에 대한 적극적인 해결자로서의 위치를 확립하게 된 사회복지실천은 1920년 이후 끊임없이 방법론, 접근방법, 모델, 기법, 기술이 개발되어 왔다. 사례관리는 1970년대부터 중요한 사회복지실천방법으로 인식되기 시작하였고, 1970년대 중반에는 사례관리를 핵심적 내용으로 한 지역사회지지프로그램(community support program)이 등장되었다. 1990년부터는 개별사회사업이라는 용어 대신 사례관리라는 용어를 사용하면서 그 중요성이 부각되었다.

현대사회의 환경 변화에 따라 대상자들에게 경제적인 부담 없이 서비스를 제공하려는 각종 방안을 모색하게 되었고, 공적 자원과 민간자원의 체계적인 서비스 전달을 위한 관리의 필요성이 대두되었다. 또한 클라이언트 욕구들이 점차 복합적으로 다양화되며 장기적인 서비스를 요구하는 경향을 보이면서 사례관리는 최근 20여 년 동안 휴먼서비스 사회복지실천 영역 중에서 주요 전략으로 부상되고 있다. 주로 사례관리는 정신보건, 발달장애, 재활, 아동복지, 재가복지 및 노인복지 등의 휴먼서비스 영역에서 효율적이고 비용효과적인 방법으로 활용되고 있다. 우리나라에서도 공적 사회복지비용의 절감 문제, 종래의 사회복지서비스 전달방식에 대한 평가, 다양한 욕구를 가진 클라이언트에 대한 보다 포괄적이고 체계적인 서비스 제공 등이 요구되면서 사례관리에 대한 관심이 증대되고 있다. 사례관리가 사회복지실천 영역에서 점차 중요해지고 있는 요인을 구체적으로 살펴보면 다음과 같다.

첫째, 탈시설화의 영향이다. 탈시설화라는 용어는 클라이언트가 수용시설 혹은 병원의 입원시설을 이용하던 방식에서 해방되어 다시 가정과 지역사회로 되돌아오는 것을 의미한다. 입소시설에서의 서비스 전달은 모든 서비스가 한정된 시설 안에서 제공되도록 구조화되어 있다는 이점이 있는 반면, 입소자의 재활에 한계를 갖고 있으며, 공적으로 부담해야 하는 비용이 크다는 단점을 갖고 있다. 이러한 이유로 인한 탈시설화의 경향은 기관들이 소유하는 기금과 서비스의 분산성, 포괄적인 서비스 체계 부족, 시설퇴소 대상자들의 능력과 동기 부족, 자격요건 등의 문제를 가져왔다. 이와 같은 상황에서 사례관리는 체계적으로 서비스가 관리되는 장치를 제공함으로써 사회복지실천에 필요성이 대두되었다.

둘째, 서비스 전달의 지방분권화다. 1950년대 이후부터 지역사회 중심의 사회복지서비스는 시설서비스보다 자유롭고 인간적이라는 견해가 주장되기 시작하였다. 1970년대에는 지역사회 중심의 사회복지서비스와 시설 중심의 서비스에 대한 비교 평가가 여러 측면에서 연구되기 시작하였다. 이러한 연구결과는 지역사회 중심의 서비스가 서비스의 질적 측면과 경제적 측면에서 보다 효과가 높은 것으로 나타났다. 이러한 사회적 분위기에서 서비스의 방향성은 기존의 사회복지서비스 체계를 수정하고 이를 수행하는 방법으로서 사례관리가 출현하게 되었다.

셋째, 클라이언트와 그 가족에게 부과되는 과도한 책임이다. 지역사회 내의 환경자원의 부족은 클라이언트와 그 가족들에게 과도한 책임을 넘겼다. 사례관리는 클라이언트를 위해서 지역사회의 공적 자원과 민간자원을 개발하고 연결하는 기능을 요구하게 되었다. 이러한 면에서 그동안 사례관리는 아동복지, 정신보건, 노인복지 영역 등에서 특히 만성적 정신질환을 앓는 사람들을 대상으로 그 유용성이 입증되어 왔다.

넷째, 다양한 문제와 욕구를 가진 클라이언트의 증가다. 지역사회에서 클라이언트는 생활 전반에 걸쳐 다양한 욕구와 해결해야 할 문제들을 가지고 있다. 일반적으로 하나의 기관이나 단일 서비스 체계로는 복합적인 욕구를 가진 클라이언트의 문제에 대응하는 것이 불가능하다. 따라서 사례관리는 클라이언트들이 지역사회에서 살아가도록 하기 위해서는 필요로 하는 서비스를 조직화하고 통합하여 상호연계되도록 하기 위한 사례관리방법이 요구되었다.

다섯째, 기존 서비스의 단편성이다. 1960년대와 1970년대 서비스 프로그램이 급속도로 확장된 결과 서비스의 이용 가능성은 증대된 반면, 서비스 전달체계는 오히려 복잡해지고 단편화되었으며, 서비스가 중복 제공되기도 하였다. 이런 상황에서 서비스 체계를 연계하고 서비스 조정기능을 담당할 사례관리시스템과 사례관리자가 등장하게 되었다.

여섯째, 서비스 비용억제 및 서비스 전달의 효과 극대화다. 1970년대의 국가재정의 위기는 정부의 공공지출 규모에 대한 우려를 낳게 되었으며, 복지국가의 위기논쟁을 불러일으켰다. 한정된 자원으로 서비스 비용을 억제하고 효과를 최대화하려는 노력은 중대한 관심이다. 다양한 서비스 및 비공식적 지지를 조정하는 사례관리가 효과적인 서비스 전달을 최대화하면서 동시에 비용을 절감시키는 효율적인 방법론으로 인식되었다.

일곱째, 사회적 자원체계와 지원망의 중요성에 대한 인식 증가다. 공식적인 서비스 자원을 연계하여 제공하는 것도 중요하지만, 실제로는 항상 긍정적인 결과만을 가져오는 것은 아니다. 그러나 가족, 친척, 친구 등의 비공식적인 사회적 지지체계가 클라이언트의 지역사회 생활을 향상시키는 데 중요한 역할을 할 수 있다는 인식이 실천 전문가 사이에서 증가하였다. 따라서 공식적이고 전문적인 서비스와 비공식적인 자원체계와 지원망을 조정하고 통합하려는 사례관리방법이 주목받게 되었다.

2. 사례관리의 정의와 주요 개념

1) 사례관리의 정의

사례관리는 1990년대에 접어들면서 대인서비스 분야에서 가장 많이 사용되고 있는 방법 중의 하나다. 사회복지실천은 개인과 집단, 지역사회가 적절한 사회적 기능을 수행하는 데 필요한 능력을 회복하고 강화하도록 원조하는 전문적인 활동이며, 동시에 개인과 집단, 지역사회가 그들이 바라는 목표에 합당한 사회적 조건을 창조해 낼 수 있도록 지원하는 역할을 한다(NASW, 1973). 이러한 사회복지실천을 기초로 사례관리는 클라이언트들에게 그들의 욕구에 맞는 적절한 서비스를 제공하고 또 이를 조성해 줌으로써 지역사회 내에서 독립적인 생활을 할 수 있도록 도와주는 것이다.

Moxley(1989)에 의하면, 사례관리는 복합적인 욕구를 가진 사람들의 기능 향상과 복지를 위해 총체적이고 통합적인 서비스를 제공하는 것으로, 공식적 · 비공식적 지원과 활동의 네트워크를 조직 · 조정하고, 유지하는 기능을 한다고 하였다. Rothman(1992)에 의하면, 사례관리는 정신보건, 노인, 아동 그리고 보건 및 장애와 같은 대인서비스 분야의 중요한 실천방법으로, 지역사회에 있는 클라이언트에 대해 개별적인 조언, 상담, 치료 등의 서비스를 제공해 주고, 클라이언트와 지역사회 기관 간의 연결 그리고 클라이언트와 비공식적 원조망을 연결시키는 기능이라고 하였다.

우리나라 한국사회복지협의회(KCSW)에서 사례관리는 복합적인 원인으로 요보호 상태에 있는 클라이언트에게 다양한 지역사회의 자원을 연결시켜 관리하는 원조대책으로 여러 가지 욕구를 조기에 적절하게 대응하는 지역보호체계라고 정의하고 있다. 또한 전미사회복지사협회(NASW)에 의하면, 사례관리는 전문적 사회복지사가 클라이언트 및 가족의 욕구를 사정하고 클라이언트의 복잡한 욕구를 충족시키고자 다양한 서비스를 확보, 조정, 평가 그리고 옹호하여 서비스를 제공하는 방법이라고 정의하고 있다.

이와 같이 사례관리란 복합적인 욕구를 가진 사람들의 기능화와 복지를 위해 공식적 · 비공식적 자원과 활동의 네트워크를 조직 · 조정 · 유지하는 활동이라고 볼 수 있다. 다시 말해, 사례관리는 사회기능상의 문제를 가진 개인의 기능 회복 및 증진을 초래할 수 있도록 개인과 주변 환경을 변화시키는 데 지속적이고 통합적으로 개입하는 방법이다.

2) 사례관리의 주요 개념

(1) 상황 속의 인간을 강조

'상황 속의 인간' 이라는 체계적 관점에서 사례관리는 다른 어떤 영역보다도 클라이언트와 환경 간의 접목지점에서 양자 간의 조화를 목적으로 업무를 수행한다. 특히 환경이 클라이언트의 문제에 어떠한 방식으로 관여되는가에 대한 중요성을 강조한다. 사례관리는 환경과 적절한 상호작용을 하지 못하는 취약한 클라이언트에 대하여 필요한 자원과 서비스를 제공함에 있어 중추적 역할을 강조하는 실천방법이다.

(2) 클라이언트 중심의 방법론

사례관리가 사회복지실천 영역에서 중요성을 띠는 것은 무엇보다도 클라이언트에 대한 면밀한 사정을 바탕으로 한 적절한 서비스 계획의 수립, 서비스에 대한 클라이언트의 접근 가능성의 보증, 서비스 전달의 점검과 결과의 평가 그리고 클라이언트 옹호 등을 그 주된 활동내용으로 하고 있기 때문이다. 특히 활용 가능한 자원을 미처 깨닫지 못하고 있는 대상자들의 권익을 옹호하고, 클라이언트의 의료 및 여타 형태의 케어에 드는 비용 절감을 위해 노력한다. 사례관리가 기존의 사회복지방법에서 사용하던 클라이언트라는 용어를 대신해서 소비자라는 용어를 사용하고 있는 것에서도 알 수 있듯이 대상자 중심의 서비스를 강조하고 있기 때문이다.

(3) 서비스전달체계 중심의 실천방법

사례관리는 문제해결을 위하여 서비스 전달체계 내에서 방법을 개발한다. 사례관리는 주로 지역사회의 공식적 자원과 비공식적 지지체계 간의 통합에 초점을 두고 이루어진다. 사례관리자는 지역사회 내의 자원에 대해 지식을 갖추어야 할 뿐 아니라, 이와 함께 사례관리자는 다른 비공식적 원조체계와 전체적 구도 안에서 상호보완적으로 클라이언트의 최대한의 기능 향상을 도모해야 한다. 특히 비공식적 원조체계를 활용 가능한 자원으로 지지하도록 이끌어 내는 능력과 기술을 보유할 것을 요청받는다.

(4) 통합적 실천방법

사례관리는 사회복지사에게 직 · 간접의 접근법과 기술을 모두 요구한다. 클라이언트들은 매우 복합적이고 장기적 문제의 양상을 지님으로써 더욱 다양한 서비스를 필요로 한다. 사례관리는 다양한 전략을 통해 복합적 위기와 문제들을 지닌 클라이언트의 욕구 전반을 충족시키는 통합적 실천방법이라 할 수 있다.

3) 사례관리의 목적

사례관리는 복잡하고 다양한 욕구를 가진 대상자들의 기능화와 복지를 위해 공식적 · 비공식적 지원의 조직망을 개발하거나 강화시켜 가장 효율적인 방법으로 대상자의 서비스 이용을 증진하고, 사례관리자의 능력을 향상시킴으로써 사회복지서비스의 효과성을 향상하는 데 목적이 있다. Moxley(1989)에 의하면, 사례관리의 목적은 서비스와 자원을 이용하고 접근하는 데 있어서 가능한 한 클라이언트 자신의 생활기술을 증진시키는 것이다. 다시 말해, 클라이언트의 복지와 기능을 증진하는 데 있어 사회관계망과 관련된 대인서비스 제공자들의 능력을 발전시키고, 가능한 한 가장 효과적인 방법으로 서비스 및 지원의 전달이 이루어지도록 노력하는 동시에 서비스의 효과를 증진하는 것이라고 하였다. Moore(1990)는 사례관리의 목적이란 환경적 도전에 대처하는 데 있어 개인의 잠재력과 가족 및 일차집단의 케어 능력을 극대화하고, 케어의 공식체계와 일차적 케어자원을 통합하며, 개인과 일차집단의 욕구를 충족시키기 위하여 공식적 케어체계 내의 능력을 극대화하는 것이라고 하였다.

전미사회복지사협회(NASW)는 사례관리의 목적에 대해 다음과 같이 정리하고 있다.

첫째, 클라이언트의 발달적 능력, 문제해결 능력, 대처 능력을 향상한다.

둘째, 자원과 서비스를 제공하는 휴먼서비스 조직체계를 보다 효과적으로 활성화한다.

셋째, 클라이언트에게 자원, 서비스 및 다양한 기회를 제공하기 위해 서비스 체계와 연계시킨다.

넷째, 서비스와 자원의 전달체계의 범위와 방식을 개선한다.

다섯째, 사회정책의 발전과 개선에 기여한다.

3. 사례관리의 기본 가정 및 원칙

1) 기본 가정

사례관리는 다음과 같이 가정하고 있다.

첫째, 클라이언트의 참여에 대한 중시는 사례관리가 클라이언트 강점 관점을 기본적으로 가정하고 있음을 의미한다. 즉, 클라이언트를 학습하고 성장하며 변화할 수 있는 존재인 동시에 강점, 능력, 관심사 등을 가진 원조과정의 주체로 가정한다(Miley et al., 1995).

둘째, 사례관리에서는 클라이언트를 위한 잠재적 자원을 보유한 것이 바로 지역사회라는 점을 가정하고 있다. 이러한 가정은 사례관리가 자칫 클라이언트를 무능력하고 나약한 대상으로 간주하면서 단순한 '관리' 체제로 흐르는 것을 경계하고 있다. 이에 부가하여 Kirst-Ashman과 Hull(19991)은 사례관리라는 용어에서 '관리'가 의미하는 것은 클라이언트에 대한 관리가 아니라 서비스 자원을 관리한다는 의미로서 받아들여져야 함을 강조했다(김기태 외, 2007).

2) 사례관리의 개입원칙

사례관리 접근은 클라이언트에게 인간으로서의 존엄성을 최대한 존중하고 그들이 행복한 삶을 영위하도록 돕기 위해 필요한 자원과 서비스에 접근할 수 있는 동등한 기회를 제공하는 것을 중요시하고 있다. Gerhart(1990)는 사례관리의 개입원칙을 다음과 같이 설명하고 있다.

① 서비스 개별화

클라이언트 개개인과 신체적, 정신적, 사회적 상황에 따라 그가 갖고 있는 욕구를 적절하게 개발하여 서비스 계획을 수립해야 한다.

② 서비스 제공의 포괄성

클라이언트의 복합적인 욕구에 대해 포괄적인 서비스(경제적 · 의료적 · 사회적 서비스 등)를 조정하여 제공해야 한다. 이를 위해 클라이언트가 속한 환경체계 속에서 다양한 자원을 파악하고 연결하며 조정 · 점검하는 것이 필요하다. 사례관리자들은 잠재적인 지역사회 자원에 대한 전문적 지식을 가지고 활용해야 한다.

③ 클라이언트의 자율성 극대화

클라이언트가 선택할 자유를 최대화하고, 클라이언트의 자기결정권을 가능한 한 보장한다. 또한 클라이언트가 가능한 한 자립할 수 있도록 돕는 데 초점을 두고, 클라이언트가 자신의 서비스와 관련된 판단을 하는 데 있어서 자기결정 능력을 최대화한다.

④ 서비스 지속성(연속성)

대상자의 복잡한 상황과 다양한 문제해결을 위하여 클라이언트의 욕구에 부합되는 포괄적인 서비스를 일회적이거나 단편적으로 제공하지 않고 지속적으로 제공해야 한다.

⑤ 서비스 연계성

사례관리자는 복잡하고 분리되어 있는 서비스 전달체계를 연결한다. 또한 클라이언트에게 필요한 서비스들이 지역사회의 여러 기관에 분산되어 있을 경우, 서비스 정보를 제공하고 적절한 서비스들을 서로 연결하여 서비스의 효과성을 높이도록 중재한다.

⑥ 서비스의 접근성

사례관리자는 서비스의 이용자격 · 절차와 서비스 제공정책 및 전달과정에서 대상자의 접근성에 어려움이 있는 경우, 서비스 제공자와 접촉하여 중개역할을 해 줌으로써 클라이언트가 좀 더 쉽게 자원에 접근할 수 있도록 돕는다. 뿐만 아니라 정보부족으로 서비스를 이용하지 못하고 있는 클라이언트들을 적극적으로 발굴하여 서비스를 받을 수 있도록 해야 한다. 이를 위해 사례관리자는 클라이언트가 서비스를 이용하는 데 있어 장애가 되는 심리적 조건이나 물리적 요소 혹은 사회문화적 · 경제적 요소가 존재하는지 살펴보고, 이러한 장애요소를 최소화하여 서비스에 대한 접근성을 높여 준다.

4. 사례관리자의 역할

사례관리자는 일반적으로 클라이언트의 욕구를 확인한 후 관계를 수립하고, 클라이언트의 욕구를 사정하며, 적절한 서비스를 계획하거나 배치하고, 클라이언트를 여러 자원에 연결하며, 적절한 서비스를 적시에 공급하며 목표를 성취하기 위한 과정을 감독하거나 지도하는 등의 활동을 수행한다. 사례관리자의 개념은 훨씬 포괄적이다. 사례관리자는 복합적인 클라이언트의 욕구가 효율적이고 효과적으로 충족되도록 하는 광범위한 임무를 가지고 있다. 사례관리자는 사례관리 과정 동안에 다음과 같은 다양한 역할과 책임을 수행한다(이영실, 2010; Woodside & Mcclam, 2006).

1) 옹호자

사례관리자는 지역사회 조직가로 활동하면서 수급자격과 서비스 접근을 통제하는 정책에 영향을 미친다. 사례관리자로서 옹호자의 역할은 특정 서비스를 클라이언트가 거부당하게 될 때 서비스를 확보하고 서비스를 확대할 수 있도록 한다. 또한 필요한 서비스나 자원을 얻지 못하는 클라이언트를 대신하여 그들의 관심과 욕구를 대변하여 집단구성원이 충족되지 못한 욕구를 지역사회의 기관이 알도록 하여 새로운 서비스나 자원 개발을 돕고 현재 상태나 규칙을 변화시키기 위하여 대항자의 역할을 하기도 한다.

2) 중개자

사례관리자는 클라이언트와 적절한 자원을 연결하거나 의뢰하고 서비스의 공급 및 이용을 보장하기 위한 사례감시를 수행한다. 이 시점에서는 클라이언트에게 필요한 서비스에 접근하고 연계하는 것이 가장 중요하다. 사례관리자는 개입할 때 클라이언트의 특별한 관심이나 자원 활용에 장애가 되는 요소들을 함께 파악해야 한다.

3) 조정자

대부분의 클라이언트들은 복합적인 문제를 가지고 있으며 따라서 자신들의 욕구를 충족하기 위해 한 가지 이상의 서비스를 필요로 한다. 사례관리자는 클라이언트의 진전 상황을 모니터하고 팀 구성이나 다른 전문가들과 협력하는 것은 사례관리자의 중요한 역할이다. 사례관리자는 다른 전문직이나 기관의 직원들과 함께 서비스가 잘 통합되어 신속히 처리될 수 있도록 조정한다. 따라서 이러한 방식으로 사례관리자는 수급 자격이 안 되거나, 접근에서 배제되거나, 낮은 서비스의 질 혹은 무관한 서비스의 제공과 같은 문제에 대해 클라이언트를 도울 수 있다.

예를 들어, 뇌졸중으로 수술 받고 퇴원하여 보행이 불편한 독거노인 클라이언트에 대한 조정자의 역할을 살펴보자. 퇴원 후 사례관리자는 하루에 한 번씩 방문간호사가 클라이언트를 방문하도록 하고, 일주일에 두 번 지역사회복지관의 가사 도우미 서비스를 연결시키며, 매일 정오에 도시락 배달 서비스가 이루어지도록 하고 특수 보행 장비를 준비한다. 그리고 사례관리자는 클라이언트의 진전 상황에 대해 평가하고 이를 다음 달에 반영하기 위해 매주 각각의 서비스와 관련된 전문가들과 접촉하게 된다.

4) 상담자

클라이언트는 새로운 지식이나 기술이 필요하거나 자신에 대해서 새로운 것을 학습할 필요가 있다. 상담자로서 사례관리자는 클라이언트와의 신뢰관계를 발전시킴으로써 클라이언트에 대한 이해를 심화하고 클라이언트의 행동 속에 있는 역기능적 측면을 점검하며, 클라이언트가 스스로 지지망과 같은 자원을 개발하고 유지하는 방법을 알린다.

5) 기획가

사례관리자의 일차적 책임 중 하나는 클라이언트가 받게 될 서비스나 치료에 대해 준비하는 것이다. 기획가는 사례관리의 실행에 대한 의료적, 심리적, 재정적, 사회적 및 직업 영역에 대한 내용을 수집하고 정리한다. 사례관리자의 기획가로서의 역할은 원조과정의 초기단계에서부터 시작되어 서비스가 종료될 때까지 지속된다. 기획에는 클라이언트가 스스로 자신의 사례를 관리할 수 있을 때까지의 실행기간을 포함할 수 있다.

예를 들어, 가석방 이후의 청소년 범죄자의 경우 사례관리자는 이들이 석방되기 이전부터 클라이언트와 접촉하여 클라이언트의 상태를 평가한다. 여기에는 정신상태검사, 신체검사, 사회력, 가족과 환경에 대한 사정이 포함되며, 그다음 이들이 가정에 돌아가 잘 통합될 수 있도록 계획을 수립한다. 이때 가장 어려운 문제는,

소년범죄자들은 가석방을 자신이 원하는 것은 무엇이든 할 수 있다는 것으로 받아들인다는 점이다. 따라서 이들이 제한된 현실적 목표와 결과에 적극적으로 참여할 수 있도록 기획단계에 포함시켜야 한다.

6) 기록가

기록가로서 사례관리자는 서비스 전달과정 전체를 통하여 계약, 사정, 계획수립, 서비스 제공 및 평가 등 모든 상세한 정보를 기록한다. 이는 장기보호를 제공하거나 다른 전문가 및 기관과의 의사소통, 점검 및 서비스 비용 청구 시에 중요하다. 사례관리자는 목적이 달성되었는지, 질적 서비스가 제공되는지를 기록 자료를 통해 결정하게 된다.

5. 사례관리의 모델

사례관리기법의 모델 중에서 가장 잘 알려져 있고 비교적 쉽게 적용할 수 있는 모델을 제시하고자 한다(김기태 외, 2007).

1) 일반주의모델

일반주의모델(generalist model)은 사례관리모델 중 전통적인 케이스워크 모델과 가장 가까운 모델이다. 이 모델의 장점은 클라이언트 각각에게 한 사람의 사회복지사가 배정되어 클라이언트의 치료계획과 서비스 제공에 관한 역할을 담당한다는 점이다. 이 모델은 장기적으로 클라이언트에게 다양한 서비스가 제공될 수 있을 때, 특히 효과적이다.

2) 치료자모델

치료자모델(primary therapist-case manager model)의 특징은 사례관리자가 클라이언트에 대한 치료를 우선으로 한다는 점이다. 이 모델의 장점은 한 사회복지사가 클라이언트에게 치료, 서비스 접근 및 사례조정의 역할을 한다는 것이다. 특히 전문인력이 부족한 영역에서는 가장 효과적인 모델이라고 할 수 있다.

3) 통합된 팀모델

통합된 팀모델(interdisciplinary team model)은 전문 영역 간의 통합적인 전문팀이라는 개념에 기초하고 있다. 팀 구성원 각자가 각 분야의 전문 서비스 활동에 대해 특별한 책임을 맡게 된다는 점이 장점이라 할 수 있다. 즉, 사례관리 사회복지사 각자가 사례관리 과정의 특정한 요소(예를 들어, 서비스 계획, 연결, 서비스 조정 등)에 책임을 지게 되고 그들의 전문 활동이 전체적으로 연합하여 사례관리 과정을 완성하게 되는 것이 특징이다. 팀의 구성원이 클라이언트의 기능 회복과 복지에 책임을 강하게 느낄 때 양질의 사례관리 서비스를 제공할 수 있게 된다.

4) 가족모델

가족모델(family model)은 가족 모든 구성원이 전문가들보다 클라이언트에게 더 많은 사례관리 서비스를 제공할 수 있다는 가정에 근거한다. 가족구성원이 사례관리 과정에 대한 훈련을 받고, 함께 일하고 상의할 수 있는 전문가가 옆에 있을 때 클라이언트에게 제공되는 서비스의 질과 지속적인 서비스의 전달은 큰 영향을 받을 수 있다. 그러나 많은 가족이 이 역할에 부담을 느끼기 때문에 가족이 효과적으로 이 역할을 감당할 수 있게 하기 위해서는 지식이나 기술을 가르쳐야 하는데, 이러한 문제도 사례관리자가 감당해야 할 문제다.

5) 지지적 원조모델

지지적 원조모델(supportive care model)은 클라이언트가 지역사회에서 살아가는 데 필요한 심리적 지지, 적절한 지원과 가이드는 바로 그들의 이웃이나 지역주민에게서 찾을 수 있으며, 클라이언트들을 지역사회의 다른 체계들과 연결할 수도 있다는 신념에 기초하고 있다. 지지적 원조 사회복지사는 지역주민 중에서 선정하여 사례관리 사회복지사로 일하게 된다. 이들은 자원봉사자가 아니라 보수를 받게 되며, 지역사회 정신보건기관과 계약을 맺고 일하는 것이 일반적이다. 그리고 지지적 원조 사회복지사에 대한 슈퍼비전은 계속되는 정기적인 훈련과정과 사례회의 등을 통해 이루어진다.

6. 사례관리의 과정

사례관리의 과정은 학자들에 따라 다양하게 제시되고 있으나, 그 내용에 있어서는 큰 차이가 없다. 다음은 주요 학자들이 제시한 사례관리 과정을 〈표 14-1〉에 제시하였다(김기태 외, 2007; 이영실 외, 2010).

〈표 14-1〉 **주요 학자들의 사례관리 과정**

Steinberg & Carter(1983)	Weil & Karls (1985)	White & Goldis(1986)	Moxley (1989)	Doll (1991)	Rothman (1991)
가입(사례 발견), 사전적격심사	클라이언트 확인과 출장원조	사례 발견	–	홍보, 사정의 결정 수준(사전심사)	기관접근, 접수
사정	개별적 사정과 진단	사정	사정	욕구사정	사정
목표설정, 서비스 기획, 능력 조성	서비스 기획, 자원 확인	보호기획	기획	보호계획	목표설정, 개입기획, 자원확인과 목록화
보호계획의 수행	서비스 연결, 서비스 실행과 조정	계획수행	개입	보호계획 실행	클라이언트와의 연결
재사정	서비스 전달의 점검, 옹호	사후검토, 재사정	점검	점검	점검과 재사정
종결, 관계유지	평가	–	평가	재평가	결과 및 평가

사례관리 과정은 일반적으로 사례 발견과 접수, 사정, 계획, 개입, 점검, 평가와 종결로 구분된다.

(1) 사례 발견과 접수

사례 발견이란 복합적인 문제나 욕구를 갖는 대상자를 찾아내는 작업을 의미한다. 사례관리의 대상이 되는 대상자들의 대부분은 복합적인 문제를 가지면서 자포자기 상태에 있는 경우가 많으므로 자발적으로 기관에 접근하는 경우가 드물다. 따라서 사례 발견은 아웃리치, 타 기관으로부터 의뢰, 지역사회 주요 정보 제공자 활용(사회복지전담 공무원, 통반장 등) 그리고 기관의 홍보활동 등을 통한 방법이 있다. 그다음 과정이 사전적격심사로, 심사의 기준이 되는 사항은 ① 시설보호에 대한 욕구, ② 배우자나 중요한 타자의 상실로 인한 고통, ③ 복합적인 욕구와 문제, ④ 일상생활 과업에 대한 원조에 있어 비공식적 지원체계의 원조 불충분성, ⑤ 기관에 대한 원조의 회수, ⑥ 원조를 제공할 수 있는 장소, ⑦ 진료기록의 유무, ⑧ 이상행동과 같은 행동적 특성, ⑨ 보호자나 후견인의 유무, ⑩ 자기보호의 능력 등이 있다(이근홍, 1999). 이러한 사항을 고려하여 대상자의 적격 여부가 결정되면, 대상자로 접수된다.

접수(intake) 시에는 일반적으로 클라이언트의 성명, 나이, 주소, 가족관계, 주거상황, 소득, 문제나 욕구 영역과 정도 등에 관한 기본적인 정보가 필요하다. 이 단계는 사례를 발견하고 접수, 관계 형성, 문제 확인, 욕구와 기대 파악, 서비스에 대한 정보제공, 서비스에 대한 수혜 여부 결정, 원조과정 안내, 의뢰(referral) 및 사전검사(screening)하는 것을 모두 포함하는 과정으로 이해해야 한다.

이 과정에서 사례관리자는 클라이언트의 장애나 욕구를 개략적으로 파악하고, 사례관리를 통해 제공해 줄 수 있는 원조의 내용을 상세히 설명하여 클라이언트가 그러한 원조를 수령할 것인지의 여부를 확인하고 계약하는 일이 중심이 된다.

(2) 사정

사정(Assessment)은 대상자의 문제와 상황을 검토하기 위한 절차이며, 사정의 목적은 대상자 및 그의 사회적 · 물리적인 환경의 욕구(need)와 강점(strength)을 정확히 평가한다. 이 단계에서 대상자의 문제와 욕구의 내용, 강점과 자원 등을 파악하고 서비스의 내용과 수준 등이 결정된다. 사정 영역은 사례관리 대상자 욕구와 능력의 사정, 지원체계에 대한 능력의 사정, 지원체계에 대한 사정 등이 있다. 사정방법으로는 자료수집을 효과적으로 하기 위하여 가계도, 생태도, 성격유형검사, 지능검사, 진단검사 등 각종 심리검사를 활용하기도 한다. 사정은 서비스 계획을 위한 자료와 정보를 체계화하는 과정이기 때문에 클라이언트에 따라 개별화되어야 하며, 클라이언트의 적극적인 참여를 바탕으로 정확한 사정이 이루어져야 한다.

(3) 계획

계획(Planning)은 사정에서 수집한 정보를 대상자의 욕구충족을 위한 일련의 서비스 활동으로 전환하는 과정이다. 사례계획은 클라이언트와의 협조 아래 이루어져야 하며, 다음의 여섯 가지 항목으로 구분할 수 있다. 첫째, 필요한 서비스에 대하여 우선순위의 영역을 명확히 설정한다. 둘째, 이러한 각각의 영역 내에서 클라이언트의 진행과정을 평가하기 위해 사용될 수 있는 장 · 단기의 구체적 측정목표를 정한다. 셋째, 목표를 성취하기 위한 개입기술 혹은 개입전략을 실행한다. 넷째, 클라이언트가 의뢰되는 기관 그리고 가능하다면 이러한 기관 내에서 접촉하게 되는 구체적인 개인을 정한다. 다섯째, 활동을 완결할 수 있는 실질적인 시간계획을 수립한다. 여섯째, 서비스 활용과 전달에 잠정적인 방해물을 확인하고 이러한 문제에 대하여 가능한 해결책을 정한다(Kirst-Ashman & Hull, 1999). 개입계획은 일반적으로 상호 목적 수립하기(1단계), 우선순위 정하기(2단계), 전략 수립하기(3단계), 전략 선택하기(4단계), 전략 실행하기(5단계) 순이다.

(4) 개입

개입(Intervention)단계는 서비스계획을 확립된 절차에 따라서 실행하는 단계다. 이전 단계에서 수립한 서비스계획을 복합적이고 지속적인 대상자의 욕구에 적절하게 부응하고 원활한 사례관리를 위해서는 지역사회 내 다양한 자원 간의 연계 시스템 구축이 필요할 뿐만 아니라 다양한 자원에 대한 파악이 전제되어야 한다.

계획 이행을 위한 공급주체는 가족, 친척, 친구, 이웃, 자원봉사자 등과 같은 비공식적인 지지체계와 행정, 사회복지법인, 제도화된 자조단체, 지역의 유상 서비스 제공단체 등의 공식적인 서비스 체계로 분류될 수 있다. 서비스계획을 이행해 가는 데 있어 사례관리자는 서로 다른 유형의 자원과 지역사회기관, 그리고 클라이언트를 연결함으로써 클라이언트에 대한 서비스와 지원계획을 적용할 수 있는 매개자의 역할을 수행한다.

(5) 점검

점검(Monitoring)은 서비스계획과 지원계획이 잘 이루어지고 있는가를 모니터링하는 것으로 서비스계획의 이행 정도와 성취 정도를 파악하는 단계다. 점검은 클라이언트의 수립된 실행계획에서 정해진 서비스의 전달과정을 추적한다. 따라서 점검단계에서 달성하고자 하는 목적은 ① 서비스와 자원이 적절하게 달성되고 있는지를 검토한다. ② 서비스나 자원계획이 적절한지를 검토한다. ③ 대상자의 욕구에 변화가 있는지를 점검한다.

(6) 평가

종결을 결정하기 전 단계에서는 사례관리의 목표가 어느 정도 달성되었는지에 관한 여부를 판단하는 평가(Evaluation) 작업이 이루어진다. 평가와 점검은 그 개념이 구별된다. 점검이 '정해진 활동이 계획대로 잘 이루어지고 있는지' 를 살펴보는 것이라면, 평가는 사례관리 과정과 사례관리자의 활동이 대상자의 삶에 어떠한 변화를 가져왔는지를 판단하는 과정이다. 사례관리의 평가는 다음과 같은 영역에서 이루어져야 한다. ① 대상자에 대한 서비스와 자원계획에 대한 평가, ② 목적달성에 대한 평가, ③ 사례관리서비스의 전반적인 효과성에 대한 평가, ④ 대상자의 만족도에 대한 평가 등이다.

(7) 사례 종결

종결은 마지막 단계로서 사례가 완전히 종결되기도 하고 다른 프로그램에 의뢰하거나 새로운 서비스 계획을 하기도 한다. 종결을 결정할 때에는 ① 욕구 충족을 시키는 데 필요한 능력의 강화 정도, ② 독립성 향상의 정도, ③ 원조망의 효과적인 활용 정도 등을 고려하는 것이 필요하다(Ballew & Mink, 1986). 종결의 최종과정은 대상자에 대한 모든 서류정리 완료와 서비스 제공자들에게 공지함으로써 이루어진다.

예상문제

1. 사례관리의 개입 원칙 중 옳은 것을 모두 고르시오.

ㄱ. 클라이언트에게 필요한 서비스 확보를 위한 클라이언트의 책임성을 강조한다.
ㄴ. 클라이언트의 신체적, 정서적, 사회적 상황에 따른 욕구에 맞게 서비스를 제공한다.
ㄷ. 클라이언트의 문제를 효율적으로 해결하기 위하여 클라이언트의 의존성을 강화시킨다.
ㄹ. 클라이언트에게 필요한 서비스가 분산되어 있을 때 다른 기관의 서비스를 포괄적 으로 받도록 한다.

① ㄱ, ㄴ, ㄷ ② ㄱ, ㄷ ③ ㄴ, ㄹ ④ ㄹ ⑤ ㄱ, ㄴ, ㄷ, ㄹ

정답: ③

해설: 사례관리의 개입원칙은 ① 서비스 개별화, ② 서비스 제공의 포괄성, ③ 클라이언트의 자율성 극대화, ④ 서비스 지속성(연속성), ⑤ 서비스 연계성, ⑥ 서비스의 접근성 등이다.

2. 재가복지와 지역사회보호서비스의 전달에서 대상자 중심의 서비스 계획 및 관리의 중심 전략은 무엇인가?

① 기관 간의 관계향상

② 서비스 틈새를 줄이는 전략

③ 사례관리

④ 옹호

⑤ 사회개발

정답: ③

해설: 사례관리는 복합적인 원인으로 요보호 상태에 있는 클라이언트에게 다양한 지역사회의 자원을 연결시켜 관리하는 원조대책으로써 여러 가지 욕구를 적절하게 대응하는 지역보호체계라고 정의하고 있다.

3. 사례관리의 특징으로 옳은 것은?

① 장기적 개입으로 정신분석적 접근에 초점을 맞춘다.

② 비공식적 자원 연계 및 서비스를 제공한다.

③ 개별적인 실천기술과 지역사회 실천기술을 통합하여 접근한다.

④ 단순 명확하고 단일 욕구를 가진 클라이언트를 대상으로 한다.

⑤ 클라이언트의 욕구충족 및 보호가 아닌 과정관리에 중점을 둔다.

정답: ③

해설: 사례관리는 복합적인 욕구를 가진 대상자의 기능 회복 및 증진을 위해 대상자가 속한 환경체계 속에서 다양한 지역사회의 자원을 연결시켜 개인과 주변 환경을 변화시키는 데 지속적이고 통합적으로 개입하는 방법이다.

* Part 02 참고문헌

김기태 · 김수환 · 김영호 · 박지영(2007). 사회복지실천론. 경기: 공동체.

김인수 외(1998). 무엇이 좋아졌습니까? 해결중심치료의 적용. 서울: 동인.

서진환 · 이선혜 · 정수경 역. 말콤 페인(2001). 현대사회복지실천이론. 서울: 나남출판.

엄명용 · 노충래 · 김용석(2007). 사회복지실천기술의 이해(1판). 서울: 학지사.

이근홍(1999). 케이스 매니지먼트. 서울: 대학출판사.

이영실 · 이윤로 · 강윤경(2010). 정신보건사회복지론. 서울: 창지사.

이준우 · 이화옥 · 임원선(2004). 사회복지실천론. 서울: 인간과 복지

설진화(2008). 사회복지실천기술론. 경기: 양서원.

손광훈(2009). 사회복지실천기술론. 경기: 공동체.

전재일 외(2003). 사회복지실천론. 서울: 형설출판사.

Aguilera, D. C. (1998). *Crisis Intervention: Theory and Methodology (8th ed.)*. Mosby.

Compton, B. R. & Galaway, B. (1984). *Social Work Processes* (3rd ed.). Homewood, IL: The Dorsey Press.

Cooper, M. & Lesser, J. G. (2002). *Clinical Social Work Practice: An Integrated Approach*. Boston: Allyn & Bacon.

Ell, K. (1996). "Crisis theory and social work practice". pp. 168-190 in F. Turner (Eds.), *Social Work Treatment*. The Free Press.

Erikson, E. H. (1980). *Identity and the Life Cycle*. Norton and Company.

Hamiltion, G. (1940). *Theory and practice of casework*. New York: Columbia University Press.

Hepworth, D. H. & Larsen, J. A. (1993). *Direct Social Work Practice: Theory and Skills* (4th ed.). Pacific Grove, California: Brooks/Cole Publishing Company.

Hill, R. (1958). "Social stresses on the family: Generic features of families under stress". *Social Casework* 39: 139-150.

Hollis, F. (1964). *Casework: A psychosocial therapy*. New York: Random House.

____ (1972). "The Psychosocial Approach to the Practice of Casework". In R. W. Kirst-Ashman, K. K. & Hull, G. H. (1999). *Understanding Generalist Practice* (2nd ed.). Nelson-Hall Publishers.

Lantz, J. (1996). "Cognitive Theory and Social Work Treatment". In F. Turner (Eds.), *Social Work Treatment*. New York: The Free Press.

Lantz, J. (1996). Chapter 5: Cognitive Theory and Soclal Pratice. In F. Turner (Eds.), (pp. 94-115) Free Press.

Metcalf, L. (1998). *Solition Focused Group Therpy.* New York: The Free Press.

Miley, K. K., O' Melia, M. & DuBois, B. L. (1995). *Generalist Social Work Practice: An Empowering Approach.* Boston: Allyn & Bacon.

Miley, K. & DuBois, B. (1999). "Empowering Processes for Social Work Practice". In W. Shera & Wells, L. (Eds.), *Empowerment Practice in Social Work.* Canadian Scholars Press Inc..

Morales, A. T. & Sheafor, B. W. (2001). *Social Work: A Profession of Many Faces* (9th ed.). Boston: Allyn & Bacon.

National Association of Social Workers (1958). "Working Definition to Social Work Practice". *Social Work 3*(2): 5-9.

O'Connell, B., & Palmer, S. (Eds.). (2003). *Handbook of Solution–Focused Theory.* Thousand Oaks, CA: Sage.

Peller, J. & Walter, J. (1998). Chapter 4: Solition–Focused brief therapy. In R. A. Dorfman (Eds.), Paradigms 0f Clinical Social Work: Vol. II (pp. 71-92). New York: Brunner Mazel.

Perlman, H. H. (1957). *Social Casework: A Problem-Solving Process.* Chicago: University of Chicago Press.

__________(1972). "The Problem Solving Model in Social Casework". In Roberts, R. W. & Nee., R. H. *Theories of Social Casework.* Chicago: University of Chicago Press.

Pincus, A. & A. Minahan. (1973). *Social Work Practice: Model and Method* (3rd ed.). Itasca: F. E. Peacock Publishers, Inc.

Roberts & Hee, R. H. (Eds.), *Theories of Social Casework.* Chicago: University of Chicago Press.

Sheafer, B., Horejsi, C., Horejsi, G. (1988). *Techniques and guideline for social work practice.* Boston: Allyn & Bacon.

Turner, F. J. (1995). Social work practice: Theoretical base. In R. L. Edwards (Editor in chief). *Encyclopedia of Social Work* (*Vol. 3*, 19th ed., pp. 2258-2265). Washington, DC: NASW Press.

Turner, J. & Jaco, R. M. (1996). "Problem-Solving Theory and Social Work Treatment". pp. 503-522 in F. Turner (Eds.), *Social Work Treatment.* The Free Press.

Lazarus, R. S. (1966). *Psychological Stress and the Coping Process.* New York: McGraw-Hill.

Lee, J. A. B. (1996). "The Empowerment Approach to Social Work Practice". In F. Turner (Eds.),

Social Work Treatment. New York: The Free Press.

Rothman, J. (1992). "Three Methods of Community Organization Practice" Fred M., Cox, et al., (Eds.) Strategies of Community Organization: A Book of Readings. Itaska, Ⅲ.: F. E. Reacock Publishers.

Weil, M. & Karls, J. (1985). "Historical Origins and Recent Development". pp. 29-71 in M. Weil, J. M. Karls & Associates, *Case Management in Human Service Practice*. San Francisco: Jossey-Bass Publishers.

Woods, M. E., & Robinson, H. (1996). "Psychological Theory and Social Work Treatment." In F. Turner (Eds.). *Social Work Treatmen* (pp. 557-563). New York: The Free Press.

Woodside, M., & Mcclam, T. (2006). *Generalist case management: A method of human services delivery*. Pacific Grove, CA: Brooks/Cole.

Part 01
사회복지실천기술의 이해

Part 02
사회복지실천기술의 모델

Part 03
대상 수준에 따른 사회복지실천기술

PART 03

대상 수준에 따른 사회복지실천기술

가족에 대한 개입기술로 가족들은 문제의 핵심을 알고 어떤 방향으로 변화하기를 바라는지, 사회복지사는 가족에게 어떤 도움을 어떻게 얼마 동안 줄 수 있는지, 가족의 다양한 문제에 따라서 적합한 이론의 접근방법을 활용하는 개입기술이 필요하다.

제3부 대상 수준에 따른 사회복지실천기술로 제15장 가족대상 실천기술의 이해, 제16장 가족대상 사정기술, 제17장 가족대상 개입기술이론으로는 Minuchin의 구조적 이론, Bowen의 다세대 체계적 이론, Heley의 전략적 이론, Satir의 경험적 이론으로 나누어 설명하고자 한다. 집단대상 실천기술로는 제18장 집단대상 실천기술의 이해, 제19장 집단대상 사정기술, 제20장 집단대상 개입기술은 집단의 발달단계 특성과 집단프로그램을 살펴보고 마지막으로 제21장에서는 지역대상 실천기술로 지역사회복지에 대한 개념을 소개하고자 한다.

15

가족대상 실천기술의 이해

1. 가족대상 실천기술의 개관

가족을 대상으로 하는 사회복지실천기술은 가족에게 서비스를 제공하는 사회복지실천의 고유 영역으로 가족의 기능을 강화하는 데 목적이 있다. 가족의 역기능적인 문제, 발달적인 위기, 가족 개인의 심리 정서적인 고통, 발달과업의 문제, 가족에서 아동, 청소년의 문제, 부부문제를 다루는 미시적인 측면에 접근을 한다.

사회복지실천기술에서는 가족 개인의 기능 향상과 사회적 기능 수행을 효과적으로 수행할 수 있도록 가족치료적인 기술을 적용한다. 가족에 대한 거시적인 접근으로는 가족을 둘러싼 사회구조와 경제구조, 문화와 환경적인 요인을 포함하고 있으며, 가족의 정책이나 법안으로 좀 더 가족의 안전과 보호장치, 보장강화를 도모하는 데 목적이 있다. 그래서 정치, 경제, 사회적인 조건이 가족의 문제를 야기하는 것으로 가족이 처한 열악한 환경과 구조를 개선하려는 정책적이고 제도적인 접근에 더 초점을 두고 있다. 가족은 무엇보다도 인구구조나 사회경제적인 상황에 따라서 많은 영향을 받을 수밖에 없기 때문이다.

가족문제를 미시적 접근에 의한 것은 가족의 기능, 구조, 역할, 생활주기, 가족 상호작용의 역동성에 초점을 두고 사정 평가하게 된다. 따라서 가족을 한 사람의 개인의 내적인 문제로만 보기보다는 가족구성원들과의 상호작용과 또한 환경과의 상호작용에 의한 체계적 이론의 관점에서 보게 된다. 개인의 문제나 증상을 가족들의 역기능적인 상호작용방식에서 좀 더 기능적인 대처로 변화하도록 원조하며, 문제해결에 도움을 주는 가족치료이론을 다루게 된다. 가족치료에서는 가족을 하나의 체계로 보며 상호 간의 순환적인 인과관계로 본다. Olson 등(1983)은 개인을 대상으로 하는 치료라도 개인이 속한 가족체계를 변화시키는 접근이라면 가족치료라고 보았다.

1) 가족에 대한 정의

(1) 협의의 가족

가족은 '한 문화권에서 생물학적인 관계나 결혼, 입양, 기타 관습 등으로 친척의 지위를 얻은 친족집단의 일부' 를 뜻한다. 서로에 대한 의무를 가지고 거주하는 사람으로 구성된 일차집단이다. 가족은 사회적으로 인정하는 "혈연, 입양 혹은 혼인을 기반으로 하는 일차적인 집단으로 성관계가 허용된 최소한의 성인 남녀와 그들에게서 출생하거나 양자로 구성된 자녀로 이루어져 공동거주, 경제적 협력, 재생산으로 특징지어지는 사회집단이다"(Murdok, 1949).

가족을 건강가정기본법 제3조에서는 "혼인 · 혈연 · 입양으로 이루어진 사회의 기본단위"라고 정의하고 있다.

(2) 광의의 가족

가족이란 "가족은 정서적이고 물질적 지지에 기반을 둔 둘 또는 그 이상의 사람들이 상호 간에 기대를 갖고 그들의 삶의 유형에 관계없이 상호 책임감, 친밀감과 지속적인 보호를 주고받는 구성체"라고 규명한다(Giddens, 1992).

미국사회복지사협회(NASW)에서도 가족을 "그들 스스로를 가족으로 생각하고 건강한 가족생활에 필요한 의무, 기능, 책임을 수행하는 두 명 이상의 사람들로 정의"하고 있다(성정현 외, 2004). 현대사회에서는 다양한 가족의 구조, 생활주기, 문화적 차이를 포함하며 가족의 기능과 관계에 더 초점을 두고 있다. 또한 한부모가족, 확대가족, 혈연, 입양, 결혼 등으로 제한되지 않는 친족의 개념, 레즈비언과 게

이 부부 그리고 그들의 자녀들을 포함하는 등의 가족형태의 다양성을 일부 국가에서는 인정한다.

(3) 민법상의 정의

우리나라 민법 제4편(친족 편) 제799조에서는 가족의 범위를 다음과 같이 규정하고 있다.

〈표 15-1〉 **가족의 범위**

제779조(가족의 범위) ① 다음의 자는 가족으로 한다.
1. 배우자, 직계혈족 및 형제자매
2. 직계혈족의 배우자, 배우자의 직계혈족 및 배우자의 형제자매
② 제1항 제2호의 경우에는 생계를 같이 하는 경우에 한한다.

2) 현대가족의 기능

현대사회에서 가족의 다양한 기능에 대해 살펴보면 다음과 같다.

- 부부의 성적 욕구충족과 애정의 기능: 남녀 간의 성적인 관계를 합법적으로 인정하고 사회질서 유지와 가족의 보호기능, 서로 간의 애정과 성적 관계를 유지한다.
- 생식의 기능: 자녀를 출산하여 사회구성원으로 성장시키고, 사회를 유지 발전시키며, 인류의 영구 존속 가능하게 하는 것이다.
- 자녀양육 및 사회화의 기능: 어린 자녀를 사회에 잘 적응하도록 교육 및 훈육, 양육, 부양의 의무가 있다.
- 경제적 기능: 경제적 기능은 대내적으로는 소비의 기능이며, 대외적으로는 노동력의 제공과 분업에 참여하여 국민경제에 기여한다. 가족들이 일상생활을 유지하기 위해서는 소비가 필수적이며 소비는 국가경제의 순환에 직결된다.
- 정서적 안정 및 휴식, 오락의 기능: 가족들이 직장이나 밖에서 경쟁과 갈등, 긴장과 스트레스 속에서 지낸다. 가정에서는 이러한 정신적 긴장을 해소하고 소외감에서 벗어나 육체적 · 정신적 휴식과 오락으로 정신적 · 심리적 안정감

을 제공한다.

- 사회적 지위 부여의 기능: 인간은 누구나 가정에서 태어난다. 그리고 가족 내에서 사회적 지위를 부여받는다. 가족에서 남편과 아내, 아들이나 딸, 형제자매, 부모, 며느리, 이모, 고모, 조부모 등 지위에 맞는 다양한 역할이 부과된다.
- 보호적 기능: 가족들이 질병이나 상해 같은 외적인 위험으로부터 보호받고 재산을 보호하는 것이다. 노약자, 질병자, 정신질환자, 장애인 등 가족들이 일차적으로 보호하는 기능을 수행한다.
- 문화적 기능: 가족들의 전통적인 제사의식이나 규범, 도덕윤리와 가치들이 지속적으로 유지발전하도록 하는 기능이다.

3) 건강가정에 대한 연구

과거에는 가족에 대한 연구가 가족의 병리나 문제에 초점을 두었다면 다양한 학자에 의해서 가족이 가진 강점, 자원, 긍정적 측면을 연구하기 시작한 것을 '건강가족적 관점'이라고 한다. 건강가정이라고 하면 [그림 15-1]처럼 가족구성원의 다

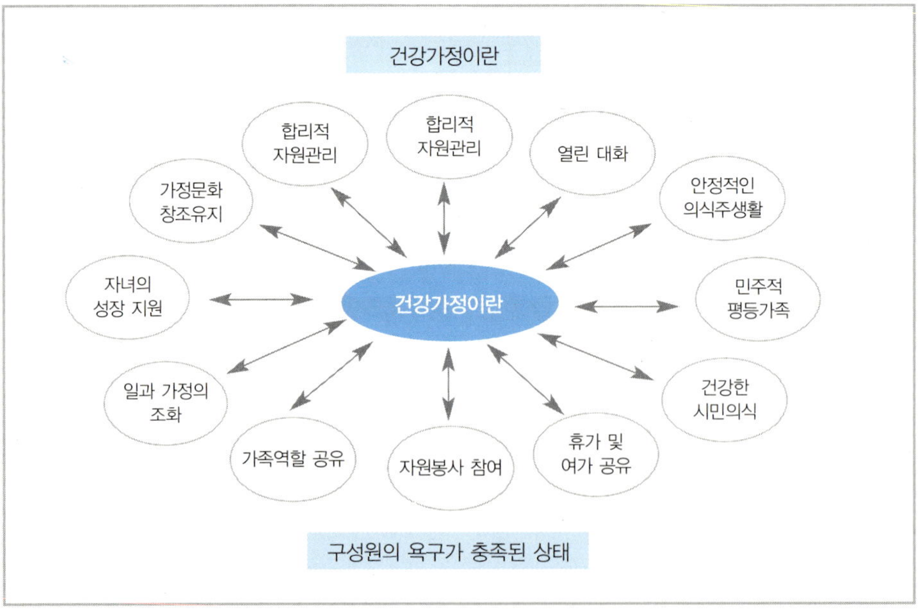

[그림 15-1] 건강가정의 구성요소

*출처: 조희금(2008: 38) 재인용

양한 욕구가 적절하게 충족되고, 서로가 서로를 존중하며 애정을 가지고 자녀양육과 부양에 책임을 지는 가정이다.

1970년대 미국이나 유럽은 지금 우리 사회와 비슷한 높은 이혼율, 청소년 범죄, 자살, 가족학대, 폭력, 알코올 및 마약중독 등 다양한 가족문제가 급증하기 시작하였다. 그래서 강한 가족, 건강한 가족에 대한 연구가 국가적 과제였다. 이는 가장 먼저 1930년 Woodehouse가 성공적인 250가족에 대한 연구에서 시작되었다. 그리고 1962년 Otto가 건강가족 연구에 관심을 가지면서 무엇이 강한 가정인가? 질문을 통해 가족의 강점을 조사 연구하였다. 1970년대 초 미국 사회의 가족문제 때문에 국가적 과제로서 네브라스카 대학에서 Nick, Stinnet과 DeFrain 팀에서는 건강가족의 특성 연구를 의뢰받아서 25년간 미국과 27개국 2만 1,000가족의 연구 결과를 발표했는데 바로 1979년 '미국 건강가족 목록' 이다. 1981년에는 '건강가족' 이라는 연구보고서가 5권 발표되었는데, 그중 Stinnet과 Sauer의 연구 결과, 건강한 가족의 특성으로는 다음과 같다.

- 감사와 애정: 서로 돌보기, 개성에 대한 존중, 유희, 감사와 애정을 표현하기
- 헌신: 신뢰, 정직, 의존할 수 있는 것
- 긍정적인 의사소통: 감정의 공유, 칭찬, 비난하지 않기, 타협하기, 불일치에 동의하기
- 함께 즐거운 시간 보내기: 질적인 시간 보내기, 함께 즐거운 일 하기, 서로의 친구들 즐겁게 맞이하기, 재미있는 활동이나 취미 공유하기
- 정신적인 안녕: 희망, 유머, 윤리적 가치를 공유하기, 인류와의 일치감
- 스트레스와 위기에 대처하는 능력: 적응력, 위기와 도전을 기회로 간주하기, 위기로 함께 성장하기, 변화에 대한 개방성, 회복력(Nick & Stinnet & Beam, 2004)

4) 가족체계이론

일반적으로 문제를 하나의 원인에서 출발한 관점에서 파악하고자 하는 것은 직

선론적 인과관계다. 이러한 관점에서 문제에 대한 접근을 할 때는 주로 '왜'라는 질문을 중심으로, 결과보다는 원인의 탐색에 치중하는 경향을 보인다. 이 관점은 자연과학적 사고에서 출발하지만, 인간의 복잡 다양한 행동을 이해하고 설명하기에는 한계가 있다(김유숙, 2000).

한편 체계이론의 준거틀을 가지고 가족에 대한 접근을 할 때는, 가족 내 일어난 과정을 이해하는 틀은 순환적 인과관계라고 볼 수 있다. 원인에 의해 결과가 일어나고 이 결과가 다시 원인이 되어 또 다른 결과를 불러오거나 앞의 결과를 유지 혹은 강화시킨다고 보는 관점이다. 이러한 순환적 인과관계에서는 가족 내 발생하는 문제가 특정한 개인의 문제가 아니라 가족 전체 또는 가족의 체계 속에서 이해해야 한다. 그리고 가족에 대한 개입을 할 때도 문제의 원인 하나에만 초점을 두기보다는 가족을 둘러싼 구조나 체계 또는 맥락이라는 관점에서 변화를 시도해야 한다. 이런 시도는 가족 개인의 심리내적 문제에 대한 경계가 분명하지 않고 개인의 성격적인 결함이나 문제보다는 서로 반응하는 의사소통이나 상호작용의 방식에 더 초점을 둔다. 체계이론에서는 가족을 하나의 체계로 보는 관점으로 가족성원 개개인에 초점을 맞추기보다는 전체로서의 가족에 중점을 둔다. 가족체계이론은 어떻게 가족체계가 전체적으로 기능하는가, 가족체계의 부분은 어떻게 상호연관을 맺는지에 더 중점을 두는 이론이다.

(1) 체계로서의 가족

가족은 가족구성원 개개인으로 구성된 전체이고, 지역사회를 구성하고 이에 적응하는 부분으로서의 체계이며, 가족은 사회체계의 한 유형이다. 따라서 가족은 체계의 특징과 성격을 갖는다. 체계론적 관점에서 가족은 구성원 개개인을 합해 놓은 것 그 이상이다. 가족구성원은 상호의존하는 관계에 있다. 따라서 한 사람의 행동이 다른 가족에게 영향을 미치며, 이는 반복적인 상호작용 행동으로 유형화된다. 체계로서 통합성을 유지하는 한편 경계를 형성하여 외부체계와 구분되기도 한다. 가족의 하위체계로는 부부체계, 부모-자녀체계, 형제자매체계 등이 있고 상위체계로는 확대가족, 지역사회, 국가의 정치나 경제, 문화가 된다. 이 모든 체계는 서로 상호작용하면서 가족의 기능을 유지하며 발전시킨다.

(2) 가족체계이론의 주요 전제

- 체계는 안정적이어야 하지만 융통적이며 변할 수도 있다.
- 가족은 나름대로의 발달단계를 갖는다.
- 가족 의사소통은 피드백으로 체계를 유지하는 데 필요한 원동력이 된다.
- 가족구성원의 행동은 순환 인과관계로 다른 가족구성원에게 영향을 미친다.
- 가족은 보다 큰 사회체계에 속하여 서로 보완역할을 하는 하위체계로 이루어진다.
- 가족은 기존의 규칙에 따라 움직인다.

(3) 가족체계의 주요개념

① 가족구조

체계로서 가족은 일정한 형태의 구조를 가지고 있다. 여기에서 가족구조란 가족구성원이 상호작용하는 방식을 조직화하는 기능적인 측면을 말한다. 상호작용의 기능적 측면은 외형적인 것이 아니라, 주로 은폐되어 있거나 의식하지 못하는 경우가 대부분이다. 이 가족구조는 구성원의 사고방식과 정서적 차원, 가족구성원 간에 이루어지는 교류의 내용과 관계 등에 의해서 결정된다.

② 가족 항상성

1932년 Cannon은 심리적 차원에서 상대적 불변성을 설명하기 위하여 심리학에 소개하였다. 일반적으로 균형을 유지하려는 인체의 자동적인 경향을 항상성이라 한다. 이를 가족체계에 비유해 보면, "어떤 중심적인 경향을 가지고 역동적인 균형을 유지하려는 체계의 경향성 그리고 이러한 균형이 깨어질 위협을 느낄 때 이를 회복하려는 작용"이다. 가족치료에서 Jackson(1965)이 병리적인 기제와 체계를 설명하기 위하여 처음으로 항상성 개념을 사용하였다. 가족치료에서 항상성은 체계가 건강한 상태로 유지되는 형태를 의미하는 것과 병리적으로 고착된 상태를 말한다. 또한 항상성(恒常性)은 지속적인 상호작용 체계의 안정된 상태를 유지하기 위하여 가족규범은 항상성 기제(homeostatic mechanism)에 의해 제한받기도 하고 강화되기도 한다.

모든 가족은 구성원의 행동이나 태도를 상식적인 수준으로 제한하고 균형이 깨지려 하면 다시 유지하려 한다. 그래서 가족은 서로 간의 피드백을 통하여 정보를 공유하고 수용하며 조절하려는 가운데 본래의 안정과 균형을 유지하려고 한다. 가족 항상성은 위기이론과 관련이 있는데 가족은 위기상황 이후에 정상적인 기능 수행으로 되돌아가려는 경향이 있다. 사회복지사는 가족의 상호작용 패턴을 재조직하고, 이러한 패턴을 조절하여 새로운 규칙을 만들어 냄으로써 새로운 균형상태를 유지하게 한다(사회복지교육연구센터, 2011).

③ **환류고리(피드백)**

환류란 자신이 수행한 것에 관한 정보를 받는 것이다. 체계는 환류를 통해서 새로운 행위를 산출하거나, 기존의 행위를 수정하는 자기조절행위를 통해서 자신의 목적을 달성한다. 환류고리는 두 종류로 나누어지는데 새로운 정보가 들어왔을 때, 체계가 그때까지의 안정을 깨고 일탈을 향해 움직이려는 경향을 증대(정적 환류) 또는 감소(부적 환류)시키느냐에 따라 구분하는 것이며 어느 것이 더 바람직하다는 의미는 없다.

- 정적 환류(적극적 환류, 적극적 피드백): 정적 환류는 현장의 자신의 행동이나 변화에 대해 그 행위를 계속하게 하는 정보를 받는 것이다. 즉, 내가 A라는 행위를 하고 상대방이 B라는 반응을 보였을 때, 그 반응으로 인해 내가 A를 계속하게 되면 B는 정적 환류이고, A를 중단하고 원래의 상태로 돌아가려 한다면 B는 부적 환류가 된다. 새로운 행동이나 변화가 생겼을 경우, 변화를 수용하여 그 변화를 유지하게 하는 역할을 한다. 내용이 긍정적이거나 변화가 생겼을 경우, 변화를 수용하여 그 변화를 지속하게 되면 정적 환류가 된다. 내용이 긍정적이거나 부정적인 것에 관계없이 상황이나 행위, 변화를 지속하게 하면 정적 환류가 된다. 가정에서는 일어나는 일탈행동이나 갈등 상황에 대해 정적 환류를 적용하면 최초의 일탈이나 갈등을 증폭시키는 역할을 한다(사회복지교육연구센터, 2011).

  (예를 들어, 고등학교 딸아이가 새로운 남자친구를 사귀려고 하자 엄마는 거기에 대

한 반응으로 너는 공부를 해야 되니 남자친구를 사귀면 안 된다고 강하게 제지한다. 이때 딸은 자신은 남자친구를 사귀고 싶다고 주장하면서 엄마가 자신의 뜻을 받아 주지 않자 가출을 시도하면서까지 자기 고집을 부리는 경우라면 정적 환류에 해당된다)

- 부적 환류(부정적 환류, 소극적 환류, 소극적 피드백): 어떤 상태나 변화, 새로운 행동이 부적절하므로 원래의 상태로 돌아가게 하는 환류다. 체계가 항상성을 유지하고 안정을 유지하게 하는 일탈감소, 안정유지, 변화감소의 역할을 한다. 부적 환류는 위기상황으로 더 이상 전진되는 것을 멈추고 원래의 상태로 되돌아가게 하는 작용을 한다. 가족규범으로부터 벗어나려는 행동은 부적 환류를 통해 저지되면서 항상성을 유지하는 데 기여한다. 가족은 가족 고유의 규칙과 경계, 구조를 지니며 상호작용을 통해서 이루어진다. 앞의 사례에서 남자친구를 사귀고 싶어 하는 딸에게 엄마는 설득하며, 부적 환류인 의사소통을 통해서 원래의 상태나 모습으로 딸이 학업에 전념하게 되는 것이다.

④ 순환적 인과성

가족에서 한 성원의 행동이나 사고, 가치는 다른 성원이 반응하게 되는 자극이 되고, 이 자극은 다른 가족에게 영향을 미치게 되어 전체에 영향을 주게 된다. 이 영향은 처음 변화를 유발한 가족구성원에게 다시 순환적으로 영향을 미친다. 순환적 인과성에 따라 가족문제를 해결하기 위해서는 '왜'보다는 가족의 상호작용의 연결성에 초점을 두어야 한다. 긍정적이거나 부정적인 상호작용은 가족들에게 모두 영향을 미치기 때문에 긍정적인 한 사람의 변화는 다른 가족구성원에게도 영향을 미쳐서 가족 전체의 변화를 초래할 수 있다.

예를 들어, 충동적이고 주의가 산만한 학업부진의 아동의 문제를 보면, 아동의 어머니는 아이에게 지나치게 간섭하고 잘한 것보다는 못한 것을 자주 지적하며 야단치는 엄마로 보인다. 아동에게 지나치게 집착하고 야단치는 엄마는 왜 그래야만 하는지 배경을 보면, 남편은 아동의 성적이나 행동으로 엄마를 동일시하며 아동의 행동에 따라서 엄마를 평가한다. 이 남편은 오로지 돈만 잘 벌어다 주면 자신의 역할은 최선을 다한 것이고 자녀양육의 몫은 엄마의 역할이라고 생각한다. 이런 막무가내의 남편에게 인정받을 수 있는 유일한 방법은 자녀를 야단쳐서라도 공부도 잘하고 모범생이 되는 것이라고 생각한다. 이렇게 아들의 문제나 집안일에는 무관심한 남편의 행동은 엄마가 아동에게 더 집착하게 하는 요인으로 작용한다. 엄마의 이런 바람직하지 못한 양육방식은 아들에게 더 집착하게 하므로 아동의 행동은 불안하고 산만하며 충동적으로 나타난다. 자기감정이나 욕구보다는 엄마에 의해서 조종당하고 엄마 뜻대로 따라야 하는 아동은 엄마에게 애정을 느끼기 보다는 불안의 상황을 더 경험할 수밖에 없어 증세는 더 악화된다. 이처럼 가족 개인의 증세나 문제는 서로 연관되어 순환적인 관계로 나타나는 것이 특징이다. 가족치료에서는 문제나 증세를 갖는 내담자를 IP(Identified patient) 확인된 환자라고 한다.

⑤ 가족경계의 유형

모든 가족은 외부세계와 어떤 유형으로든 경계를 형성하며 살아간다. 가족은 주변 환경과 다양한 상호작용을 하는데, 가족체계 간의 경계의 침투성을 구분하는 기준은 가족체계에 제삼자의 개입이 허용되고 환영받는 정도, 가족구성원이 외부인과 정서적 관계를 맺는 것을 허용하는 정도, 외부환경과 정보와 자원을 교환하는 정도다(김혜숙 외, 2012) 정보와 에너지의 들어오고 나가는 정도와 방향이 투과성의 정도에 따라 경직이나 혼돈으로 구분된다. 가족의 경계가 명확하고 융통성이 있으면, 가족 하위체계 간에 독립성과 자율성이 인정되며 융통적인 의사소통을 한다. 경직된 경계는 하위체계 간에 상호작용이 별로 없으며 다른 체계에 관심이 없다. 혼돈된 경계는 하위체계 간에 너무 지나치게 밀착되어 서로 구분이 어렵다.

⑥ 가족의식

가족이 함께 나누는 상호작용으로 쉬는 날, 생일, 특별행사를 포함하여 가족들이 함께하는 의식이다. 생일날 가족들은 당신을 위해서 어떤 일을 하는가? 결혼기념일, 생일날에 보여 주는 가족들의 활동으로 서로 간의 지지와 사랑을 나누는 질적인 측면을 알 수 있다. 또한 설날, 추석날, 명절 가족의 제사 등 가족문화를 아는 핵심요소다. 어린 시절의 사진을 가지고 와서 기억하도록 하는 것, 이것은 가족의 역할, 가족의 네트워크, 하위경계를 판단하는 지름길이 된다(최선화, 2009).

⑦ 가족신화

가족신화는 가족들이 아무런 의심없이 받아들이는 믿음이나 신념, 가치를 말한다. 마치 가족은 꼭 이래야 한다라는 강한 이데올로기로서, 예를 들어, 우리는 좋은 가족이므로 서로 싸우지 말아야 하고, 부모에게 거절해서는 절대 안 된다 등이다. 가족신화는 잘못된 기대나 신념으로 가족 전체나 개인에게 큰 부담으로 작용하기도 한다. 우리 가족은 모두 모범가족이므로 결혼 전에 동거나 혼전 임신은 절대로 있을 수 없는 일이다. 이러한 가족들의 기대나 압력으로 일탈이 나타날 수 있다. 가식으로 인해 생긴 가족의 틀을 상담을 통해 깨뜨려 현실적인 틀을 잡게 한다.

⑧ 가족규칙

가족들은 일상생활의 반복적인 것이 규칙으로 작용하기도 한다. 누가 집안일을 주로 하는지, 일요일은 가족 모두가 집안 대청소를 해야 하고, 일요일은 꼭 교회를 가야한다 등 대부분의 가족들이 상황에 따라 꼭 해야 하는 규칙이 있다. 역기능적인 가족은 이러한 규칙이 특정 가족구성원에게 한정되어 있다. 더 나아가 내면적인 가족의 규칙이 있다. 즉, 엄마는 저녁을 먹고 나면 기분이 가장 좋으니까 그때 용돈을 타야 돼, 아버지의 말은 무조건 들어야 집안이 편안해진다 등으로 가족 간의 반복적이고 조직화된 상호작용의 유형이 있다. 가족규칙은 가족 내에서의 관계나 역할수행과 행위지침에 대한 지도 원리로서, 모든 가족이 대부분 동의하지만 말로 표현되지 않는 경우가 많다. 따라서 전체 가족과 개별 가족구성원이 효과적이고 생산적으로 기능하도록 하는 규칙을 수립하는 것이 중요하다.

⑨ 의사소통

가족 안에서 역기능적 의사소통이란 말을 전달하는 사람의 내용과 의도가 일치하지 않고, 말과 행동이 일치하지 않으며, 언어적 · 비언어적 의사소통이 일치하지 않는다면 불일치적 의사소통이라 할 수 있다. 반대로 말과 행동이 일치하고, 말하는 내용과 의도가 일치하며, 언어적 · 비언어적 의사소통이 제대로 전달된다면 일치형 의사소통이라고 할 수 있다. 역기능적인 의사소통을 Satir는 회유형, 비난형,

초이성형, 산만형으로 구분하였다. 이는 가족사정기술에서 자세하게 설명하고 있다. 역기능적인 의사소통으로는 위장, 너 전달법, 이중구속이 있다

- 위장(신비화 혹은 거짓 꾸밈): 왜곡된 유형의 의사소통을 하는 것이고 표면적인 내용보다는 숨겨진 의미를 파악하여 의사소통의 뜻을 알아보는 것이다. 즉, 가족 내에서의 갈등이나 어려움을 드러내지 못하고 모호하게 하거나 가면을 쓰고 거짓반응을 하는 것을 말한다.
- 너 전달법(You-message): 너가 주어가 되는 대화형식으로 일반화시키거나 지시나 명령 혹은 비난을 섞어서 표현하고, 상대방에 대한 판단을 담은 표현을 하는 것이다(너는 잘하는 것이 없구나. 너는 행동이 그 모양이냐).
- 이중구속 메시지: Bateson은 말과 의미가 다른 메시지를 전달하는 것으로 정신분열을 조장한다고 보았다. 즉, 언어적 수준과 비언어적 수준의 불일치나, 서로 다른 수준의 상호 모순되는 두 가지 메시지를 동시에 받으면 듣는 사람은 두 가지 메시지 중 어떤 메시지에도 반응할 수 없는 혼란스러운 상황에 놓이는 것이다(자녀를 때리면서 다 너를 사랑하기 때문이라고 한다든가, 부모가 아이에게 조용히 하면 안 때린다고 하지만, 울면 운다고 때리고 울지 않아도 다른 이유로 또 아이를 때리는 경우. 이럴 경우 아이는 어떻게 해도 야단을 맞기 때문에 어떤 반응을 해야 할지 대단히 혼란스럽다).

5) 가족의 문제

가족의 복지적인 측면에서 가장 큰 문제는 역시 가족의 경제적 어려움이다. 특히 여성 한부모가족, 노인가족, 장애인가족의 빈곤문제는 노동시장에서의 차별과 사회보장정책의 미흡 등 사회환경적인 요인의 영향을 크게 받고 있다. 저소득층 가족의 경제적·문화적 결핍은 자녀교육의 문제로 이어져서 빈곤의 세습화를 가져올 수 있다(장수미 외, 2010).

가족이 경험하는 가장 큰 위기나 스트레스는 자녀의 죽음이나 배우자의 죽음 같은 가족구성원의 사망, 이혼과 별거로 인한 가족의 해체, 가족구성원의 알코올중

독, 인터넷 중독, 가족구성원의 질병이나 정신질환, 가장의 직장 상실 및 명퇴나 퇴직 등이다. 또한 가족들의 심리정서적인 문제로 볼 수 있는 가족구성원의 고립이나 외로움, 우울감, 정서적인 학대, 성적인 학대, 성격 차이로 인한 부모 자녀와의 갈등, 부부 갈등 및 외도문제, 원가족의 개입문제, 분노조절문제 등이 해당된다. 특히 가족구성원의 자살, 약물중독, 알코올중독, 인터넷 중독의 문제, 성중독, 고질적인 가정폭력의 문제, 고부간의 갈등, 빈민가정, 아동 및 노인 학대의 문제, 살인 가해자 및 희생자 가족, 가족구성원의 정신적인 질환이나 암, 치매 등은 가족의 기능을 저해시키며, 가족 스스로가 해결하기 어려운 문제로 사회적인 개입이 적극적으로 이루어져야 한다. 현대사회에서 가족은 기혼 취업여성의 증가로 아동양육의 문제나 방치, 평균 수명의 연장으로 인한 삶의 질 저하, 신체적 · 정신적 질병 및 치매에 대한 장기보호, 가족 규모의 축소로 인한 보호책임 분담의 어려움 등 사회적 여건의 변화로 인하여 과거 어느 때보다 더 많은 책임을 수행하고 있으며, 그에 따른 스트레스를 경험하고 있다.

가족 스트레스 요인에 대해 Mckenry와 Price(2000)는 가족의 경제, 구조, 목표, 역할이나 가치에 변화를 불러일으키는 것이라 주장한다. 스트레스는 갑작스러운 사고와 같이 예측할 수 없는 사건뿐 아니라 결혼, 출산과 같이 예측된 발달적 생활에도 관련된다. 또한 가족 내 스트레스에는 부적절한 의사소통으로 인하여 무시나 좌절감 분리나 소외감을 느끼게 하며, 역할 분담 같은 가족 내부 역동과 환경적 요구, 사회적 차별과 같은 외부 환경적 요소가 관련된다. 어떤 가족들은 개인의 가치나 차이 때문에 일상생활에서 갈등을 불러일으키고, 주변의 냉담하거나 무관심한 환경과 자주 접하는 사람에게는 큰 스트레스 요인이 될 수 있다(Hepworth et al., 2010).

최근 사회적으로 평등한 가정을 강조하고 민주적인 방향으로 변화하고 있지만, 아직도 부부 간의 실제적 평등에 기반한 조화로운 관계는 아직 실현되고 있지 않고 있다. 최근 기혼여성의 취업률 증가로 가족 내 새로운 역할 분담 등의 과제를 안고 있음에도 가부장제도의 보수적인 사고와 진보적인 양성평등 가치의 혼란으로 가족 내 갈등은 더욱 증가하고 있다. 또한 한국교육 현장의 치열한 생존경쟁과 입시 및 교육제도, 부모의 경쟁이 과열되면서 자녀양육 부담은 증가하고 가족의 사회화 기능이 혼란스러운 가운데 부모-자녀 기대와 요구의 갈등, 긴장의 이슈가 발생하여 청소년의 자살률은 세계 1위를 차지하고 있다.

Dattilio와 Jongsma(2006)는 가족치료의 치료계획서에 가족들의 다양한 문제와 갈등의 이슈를 모아 가족치료적인 개입기술을 소개하고 있다. 사회복지사들이 실제로 현장에서 만날 수 있는 가족의 문제들이 포함되어 있어 그 내용을 참고하도록 소개한다.

〈표 15-2〉 **Dattilio와 Jongsma(2000)가 구성한 가족의 문제들**

1. 가정생활과 외부 활동 사이의 불균형이 초래한 가족문제	20. 가족사업 갈등
	21. 가족구성원의 별거
2. 청소년 자녀/부모 간의 갈등문제	22. 원가족의 간섭
3. 입양가족 문제	23. 경제적 변화
4. 알코올 문제	24. 거주지 이전
5. 분노 조절 문제	25. 근친상간
6. 불안문제	26. 혼외성관계
7. 다른 가족구성원을 비난하는 문제	27. 형제 간의 상속분쟁
8. 혼합가족 문제	28. 혼혈가족 문제
9. 아동/부모의 갈등 문제	29. 편협함과 방어적 문제
10. 가족의 의사소통 문제	30. 질투와 불안감 문제
11. 강박행동 문제	31. 생명에 위협적/만성질환
12. 자녀의 사망문제	32. 다태아 출신의 딜레마-쌍둥이 혹은 세 쌍둥이 등
13. 부모의 사망문제	
14. 의존문제	33. 신체/언어/심리적 학대
15. 우울증을 가진 가족구성원의 문제	34. 종교적/영적 갈등
16. 가족 응집력의 상실과 분리문제	35. 별거/이혼
17. 섭식장애를 가진 가족구성원의 문제	36. 성적 지향성 갈증
18. 가족 외부 가해자에 의한 성학대 문제	37. 정신 외상적 사건
19. 가족활동에 대한 분쟁	38. 원치 않는/계획하지 않은 임신

*출처: Dattilio & Jongsma(2006: 19-20); 장수미 외 공저(2010: 184)

학대받는 아이 29%, 밥 제대로 못 먹고 병 나도 방치된다.

수도권에 사는 김인수(5 · 가명) 군은 한 살 때부터 엄마(43)의 폭언과 욕설에 시달려 온종일 울어 대기만 했다. 보다 못한 이웃이 아동보호기관에 신고했다. 조사 결과 엄마는 심한 산후우울증에다 생활고(월 수입 100~150만 원)까지 겹치자 이에 따른 불만을 아이에게 표출한 것으로 나타났다. 보호기관은 엄마가 뉘우치는 모습을 보이자 아이를 집으로 돌려보냈다. 하지만 3년 후 또 다시 학대신고가 들어왔다. 이번엔 부모가 보호기관의 개입을 강하게 거부하는 탓에 손을 쓰지 못하고 있다.

2012년 1~9월 아동보호기관에 접수된 아동학대 신고는 8,282건에 달한다. 지난해 같은 기간(7,742건)보다 7% 증가했다. 이런 추세로 가면 올해 신고 건수는 지난해(1만 146건)보다 훨씬 많을 전망이다. 중앙아동보호전문기관 장화정 관장은 "경제가 어려우면 아동학대가 증가하는 경향이 있는데 올해가 그런 것 같다."라고 말했다. 아동학대는 저소득층 가정에서 많이 일어난다. 지난해 아동학대 6,058건 가운데 기초수급자 가정에서 1,483건(24.5%)이 발생했다.

장 관장은 "경제가 어려우면 특히 방임이 늘어날 가능성이 크다."라고 우려했다. 밥을 안 주고 아파도 병원에 데려가지 않고 학교도 제대로 보내지 않으며 방치하는 행위다. 지난해 아동학대의 29.4%가 방임으로, 학대 유형 중 가장 높은 비율을 차지했다. 지난해까지 전체 아동학대는 증가해도 방임은 줄어왔는데 경기가 악화되면서 방임이 증가할 우려가 커졌다.

방임 등 아동학대를 줄이려면 조기에 발견해 전문가들이 보호해야 한다. 그렇게 하려면 신고가 중요하다. 현행법상 아이를 가깝게 접하는 교사 · 의사 · 학원강사 등은 학대받는 아동을 보면 의무적으로 신고해야 한다. 하지만 지난해 이들이 신고한 비율은 전체 신고 건수의 32.5%에 지나지 않는다. 2006년(31.2%)과 별 차이가 없다. 일부는 자신이 신고의무자라는 사실을 잘 모르고, 신고했다가 불이익을 받을 것을 우려한다. 반면 미국은 57.9%(2008년 기준), 호주 77.8%, 캐나다 68%, 일본은 40%(2006년 기준)에 달한다.

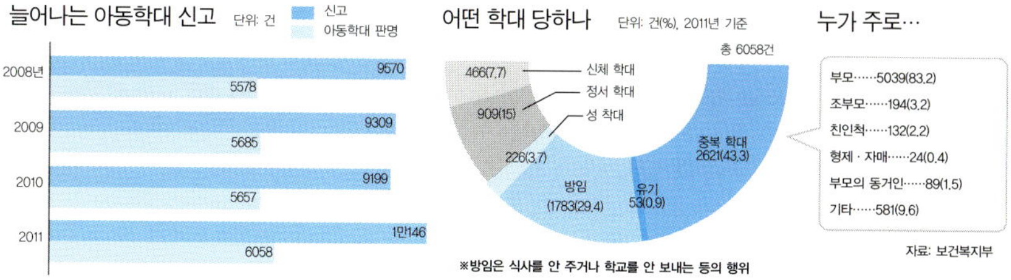

※방임은 식사를 안 주거나 학교를 안 보내는 등의 행위

자료: 보건복지부

신고가 적다 보니 인구 1,000명당 학대아동이 수치상으로는 0.65명으로 미국(13명)보다 훨씬 적게 나타난다. 하지만 장 관장은 "한국이 미국보다 아이를 더 사랑하는 나라라면 이 통계가 맞지만 현실은 그렇지 않다."며 "우리가 처한 상황을 보면 정서적 학대가 미국보다 더 많을 것"이라고 추정했다. 미국이 통계상으로 한국보다 학대아동이 많은 이유를 캘리포니아 주에서 찾을 수 있다. 0~17세 인구가 한국보다 25만 명이 적은 데도 아동보호기관은 98개(상담원 4721명)나 된다. 이들이 동네 구석구석을 살핀다. 하지만 우리는 45곳(312명)에 불과하다. 또 아이를 부모의 소유물로 여기는 잘못된 사고방식에다 아동학대를 부부싸움 정도로 가볍게 여기는 풍조가 뒤섞여 신고율이 더 떨어진다.

전문가들은 학대부모를 잘 교육해 아이가 가정에서 잘 자라게 하는 것이 가장 좋은 대책이라고 말한다. 그러려면 학대가 발생하는 경우 아이와 부모를 떼내 교육하고 알코올중독 등을 치료해야만 한다고 조언한다. 하지만 지난해 부모와 격리해 이런 조치를 취한 경우가 25%밖에 안 된다. 현행법에는 이런 강제조치를 취할 근거가 없다.

출처: 중앙일보(2012. 11. 20.)

6) 한국 가족의 미래전망

한국여성정책연구원에서 2011년도 한국 사회의 가족 변화를 둘러싼 주요 변화의 동인을 탐색해 본 결과, 가족변화의 핵심추동력은 저출산, 고령화, 경제 불안 증폭, 여성의 경제활동 증가, 복지수요의 증가 및 정책 확대, 과학기술의 융합 발전 등으로 나타났다. 이러한 요인은 가족의 형태, 기능, 관계 그리고 가족구성원의 역할에 변화를 줄 것으로 예측되고 있다고 전망하였다. 한국 가족변화를 조명하고, 미래를 예측하고자 코호트 요인법을 사용하여 장래인구 가족추계를 실시한 결과는 다음과 같다(장혜경 외, 2012).

첫째, 가족의 세대 규모의 축소 전망이다. 새로운 세대규모가 작아지는 양상은

20년 후인 2030년에 더욱 심화되고, 2030년에는 14세 인구가 398,576명으로 30만 명대로 접어들고, 0세 인구는 348,204명에 불과하게 된다. 이때 60세가 842,127명으로 가장 많은 인구를 가진 연령대가 된다. 2010년에 베이비붐 세대에 이어 한 연령층에 70만 명 이상의 세대 규모였던 성인 세대들이 2030년에는 장년층과 고령층에 접어들게 된다. 2030년에는 한 연령층의 평균 규모가 30대는 65만 명, 20대는 45만 명, 10대는 40만 명가량으로 감소한다.

둘째, 결혼긴장 문제가 확산이다. 2010년처럼 결혼적령기 연령이 남자 32세, 여자 29세로 유지된다면, 적령기 남성은 자신들의 인구 규모보다 작은 여성 인구 때문에 결혼에 어려움을 겪게 될 것이다. 적령기 남녀끼리만 결혼이 이루어진다면 2030년에는 적령기 남성 중 18%가 결혼을 하지 못하게 될 것이다. 2010년을 넘어가면서 발생할 결혼긴장 문제는 2020년경 잠시 완화되었다가 이후에 다시 지속적으로 발생할 것으로 예상된다. 이는 결혼연령 규범의 변화 내지 완화, 국제결혼의 증가를 가져올 것이다.

셋째, 가구 수의 유지와 증가다. 2030년까지 가구 수의 증가속도는 완화되지만, 절대수치는 지속적인 증가가 예상된다. 이는 평균 가구원 수의 감소와 연관되어 있다. 평균 가구원 수는 2010년 2.77명에서, 2030년 2.34명으로 감소할 것으로 예측되는 반면, 총 가구 수는 2010년에는 17,339,422가구, 2030년에는 20,468,970가구가 될 것으로 예상된다. 1세대 부부가구, 1인가구와 같은 소가족화 현상과 연결되며 또한 두 가구 모두 고령층에서 크게 증가할 것으로 예상된다.

전문가가 선택한 인구구조 관련 주요 변수는 이주민, 고령화, 혼인율, 이혼율이며, 가족환경 변화 영역은 라이프스타일, 가족의례, 가족의식이었다. 시뮬레이션 결과 수렴된 몇 가지 시나리오는 다음과 같다.

- 인구구조 변화: 이주민의 증가, 고령화 증가, 혼인율 감소, 이혼율이 증가한다.
- 가족환경 변화: 라이프스타일의 변화로서 식생활이 가정이 아닌 외부에서 이루어질 가능성이 크다. 가족의례의 변화로 결혼의례가 집안보다는 결혼 당사자를 중심으로 이루어질 가능성이 높다. 가족의식 중 대표적으로 가족관계의

중심이 부부중심으로 변화할 가능성이 크다.

- 미래에는 수평적인 관계를 기반으로 한 가족이 보다 다양화될 것이다. 그러나 이러한 다양성은 다른 한편에서 기존 가족의 경계를 축소할 가능성이 높으므로, 기존 가족이 제공하는 여러 자원을 대체하기 위한 조직이나 제도 등을 필요로 하게 될 것이다. 이러한 결과들은 향후 2030년에 여성, 가족정책 방향이 총 인구수와 연령구조의 변화, 성별 불균형과 저출산, 가족구성의 변화라는 측면을 고려할 필요가 있음을 시사한다(장혜경 외, 2011).

건강가정지원센터란

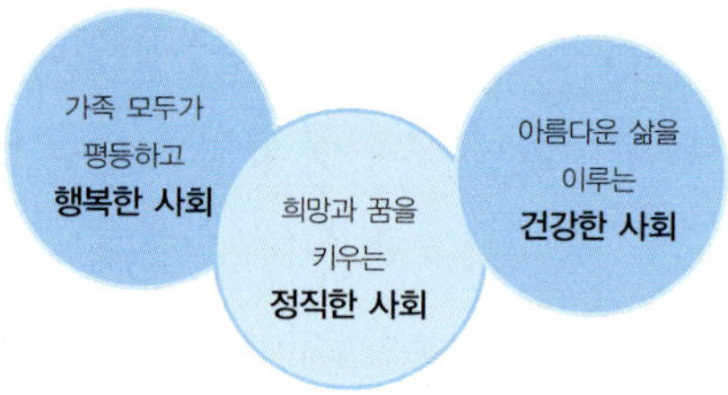

* 가정생활에 도움받기를 원하는 누구나 이용할 수 있습니다.

다양한 가족문제로 고민할 때 건강가정지원센터가 함께합니다. 건강가정지원센터는 긴급, 일시적인 시간제 돌봄서비스인 아이돌보미를 지원해 드리며, 가정생활 전반에 관한 문제를 함께 고민합니다.

* 가족의 건강한 변화와 성장을 돕습니다.

가족도 변화하고 성장해 갈 수 있습니다. '가정경영 아카데미'를 통해 가족 누구나 가족성장을 위해 필요한 교육을 받을 수 있습니다. 가족형태에 따른 편견을 없애고, 지역 내 이웃 간의 돌봄 영역을 확대하여 가족이 건강하게 성장하도록 돕습니다.

* 가족친화사업 환경을 만들어 갑니다.

가족이 함께 활동하고 봉사하며 지역사회를 아름답게 가꾸어 갑니다. 건강가정지원센터는 지역주민 모두 커다란 의미의 한 가족을 이루어 살 수 있도록 이웃 가족 및 사회에 관심을 두고 가족친화 사회 환경 조성에 앞장섭니다.

출처: 중앙건강가족지원센터 홈페이지(2011. 6. 30.)

예상문제

1. 항상성의 개념 설명으로 틀린 것은?

① 역동적인 균형을 유지하려는 인체의 자동적인 경향을 항상성이라 한다.

② 잭슨(Jackson)이 병리적인 기제와 체계를 설명하기 위하여 처음으로 항상성 개념을 사용했다.

③ 이것의 원리는 가족의 구조, 역할, 기능을 다루는 방식을 파악할 수 있다.

④ 가족의 모든 행동양식 가운데 가족이 허용하는 일정 선을 넘는 행위를 차단함으로써 유지된다.

정답: ③

해설: 항상성의 원리는 가족의 규칙, 의사소통 형태, 위기를 다루는 방식 등이 파악될 수 있다.

2. 다음 개념 설명이 틀린 것은?

① 부적 피드백: 어떤 상태나 변화, 새로운 행동이 부적절하므로 원래의 상태로 돌아가게 하는 정보환류과정이다.

② 순환적 인과성: 가족 내 한 사람의 문제원인은 반드시 다른 사람에게 있다고 본다.

③ 가족신화: 가족신화는 가족들이 아무런 의심없이 받아들이는 믿음이나 신념, 가치를 말한다.

④ 이중 구속: 두 개 이상의 상반된 메시지를 주므로 받는 사람에게는 혼란을 초래한다.

정답: ②

해설: 가족 내 한 사람의 행동이나 변화는 가족 전체에 영향을 미치며, 이런 영향은 다시 변화를 가져온 성원에게 순환적으로 영향을 미친다.

3. 스티넷(Stinnet)과 사우어(Sauer)가 말한 건강가정의 특성으로 적합하지 않는 것은?

① 감사와 애정
② 스트레스와 위기에 대처하는 능력
③ 함께 즐거운 시간 보내기
④ 가족구성원의 성격
⑤ 긍정적인 의사소통

정답: ④

해설: 성격은 해당되지 않는다. 서로 돌보기, 헌신, 정신적인 안녕, 공동의 활동이나 취미다.

16

가족대상 사정기술

1. 가족상담의 초기과정

가족상담에서 사회복지사가 클라이언트를 만나서 상담에 대한 안내를 하는 것은 매우 중요하다. 클라이언트의 불안을 완화시키고, 상담자와 신뢰관계를 쌓을 수 있으며 앞으로 전개될 상담의 방향을 알 수 있기 때문이다.

가족의 문제나 증세에 대한 접근방식, 자녀가 개입된 문제인지, 부부문제인지, 원가족과 관련된 문제인지를 사정하고 평가하는 데 치료이론마다 그 나름대로의 특징이 있다. 가족상담이론에서 알 수 있듯이 기능적이지 못한 가족들은 어느 것 한 가지만 특정적으로 문제가 있는 것이 아니라 가족의 정서적인 면, 기능적인 면, 의사소통 차원 등이 복합적으로 작용한다. 가족상담의 최근 동향은 어느 이론 하나만을 고집하고 활용하기보다는 다중적인 측면에서 가족을 사정하고 평가하며 종결로 이끌기 위해서 통합적으로 치료이론을 활용한다. 예를 들어, Bowen의 다세대 중심 가족치료와 전략적인 MRI 모델, 의사소통이론을 함께 적용하므로 단기적이고 효과적으로 문제해결을 시도한다.(제17장 가족상담 사례 참조) 경험적 가족치료에서는 게슈탈트 치료적인 기법을 동시에 활용하기도 하고, 해결중심이론에서는 의사소통이론을 함께 적용하여 치료과정을 이끌어 갈 수 있다. 사회복지사는 어떤 치료이론을 전문적으로 훈련받았는가, 치료이론의 장점과 단점을 고려하고 가족들의 문제유형과 갈등 수준, 병리적인 증세, 사회복지사 자신의 개별적인 경험과 가치에 따라서 어떤 치료이론을 통합적으로 접근할 것인지 생각해야 한다.

1) 접수상담

가족상담 접수는 보통 가족 중 한 사람이 직접 상담소를 방문하든지 전화로 접수 예약을 하므로 시작된다. 접수를 하는 상담자도 상담의 훈련을 받은 사람이면 상세하게 내담자의 말을 잘 듣고 반영하면서 문제를 잘 파악할 수 있다.

- 접수에서 첫 면담하기 전에 가족들의 전반적인 상황을 잘 파악해야 한다. 상담의뢰자에 대한 성명과 전화번호, 가족의 문제가 무엇인지, 문제의 지속기간 및 문제의 강도, 가족들의 현 상태에 대해 이야기한다. 가족 중 누군가 상담 경험의 유무와 상담의 효과성 정도, 문제로 인한 자살시도 경험, 가정폭력의 유무, 이혼의 유무, 정신과 입원경력 여부, 약물 또는 알코올중독의 유무 등도 파악한다. 가족들의 문제와 관련된 주변 체계들과 환경들의 영향력도 파악한다. 가족상담의 동기나 가족들의 관심 정도를 파악하며 첫 면접 상담에 참여할 사람과 시간 및 날짜를 상담자와 합의해서 결정한다.
- 접수자는 기관에서 유료 상담인지 무료 상담인지를 알려 주고 가족의 문제가 기관에서 다룰 수 있는지 없는지도 결정해 주어야 한다. 예를 들어, 가정폭력 피해자나 가해자는 상담을 하면서도 쉼터가 필요한 상황인지 물어보고, 마약중독자나, 알코올중독자, 정신분열증 가족은 증세의 강도에 따라서 전문 의료기관이나 병원에 연결해 주어야 한다.
- 자녀문제일 경우에는 가능한 부모 두 사람 모두가 상담에 참석하는 것을 권유하는 것이 바람직하며, 부부상담은 원칙적으로 두 사람이 함께하는 것이 바람직하지만 부부의 갈등이 심한 이혼위기 부부나 싸움이 심한 부부는 개별적으로 상담을 받는 것도 가능하다.
- 현 내담자의 문제가 위기상황인지, 응급상황인지, 만성적인 우울증의 문제인지 어떤 어려움인지, 문제에 대해 어떻게 호소하고 말하고 있는지를 파악한

다. 접수단계에서 사회복지사는 가정폭력 피해자나 잠재적인 피해자에게 가정 내 폭력이 발생할 경우, 여성 긴급전화 1366을 통해 도움을 요청하는 방법을 알려 주고, 즉시 폭력 현장으로부터 대피할 수 있는 방안을 마련하도록 도움을 제공해야 할 것이다. 가족상담에 앞서, 사회복지사는 가족이 표출하고 있는 문제의 배경에 알코올문제가 개입되어 있는지 여부를 꼼꼼히 살펴볼 필요가 있다. 가족구성원 중 누군가가 알코올문제를 갖고 있다고 판단된 경우는, 알코올 의존자의 치료가 우선되어야 하고, 일정기간 자조모임 등을 통한 치료적 생활경험을 통해 신체·심리적 회복이 어느 정도 된 후에 가족관계상의 갈등을 다루는 것이 좋다.

상담접수실에는 아동학대 신고기관, 학교폭력예방센터, 노인학대신고기관, 알코올중독센터, 청소년 쉼터, 노숙자센터, 정신과 병원 등 지역사회의 원조기관의 전화번호를 부착해 두어야 한다.

2) 상담의 구조화

첫 면접상담에서 사회복지사는 가족상담에 대한 전체적인 구조를 짠다. 상담에서 구조화란 상담의 전 과정을 순조롭게 하기 위하여 사회복지사와 가족 간의 바람직한 변화를 위해서는 안정적인 장소, 시간과 주기, 가족들이 지켜야 할 행동규범이나 상담자의 역할에 대하여 나누는 것이다. 상담 구조화 과정은 크게 세 가지 영역으로 구분하여 제시할 수 있다. 그것은 상담 여건의 구조화, 상담관계의 구조화 그리고 비밀보장의 구조화에 관한 것이다. 상담 여건에 관한 구조화는 상담횟수, 상담장소, 상담시간에 늦거나 약속을 지키지 못할 일이 발생하였을 경우 연락하는 방법 등에 대한 구조화다. 상담관계에 대한 구조화는 상담과정이 어떻게 진행되며, 상담자와 내담자가 어떤 역할을 하는가를 알려 주는 구조화다. 마지막으로 비밀보장에 대한 구조화는 사회복지사가 내담자에 대한 비밀보장을 유지하고 지켜 줄 의무가 있음을 알리는 과정이다. 아울러 비밀보장이 특수한 경우에는 한계가 있음을 알려 줄 필요가 있다. 내담자가 법적인 문제가 발생한 경우나 자살, 성폭력, 아동폭력 등의 위기로 제삼자에게 알릴 필요성이 있는 경우에는 내담자에게 비밀보장에 대한 예외가 있음을 설명해 준다(천성문 외, 2006).

사회복지사는 초기면접을 하고 나서 가족에게 현실적으로 문제해결을 위해 실현 가능한 것이 무엇이고 어느 정도 시일이 걸리는 지 등 안내를 해 주게 된다. 가족상담소를 방문한 가족들은 처음일 수 있기 때문에 긴장감과 약간의 두려움이 있을 수 있다. 가족들은 생소하고 모르는 것에 대한 자연스러운 반응이므로 사회복지사는 친절하고 세심하게 가족상담과정이나 절차에 대한 안내를 해 준다.

3) 초기 가족상담의 구조

- 사회복지사의 간단한 자기소개 및 가족원 소개
- 사회복지사가 가족상담이 어떻게 진행되고 치료자가 한 명인지 공동으로 두 명이 하는지 소개한다. 가족면담과정에 다른 치료자는 관찰해서 더욱 치료를 잘하도록 공동으로 한다는 것을 알리고 동의를 구한다.
- 치료과정을 비디오 녹화나 녹음을 할 경우에는 충분한 설명과 동의를 구하고 동의서를 작성하도록 한다.
- 치료시간은 보통 1시간에서~1시간 30분 정도 소요됨을 알려 준다.
- 예정된 상담에 대한 단기횟수나 상담료에 대한 안내(지불방식, 상담료, 취소나 불참 시 24시간 전에 할 것)
- 상담에는 가족 중에 누가 참석하는지 사회복지사의 판단에 따라 내담자와 합의하여 결정하도록 한다(부부와 자녀, 부부만, 모와 자녀, 개인면담 여부).
- 비밀보장에 대한 안내(면담 중에 말한 내용은 면담 후 말하지 않는다. 가족의 문제는 비밀이 보장된다. 단, 연구목적이나 슈퍼비전을 받을 때는 이름이나 개인 신상을 수정해서 알린다)
- 내담자의 행동과 규범에 대해서는 상담의 원활한 진행을 위해서는 가족들이 서로 말할 때 폭언이나 폭력을 행사하지 않을 것, 상담에서 말한 내용 가운데 불만이나 갈등은 상담시간에 다루도록 하기, 한사람씩 말하도록 하며 다른 사람의 말을 끊지 않기, 무엇보다도 상담에서 자신의 감정이나 생각을 솔직하게 말하기, 과제를 주면 잘 해 오기 등을 안내해 준다.

• 사회복지사의 역할 범위와 한계를 지정해 줄 필요가 있다(김혜숙 외, 2012).

사회복지사는 가족문제의 해결사도 아니고 가족원의 누구 한 사람만을 지지하지 않으며 중립적이고 개인의 의견을 존중하는 사람이라는 것을 알려 준다. 문제의 근본이나 원인을 함께 탐색하며, 서로의 갈등이나 의견을 조정해 주고 의사소통의 방식을 교육하며 문제해결을 위하여 함께 최선을 다하며 노력하는 사람이라는 것을 알려 준다.

사회복지사는 가족의 문제를 잘 해결하도록 도와주고 원조하는 사람으로 상담의 전체 과정을 이끌어 간다. 특히 가족 중 한 사람이 증세나 어려움을 당하고 있다면 그 사람 개인의 문제라기보다는 가족원의 전체적인 구조들을 파악하고 서로 어떤 관계를 형성하고 어떤 영향력이 있는지를 알게 해야 할 것이다. 가족들은 다른 사람의 변화를 요구하기보다는 서로 자신의 변화에 초점을 두도록 인도할 것이며, 그래서 가족들이 서로 협조적이며 적극적으로 문제해결을 위하여 노력해야 가능하다는 것을 알려 준다.

4) 초기 상담의 진행과정

(1) 라포 형성 및 상담 시작하기

가족과 사회복지사는 처음으로 대면하기 때문에 상담자는 가족들에게 방문한 것을 칭찬하며 마음의 문을 열고 대화를 잘할 수 있도록 분위기 조성을 잘해야 한다. 사회복지사는 초기과정에서 가족들과 치료적 관계 형성이 중요하다. 가족들은 문제로 인한 심리적인 상처와 불안감이 많다 보니 자기방어가 아주 익숙해져서 아직 문제에 대한 관점이 상대방 중심인 경우가 많다. 사회복지사는 이런 가족들의 심리상태를 잘 알고 초반에는 가벼운 대화에서 자신에 대한 소개나 오시는 과정이나, 개인적인 취향이나, 서로의 관심사들을 나누면서 친근한 관계 형성을 해야 한다. 사회복지사는 개인의 의견을 존중하고 수용하면서, 특히 어려운 상황이나 고통을 호소할 때는 충분히 공감해 주며 반영해 주어야 한다. 사회복지사는 가족들의 대화과정에서 정서의 흐름이나 대화의 주제들, 개개인의 생각이나 주장을 잘 이해하면서 가족 안에 함께 합류하는 과정이 필요하다. 가족들의 상호작용을 적극적으로 촉진하며 개개인의 특성이나 긍정적인 의도, 진심 등을 잘 파악하여 반영해 준다. 사회복지사는 초기에는 어느 누구 편으로 치우치지 않도록 하며 균형감을 유지하며 온화한 분위기에서 차분하게 진행하도록 한다.

다음과 같이 가족들에게 문제에 대한 관점이나 대처방식, 목표설정을 위한 질문을 하면서 진행한다.

- 가족들이 치료기관을 처음 어떻게 접하고, 누가 보내서 아니면 자발적으로 오게 되었는지 이야기하게 한다.
- 가족들이 문제에 대한 각자의 입장과 견해를 설명하도록 기회를 준다. 자녀도 자기 입장에서 문제에 대하여 이야기하도록 한다. "여기에 오신 목적이 무엇입니까?" "제가 어떻게 여러분 가족을 도와드릴 수 있을까요?"라고 물을 수 있다.

(2) 문제 상황의 탐색

가족의 문제들을 탐색할 때 사회복지사는 다음의 내용을 고려하여 대화 가운데 질문을 통하여 자연스럽게 답을 얻어 낸다.

- 누가 가장 먼저 가족의 문제를 문제로 인식하고 발견하였는가?
- 문제 상황은 현재 어떤 상황으로 진행 중인가? 앞으로는 또 어떻게 될 것으로 보이는가?
- 문제는 얼마 동안 지속되어 왔는가?
- 문제로 인해 가장 큰 어려움을 호소하는 사람은 누구인가 또 어려움을 직접 받고 있는 사람은 누구인가?
- 가족의 문제를 누구는 알고, 누구는 모르고 있는가?
- 문제에 어떤 사람들이 개입되어 있는가?
- 문제가 일어나는 상황(시간, 장소, 조건)이 별도로 존재하는가, 아니면 문제가 지속적으로 발생하는가?

사회복지사는 가족의 문제 상황에 대한 것을 구체적으로 질문할 수 있다. 가족의 관계나 개입 정도는 어느 정도인가 파악할 수 있도록 한다. 문제에 대하여 가족들에게 순환질문으로 하는 것이 더 효과적이다. 예를 들어, "누가-할 때 누구는 무엇을 하지요?" "누가 힘들어하는 것을 보는 당신은 어떤 생각(감정)이 드나요?" 질문하면서 탐색한다.

(3) 문제에 대한 가족구성원의 시각 탐색

가족들이 현재 드러나는 문제에 대한 자신의 입장과 관점을 탐색한다.

- 가족구성원은 표출된 문제를 가족구성원 중 어느 한사람의 문제로 보는가?(아이가 학교에서 왕따를 당했어요), 아니면 관계상의 문제(엄마가 아이에게 너무 간섭이 심하고 집착해요)로 보는가?
- 가족구성원들이 가족의 문제를 어느 한 사람만의 문제라고 주장할 경우, 나머지 가족구성원들 사이에 또는 IP와 나머지 가족구성원들 사이에 다른 문제가 존재하지 않는가?
- 가족은 문제의 원인이 무엇이라고 생각하는가? (엄명용 외, 2008)
- 가족들이 어떤 행동을 하기를 원하는가? 가족들은 문제의 원인을 알지라도 어떻게 행동해야 하는지를 잘 모른다. 또한 초기에는 가족 한 사람이 문제의 원인으로 생각하고 방어하는 경향이 있지만 점차적으로 자신의 행동이 어떤 영향을 끼쳤는지 알게 된다. 각자가 문제해결을 위해서 어떤 행동을 원하는지를 가족들이 서로 이야기를 하도록 하므로 상담자는 문제에 대한 잠정적 가설을 세울 수 있다.

(4) 문제에 대한 태도나 입장 탐색

Fisch 등(1982)은 클라이언트가 나타내는 의미체계를 클라이언트의 태도라고 불렀다. 그가 제시한 클라이언트의 태도유형과 그것을 활용하는 방법을 살펴보면 다음과 같다.

- 누구를 문제의 사람(환자)으로 지목하는가?
- 자신을 문제를 갖고 있는 사람으로 지목하는 입장인가?
- 다른 사람을 환자로 지목하는 입장인가? 문제행동에 빠져든 '환자'를 염려하고 걱정하는 입장, 문제를 일으키는 '환자'로 인해 자신이 피해를 입고 있다고 '환자'를 원망하거나 비난하는 입장인지 탐색한다.
- 문제 상황 변화의 필요성에 대한 태도에 대한 탐색
  - 변화가 필요함을 인정하고 변화에 능동적인 태도를 보이는가?
  - 현재 상황이 바람직하지 않음은 인정하지만, 참기 힘든 정도는 아니므로 특별한 변화를 필요로 하지는 않는다는 수동적인 태도를 보이는가?
  - 현재 상황의 변화를 간절히 원하지만 자신이 원하는 방식으로만 변화를 원하는가?
- 문제해결 가능성에 대한 태도 탐색
  - 문제가 해결될 것 같지 않다는 비관적 입장인가?
  - 어렵지만 잘 해결될 것이라는 낙관적 입장인가?
- 왜 하필이면 지금 사회복지사를 찾았는가?

가족들이 문제를 어느 정도 느끼고 지각하는지 심각성이나 해결의지가 얼마나 강한지 동기를 알아볼 수 있다. 지금은 문제가 너무 절박한 상황이다. 더 이상 참을 수가 없다. 자녀가 이러다간 가출하게 생겼다. 너무 고통스러워서 이혼을 결정하고 싶다 등 문제에 대한 심각성과 해결의지를 탐색해야 한다. 사회복지사는 가족들의 동기의지나 절박한 상황을 치료에서 잘 활용해야 한다.

동기를 평가하는 방법으로는 어떻게 치료에 오게 되었는지? 어떤 변화를 희망하는지? 등을 본인에게, 배우자, 때로는 자녀에게 물을 수도 있다. 동기를 평가할 수 있는 또 다른 단서는 ① 말하고 싶어 하는 태도, ② 눈물 등을 통한 솔직한 감정표현, ③ 인사하는 태도의 진지성, ④ 감사의 표현, ⑤ 남을 비난하지 않고 스스로 책임지려는 자세 등이다(Broch & Barnard, 1988).

(5) 문제에 대한 대처와 시도 탐색

대부분의 가족들은 자신들이 경험하고 있는 문제나 어려움을 해결 또는 해소하기 위해 나름대로의 노력을 기울인다. 시도된 해결방식은 가족이 자신들의 문제를 해결하기 위해 기울여 온 노력의 내용이다. 이런 노력이 얼마나 효과는 있었는지 오히려 더 큰 문제를 발생하였는지 다음과 같이 탐색한다(Fisch, Weakland, & Segal, 1985).

- 가족은 문제해결을 위해 어떤 노력을 해 왔는가?
- 가족구성원들끼리의 자체 노력은 무엇이었나?
- 다른 사람들이 문제해결을 위해 가족에게 권유한 시도는 무엇이었는가?
- 가족체계 밖의 전문기관의 도움을 통한 문제해결 노력은 무엇이었나?
- 지금까지의 노력 중에서 도움이 되었던 것과 도움이 되지 않았던 것은 무엇인가?
- 가족 나름대로의 시도를 고려하고서도 또는 다른 사람의 시도 권유를 받고도 그것들을 실행에 옮기지 않은 이유는 무엇인가?

(6) 상호작용의 의미체계 탐색

가족구성원들은 자신들이 일상적 경험을 어떻게 인식하며 어떤 믿음체계를 갖고 있는지, 과거에 발생한 사건에 대해 어떤 기억을 갖고 있으며 그와 관련하여 어떤 감정을 의식적 또는 무의식적으로 갖고 있는지를 살펴봄으로써 가족구성원들의 의미체계를 파악할 수 있다.

가족의 의미체계는 가족구성원들이 주변 사물에 대해 인식하고 평가하는 경향

> 예 "직장생활 가운데 극도의 스트레스에 시달리고 있는 아내가 자신의 상황에 대한 어려움을 남편에게 호소한다. 이때마다 남편은 아내에게 직장에서 당하는 어려움에 대한 해결방법을 충고한다. 아내와 남편 사이에 이러한 상호작용이 되풀이되는 가운데 아내는 남편에 대한 기대를 접었으며, 앞으로는 어떤 어려움이 있어도 남편과는 이야기를 나누지 않으려고 한다고 밝혔다. 남편은 자신의 진지한 충고를 외면하며 이렇게 행동하는 아내를 도저히 이해할 수 없다고 한다"(엄명용 외, 2008).

을 나타내는 것으로서, 개인이 향후 경험하게 될 내외부 상황을 어떻게 파악하고 해석하며, 그 경험에 대해 어떻게 반응할 것인가를 미리 파악하는 데 도움이 되는 개념이다(엄명용 외, 2008).

앞의 예에서 아내가 남편으로부터 기대한 것은 상황 해결을 위한 충고가 아니라 자신이 처한 어려움에 대한 남편의 따뜻한 이해의 말 한마디였다. 한편, 남편은 아내가 처한 힘든 상황에 대한 공감 및 인정보다는 냉정한 이성에 바탕을 둔 합리적 충고를 해 왔던 것이다. 아내는 남편의 반응이라는 사건에 대해 자기 나름대로의 의미체계를 갖고 있었던 것이다. 이런 의미부여에 대한 해석을 서로가 분명하게 한다면 부부가 말과 행동에서 서로 어떻게 해야 하는지를 명확히 알 수 있을 것이다.

(7) 상담의 목표와 원하는 것 탐색하기

오늘 상담에서 가족들이 원하는 것이 무엇이고 앞으로 상담의 목표를 무엇으로 정해야 할지 우선순위를 정해야 한다. 가족 가운데 누가 무엇이 어떻게 되기를 원하는가? 누구는 어떤 것은 원하지 않는가?를 파악한다. 예를 들어, 부인은 남편이 술을 마시는 것을 절제하기를 바라지만 남편은 사업상 그렇게 하기는 힘들다고 이야기할 수 있다. 아내는 이혼을 원하지만 남편은 그럴 수 없다고 말하기도 한다. 해결방안은 처음부터 최종적인 치료목표보다는 단계적인 해결방안을 마련하는 것이 바람직하다. 가족의 문제해결은 때로 아내중심적일 수도 있고 남편중심적일 수도 있다. 그리고 비현실적일 수도 있고 가족들이 문제에 대한 태도가 종종 문제일 수도 있고, 문제를 해결하는 방식이 더 문제일 수도 있다.

가족들에게 구체적으로 무엇이 어느 정도 변해야 치료를 종결할 수 있을지 질문한다. 상담의 종결에서 어떠한 경우가 성공적이고 어떠한 경우는 상담이 실패한 것인가를 확실히 해 둔다. 특히 개개인의 변화가 구체적으로 어떤 행동방식으로 서술되도록 한다. 사회복지사는 가족들과 함께 치료목표에 대한 방향설정과 치료의 초점을 결정해야 목표를 향해 전진할 수 있다. 가족들은 한 배를 탄 공동체로 치료 방향결정과 합의된 공동 목표가 어떤 것인지 확실하게 규정되면 가족들도 어떻게 변화하여야 하고, 시간은 어느 정도 걸리며, 가족들이 앞으로 어떤 모습이 될 것인지 희망을 갖고 적극적으로 임할 수 있다. 물론 상담목표는 면담이 진행되는 과정에서 조금씩 수정될 수 있고 가족들의 변화로 인해 목표도 달라질 수 있다. 처음에는 자녀문제에 대한 행동의 변화이지만 치료과정에서 부부 간의 바람직한 의사소통과 갈등해결로 목표가 바뀔 수도 있다(김혜숙 외, 2012).

2. 가족대상 사정방식

1) 가족사정의 개념

가족사정(Family Assessment)은 가족치료의 전 과정에서 필수적인 작업이다. 가족사정이란 가족을 진단하고 평가하여 측정하는 일련의 행위로, 가족을 하나의 '단위' 로 보고 가족 내부 및 가족 외부체계, 이들 간의 상호작용 및 가족 외부요인 간의 영향력 등을 파악하기 위해 자료를 분석하고 종합하여 그 가족에 대한 개입을 계획하려는 과정을 의미한다. 이 과정에서 가족문제, 가족의 구조와 관계유형, 가족과 외부체계와의 상호작용, 가족의 강점, 문제해결을 위한 자원이나 동기 등을 평가한다(조홍식 외, 2006).

가족사정의 핵심은 가족과 관련해서 무엇을 사정하고 또 어떻게 사정해야 하는지 방법면이 중요하다. 가족은 하나의 체계다. 따라서 가족을 이해하기 위해서는 가족구성원의 문제를 가족의 기능이나 역동과 관련하여 이해하는 것뿐만 아니라 가족에게 영향을 미치는 환경체계와도 관련하여 그 상호작용 양상을 이해해야 한다. 진단이 병리적이고 문제중심의 탐색이라면, 사정은 클라이언트의 강점이나 자원, 잠재력 등을 중요시하는 것이다. 가족을 사정할 때 가족이 가진 문제뿐만이 아니라 가족의 강점이나 자원이 무엇인지도 파악해야 한다.

2) 가족사정의 방식

가족사정은 크게 질적 평가와 양적 평가로 나눈다. 질적 평가로 사용하는 중요한 방식으로는 면접(인터뷰)은 직접적인 관찰과 면담을, 양적 평가로는 척도나 체크리스트를 활용한다.

면접(인터뷰)은 정보를 수집하기 위해 가장 많이 활용하며 내담자와 면담을 통한 정보수집이 가능하다. 내담자의 증상이나 어려움, 대처방식, 가족의 역기능적인 면, 가족원의 문제해결 능력이나 동기, 의지를 평가할 수 있다. 면접기술에서 보듯이 사회복지사는 다양한 질문기술과 경청기술 및 반영기술, 공감기술이 필요하다. 가족체계에 초점을 둔 도구로서, 예를 들어 생태도(eco-map), 가계도(genogram), 가족조각(family sculpture) 등이 활용된다. 직접적인 관찰은 가족원들이 실제 어떻게 상호작용하는가에 대해 초점을 둔다. 어떤 주제를 주고 가족들이 토론하는 것을 관찰하는 것, 가족들이 게임이나 과제를 풀어 나가는 과정을 관찰하므로 가족의 구조나 질서, 규칙에 대한 정보를 얻을 수 있다. 부모와 자녀 간의 의사소통방식을 관찰하는 것이다. 관찰로는 가족조각으로 공간을 활용하여 가족원의 관계를 나타낼 수 있다. 관찰도구로 일방경이나 녹화를 통해서 좀 더 정확한 관찰이 가능하다.

척도나 체크리스트 사용은 양적 평가로, 자기보고식의 척도에 답하므로 가족기능의 중요한 요인들의 문제나 결핍요인을 찾아낼 수 있다. 가족의 환경적 · 물리적 · 사회적 · 정서적 요인을 알 수 있는 내용을 포함하고 있다. 자기보고식의 척도들은 〈표 16-1〉과 같다.

〈표 16-1〉 **가족사정 척도**

- Olson, Portner, & Lavee(1983)의 가족적응성과 응집성 평가척도Ⅲ(Family Adaptability and Cohesion Evaluation Scales Ⅲ: FACES-Ⅲ)
- Epstein 등(1983)의 McMaster의 가족사정도구 제3판(McMaster Family Assessment Device: FAD Version 3)
- Emery 등(1980)의 가족평가모형(Family Evaluation Form: FEF)
- Beavers, Hampson, & Hulgus(1981)의 자기보고식 가족 인벤토리(Self-Report Family Inventory: SFI)
- Straus(1979)의 갈등전술척도(Conflict Tactics Scale: CTS)

구체적인 가족사정에 들어가기 전에 사회복지사는 클라이언트가 호소하는 문제에 대해 사정해야 한다. 즉, 클라이언트 문제의 지속기간과 복잡성, 문제의 과거기록, 문제에 대해 가족원이 갖는 관점, 문제해결을 위해 기울였던 노력의 종류와 정도, 상황을 변화시키려는 의지나 동기 정도 등이다. 이러한 클라이언트 문제에 대한 전반적 파악은 가족을 사정하는 데 있어 중요한 자료가 될 수 있다.

사정단계를 통해 가족에 대한 정보를 파악하는 동안 사회복지사는 가족에게 반드시 가족체계론적인 생각을 이해시키려고 노력할 필요는 없다. 가족을 이해하는 사회복지사의 시각이 가족체계론적 시각에 서 있느냐의 여부다. 사회복지사가 개개인에게 자신의 입장을 설명하지 않더라도 면담을 통하여 그들은 가족구조와 가족체계 안에서 자신들의 역할에 대하여 생각하게 될 것이다. 사회복지사는 바람직한 가족기능의 개념을 가지고 한다면 자신이 만나는 가족을 보다 잘 이해할 수 있을 것이다(김유숙, 2000).

3. 가족의 구조와 기능에 대한 사정

가족을 사정하기 위해서는 가족에 대한 전체성을 이해하는 것이 중요하다. 사회복지사는 가족의 전체적인 구조와 가족의 기능을 중심으로 이해해야 한다. 가족구조는 가족들의 상호작용을 결정하는 기능적 조직이자, 가족들이 상호작용하는 조직화된 유형이다. 가족기능이란 가족집단이 가족성원이나 사회에 대하여 행하는 지속적인 작용 또는 작용관계로서 가족이 수행하는 역할, 행위로서의 가족행동을 의미하며, 가족구성원의 의사소통, 상호작용방식, 문제해결방법, 역할분담 등 다양한 요소가 포함된다. 가족의 기능은 시대나 그 사회문제가 개인 및 집단에게 요구하는 가치에 따라 달라질 수 있다.

(1) 기능적인 가족과 역기능적인 가족

구조주의 가족치료자 Minuchin(1974)는 가족의 기능적인 특성과 역기능적인 특성을 다음과 같이 분류하여 설명하였다. 가족사정 시 가족의 기능이 어느 정도인지 점검할 수 있다.

〈표 16-2〉 기능적 가족과 역기능적인 가족의 특성

기능적 가족의 특징	역기능적인 가족의 특징
• 가족성원들 사이에 경계가 분명하고 자율성이 있다. • 가족성원들은 서로에 대해 깊은 신뢰감을 가지고 있다. • 가족규칙은 가족발달에 맞게 변화되고 유연하다. • 부모가 서로 연합하여 권력을 가지되 위협적이지 않다. • 가족의 발달단계에서 요구되는 과업을 수행하는 데 있어 융통성을 발휘한다. • 환경체계와 분명히 구분되는 동시에 개방적이고 융통성이 있으며, 개방형 가족체계의 적응적인 경계를 갖고 있다. • 성원 개개인의 역할이 분명하지만 가족생활주기의 변화에 따라 융통성이 있다.	• 가족체계가 외부와 폐쇄적이어서 교류가 없다. • 가족규범에 융통성이 없어 경직되어 있으며 위협적이다. • 가족성원 간에 서로 집착하는 정도가 심하거나 또는 지나치게 무관심하다. • 가족성원에게 정형화된 역할을 부여하여 혼란스럽고 모호한 의사소통을 하게 한다. • 가족의 발달과업을 수행하는 데 있어 경직되어 있다. • 가족 간 의사소통에 있어 불일치가 나타난다. • 가족 간에 권력이나 정보가 한 사람에게만 제한되어 있다. • 가족 간에 심한 의존성 때문에 독립, 자율성이 결핍되어 있다.

*출처: 김유숙(2000); 김혜숙(2008)

(2) 가족구성원 간의 경계 및 외부와의 경계

가족 내 하위체계 간 경계의 명확성은 가족기능을 평가하는 유용한 기준으로, 명확한 경계선의 가족은 서로의 감정과 의견을 존중해 주고 합의해서 결정한다면 역기능적인 개념으로는 지나치게 간섭과 개입을 하는 가족으로 밀착된(혼돈) 가족과 가족들이 서로 소원하여 전혀 관심이 없는 유리된(경직) 가족이 있다.

가족들이 외부체계와의 경계선을 살펴보면 다음과 같다.

첫째, 가족의 개방체계다. 가족들은 외부로부터 정보를 많이 받아들이며, 분명한 경계선, 융통성 있는 침투력, 유동적인 경계, 규칙과 합의가 있다. 건강한 가족의 특성이다.

둘째, 가족의 폐쇄체계다. 가족들은 외부와의 경계가 지나치게 분명하고 침투력 없이 경직되어 있다. 외부에 대하여 폐쇄적이며 단절되어 있다. 이들은 가족구성원끼리는 애증의 관계, 강한 의존의 관계, 융합 의존적 관계로 상호작용을 한다. 가정폭력 피해가족, 알코올중독가족 등에게서 종종 발견된다. 건강하지 않은 가족이다.

셋째, 방임형 가족체계다. 가족 외부와의 경계 구분이 거의 없다. 가족 경계가 없고 외부와의 교류에 제한이 없다. 시부모나 시댁가족들이 자기 집처럼 드나들면서 간섭한다. 너의 것, 나의 것에 대한 경계도 분명치 않다. 건강하지 않는 가족이다(사회복지교육연구센터, 2011).

〈표 16-3〉 **밀착가족과 유리가족의 특성**

밀착된 가족(혼돈)	유리된 가족(경직)
• 가족원 간 독립심과 자율성 결여 • 가족원의 획일적인 감정과 생각 강요 • 과도한 가족응집력 • 지나친 간섭과 관여	• 가족원 간 경계가 경직 • 가족원 간 상호작용 부족 • 가족응집력과 결속이 낮음 • 다른 가족원에 대한 관심 결여

〈표 16-4〉 **가족의 구조체계 사정하기**

가족의 하위체계 경계유형	역 할	세력, 힘 결정권
부부체계 사이에 경계가 있으며, 융통성이 있는가?	부부 사이에서 서로의 역할은? 만족스러운 것은? 불만족스러운 것은?	부부 간에 누가 어떤 면에서 더 세력행사(의사결정권)를 하는가?
부모자녀체계가 각 체계 사이에 경계가 있으며, 융통성이 있는가?	부모자녀관계에서 부부 각각의 역할은?	부모자녀관계에서는 누가 더 의사결정이나 힘이 있는가?
형제자매체계 사이에 경계가 있으며, 융통성이 있는가?	자녀들이 가정에서의 역할은?	자녀들끼리 서로 세력, 힘 의사결정은 누가 더 어떻게 행사하는가?

(3) 가족구성원의 상위체계 및 하위체계

- 가족의 상위체계로는 주로 가족을 둘러싸고 있는 사회적 환경 및 관계망을 말한다. 가족에게 중요한 영향을 미치는 사람이나 친척 · 친구 같은 비공식적 관계망에 대한 것과 종교기관, 학교, 기관, 시설, 문화를 포한한다. 주로 이를 위해서는 사회적 관계망이나 생태도를 활용한다.
- 가족의 하위체계로는 부부체계, 부모자녀체계, 형제자매체계를 볼 수 있다. 부부관계의 특성이 어떤 방식으로 형성되는지, 부부의 의사결정이나 세력, 역

할, 규칙, 의사소통방식, 신념 등을 사정한다. 부모자녀체계에서 위계구조가 어떤 방식인지를 사정한다. 역기능적인 체계로 자녀가 한쪽 부모에 저항하고 한쪽 부모 편만 드는 심각관계가 있는지, 부모역할을 대신 수행하는 부모화 역할을 누가 하는지, 자녀의 삶에 부모가 방치, 무관심, 편애, 독재적, 지나치게 개입하는지, 부부갈등에 자녀가 편을 드는지 등을 볼 수 있다.

(4) 가족구성원의 의사소통

가족은 가족이라는 체계 안에서 가족원의 개별적인 경험과 가족의 집단경험을 기초로 가족 특유의 의사소통방식을 발달시킨다. 가족의 의사소통은 친밀감, 의사결정, 태도, 관계의 질을 결정하는 요소다. 부부 간의 의사소통방식은 부모－자녀 간의 의사소통에도 서로 영향을 주고받을 뿐 아니라 관계의 질을 결정하는 요인이다. 또한 가족원의 의사소통은 의사전달뿐만 아니라 관계규정과 행동방식을 통제하고 조절하는 기능, 가족 간의 경계선, 친밀감, 위계질서, 규칙, 역할 등을 표현하는 통로가 된다. 따라서 가족원이 주고받는 의사소통내용과 의사소통방식은 가족 전체에도 영향을 미친다. 이것이 가족문제를 야기하는 요소가 될 수 있다. 즉, 가족문제를 사정하기 위해서는 가족들은 서로 어떤 내용으로 어떻게 의사소통을 하는지 주의 깊게 살펴보아야 한다. 또한 의사소통방식은 가족들의 자존감에도 영향력을 미치기 때문에 자존감 수준을 파악하는 것도 좋다.

가족원의 의사소통 사정에서 고려해야 할 요소는 다음과 같다.

- 가족원들의 의사소통의 일치성과 명확성
- 효과적인 의사소통을 방해하는 요인
- 의사소통의 표현성과 수용성
- 가족의 정서 및 감정표현 범위와 허용 정도

① 기능적 의사소통의 특징

기능적 의사소통이란 가족원들이 서로 억압받지 않고 자유롭게 사실이나 감정을 표현하는 긍정적인 의사소통유형이다. 메시지를 전달할 때 의견 · 생각 · 느낌을 분명하고 정확하게 전달하며, 의사소통의 명확성이 높다. 기능적 의사소통의 예로는 Gordon이 부모효율성 프로그램을 통해 소개한 대화방법인 나 전달법(I-message)을 사용하는 것이다. 즉, 상대방과 갈등이 발생했을 때 자신의 마음을 효과적으로 알리는 대화기술로, '나' 를 주어로 하여 자신의 감정을 표현하기 때문에 상대방을 존중하면서도 자신의 주장을 전달할 수 있다. 나 전달법을 사용하면 솔직하고 개방적이어서 상대로 하여금 친밀성과 진지함을 가지게 하여 원만한 관계를 유지할 수 있다(김혜숙 외, 2012).

② 역기능적 의사소통의 특징

역기능적 의사소통은 서로 눈치를 보면서 주제를 선택하거나 표현을 주저하고 회피적인 태도를 보이는 의사소통유형이다. 이러한 소통방식은 비난적인 표현을 더 많이 경험하며, 애매모호하고 간접적인 방식으로 의사소통한다. 따라서 역기능적인 의사소통양식은 심각한 문제를 유발하고 가족구성원에게 고통을 안겨 줄 수 있다. Satir는 역기능적인 의사소통을 네 가지로 구분하여 회유형, 비난형, 초이성형, 산만형으로 구분하였다. 가족대상 개입기술에 상세히 설명하고 있다.

예 새벽에 귀가한 대학생 딸에게 아버지가 화를 내면서 야단칠 때 딸이 보인 반응

- **회유형**: (고개를 숙이고 손을 비비면서) 아빠, 제발 용서해 주세요. 제가 정말 잘못했어요. 제가 시간을 잘 봤어야 했는데…… 모든 게 제 잘못이에요.
- **비난형**: 아빠가 이런 식으로 야단치니까 집에 들어오기 싫잖아요. 내가 늦게 들어오는건 다 아빠 때문이라고요.
- **초이성형**: 아빠, 이렇게 무조건 야단칠 일이 아니구요. 제가 왜 늦었는지에 대해 이성적으로 생각 좀 해 보시지요.
- **산만형**: (다른 곳을 쳐다보며) 이런, 우리 아빠가 화가 나셨나봐. 누가 아빠를 화나게 한거예요?
- **일치형**: (아빠의 눈을 바라보면서) 늦어진다고 연락드렸어야 했는데 시험준비에 정신이 없어 깜빡했습니다. 죄송해요. 저 기다리시느라 잠도 잘 못 주무셨죠?

출처: 정문자 외(2007)

〈표 16-5〉 **나와 가족이 주로 사용하는 역기능적 의사소통유형을 적어 보기**

구 분	나	가족(배우자, 자녀)
자주 사용하는 의사소통유형		
상황요인		
감정표현의 허용 정도		

〈표 16-6〉 **자아존중감 향상 기록**

자아존중감: 자기 자신의 가치와 존중감을 느끼는 감정을 자아존중감이라고 한다. 가족원들과 생활 속에서 언제 어떤 상황에서 낮은 자아존중감이 형성되며, 또한 높은 자아존중감이 형성할 때를 구분하여 기록한다. 자신의 자아존중감을 향상시키는 방법도 기록해 본다.

구 분	나	가족(배우자, 자녀)
낮은 자아존중감이 형성될 때		
높은 자아존중감이 형성될 때		
나의 자아존중감을 향상시키기 위한 방법은?		

(5) 가족규칙

가족을 사정할 경우 역기능적 가족규칙은 가족에게 부정적인 영향을 미치게 되므로 가족규칙을 주의 깊게 보아야 한다. 가족 내에 역기능적 가족규칙이 존재하고 가족원들이 이를 충실히 따른다면 문제가 되는 행동은 지속되고 강화된다.

가족규칙 사정에는 역기능적인 가족규칙의 존재와 그 내용, 가족규칙을 만드는 사람, 가족규칙의 형성과정과 역동 등의 내용이 포함된다. 가족규칙이 가족구성원이나 상황에 따라 변화가 가능한지, 아니면 규칙이 엄격하여 가족구성원들이 변화하는 시대와 환경의 스트레스로부터 행동을 수정해 나가는 것이 금지되는지를 확인한다. 또한 규칙을 어겼을 때 가족들의 반응은 어떠한지도 사정한다. 가족규칙 사정 시의 질문은 다음과 같다.

- 가족 안에서 꼭 지켜야 할 규칙은 어떤 것들이 있었는가?
- 가족들이 규칙을 어기면 어떻게 했는가?
- 가족들의 규칙은 정당하고 공정했는가, 불공정했다면 어떤 면에서?
- 이 규칙이 나에게는 어떤 영향을 미쳤다고 보는가?
- 규칙들은 융통성이 있는가?
- 자신은 어떤 규칙들이 어떻게 변해야 한다고 생각하는가?

나의 가족규칙을 세 개씩 적어 보고 융통성이 얼마나 부여되는지 분석하여 결여된 융통성 때문에 발생하는 문제를 적어 본다.

〈표 16-7〉 **가족규칙 적어 보기**

가족규칙	융통성	경직된 규칙으로 발생하는 문제점

(6) 가족생활주기

가족생활주기는 가족치료이론 중에서 발달이론에 가장 근접하며, 구조적이고 전력적인 접근법을 설명하기 위하여 사회학으로부터 빌려 온 모델이다. 처음으로 가족생활주기 관점을 논의한 치료자 중의 한 명인 솔로몬은 가족생활주기를 5단계로 나누어 각 단계의 과업을 제시하고, 이를 치료계획을 위한 진단적 기준으로 삼도록 제안했다.

가족의 문제는 가족생활주기의 단계를 거치면서 각 단계의 적응과정에서 많은 스트레스에 제대로 대처하지 못하고 경직되거나, 갈등이 심화되어서 봉착상태에 이르거나, 가족의 위기가 발생할 수 있다. 가족을 사정할 때는 가족이 생활주기 때마다 어떤 경험을 하였고, 언제 가장 힘들었으며, 문제는 무엇이었는지, 현재는 어느 생활주기에 처해 있으며 이에 대해 각 가족들은 어떻게 반응하며 적응하고 있는지를 사정한다. 가족의 생활주기를 사정함으로써 가족원들의 욕구와 역할, 과업 수행 여부를 파악할 수 있다.

Carter와 McGoldrick은 부모세대와 자녀세대를 연결하는 결혼한 성인자녀를 포함하는 3세대 중심의 6단계 가족생활주기뿐만 아니라 이혼, 재혼가족의 발달단계도 제시하였다. 그들이 말하는 가족생활주기는 가족이 기능적 방법으로 들어오고 나가며 발달하는 것을 지원하기 위한 관계체계의 확장, 수축 및 재조정의 과정을 뜻한다. 그들의 저서 『가족생활주기』는 가족역사의 중요성을 상기시키면서 가족생

〈표 16-8〉 Carter와 McGoldrick의 DML 가족생애주기

구 분	Carter와 McGoldrick	
세 대	3세대	
단 계	발달과업	
1	결혼전기	• 원가족과의 관계로부터 분화 • 친밀한 이성관계의 발달 • 일과 재정적 독립 측면에서 자신을 확립
2	결혼적응기	• 부부체계의 형성 • 배우자가 포함되도록 확대가족, 친구와의 관계 재정비
3	자녀아동기	• 부부체계에 자녀를 위한 공간 만들기 • 자녀양육, 재정, 가사에 공동 참여 • 부모, 조부모 역할이 포함되도록 확대가족과의 관계 재정비
4	자녀청소년기	• 청소년 자녀가 가족체계에서 출입이 자유롭도록 부모-자녀관계를 변화 • 중년기 부부의 결혼 및 진로문제에 재초점 • 노인세대를 돌보기 위한 준비 시작
5	자녀독립기	• 부부체계를 2인군 관계로 재조정 • 성장한 자녀와 부모와의 관계로 성인 대 성인의 관계로 발전 • 사돈과 며느리, 사위, 손자녀가 포함되도록 관계 재정비 • 부모 또는 조부모의 무능력과 죽음의 대처
6	노년기	• 신체적 쇠퇴에 직면하면서 자신과 부부의 기능과 관심사를 유지 • 다음 세대가 중추적 역할을 하도록 지원 • 연장자가 할 수 있는 일을 직접 수행하면서 자신의 지혜와 경험이 활용될 수 있는 여지를 마련 • 배우자, 형제, 친구의 죽음에 대처하면서 자신의 죽음을 대비하며 삶을 되돌아보고 통합

* 출처: Carter & McGoldrick(1996)

활주기의 개념을 널리 보급하는 데 기여하였다(Nichols & Schwartz, 2004).

이와 같이 가족주기의 세대 기준이나 단계별 특성은 학자마다 다소 다르게 나타난다. 우리나라의 경우 한국인구보건원에서 WHO(1978)모형에 기초하여 2세대를 기준으로 부부의 결혼연령, 첫 자녀 출산, 단산, 막내자녀의 결혼, 배우자의 사망의 요인으로 구분하였다.

〈표 16-9〉 **가족생활주기를 사정하는 질문의 예**

- 지금까지의 가족의 역사는 어떠한가?(가족과 함께 가계도를 그려보며 이야기한다)
- 가족생활주기상에 어느 단계에 해당되는지?
- 각 가족구성원들은 생활주기에 맞는 자신들의 발달욕구와 과업을 잘 수행하고 있는가?
- 이 가족이 가지고 있는 발달주기상의 위기나 스트레스는 어떤 것인가?
- 이 가족이 위기나 문제를 해결하는 방법은 무엇인가?
- 이 가족이 가지고 있는 자원이나 강점들은?

4. 가족대상 사정도구

가족을 사정할 때는 개인 한 사람이 아니기 때문에 쉬운 도구로는 가족가계도다. 가계도의 작성과 활용법을 살펴보고 가족문제를 사정할 때 사용되는 사정도구에 대해 살펴볼 것이다. 가족의 문제가 어떤 면에서 역기능적인지, 체크리스트를 통해서 검사한 결과로 가족들이 서로 자신의 문제에 대한 통찰과 인식을 도와주며 사회복지사의 개입을 또한 용이하게 해 줄 수 있다. 가족사정도구로 자주 사용되는 맥매스터모델, 서컴플렉스모델, 비버즈모델이 있다.

1) 가계도

가계도(genogram)는 3세대 이상에 관한 정보를 주는 것으로 결혼이나 이혼, 사망 등 중요한 생활사건이나 인구사회학적 특성을 알려 준다. 가계도를 통해 가족 내 역동이나 여러 세대에 걸쳐 발전된 가족역할, 유형, 관계 등을 알아볼 수 있으며, 가족구성원의 세대 간 정서·행동상의 문제행동 패턴을 검토하는 데 유용하다. 즉, 사회복지사는 가계도를 통해 가족배경이 현재의 문제에 어떻게 영향을 미쳤는지 등의 가족의 기원에 관한 정보를 얻을 수 있는 효과적인 수단이라는 점을 가족에게 설명하도록 한다.

가계도를 그리는 동안 유의해야 할 점은 ① 초기의 과제이므로 사회복지사는 모든 가족구성원이 참여하도록 격려해야 한다. ② 사회복지사가 재치를 발휘하여 가족에 대한 각자의 견해와 느낌을 서로 나누도록 해야 한다. ③ 사회복지사는 가계도를 그린 후 가족에 대한 각자의 견해와 느낌을 서로 나누도록 도와야 한다.

① 가계도의 작성

가계도는 보통 클라이언트와 상담사(또는 사회복지사)가 함께 작성한다. 가족구성원이 가계도 작성에 거부감을 보일 경우 이를 존중해 주어야 한다. 보통 여성은 원으로, 남성은 네모로 표시한다. 네모나 동그라미 밖의 이중 테두리는 개인 클라이언트를 표시한다. 동일 세대의 가족구성원은 수평선으로 그리고 결혼하여 생긴 자녀는 부모의 수평선 밑에 수직선으로 연결한다. 자녀는 연장자부터 연소자로 나이 순서에 따라 왼쪽부터 오른쪽으로 서열한다.

가족구성원의 이름과 연령은 네모나 원 안에 표기한다. 가족구성원이 사망하였다면 사망연도, 사망연령, 사망원인을 간단히 기록한다. 사망, 이혼 및 재혼 등과 같은 중대한 사건을 표시하고 재발된 행동양식을 나타내기 위한 다른 기호 또는 문자해설을 포함한다.

② 가계도를 통해 알 수 있는 정보

- 가족구성원에 대한 상세 정보: 나이, 출생 및 사망 시기, 직업, 교육 수준, 결혼관계, 동거, 병력, 종교 등
- 문화적 배경: 인종집단, 사회계층, 출신지역
- 각 구성원과의 관계: 단절 또는 융합, 밀착
- 가족관계: 혈연 또는 인위적 관계

③ 가계도의 해석

- 가족의 구조 및 구성: 가족 구조에는 첫째, 가족의 구성인 비 결손 핵가족, 한부모가족, 재혼가족, 3세대 동거가족, 핵가족 이외의 동거인이 있는 가족 등 어떠한 가족의 구성을 하고 있는지를 살핀다. 둘째, 형제의 나열인 출생 순위, 형제의 성별, 연령의 차, 형제 위치에 영향을 주는 그 밖의 요인을 살핀다.
- 생활주기상 가족의 위치: 가족이 생활주기에 어디에 해당하며 주기에 적합하게 과업이 이루어지고 있는지, 만약 그렇지 않다면 어떤 배경을 가지고 있는지를 해석한다.
- 세대를 통하여 반복되는 유형: 세대를 통하여 반복되는 역할유형, 관계유형, 구조유형이 있는지 해석한다(예: 가정폭력, 삼각관계, 큰아들 중시함).
- 인생의 중대사와 가족역할: 중대사가 우연히 일치하는지, 생활변화나 수난에 의한 충격은 어떤 것이 있는지를 살핀다. 또한 어떤 기념일의 반응이나 사회, 경제, 정치의 영향을 받았는지도 해석한다.
- 가족의 삼각관계 패턴: 삼각관계의 유무를 살핀다. 부모와 자녀 간의 삼각관계, 부부의 삼각관계, 이혼이나 재혼을 한 가정의 삼각관계, 위탁아동, 입양아 가족의 삼각관계, 다세대에 걸친 삼각관계, 가족 이외의 삼각관계 등을 찾아 볼 수 있다.
- 가족의 역할과 기능의 균형/불균형: 가족의 특성이나 역할이 균형적인가, 불균형한가 또 특정인이 지나치게 과대 역할, 과소 역할? 어디가 어떻게 기능하는가? 그리고 자원의 유무에 대한 균형과 불균형을 해석한다(정문자, 2007; 윤현숙 외, 2001).

다음은 가계도를 위한 도식이다.

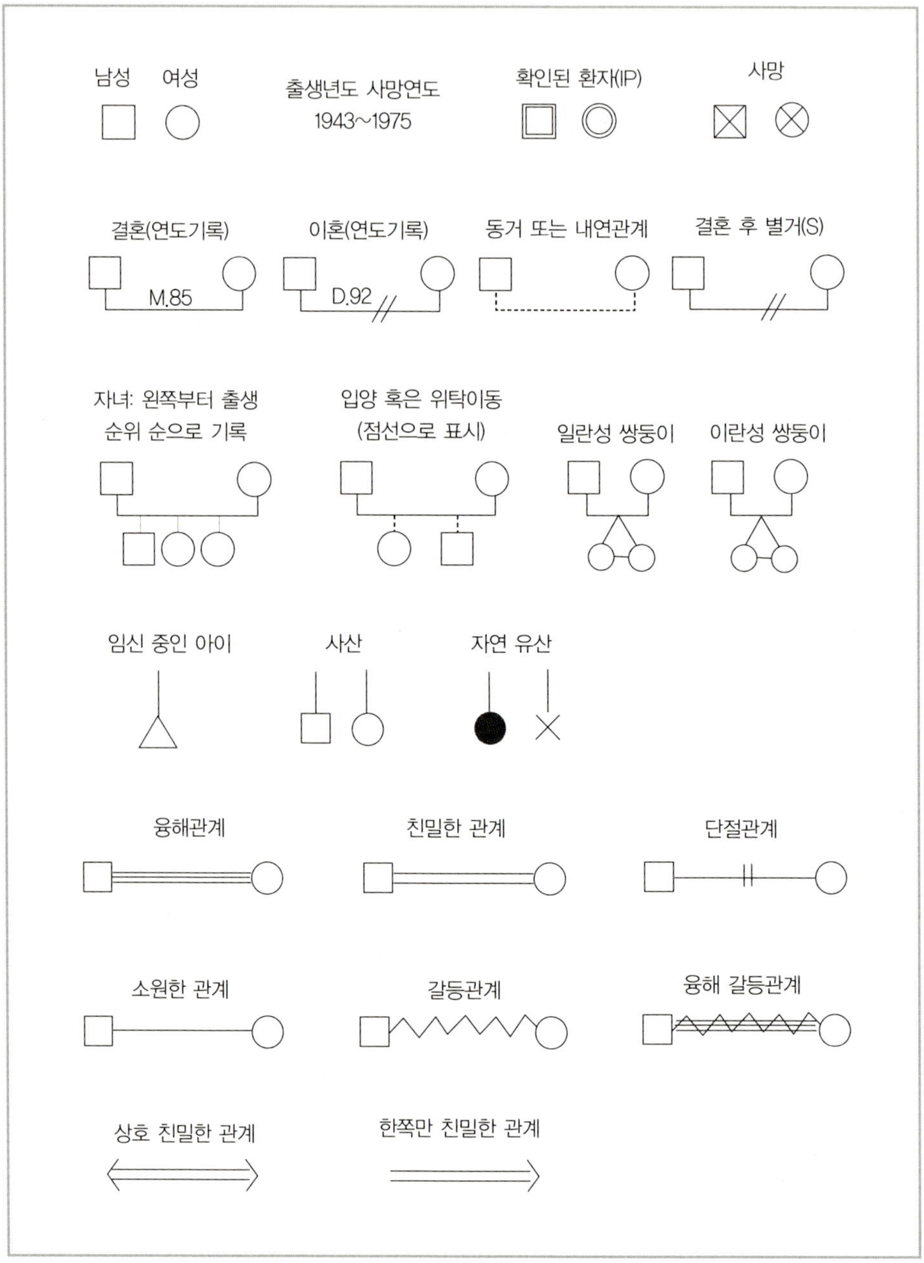

[그림 16-1] **가족가계도를 위한 상징**

*출처: McGoldrick & Gerson(1985)

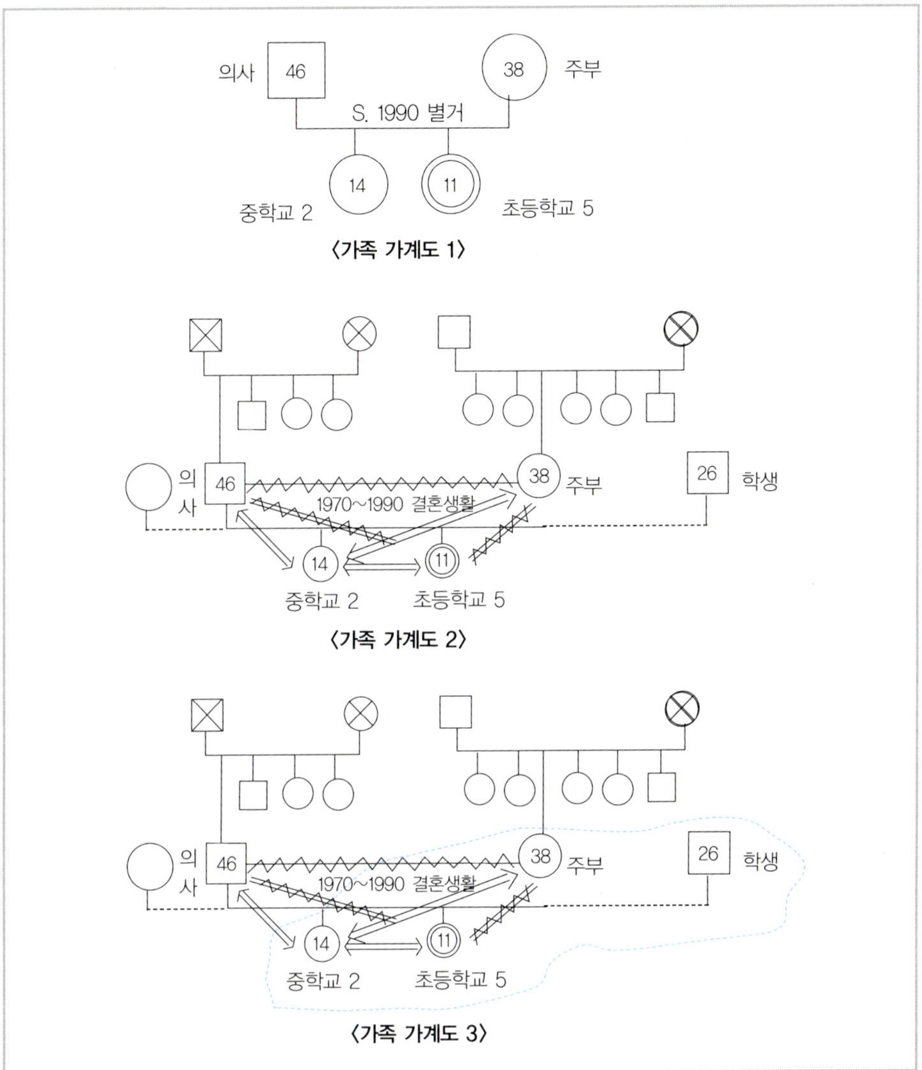

[그림 16-2] **가계도의 예**

*출처: 김혜숙(2003)

2) 가족조각

가족관계와 상호작용을 사정하기 위해 가족조각(family sculpture)을 사용함으로써 더 풍부해질 수 있다. 가족의 관계적인 역동성 안에 가족을 끌어들이는 도구다. 이것은 특히 가족관계 체계를 표현하는 수단으로써 말을 할 수 없는 클라이언트와 함께할 때 효과적이다.

가족조각 기법의 주요 특징은 가족의 관계나 서로의 상호작용 모양을 나타내는 위치나 자세를 만드는 데 가족을 배치하는 것이다. 가족관계에 있어서 감정적 관여는 중요한 요소다. 그러한 감정적 관여는 타인과 거리라는 은유적 표현으로 묘사되는 경우가 많다. 즉, 가족이 서로를 '가깝다' 라든지 '지나치게 멀다' 고 표현하기도 한다. 이처럼 사회 과학자들은 가족을 상징하는 이미지를 객관적인 기술로 파악해 보려는 노력을 많이 해 왔다. 그런 시도 중의 하나가 가족조각기법이다.

가족조각기법은 경험적 치료자인 Satir가 주로 활용한 기법으로 가족 중 한 사람이 자신의 이미지에 따라 다른 가족공간에 배열한 후 신체적 표현을 요구하여 가족관계를 나타내는 무언의 동작표현이다. 즉, 공간개념을 통하여 가족체계를 상징적 · 비유적으로 묘사하고 있는 것이다. 가족조각기법은 현실 공간에 인간을 놓고 자세나 표정을 사용하여 특정한 대인관계에 관하여 조직을 만드는 사람의 인식이나 감정을 나타낸다. 구체적인 실시방법은 첫째, 가족의 동의를 얻는다. 둘째, 조각을 만들 사람을 선정한다. 셋째, 조각을 만드는 단계다. 조각을 만들 가족원이 가족 앞에 서게 한 후 자신이 생각한 가족의 이미지를 가족의 몸이나 얼굴을 마음대로 움직여 표현해 본다. 넷째, 자신의 감정을 나누는 단계다(Satir, 1991).

3) 동적 가족화

동적 가족화(Kinetic-Family-Drawing: KFD)는 Burns와 Kaufman(1970)에 의해 개발된 것으로 움직임, 즉 자신을 포함한 가족이 무언가 하고 있는 장면을 그리는 것이다. 단순한 움직임을 그리게 한 것이 아니라 가족의 상호작용을 파악할 수 있다고 주장하였는데, 그 후 객관적인 평가수단을 갖춘 투사적 기법으로 완성하였다. 동적 가족화에 투사된 가족의 움직이는 모습은 다양하게 나타나 가족구성원들의 분위기나 정서적인 밀착, 소외, 부정, 고립 등 가족에 대한 지각과 이해를 제공한다. KFD는 아동을 대상으로 또는 성인에게도 가장 많이 애용되는 대중적 기법이라고 할 수 있다. KFD는 '가족들이 무언가 하는 것' 을 그리라고 지시하여 그림에 움직임을 첨가시킨 것으로, 아동의 자기개념에 관한 지각과 가족과의 대인관계 영역에서 자녀의 감정을 끌어내는 수단이 될 수도 있으므로 가족집단의 역동관계를 파악하는 데 도움이 된다(김혜숙 외, 2012).

(1) 실시방법

동적 가족화는 가족들에게 "자신을 포함한 가족이 무언가 하는 모습을 그리세요. 만화나 막대기 같은 사람이 아니라 사람 전체를 그림으로 그려 주십시오."라고 지시한다.

임상 상황에서는 일대일로 검사하는 것이 바람직하나 집단으로도 가능하다. 그리는 시간은 보통 30~40분 정도를 준다. 앉는 위치는 사회복지사와 가족이 마주 보는 형태로 배치하던지 평행으로 나란히 앉는 것도 무방하다. 그림을 그린 후에는 그린 사람이 그림 속의 인물이 누구인가, 연령 그리고 무엇을 하고 있는가를 확인하고 용지 여백에 기입하는 것이 좋다.

(2) 해석

그림 속에는 가족들이 각자 어떤 행동을 하기도 하고, 함께하는 모습도 보이고, 보이지 않은 가족도 있을 수 있다. 이것은 그리는 사람이 가족원을 어떤 식으로 지각하고 이해하는지를 알 수 있는 모습이다. 가족들은 서로 각자가 어떤 행위나 행동을 하는가에 집중하여 그리기 때문에 가족들이 그리는 사람의 눈에 비친 지각된 모습이나 태도, 감정이 드러난다. 그려진 동적 가족화를 해석할 때는 그림을 그리는 과정을 관찰하고 동적 가족화가 뜻하는 것을 찾는다. 그리고 그림을 그린 후의 면접과정에서 정보를 수집한다. 가족 간의 행동을 통하여 그리는 사람의 가정 내의 위치나 역할을 추론할 수도 있다. 가족이 서로 상호작용하는 장면이 직접적으로 표현되는 경우, 거기에는 협조, 화합, 대결, 공격, 회피 등이 반영되어 있다고 추론할 수 있을 것이다. 그림에 구획을 그어서 고립되는 형태의 그림에서는 다른 가족의 회피, 거부, 부인에 대한 기분이나 공포가 있거나 의사소통이 잘 이루어지지 않는 것을 의미한다. 가정 안에서 포위되어 고립된 형태의 인물은 불안이나 공포를 가지고 있는 인물을 격리하고 싶다는 욕구가 작용하는 것으로, 특히 정서적으로 어려움을 겪는 아동이 자주 표현하는 방법이다(김동연, 2002).

그림의 해석을 위해서는 ① 인물의 행동, ② 그림의 스타일, ③ 그림의 상징,

④ 인물의 특징으로 본 해석, ⑤ 가족의 구조적 해석 등 추측으로 가설을 가지고 접근하는 해석을 한다.

4) McMaster의 가족사정 척도모델

캐나다의 맥매스터 대학 정신과에 재직하던 Epstein 등(1978)에 의해 개발된 McMaster의 가족사정 척도(McMaster Family Assessment Device: FAD)모델은 가족기능을 평가하고 진단하는 데 뛰어난 개념적 준거틀을 제공하고 있다는 평가를 받고 있다. 맥매스터 모델은 가족기능이 문제해결, 의사소통, 가족의 역할, 정서적 반응성, 정서적 관여, 행동통제, 전반적 기능의 7개 하위 영역으로 구성되어 있다.

- 문제해결 차원: 가족이 효과적인 기능을 유지하는 데 요구되는 수준으로 문제를 해결할 수 있는가?
- 의사소통 차원: 효과적인 기능을 위해서 의사소통이 모호하고 위장되어 있기보다는 개방적이고 명백하게 이루어지는가?
- 역할 차원: 가족구성원들이 매일의 일상생활을 하기 위해서 수행해야 하는 특수한 행동이 잘 분담되고 있는가?
- 정서적 반응성 차원: 가족이 주어진 자극에 따라 적절한 내용과 적절한 양의 감정으로 반응할 수 있는 능력이 있는가?
- 정서적 관여 차원: 가족이 그 구성원들의 관심사의 활동에 얼마나 관심을 보이는가?
- 행동통제 차원: 가족구성원들의 행동을 다스릴 규범과 기준을 가지는가?
- 가족의 전반적 기능 차원: 가족의 건강 및 병리를 총체적으로 측정하는 것, 즉 가족기능의 효과성을 살펴보는 차원이다. FAD 척도를 보면 더 자세하게 설명되어 있다(김유숙, 2000; 김혜숙 외, 2012).

5) Olson의 서컴플렉스모델

Olson은 서컴플렉스모델(Circumplex model)에 의한 "가족의 응집성과 적응성 측정척도"(Family Cohesion and Adaptability Evaluation Scales: FACES)를 개발하였다(Olson, 1983).

가족의 기능상의 정도를 파악하기 위하여 가족들에게 가족이 현재 가족을 어떻게 인식하고 있는지에 대한 척도와 가족이 이렇게 되었으면 하는 이상적인 척도질문을 통하여 현실가족에 대한 인식과 이상적 가족에 대한 차이를 가족의 응집력과 적응력의 정도를 통해서 파악한다.

- 가족의 적응력(Adaptability): 가족들이 외부의 변화를 허용하는 정도, 균형을 유지하려는 범위 정도를 나타내는 규칙, 역할, 구조 등에 유연하고 융통성 있게 대처하는 정도를 네 차원에서 평가한다. 중간 범위의 가족을 대체로 기능적으로 본다. 적응성이란 생활의 압박이나 갈등 반응에서 그들의 규칙, 역할, 구조 등을 유연하게 할 수 있는 가족 능력을 의미한다. 가족이 만족할 만한 기능을 수행하기 위해서는 균형을 유지하려는 힘과 변화하는 능력이라는 두 가지 요소가 필요하며, 이 둘은 적절하게 균형을 이루어야 한다.
  즉, 혼돈된 가족은 가족생활의 문제와 관련된 아무런 구조도 가지고 있지 않다. 유연한 가족은 규칙이나 역할의 변화를 인정함으로써 문제를 해결하는 능력을 가지고 있다. 구조화된 가족은 유연한 가족보다는 역할이나 규칙의 변화가 덜 일어난다. 경직된 가족은 역할이나 규칙의 변화를 마지못해 하며 그들은 현상을 유지하는 데 모든 대가를 치르는 경향이 있다.
- 가족의 응집력(Cohesion): 가족들이 서로 정서적 결합 정도를 나타내는 것으로 가족들이 개인의 자율성과 가족이 함께하는 정도가 낮은지 높은지 네 차원에서 평가, 분리와 연결의 중간 지점을 기능적으로 보았다. 응집력 역시 중용의 위치에 있는 것이 중요한데, 어디가 최상인가 하는 것은 가족이 속한 문화에 따르도록 설정된다. 격리된 가족은 낮은 응집력을 가지고 있다. 가족원은 최대한의 자율성을 즐기며 가족 안에서 자신을 동일시하려는 노력은 전혀 없다.

분리된 가족은 개인의 자율성에 가치를 둔다. 그러나 그들은 가족의 통합과 정체감의 감각도 함께 지니고 있다. 연결된 가족은 친밀함에 가치를 두고 그것을 더욱 좋아한다. 또한 연결된 가족은 각 가족원의 자율성의 발달을 인정하고 돕는 경향이 있다. 융해된 가족은 무엇보다도 가족의 친밀성에 가치를 둔다. 자립을 방해하는 희생적인 가족의 결합은 대부분 융해된 가족의 중요한 잘못된 가족규칙에 기인한다. 순환모델에서는 중간 범위의 가족이 적응성이나 응집력에서 적절한 점수를 가진다고 보았다. 적절한 점수를 가진 가족은 가족건강의 특성이 존재한다고 보았다. 두 차원의 극단적인 점수를 나타내는 가족은 가족의 역기능적 특징을 보인다고 보았다(김유숙, 2000; 손광훈, 2009: 407-408).

6) Epstein 등의 맥매스터모델

Epstein 등(1978)과 그의 동료들에 의해서 개발된 맥매스터모델(McMaster Model)은 캐나다의 맥매스터 정신과에서 가족의 기능을 평가하고 진단하기 위한 평가도구였다. 이 모델에서는 가족의 기능의 양상을 다음과 같은 범주 내에서 평가하고 있다(Epstein, Bishop, & Levin, 1978).

- 가족들의 문제해결 능력: 문제해결과정에는 기본적인 과제(의식주 해결), 발달적 과제(가족생활주기의 과제), 위기적 과제(죽음, 질병, 실업, 재해, 이주), 위기상황을 가족들이 어떻게 잘 해결해 나가느냐가 건강의 지표가 된다.
- 가족들의 의사소통의 수준: 의사소통의 정확성, 개방성, 직접성, 일치성이 중요하다. 가족 내에서의 정보가 어떻게 교환되는지, 주로 언어적 의사소통에 의한 것의 정보수집(비언어적 의사소통인 억양, 태도, 표정, 시선, 신체언어도 중요하지만 구체적이 자료수집이 용이하지 않아서 배제)이 더 중요하다. 의사소통을 결정하는 중요한 요소는 의사소통을 하는 사람이 의견을 얼마나 솔직하고 명료하게 전하는가, 의사소통의 양은 충분한가? 의사를 전달하고자 하는 사람이 존재하는가, 마음이 얼마나 열렸는가? 등이다.
- 가족의 역할: 역할 분담과 책임이 적절한지의 여부, 가족에게 주어진 업무나

과제 달성을 위하여 역할이 적절하게 나누어져 있는지, 너무 과다한지, 공평한지, 불공평한지, 역할에 대한 책임은 잘 이루어지는지 알 수 있다.

- 가족들의 정서적 반응성: 가족들이 나타내고 경험하는 감정정서, 즉 애정 안정, 즐거움, 두려움, 분노, 우울 같은 정서 경험의 다양성 정도, 가족이 주어진 자극에 따라 적절한 내용과 적절한 양의 감정으로 반응할 수 있는 능력을 말한다. 내용 면에서 두 가지로 나눈다. 첫째, 가족성원이 일상적 정서생활에서 광범위한 느낌을 경험하고 반응하는가? 둘째, 경험되는 정서는 상황적 맥락에서 자극에 부합하는가?

  가족들의 반응에는 안정감과 위기감으로 구분한다. 안정감은 애정, 즐거움, 기쁨 같은 반응이며 위기감은 두려움, 슬픔, 분노, 우울, 상처 같은 정서다. 건강한 가족은 적절한 강도와 지속성을 가지고 다양한 정서를 표현할 수 있는 환경이 가능하다. 그러나 역기능적인 가족은 반응하는 정서의 범위가 제한적이며 또는 과대반응을 한다.
- 가족들의 정서적 관심과 배려성 정도: 가족들이 서로 간의 관심과 활동, 사건, 가치에 대한 관심의 정도를 파악한다. 정서적으로 서로 관여하는 정도를 맥매스터모델에서는 다섯 가지로 분류한다.
  - 서로 전혀 관여하지 않는 수준으로 서로에게 무관심, 소원한 경우
  - 감정이 배제된 관여로 의무감이나 통제를 위하여 필요할 때만 관여
  - 자기도취적 관여로 다른 사람에 대한 관여가 자기중심적이며 자기 존재가치를 유지하기 위하여
  - 공감적 관여의 단계로 어떤 문제에 관여할 때 상대방의 감정을 공감하고 무엇이 필요한지를 진정으로 알아주고 이해하는 관여 수준으로 가장 바람직함
  - 공생적 관여로 지나치게 관여하고 침범하여 개인의 자율성을 방해하는 것이다.
- 가족의 행동의 통제방식: 가족의 행동 통제를 위하여 경직, 유연, 방임, 혼돈으로 분류하여 유연한 행동통제가 지지적이며 교육적으로 바람직하다고 본다. 행동 통제의 네 가지 유형의 특성은 다음과 같다.

- 경직된 통제는 어떤 통제가 행해지는지를 예측하는 것은 쉬우나 건설적이지 않다. 일상생활 유지를 현재 상태로 유지하는 반면 적응력이 낮다. 변화의 유연성이 낮다.
- 유연한 통제는 예측 가능하고 건설적이고 환경변화에 적절하여 적응 가능하다. 다소 지지적, 교육적이고 과제 달성이 용이하다.
- 방임적 통제는 어느 정도 예측이 가능하지만 건설적이지 못하다. 어떤 일을 준비하고 실행 시 우유부단하고, 결단력이 없다. 무질서가정에서 충동적이고 공격적인 성향을 통제하지 않는다.
- 혼돈된 통제는 예측할 수 없으며 때로는 너무 엄격, 때로는 너무 자유방임적 그래서 그다음에 어떤 일이 일어날지 예측이 어렵다. 감정적 · 가변적인인 통제다.

7) Beavers의 비버즈모델

비버즈모델(Beavers model)은 Olson의 서컴플렉스모델보다 우수하다고 주장하며 가족이 서로 관계하는 방식에 관한 것으로 구심성과 원심성, 그것의 혼합형으로 가족을 분류한다. 이 모델은 두 가지 축으로 가로로는 가족을 심한 장애, 경계, 중간 상태, 적정한 상태, 최적 상태로 분류한다. 세로로는 유형에 관한 측면으로 구심, 원심, 혼합으로 분류한다(Beavers, 1981).

임상적으로 유용성이 입증되지 않아 역기능적인 가정연구보다는 정상적인 가족연구의 사정도구로 활용하는 경향이 있다. 사정방법은 주로 청소년기의 아동을 가진 가족을 대상으로 가족에서 어떤 것이 바뀌기 원하는가에 대한 가족회의를 실시하게 한 후, 그 장면을 10~15분 정도 비디오 녹화를 한다. 여러 명의 상담자는 전체 내용과 과정을 관찰한 후에 다음의 하위척도에 맞추어 평정하게 된다. 물론 이때 매겨지는 점수는 객관적인 행동평가의 수치가 아니라, 각 하위척도상에서 상담자의 주관적 추정에 의한 것이다.

각 하위척도를 보면, ① 가족역할에 대한 분명한 인지 능력, ② 부모와 자녀의 연합, ③ 가족 간의 친밀성, ④ 가족신화의 파악, ⑤ 효율적 목표지향적 협상 능력,

⑥ 행동에 대한 가족의 책임의식, ⑦ 타인의 진술에 대한 개방성, ⑧ 감정적 표현의 범위, ⑨ 정서와 어조, ⑩ 풀리지 않은 갈등의 유무, ⑪ 공감적 반응 정도, ⑫ 가족의 효능감이 있다.

- 가족기능의 특성을 살펴보면, 가족이 구심점이 낮고 심한 장애: 경계가 약하여 의사소통은 혼란되어 있다. 공동의 관심사를 가리지 못하고 절망, 비꼬인 생각이 있다. 양가감정은 부정된다.
- 가족의 구심점이 낮은 경계: 자녀가 강박적 가능성이 높다. 폭력적 지배가 행해지고 있다. 경계는 때로 약한 것에서 강한 것으로 이동한다. 소원하거나 우울 분노가 존재한다.
- 가족의 구심점이 중간, 중간 상태: 자녀가 신경증일 가능성, 비교적 명확한 의사소통을 한다. 끊임없이 지배하려는 경향이 있다. 소원하거나 분노, 불안, 우울이 있다. 양가감정도 억압된다.
- 가족의 구심점이 높고, 적정한 상태: 비교적 명확한 경계를 가지며 서로 이야기를 나눌 수 있지만, 양가감정이 안정되지 않는다. 지배에 대한 투쟁에서도 때로는 온화함이나 공통 이해가 생긴다.
- 가족의 구심점이 높고 최적 상태: 서로 이야기를 나누는 것이 가능하다. 개인의 선택과 양면성이 존중된다. 따뜻함, 친절, 유머가 있다(김유숙, 2000).

8) 한국형 결혼만족도검사

한국형 결혼만족도검사(Korean-Marital Satisfaction Inventory: K-MSI)는 미국의 임상심리학자인 Snyder박사에 의해서 개발된 Marital Satisfaction Inventory(MSI, 1981)와 이 검사의 개정판(Marital Satisfaction Inventory, Revised, MSI-R, 1997)을 기초로 우리나라 부부들의 결혼만족도를 평가하기 위해 만들어진 검사다(권정혜 · 채규만, 2002).

(1) 도구의 목적과 특징

결혼만족도검사(K-MSI)의 원형인 MSI는 1980년대 초에 제작되어 약 20년간 부부 치료자, 가족 치료자, 목회 상담자, 이 밖에 부부 갈등을 다루는 여러 정신건강 전문가들에게 중요한 도구로 사용되어 왔다. 이 검사의 개정판은 1997년에 만들어졌는데, 원판에 비해 표준화 집단의 규모와 범위를 확대시켜 규준을 마련하였으며, 280문항을 160문항으로 줄여 응답자가 쉽고 빠르게 답할 수 있게 하였다. 또한 결혼만족도 개정판(MSI-R)에는 결혼만족의 중요한 측면인 부부관계 내 공격행동 정도를 평가하는 척도를 첨가하였다.

K-MSI는 '예' 혹은 '아니요'로 응답하는 160문항으로 구성된 자기보고식 검사다. 이 검사의 목적은 부부갈등으로 치료를 받으러 온 부부들의 전반적인 결혼 불만족 정도와 결혼생활의 11개 영역에 대한 세부적 결혼 불만족을 평가하는 데 있다. 적은 비용과 노력으로 세밀하고 민감한 정보를 빠르게 얻을 수 있다는 장점이 있으며, 검사결과는 부부치료를 할 때 라포를 형성하는 좋은 자료가 되는 동시에 치료동기를 높여 줄 수 있다. 또한 다면적 척도이므로 부부치료에서 중점을 두어야 할 영역을 발견하는 데 도움이 되며, 부부치료를 통해 얻은 성과를 평가하는데 유용하게 사용될 수 있다(김혜숙 외, 2012).

(2) 척도의 구성

K-MSI는 두 개의 타당도 척도(비일관적 반응척도, 관습적 반응척도)와 한 개의 전반적인 만족도를 측정하는 척도(전반적 불만족 척도) 그리고 결혼생활의 세부 영역별 불만족을 측정하는 11개 척도를 포함하여 총 14개 척도로 이루어져 있다. 비일관적 반응척도, 관습적 반응척도, 비관습적 성역할 태도척도를 제외하고는 모든 척도에서 불만족 정도를 측정하여 점수가 높을수록 그 영역에서 불만족의 수준이 높다는 것을 의미한다. 각 하위척도를 설명하면 다음과 같다.

〈표 16-10〉 **결혼만족도검사의 하위척도**

K-MSI(한국)	MSI-R(미국)	척도 약호	문항 수
비일관적 반응척도	Inconsistency	INC	20
관습적 반응척도	Conventionalization	CNV	10
전반적 불만족척도	Global Distress	GDS	22
정서적 의사소통 불만족척도	Affective Communication	AFC	13
문제해결 의사소통 불만족척도	Problem-Solving Communication	PSC	19
공격 행동척도	Aggressio	AGG	10
공유시간 갈등척도	Time Together	TTO	10
경제적 갈등척도	Disagreement About Finances	FIN	11
성적 불만족척도	Sexual Dissatisfaction	SEX	13
비관습적 성역할 태도척도	Role Orientation	ROR	12
원가족 문제척도	Family History Of Distress	FAM	9
배우자 가족과의 갈등척도	Conflict With In-Laws	CIL	10
자녀 불만족척도	Dissatisfaction With Children	DSC	11
자녀양육 갈등척도	Conflict Over Child Rearing	CCR	10

예상문제

1. 다음 보기 중 가족에 대한 사정으로 고려해야 할 것을 모두 고른다면?

> 가. 가족의 규칙, 역할
> 나. 가족의 희생양, 기능 등 내부 사정
> 다. 가계도에 의한 세대 간 사정
> 라. 생태도에 의한 가족원의 사정
> 마. 가족의 안정과 균형을 위한 항상성 사정

①가, 나
②가, 나, 다
③가, 나, 다, 라
④가, 나, 다, 라, 마
⑤가, 라, 마

정답: ③
해설: 사정은 문제를 위한 것이어야 한다. 항상성은 가족체계를 유지하기 위한 특성이지 사정의 대상이 아니다..

2. 가족대상 사정도구로 적합한 것이 아닌 것은?
① 동적 가족화
② 맥매스터모델
③ 소시오메트리
④ 서컴플렉스모델
⑤ 비버즈모델

정답: ③
해설: 소시오메트리는 집단구성원들의 사회적 선호도를 측정하기 위한 것이다.

3. 맥매스터의 가족사정척도에 해당되지 않는 것은?

① 가족들의 문제해결 능력

② 가족의 역할

③ 가족의 정서적 반응성

④ 가족의 응집력

정답: ④

해설: 가족의 응집력은 올슨의 서컴플렉스모델에 해당된다.

17

가족대상 개입기술

1. 초반의 개입기술

가족에 대한 개입기술은 가족의 역량과 기능을 강화하는 데 초점을 두지만 가족의 특성상, 개인 내면의 문제보다는 상호작용의 순환적 인과관계에 초점을 두고 신체, 심리, 사회문화적 관점을 통해서 사정되어야 한다. 특히 사회복지사는 가족이 수십 년 동안 살아온 과정을 한 번에 무너뜨리려고 하면 강한 저항에 부딪히게 되므로 무엇보다도 긍정적인 관계 형성에 노력을 해야 한다. 가족들의 즉각적인 욕구에 우선적으로 반응하지만 아주 천천히 장기적인 목표를 가지고 임해야 한다.

1) 관계 형성 및 발전기술

상담에서 개입의 성패에 영향을 주는 요인은 상담자의 고도의 기술보다는 개입을 하는 사람과 도움을 받을 사람과의 관계 형성이다. 상담자와 내담자의 신뢰와 상담자의 고도의 기술보다는 긍정적인 관계 형성이 무엇보다도 잘 이루어져야 한다. 관계 형성은 개입 초기에 도 특히 필요하지만, 개입과정 동안에도 잘 유지해야만 한다. 사회복지사는 개입과정 중 성급하게 무엇인가를 성과중심으로 보이려고 하다가 관계 형성에 실패하기 쉬우므로 천천히 가족들의 반응을 잘 살피면서 개입의 목적, 방향에 맞게 수행해야 한다. 관계 형성을 위해 사회복지사의 태도는 다음과 같다(Patterson et al., 1998; 엄명용 외, 2008).

- 가족구성원들이 하는 말을 침착하게 잘 들어야 한다. 언어적 · 비언어적으로 일차적 의사소통을 보이며 관심있게 이해하고 따라간다.
- 클라이언트의 말에 진정한 관심을 표시하며 진솔한 감정이입적 반응을 해야 한다. 공감적인 태도로 반영해 주고 함께 고통에 동참하는 것이다.
- 가족과 사회복지사 사이에 무엇인가 잘 맞지 않는다는 생각이 지속적으로 들고 갈등이 상호 간에 높아지면, 다른 사회복지사나 다른 기관에 의뢰를 시도하는 것이 좋다.
- 감정이입적인 반응을 보이면서도 가족과 적절한 경계선 설정으로 어느 편으로 치우치지 않도록 정서적인 중립을 잘 유지한다.
- 내담자에게 개방적이고 수용적인 태도를 보이면서 안전감을 제공하고 충분히 어려운 이야기도 할 수 있도록 분위기 조성에 힘쓴다. 때로는 필요하다면 개별적인 면담시간을 갖는다.
- 자신의 신분이나 자격, 위치 개입 팀에 대해 솔직하게 이야기해 주며 적절한 자기 노출을 한다. 혼자가 아니라 동료나 슈퍼바이저의 도움과 코칭을 받는다는 것을 초기에 알려서 신뢰를 쌓는다.
- 클라이언트의 삶과 경험, 독특한 가치관, 문화적 배경 등에 호기심을 가지고 대하며 배우고자 하는 자세와 태도를 취한다.

2) 개입목적과 목표의 설정

처음 2~3회 상담기간 중 가족과 충분히 논의하여 클라이언트와 가족 모든 구성원이 희망하고 원하는 바람직한 상태로 변화되기를 바라는 부분에 대해 확인을 한다. 치료목표는 목적을 이루기 위해서 행동의 변화를 측정할 수 있고, 구체적이고 행동적으로 명확하게 기술해야 한다.

• 상담자는 설정한 개입목적과 목표를 성취하는 데 가장 적절하다고 판단되는 이론적 관점을 선택한다. 그 가족이 보여 주고 있는 문제를 해결하는 데 가장 도움이 되는 이론이나 모델을 선택해야 한다. 단기해결중심, 전략적 가족치료, Bowen의 다세대중심이론, 경험적 가족치료, 구조적 가족치료 또는 통합적인 가족치료방식을 택한다.

3) 개입에 필요한 공통기술

(1) 질문기술

① 가족들이 사실 및 직선적 인과관계 확인을 위한 질문

- 사실관계의 탐색에 주로 사용되는 질문으로 상황의 내용 파악에 중점을 둔다.
- 사실의 확인을 통해 무엇이 문제이며, 문제행동이 어떻게 해서 발생되고 있는지? 문제의 직접적인 원인은 무엇인지 등에 대한 정보를 수집한다.

  예) 남편이 술을 마시고 늦게 들어오면 싸우게 되나요? 보다는

  - 남편이 집에 늦게 들어오신다고 하는데 주로 몇 시 정도인가요?
  - 남편이 집에 늦게 들어온 이유를 무엇이라고 생각하시나요?

② 관계성 질문(확장 질문)

- 이야기 속에 드러난 어떤 현상과 관계된 것들이 무엇인가를 탐색하는 질문이다.
- 현재 드러난 문제에 영향을 미치는 상호작용 요인을 파악하는 데 질문의 초점이 있다.
- 궁극적인 목적은 행동의 연쇄적인 고리들을 단절시킬 수 있는 방안 또는 전략을 찾아내는 것이다.
- 가족 내 제삼자에게 다른 두 사람의 사이의 관계를 묻는 것이다.

  예) 아이에게, 아빠와 엄마는 어떻게 지내시지?
- 문제현상에 대한 반응 정도를 순서적으로 질문한다.

  예) 남편이 술을 먹고 늦게 들어오시면 누가 가장 화가 나나요? 그 다음에

는 누구죠?

- 시간경과에 따른 변화에 대한 질문이다.

  예) 언제부터 남편의 귀가시간이 늦어지게 되었지요?

- 과거에 발생한 사건과 관련하여 미래에 나타날 상황에 대한 질문이다.

  예) 남편이 혹시 빨리 집에 오시면 집안 분위기가 어떻게 달라질까요?

③ 직면질문(전략 질문)

- 직면질문은 대화 상대방의 행동에 영향을 미치기 위한 질문이다. 즉, 가족구성원으로 하여금 일정 방향으로 행동할 수 있도록 제안하는 질문이다.
- 직면질문의 목적으로는 가족 내 자리 잡고 있는 현재 상호작용 고리를 차단하는 것으로, 행동 수정을 목표로 하는 경우가 많다.

  예) 어느 날 한번만이라도 잔소리나 비난 대신 아이에게 인정과 지지를 해 주실 수는 없을까요?

  예) 엄마가 자녀에게 못한 것 대신 잘한 것을 말해 준다면 아이는 어떻게 반응할까요?

④ 성찰형 질문

- 가족구성원들의 행동을 특정 방향으로 유도하거나 변화시킴 없이 가족 스스로 현 상황에 대해 충분히 생각해 볼 수 있는 기회를 주기 위한 질문이다.
- 가족 스스로 새로운 반응유형을 발견해 낼 수 있도록 촉진하는 질문이다 (엄명용 외, 2008).

  예) 남편이 빨리 집에 들어온다면 부인의 삶은 어떤 것이 달라질까요?

  예) "만일 남편이 부인에게는 차마 말할 수 없는 어떤 강한 유대감 같은 것을 갖고 있다면 부인께서는 그 내용에 대해 알고 싶다는 것을 남편에게 어떤 방법으로 알리시겠습니까?"

2. 가족대상 모델별 주요 개입기술

1) 구조적 이론

사회복지사는 가족의 치료목표를 달성하기 위하여 가족구성원의 행동양식을 관찰하고 바람직한 가족구조에 대한 가설을 세운다. 사회복지사는 가족에게 합류하고 가족의 상호작용에 적응하면서 치료과정에서 구조가 변화되어 새로운 방법을 시도할 수 있도록 돕고 지지하는 역할을 한다. 그리고 사회복지사는 가족의 체계를 변화시키기 위해 자신을 활용하며 가족 내 구성원의 위치를 바꿈으로써 그들의 주관적인 경험을 변화시킨다(Minuchin, 1974; 김종옥 역, 1988).

(1) 합류를 위한 기법

사회복지사는 내담자 가족들과 합류를 위해서 적응(accommodating), 모방(mimesis), 추적(tracking) 기법을 사용한다.

① 적응하기(유지하기)

사회복지사가 가족에게 개입하려면, 먼저 현재의 가족구조에 적응하는 것이 중요하다. 가족의 규칙을 존중하면서 시도하는 것으로 가족의 현재 상태의 범주에 맞춘다. 사회복지사가 가족체계에 관여하기 시작하면 가족 대부분은 긴장과 저항을 느낄 수 있으므로 그 가족을 있는 그대로 지지하고 존중하는 것이 적응기법이다. 즉, 하위체계를 이해하고, 지지하며, 가족의 장점과 잠재 능력을 확인하고, 약한 부분을 지지하며, 강한 부분을 재구조화시킨다. 예를 들어, 상담에 오신 어머니가 가족에게 지배적인 위치에서 역할을 할 때, 그러한 위치를 인정해 주며 어머니를 통해서 다른 가족구성원과 접촉하는 것이다.

② 따라가기(추적하기)

추적은 사회복지사가 가족의 상호작용과 행동양식을 관찰하고, 가족구성원의 대화내용을 따라가면서 그들이 계속 이야기를 하도록 격려하면서 가족구조와 하위체계의 기능을 탐색하는 것을 말한다. 이를 위해 지지적 언급, 내용을 명료화하기 위한 질문, 내용을 추적하기, 인정과 격려하기 등이 있다. 예를 들어, "네, 그렇군요." "아이가 그럴 때 어머니는 어떻게 하시죠?" "그 상황에서 보통 누가 아이를 제지하나요?"라고 질문한다. 이 가족의 문제점, 의문점을 분명히 하기 위해서 질문하고, 인정하는 코멘트를 하고, 흥미롭게 듣는 입장을 취하는 것이다.

③ **흉내 내기**(모방하기)

가족의 언어, 감정, 태도 등을 흉내 낸다. 즉, "그렇군요 저도 성격이 급해요." "우리 집에도 비슷한 일이 있어요." 등 비슷한 경험을 계속 이야기해서 하위체계의 권위를 높여 준다. 흉내를 내는 대상은 단어나 언어 사용, 동작, 감정표현, 비유적 표현 등이 있다. 예를 들어, 말끝을 올려 "~ 거든, ~요."라는 말을 따라 그대로 흉내 내거나 손을 비비는 동작을 흉내 내는 것 또는 "저도 그럴 때는 애한테 야단을 치게 되지요." 등처럼 말한다. 이렇게 모방기법을 사용하면, 사회복지사에 대한 가족구성원의 거부감이 적고 친근하게 받아들여져 합류가 쉬워진다.

(2) 가족 재구조화를 위한 기법

구조적 관점에서는 현상의 이해보다는 가족의 활동과 기능 구조를 강조한다. 구조적 관점에서 개입의 목표는 가족이 나타내고 있는 문제 증상의 배후에 숨겨진 역기능적 구조를 찾아내 바로잡는 것이다. 개입에서 중요한 것은 더 이상 작동되지 않은 역기능적인 가족의 상호작용 구조를 찾아내 버리도록 하기 위해 리더십을 발휘하며, 가족이 취해야 할 대체행동을 찾도록 방향을 제시하고 가족을 격려하는 역할을 한다.

사회복지사는 가족의 재구조화를 위한 기법으로 실연화, 긴장고조, 경계선 설정, 재정의, 과제 주기, 재구성, 과제 부여하기, 증상 활용하기, 지지하기, 교육하기, 균형 깨뜨리기, 강점 인식 등의 기법을 사용한다(Minuchin, 1974; 김종옥 역, 1988; 김유숙, 2006; 김혜숙, 2008).

① 재구성

문제의 원인이 특정 개인에게 있다기보다는 역기능적인 현재 가족의 구조에 있다고 보고 가족구성원으로 하여금 그들이 갖고 있는 문제 인식을 개인에서 체계 또는 구조로 확대하고 바꾸도록 설득시킨다. 이를 위해 사회복지사는 실연화 기법이나 문제의 재정의를 사용한다. 그래서 가족들의 문제정의방식을 깨트리고 새로운 상호작용의 방식을 학습하도록 한다.

② 실연기법

실연은 가족으로 하여금 그들 간의 상호작용하는 방식을 구체적으로 상담실에서 행동으로 보이도록 하는 것을 말한다. 예를 들어, 어머니가 자녀에게 화를 내고 소리 지르자, 그동안 가만히 있던 아버지가 어머니를 비난하고 아이 문제로 부모가 상호 비난하면서 싸우는 모습을 보여 주었다고 하자. 이 상황을 보면, 부모관계는 갈등구조이고 경직된 경계선을 보이며, 어머니의 과다 역할과 스트레스 문제, 아버지의 과소 역할과 권위 약화와 부부 분열이 자녀의 행동문제와 연관될 가능성이 크다. 이렇게 함으로써 치료자는 가족구조를 더 명확히 알 수 있고 동시에 개입방향에 대해 구상할 수 있다. 한편, 가족은 자신의 역기능적 상호작용을 분명하게 확인함으로써 문제에 대한 초점을 개인이 아닌 가족체계로 넓히게 된다. 그 결과 상담자의 개입과 지지를 통하여 가족구성원은 새로운 상호작용과 새로운 가족 위계구조를 안전하게 시도할 수 있게 된다(사회복지교육연구센터, 2011).

③ 긴장고조기법

긴장고조는 한때 가족체계에 스트레스를 증가시키고 도전하는 기법을 뜻한다. 이는 가족 안에서 반복되고 있는 역기능적인 행동을 깨닫고 연합, 동맹 등의 역기능적 구조에 익숙한 기존의 평형상태에서 벗어나 재구조화되도록 하기 위해서다. 예를 들어, 치료자가 역기능적인 의사소통방식이나 익숙한 행동패턴을 방해하거나 중단시키는 방법, 역기능적 상호작용을 집중적으로 부각하기, 숨겨진 갈등을 자극하여 표면화시키는 방법, 가족구성원 간에 차이점을 강조하기 등이 있다.

④ 경계선 설정기법

경계선 설정은 너무 밀착된 관계에 있는 가족구성원에게는 자신의 경계를 분명히 하여 자기 주장과 욕구를 분명히 표현하게 하며 독립심과 자율성을 키워 준다. 또 유리(遊離)된 가족에게는 서로 무관하기 때문에 가까이 접근하고 접촉을 증가하도록 도와준다. 또한 부모와 자녀 세대 간의 경계를 명확하게 하고, 부모체계와 자녀체계가 분리될 수 있도록 상담실에서 부모끼리, 자녀끼리 자리를 재배치하기, 부모의 권위와 영향력 강화하기, 가족구성원들의 세대 간 연합 깨기, 취약한 하위체계와 번갈아 가며 일시적 동맹 맺기 등의 기법을 사용한다.

- 2인 체계에서 명확한 경계선 만들기: 예를 들어, 모자 두 사람 사이에 경계가 없이 너무 밀착되어 있는 경우 자녀의 자율성을 높여 주며 자기주장을 할 수 있도록 하고 부부체계를 더 강화시켜 준다.
- 3인 체계에서 명확한 경계선 만들기: 3인 체계 내 둘 사이 경계선 설정을 통해 2인이 묶이는 현상을 제거해 3자 관계를 해체시킨다. 엄마와 아들이 합세하여 아버지를 공격하는 것을 해체시키고 부부끼리 교류를 하도록 강화한다.

⑤ 재정의 기법

재정의는 가족들의 증상이나 문제현상을 긍정적으로 변화하기 위하여 사용하는 기법으로, 이미 경험한 사실에 대한 자신의 관점, 정서적 감정과 태도를 좀 더 구체화하고 긍정적으로 의미를 부여함으로써 변화가 발생하도록 하는 개입기술이다. 즉, 가족의 증상을 역기능적 가족구조와 연관지어 긍정적인 의도로 부각시키는 것을 뜻한다. 예를 들어, 아이의 과잉행동은 아버지와 갈등관계에 있는 어머니의 외로움을 덜어 주려는 시도라고 재정의할 수 있다. 그 결과 가족은 증상을 부정적으로 보던 것에서 벗어나 가족구조의 역기능과 연관지어 새로운 각도로 볼 수 있게 되고, 가족구조의 변화에 협력할 수 있게 된다. 결과적으로 증상에 대하여 긍정적으로 재정의를 하는 것은 클라이언트로 하여금 행동을 조정할 수 있다는 감정을 갖게 해 주고 긍정적 변화에 대한 기대감을 갖게 해 준다. 예를 들어, 사건에 대한 생각이 혼돈되고, 혼돈되었기 때문에 무기력하다고 느끼는 클라이언트에게 그

혼돈은 성장을 준비하는 데 따르는 어려움이라고 재정의해 줄 수 있다(김규수 · 오현숙, 2005).

⑥ 과제 주기

과제 주기는 사회복지사가 가족의 재구조화 진행과정에서 미흡한 부분을 가족구성원이 활성화되도록 하기 위하여 사용하는 기법이다. 가족의 재구조화에 도움이 되는 특정의 행동 영역을 찾아 과제를 내어준다. 이때 사회복지사는 언제, 어디서, 누구와 어떻게 상호작용해야 하는가를 구체적으로 분명히 제시해야 한다.

예를 들어, 아들이 소리 지르고 짜증을 내면서 말한다고 불평하는 어머니에게 아들이 소리 지르지 않고 짜증 내지 않으면서 말하는 시간과 상황을 관찰해 오도록 한다. 관찰을 잘한 이후에는 아들이 바람직하게 말을 잘할 때 칭찬하거나 이야기를 끝까지 들어주는 과제를 줄 수 있다. 이와 같이 과제를 주는 것은 가족의 상호교류를 증진시키고 변화를 제시하기 위하여 사용되는 기술이다(송성자, 2002).

⑦ 강점 인식기법

강점 인식은 가족이 가진 강점과 긍정적인 점을 찾아내 활용하는 기법이다. 이로써 가족이 기존 인식의 틀을 바꾸어 새로운 현실을 보게 되고, 새로운 방식의 상호작용을 할 수 있게 된다. 강점 지향적 관점은 한마디로 말해서 권한부여(empowerment)에 기반한 실천기술이다. 예를 들어, 부부가 서로의 좋은 점들을 찾아서 나눠 보는 시간을 갖는다. 자녀의 장점이나 긍정적인 특성들을 적어 보게 한다.

(3) 적용 사례

중학교 2학년 장녀가 1학년 때는 학교에 가다말다 반복하여 겨우 2학년에 진급하였으나, 2학년이 되면서 계속 두 달 보름 정도 학교에 가지 않는 문제로 가족치료를 하였다. 이 가족은 할머니, 부모, IP(Identified Patient), 남동생 2명으로 구성되었다. 아버지(38세)는 3형제 중 장남이고, 회사원으로 직장에 전념하여 자녀양육을 어머니에게 전부 위임하였다. 아버지는 전근이 많은 직장에 근무하여 IP는 초등학교 때만 다섯 번 전학하였다. 어머니(35세)는 4남매 중 막내이며 나이에 비해 어린 느낌이 드는 사람으로, 어머니 역할에 대한 자신감이 부족하고 역할을 충분히 하지 못하는 인상을 주었다. 최근 가족구성원이 된 할머니(60세)는 건강하여 어머니 대신에 가정일에 관여하는 상태다. 두 남동생(9세, 11세)은 친밀하게 지내며 함께 누나에게 대들기도 한다. 하지만 IP는 동생들을 많이 챙겨 주고 배려하며 동생들과 잘 지내는 편이다. 이 가족의 역기능 구조를 살펴보면 다음과 같다(최규련, 2008).

- 아버지는 위계상 우위에 있으나 자녀들과 단절된 상태로 유리된 경계를 유지하고 있다.
- 할머니가 어머니 자리를 차지하고, 어머니는 자녀와 같은 위계구조에 들어가 IP와 연합을 형성하여 할머니에게 대항하는 결과, 내담자는 문제행동을 유지한다.
- 할머니와 어머니, 어머니와 IP 및 자녀의 관계가 세대 간의 경계에서 혼란을 초래하고 있다.
- 부모의 체계가 자녀체계와 확실하고 분명한 경계로 변해야 한다.

치료자는 초기(1~4회기)에 아버지와 합류하고 아버지의 권위를 존중하였다. 또 어머니와 협력하여 할머니가 어머니 역할 대행에서 벗어나 노인대학을 다니도록 하였다. 중기(5~8회기)에는 어머니의 위치와 기능을 강화하기 위하여 먼저 자녀에 대한 어머니의 지나친 관여를 줄였다. 한편, 아버지의 자녀와의 관계를 강화하는 과제로 아버지가 자녀와 함께 학교생활 대화하기, 숙제 봐주기, 아들들과 목욕 함께하기 등을 과제로 주었다. 그 결과 부모 하위체계가 명확해졌고 아버지와 자녀의 교류가 증가하여 가족의 경계선, 제휴, 권력 등의 가족구조가 변화되었다. 종결단계(9~12회기)에서는 아버지의 협력을 받아 어머니의 역할기능이 향상되도록 하였다. 그 결과 부모 하위체계가 강화되었고 어머니는 자녀에게 확실한 의견을 말하였다. 아버지는 어머니를 돕게 되었고, IP의 등교 거부는 없어졌다(김유숙, 2000).

2) Bowen의 다세대체계이론(정신역동이론, Bowen이론)

(1) Bowen의 주요 관점

Bowen은 가족을 다세대중심의 가족체계와 구조를 사정하고 평가하기 위하여 가족가계도를 활용하였다. 세대를 통해서 경험한 가족의 패턴과 영향력은 현 핵가족의 문제에 중요한 요인으로 본다. 그래서 최소한 3세대에 걸친 가족사와 연관된 문제들을 다세대라는 맥락에서 현재 문제를 이해할 수 있도록 사회복지사들이 주로 사용하였다.

- 가계도: 가족을 사정 · 평가하는 단계에서 자료를 재조직하고, 치료과정에서는 가족의 관계와 핵심적인 삼각관계를 추적하는 것으로 사용한다. 가족의 사정과 평가에 사용되는 가계도는 치료목표를 분명하게 하고 치료개입을 용이하게 해 준다.
- 다세대 전이: 가족체계에서 나타나는 특성들이(예를 들어, 자아분화 수준이나 병리적 특성) 몇 세대를 두고 스스로 되풀이 되는 현상으로 현재의 핵가족에게 나타나는 현상을 말한다.

(2) 개입기술

가족구성원의 자아분화 수준을 높이기 위해 개입하고 가족구성원으로 하여금 확대가족의 맥락 안에서 가능한 독립적이며 책임 있는 관계를 유지하도록 도와주는 것이다. 개입기술로는 가족원의 자아분화 정도 확인→가족구성원들의 삼각관계 형성 확인, 정서적 융합이나 밀착 및 개인의 극단적인 정서 확인→탈삼각관계 시도와 자아분화를 높이기 위한 시도를 한다. 개입기술의 기법으로는 자아분화 수준 높이기, 탈삼각화, 가계도, 코칭, 불안완화기법이 있다.

① 자아분화 수준 높이기

자아분화란 자신의 사고와 감정을 분리하여 자신과 타인을 구분할 수 있는 능력을 말한다. 정신내적 측면에서는 개인의 지적 측면과 정서적 측면의 분리 또는 구분하여 균형을 이르며 행동한다. 즉, 생각과 감정이 적절히 분리되어 있으면 자아분화 수준이 높은 것을 의미한다. 분화가 잘 이루어진 사람은 사고와 감정이 균형을 이루어 강한 정서와 자발성을 가지고 있지만, 정서적 충동에 저항할 수 있는 자제력과 객관성을 가지고 있다. 외부 관계적 측면에서는 개인이 타인과의 관계에서 확고한 자아개념, 일관된 신념을 가지고 분리되어 자주적 · 독립적 행동을 하는 정도, 타인에게 자신의 주장이나 생각을 잘 표현하며 타인과 친밀감을 유지하면서도 자신의 정체성을 잃지 않는다.

개인이 사고와 정서를 분리시킬 수 있는 능력, 정서적 성숙과 자기가 태어난 가정으로 개성화된 정도를 의미하기도 한다. 자아분화가 잘된 사람은 생활에서 긴장을 극복할 수 있는 능력이 있는 사람이나, 자아분화가 안 된 사람은 만성적으로 불안에 시달리며 정서체계가 지적 체계를 지배하여 무슨 일이든지 감정에 의존하여 충동적이며 적응력이 낮을 수밖에 없다.

Bowen의 이론에서 자아분화척도(differentiation of self scale)는 지성이 정서에서 분화된 정도를 가리키고 있으며, 자아의 구분 정도를 0~100까지 단계로 표시하여 그 특성을 설명하고 있으나 그 구분 정도에 따라 등급이 어떻게 적용되는지에 대한 방법을 설명하지 못하고 있다. 자아분화의 척도와 특성은 〈표 17-1〉에 설명한다(손광훈, 2009).

〈표 17-1〉 **자아분화척도**

- **0~25의 가장 낮은 자아분화 수준**: 만성증상이 나타나며 자신의 생각을 말하기 어려우며 감정에 의해서 결정되는 삶을 산다. 대부분 감정반사행동을 하며 자신에 대한 신념이나 확신을 찾아보기 어렵다. 일상생활의 유지가 어렵다. 정신분열증이나 정신병리 유발
- **25~50 낮은 자아분화 수준**: 가짜자신(pseudo self)의 감정체계에 의해서 삶을 살아가고, 감정에 의한 융합관계가 생기는 경향이 있다. 다른 사람의 인정과 사랑을 구한다. 자신에 대한 확신과 믿음이 부족하며 다른 사람의 인정을 받지 못하면 감정반사행동을 한다.
- **50~75 높은 자아분화 수준**: 낮은 불안 속에서 목표지향 활동을 한다. 불안과 긴장이 높으면 일시적으로 융합하려는 경향이 생기며, 지적 체계는 감정에 의해서 일시적으로 영향을 받지만 다시 회복 가능하다. 어느 정도 목표지향활동을 한다.
- **75~100 아주 높은 자아분화 수준**: 진짜 자신(solid self)이 높은 불안을 다룰 수 있는 능력이 있으며, 높은 불안 속에서도 목표지향활동을 할 수 있다. 자신의 내면에서 결정된 삶을 살며, 자신에 대한 분명한 믿음을 가지고 있으며, 지적 체계와 감정체계의 상호작용이 활발하다.

② 삼각관계와 탈삼각화

Bowen은 삼각관계란 3인이 서로 연관되어 있고 그들 사이의 정서적 문제에 있어 서로 맞물리는 3인군(triad)을 형성했을 때라고 정의하였다. 2인 체계는 근본적으로 불안정하므로 긴장과 불안이 갈등으로 나타날 때 2인 중 한 사람이 삼각형(triangle)을 만들기 위해 제삼자를 끌어들인다. 대부분의 경우 가족 내의 삼각관계는 부모 사이의 긴장에 의해 발생하는데, 아버지가 지배적인 위치를 얻는 경우가 많다. 이때, 어머니는 만성적인 기능 손상의 상태로 인해 점진적으로 자기편의 한 자녀와 연합하게 된다. 결국 Bowen은 자아분화가 낮은 부모는 미분화에서 오는 자신들의 불안이나 갈등을 삼각관계를 통해 회피하려고 한다. 그래서 제삼자를 두 사람의 관계에서 분리시켜 가족 내에 형성되어 있는 삼각관계에서 벗어나게 함으로써 가족원들이 독립적이며 자율적이고 책임있게 가능하도록 하는 것이 핵심이다.

Bowen은 치료목표가 가족 안에서 작용하는 불안과 감정적 융합에서 오는 자아분화 수준을 높이는 것으로 보았다. 가족의 체계가 변화하려면 무엇보다도 폐쇄된 체계에서 벗어나 개인의 자율성과 책임성이 원활하게 이루어지도록 하는 것이다. 현재의 핵가족에서 재현되는 삼각관계 패턴은 원가족에서부터 부모와 경험한 관계에서 의한 것이라고 볼 수 있다. 탈삼각화 과정은 다음과 같다(김혜숙, 2008).

- 삼각관계에 있는 가족 간의 정서적 · 공간적 거리를 둔다.
- 가족구성원 중 누군가 불안감으로 위기와 혼란을 느낀다.
- 가족의 이인관계를 재정의하며 강화한다(예: 부부관계 강화하기).
- 다른 사람 수용하기, 나의 입장 취하기, I-Message로 전달한다.
- 가족구성원에게 긍정적 해석과 간접적인 칭찬으로 변화 유지한다.
- 자기입장과 역할을 훈련한다(엄마가 자신의 문제를 남편에게 직접 말하도록 함).

나-입장 취하기(I-Position) 기법은 다른 사람이 무엇을 하는가를 비난하거나 지적하는 대신에, 자신이 무엇을 생각하고 느끼는가를 말하게 하여 자신의 생각과 감정을 표현하게 하는 방법이다. 예를 들어, "당신은 왜 그렇게 어지르고 다녀?" 라고 말하는 대신에 "당신이 벗어 놓은 옷이나 본 책을 그때그때 정리했으면 좋겠어요?"라고 표현하도록 하는 것이다. 또 "당신 때문에 아이가 엉망이다."라고 말하는 대신에 "당신은 아이 지도를 좀 더 엄격하게 했으면 좋겠어요."라고 표현하도록 하는 것이다.

③ 가계도

Bowen은 가족의 정서적 과정이 세대에 걸쳐 반복되고, 해결되지 않은 부정적인 정서가 가족에서 지속해서 나타날 수 있다고 전제한다. 그래서 다세대 가족체계에 관한 자료를 수집하기 위해 가계도를 주요 기법으로 사용하였다. 가계도 작성을 위해 사회복지사는 먼저 내담자에게 가계도를 그리는 이유를 설명한다. 작성과정에서 가족이 편안하게 되도록 배려하면서 간단하고 무난한 정보를 묻는 말에서 시작하여 세대에 걸친 관계 패턴과 질병, 문제 등의 정서과정에 관한 질문을 한다. 가계도를 해석하는 과정에서 치료자는 가족의 고통스러운 사건이나 불행에 대하여는 가족이 감정적으로 준비된 상태일 때 깊이 이야기한다. 또한 좋은 의도나 극복과정을 탐색하여 긍정적 해석을 하는 것이 바람직하다. 그리고 단정적이기보다는 가능성이나 가설(假說)로 표현하는 것이 상담진행에 훨씬 도움이 된다(김혜숙 외, 2012).

④ 코칭

코칭은 사회복지사가 가족으로 하여금 자신의 능력이나 기능을 최대한 발휘하여 문제에 직접 대처하도록 돕는 방법이다. 사회복지사는 그들이 상호작용과정을 객관적으로 생각해 보게 한다. 문제발생에 자신도 관여된 자신의 부분을 보게 하여 관계 속에서 자신의 역할을 어떻게 변화시킬 것인지 질문한다. 예를 들어, "당신이 남편에게 어떻게 했을 때 남편이 그렇게 화를 내는지 생각해 보았나요?" 라고 한다. 그리고 "당신의 부모나 가족 중에서 당신과 비슷한 행동을 하는 사람은 누구였나요?"라고 질문한다. 이렇게 함으로써 가족의 세대 간의 전수를 구체적으로 이해할 수 있게 하고 새로운 태처방식을 알 수 있도록 안내하고 지도해 준다.

⑤ 불안완화기법

치료과정에서 불안을 완화하고 감정을 차분히 가라앉힐 때 가족구성원 간에 이성적으로 얘기할 수 있다. 이를 위한 방법으로 감정보다 생각에 대한 질문을 더 많이 하기, 부부간의 상호작용을 최소화시키고 한 사람씩 차례로 상담자에게 이야기하게 하고, 다른 사람을 관찰하고 경청하는 방법, 비슷한 문제를 가진 다른 가족의 이야기를 해 주거나 비디오테이프, 영화 등을 이용하여 가족 속에서 자신의 역할 기능을 배우게 하는 방법 등이 있다(김혜숙 외, 2012).

(3) 치료과정의 4단계

① 첫 번째 단계: 가족과 함께 치료계획을 세움

내담자(IP)와 가족이 경험하고 있는 문제와 증상에 초점을 맞추어 불안 정도를 파악하며 가계도를 작성한다. 이때 가족의 역사성과 정보수집과 증상을 파악하면서 내담자의 부담을 덜어주고, 가족의 전체적인 관계의 흐름을 파악한다. 전체적인 가족의 시스템을 탐색하는 가족사정과 평가가 이루어진다. 핵가족과 부모의 원가족에 대해 서로 가족평가를 한다.

② 두 번째 단계: 예상과 연습

반복되는 가족의 경험이나 가족구성원의 행동패턴 속에서 가족이 해결방안을 찾지 못하는 가족패턴을 통찰하므로 증상을 추측할 수 있다. 가족 가운데 누가 승자이고 패자인지, 누가 권력이 있고 없는지, 문제 상황에서 회피 추적관계를 통하여 세대과정에서 나타나는 패턴을 본다. 가족에게 나타나는 상호작용과 대처방식을 인식할 수 있도록 계획에 의해서 생길 수 있는 문제를 예상해 본다.

사회복지사는 가족구성원의 감정표현과 언어를 객관적으로 보고, 자신의 감정을 스스로 통제할 수 있도록 교육과 적절한 질문을 한다. 가족을 대상으로 현재 핵가족의 감정체계는 자신들의 원가족에서 익혔던 상호작용방식의 연장이라는 것을 알 수 있도록 교육한다. 현재의 문제가 다세대의 전수로 부모가 자녀에게 무엇을 투사하고 있는지, 투사하므로 얻을 수 있는 이점은 무엇인지 이해하도록 교육한다.

③ 세 번째 단계: 인식의 변화

가족이 자신의 행동과 언어패턴에 대한 강한 인식의 틀에서 서서히 벗어나는 단계다. 가족구성원 내면의 감정과 불안감은 낮은 자아분화 수준과 관련이 있고, 감정체계에 대한 지적 체계의 이해를 도울 수 있다. 사회복지사는 가족과 질문을 통한 대화로 한 번도 생각해 보지 못했던 관점, 자신의 감정에 대한 통찰, 가족과의 상호관계성을 재인식할 수 있도록 돕는다. 내담자 가족에게 치료장면을 녹음한 것을 보여 주고 자신들의 방법을 보면서 자기방어가 어떤 상황에서 발생하였는지를 알 수 있도록 한다. 가족이 다른 사람을 비판하지 않으면서 자기 생각과 주장을 하고 대화에 임할 수 있도록 한다.

④ 네 번째 단계: 체험

새로운 계획을 실천하는 단계로, 증상이 감소하며 새롭게 향상된 분화 수준이 형성된다. IP와 모든 가족은 각기 변화의 주체가 되어서 자신들의 행동을 조절해 나갈 수 있으며 각자의 목표설정을 이행할 수 있다. 사회복지사는 조력자의 역할, 코치, 교사의 역할을 한다. 가족이 가족의 정서과정과 그 안에서 자신들의 역할을 명확하게 알도록 하며, 가족구성원 상호 간의 이해와 기능적인 애정관계로 발전하도록 한다. 사회복지사는 내담자와 내담자 가족 간의 전이나 역전이의 상호작용의 굴레에 빠지는 위험을 직면하여야 한다.

3) Alto의 전략적 MRI 이론

(1) 전략적 이론의 관점

전략적 가족치료의 목표는 가족이 가지고 있는 문제를 해결하는 것으로 가족을 구조적으로 재조직하는 데 목표를 두었다. 특히 가족의 행동의 순환고리, 의사소통 유형, 지금-현재 초점을 두고 가족의 독특성에 맞는 전략을 제시하였다. 전략적 이론에서는 증상의 제거는 일차적인 변화이고 행동을 규제하는 가족체계의 변화까지 치료목표에 포함되어야 한다.

(2) MRI 상호작용이론

MRI 집단은 Watzlawick와 그의 동료들에 의해서 개발된 상호작용적인 의사소통이론의 토대 위에서 만들어졌다. MRI 이론에서는 현재 나타나고 있는 문제에 초점을 두며 문제와 변화에 대하여 두 가지 상호 연결된 가정에 입각한다. 문제가 언제, 어떻게 발생하였는가가 중요한 것이 아니라 가족들의 상호작용하는 역기능적인 방식에서 문제행동이 지속된다고 보았다. 만일 문제를 지속시키는 행동이 적절하게 변화되거나 제거되면 문제의 기간이나 기원에 상관없이 문제는 해결될 것이라고 보았다. 그래서 문제를 유지하는 경우를 보면, 첫째 문제를 잘못 다룬다는 것이다. 문제를 해결하기 위하여 계속해 온 바람직하지 못한 방식, 즉 시도했던 해결방식이 문제라고 본다. MRI의 접근법은 문제를 유지시키는 현재의 해결방식과는 다르게 문제해결방식을 새롭게 고안하고 그것을 시행하기 위해서는 효과적인 것이 어떤 것인지를 연구하는 데에 있다. 증상을 제거하기 위해서는 문제를 유지하는 행동의 연쇄고리를 찾아서 상호작용하는 규칙을 발견하여 규칙을 변화시키는 방법을 찾는 데 초점을 둔다(박태영 외, 2008).

〈표 17-2〉 **MRI 상호작용의 치료과정**

- 호소하는 문제를 구체적으로 명백히 정의하기
- 지금까지 가족들이 문제해결을 위해 시도한 해결책의 내용을 찾아내기
- 구체적인 변화를 위하여 앞으로 성취할 전략을 분명하게 정의하기
- 마련된 전략을 가족들이 계획을 공식화하고 수행하기

MRI 전략적 치료자들은 모든 가족이 생활하면서 어려움이 발생하나 이 어려움이 외부의 개입을 필요로 하는 '문제'가 되느냐 여부는 가족구성원이 어떻게 반응하고 대처하는가에 좌우된다고 하였다. 역기능적 가족에서는 어려움이 발생하면 가족항상성 때문에 종전의 방식으로 반응하여 더욱더 부적 피드백 고리의 작용으로 문제가 악화된다. 그러므로 가족의 상호작용이 정적 피드백 고리인가 아니면 부적 피드백 고리인가는 그 가족의 규칙에 의하여 정해진다. 한편, 기능적인 가족은 해결책이 효과가 없으면 바로 바꿀 수 있을 정도로 규칙이 융통성이 있고, 유연하게 대처하며 변화시킬 수 없는 일은 굳이 변화시키려고 노력하는 비현실적 생각

을 하지 않는다. 그러므로 가족의 변화가 표면적 행동변화에 그치고 기존의 가족규칙이 바뀌지 않는 일차적 변화보다는 가족규칙이 바뀌고 행동도 변화되는 이차적 변화가 진정한 변화이고 근본적인 가족문제 해결이 가능하다(Watzlawick et al., 1974). 예를 들어, 컴퓨터 게임을 밤늦게까지 즐기는 자녀에게 부모가 때리던 것에서 말로 야단치는 것으로 변화하는 것은 일차적 변화라고 할 수 있다. 그러나 그 자녀에게 "혹시 늦게 컴퓨터 게임을 시작했니?" 또는 "컴퓨터 게임시간을 너무 적게 주었니?"라고 자녀의 입장을 이해하는 태도를 취하므로 가족규칙을 검토하고 가족체계의 변화를 시도하는 것은 이차적 변화라고 할 수 있다(김혜숙 외, 2012).

(3) 개입기술

전략적 이론에서 사용하는 개입기술들은 사회복지사가 전문적인 지식과 방법들을 내담자 가족들의 문제의 특성이나 개별적인 특성에 따라서 활용해야 한다. 개입기술로는 역설적 개입(재명명, 시련기법), 지시, 제지기법이 있다.

① 역설적 개입

역설적 개입이란 변화하라는 메시지와 변화하지 말라는 두 가지 메시지를 동시에 전달하여 사회복지사가 내담자에게 '치료적 이중구속' 상황으로 이끄는 기술이다. 사회복지사가 내담자에게 오히려 치료목표의 반대가 되는 것을 실행하도록 증상처방을 내려서 결국은 효과적인 결과를 초래하도록 하는 기법이다. 증상처방이란 내담자의 현 문제를 계속 유지 또는 더 심하게 하도록 지시를 내리는 것이다. 일정 시간대에 일정 기간 동안 정기적으로 증세현상을 지속하도록 하는 것이다. 예를 들어, 불면증인 내담자에게 잠을 자도록 하는 것이 아니라 오히려 잠을 자지 않도록 '독서증상처방'을 내림으로써 계속 유지하기 위한 처방을 준다. 잠이 안 오면 자려고 노력하기보다는 깨어서 독서를 하고, 잠이 와서 잠 들면 문제가 해결되는 것이다. 사회복지사가 변화하지 말라고 하는 것에 충실히 따르면 내담자는 이미 증상을 통제할 수 있게 되는 것이고, 치료자의 지시를 따르지 않는다면 증상을 포기하는 것이 된다.

예를 들어, 결혼생활에 문제를 느끼는 경우 남편은 아내를 위하여 멋진 계획을 세워 아내를 놀라게 해 주라고 지시하고 아내에게는 남편이 하는 무슨 일이든 고맙게 받아들이라고 지시한다. 또한 애정표현을 전혀 모르는 부부의 경우에도 부부가 일주일에 세 번은 자녀에게 애정표현을 분명하게 말과 스킨십으로 표현하는 방법을 가르치게 할 수 있다(정문자 외, 2007).

이러한 역설적 개입을 Haley는 크게 전체 가족에 대한 개입과 특정 가족원에 대한 개입으로 구분하고 있으며 단계적으로 접근한다. 증상을 처방할 때 사회복지사는 문제와 관련되어 있는 가족의 행동체계를 정확히 파악해야 한다. 문제와 관련된 가족의 행동체계를 정확히 파악하여 증상을 처방하게 되면, 가족원은 역기능적인 행동체계의 속성을 인식하게 됨으로써 증상을 계속하라는 지시를 받았다고 하더라도 증상행동을 포기하고 다른 행동유형으로 변하게 된다. 역설적 개입을 하는데 있어 단계적으로 접근하는 것이 중요하다. 역설적 개입의 단계를 〈표 17-3〉과 같이 7단계로 구분하여 제시하고 있다.

〈표 17-3〉 **역설적 개입의 단계**

1단계	치료계획을 언제까지 할 것인지 합의한다.
2단계	주요 문제가 무엇인지 구체적으로 명시하여야 한다.
3단계	문제를 야기하고 유지하는 행동은 무엇인지 평가한다.
4단계	치료에 대한 계획과 목표를 설정한다.
5단계	사회복지사는 역설적 과업이나 지시를 준다(변화전략).
6단계	사회복지사는 지시에 대한 반응을 관찰하고, 추적하며, 증상적인 행동을 계속하도록 격려한다(치료적 이중구속상황으로 내담자는 증상을 포기함).
7단계	증세가 사라짐

가족이 변화에 대한 저항이 매우 크거나 사회복지사가 상호작용과 의사소통에 압력을 많이 받을 때 활용하는 역설적 개입기법은 치료회기에서 사회복지사의 지시나 과제가 핵심부분이다. 내담자에게 문제증상을 계속해서 실행하도록 지시하는 역설적 개입은 내담자로 하여금 변화하지 않을 수 없는 모순적 상황에서 내담자의 저항을 처리하는 효과적인 방법으로 Haley와 Madanes가 주로 사용하는 기법은 증상처방, 제지, 재정의, 시련기법 등이 있다. 그중에 재명명과 시련기법을 보면 다음과 같다.

- 재명명(재정의): 재정의는 밀란모델의 긍정적인 의미부여로, 문제를 지속시키고 행동을 재구성하는 것이다. 내담자의 어떤 문제 상황이나 행동, 관계, 현상을 부정적인 의미부여에서 다른 측면에서 볼 수 있도록 새로운 긍정적 의미를 부여하는 것이다. 내담자의 상황은 별로 달라진 것이 없지만 상황에 부여한 의미가 달라서 그 상황이 더 이상 문제가 되지 않을 수 있다. 가족으로 하여금 문제를 보는 시각과 관점이 달라져서, 상황을 보는 시각이 달라져서 이전과는 다르게 반응하는 경우다. 대부분 증상은 가족체계의 균형을 유지하게 하고 가족의 응집성을 촉진하기 때문에 긍정적인 것이라는 의미를 부여하여 가족의 공식적으로 패턴화된 게임을 무력화시키는 것이다.

  예를 들어, 약한 ADHD증세를 일으키는 아동이 가족을 보호하고자 하는 기능이 있다고 설명해 준다면, 어머니는 아동을 과보호하게 되고 아버지는 어머니를 비난하면서 둘 다 자기와는 거리를 두려는 방어를 하므로 가족의 체계를 유지하게 된다.

  구조적 이론에서는 개인중심의 시각에서 가족구조적인 관점으로 바꾸기 위해 사용하며, 가족들이 상황에 대한 보다 건설적인 시각이 바뀌므로 반응이 달라진다. 예를 들어, 부인의 우울증은 가족들의 관심을 더 받고 자신의 욕구가 충족되길 원하는 욕구로 해석하는 경우, 자녀가 이상한 행동을 하는 경우도 부모로부터 관심과 사랑을 받고자 하는 행동이니 부모는 더 자녀에게 애정과 사랑을 전달하게 된다.

- 시련기법(고된 체험기법): Haley는 Erickson이 최면기법을 중심으로 실시한 시련기법을 좀 더 다양한 방법으로 발전시켰다. 이 기법은 간단히 말하면 변화를 원하는 사람에게 증상보다 더 고된 체험을 하도록 과제를 주어 증상을 포기하도록 하는 것이다. 따라서 시련기법에 근거한 과제에 따르는 고통은 증상으로 인한 고통보다 좀 더 괴로운 것이어야 한다. 만일 시련과제가 증상을 감소시키거나 제거시키기에 충분하지 않다면 증상이 제거될 때까지 시련의 정도를 높여야 한다. 그리고 시련 과제가 사람들에게 유익한 것이라면 그것은 더욱 좋으며, 타인을 위해 희생하거나 타인에게 도움이 될 수 있는 과정이면 더 좋다(송성자, 2002).

예를 들어, 반복적인 가사일로 우울증을 호소하는 내담자에게 시간에 맞춰 집안에서 자주 걸레질을 하도록 지시하거나, 시부모님에게 불만이 많은 며느리에게 만날 때마다 더 친절하고 싹싹하게 굴도록 지시를 내린다. 더 고된 체험을 통해서 차라리 증상을 포기하도록 하는 것인데, 이것은 내담자가 사회복지사와 치료적 약속과 스스로의 변화에 대한 강한 의지가 있어야 성공한다.

재혼가족의 16세 소년이 엉덩이에 여러 가지 물건을 올려두고 엉덩이를 흔들어서 물건을 떨어뜨려 온 집안을 난장판으로 만들곤 하여 계모는 그것을 치우느라 늘 스트레스를 받고 아버지는 방관자로 지켜보아야만 했다. Haley는 시련기법을 사용하여 소년이 그런 짓을 할 때마다 아버지가 소년을 데리고 뒷마당으로 나가서 깊이와 폭이 1m 되는 구덩이를 파게 했다. 그런 후에 흐뜨린 물건들을 구덩이에 파묻게 하였다. 몇 주 후에 소년의 증상은 멈추었고 계모와 아버지는 더 가까워졌다(Nichols & Schwartz, 2002; 김영애 외 역, 2004: 156).

② 지시

Haley는 가족의 문제를 치료하는 데 있어 지시방법(directive method)을 사용한다. 지시를 사용하는 데는 두 가지 방법이 있다. 첫째, 사회복지사가 가족이 하기를 원하는 행동에 대해서 하도록 만드는 방법이 있고, 둘째, 사회복지사가 가족이 어떤 행동을 하지 않기를 원할 때 하도록 하는 방법이다. 어떤 방법이든 사회복지사는 가족으로 하여금 무엇인가를 하도록 만들어 가족의 상호작용 형태를 변화시키고자 한다. 가족의 행동을 변화시키기 위해서 지시를 하는 경우에는 두 가지 방식으로 할 수 있다. 사회복지사가 어떤 행동을 변화시키기 위해서 가족에게 어떤 행동을 하지 않도록 하는 지시다.

예를 들어, 아이가 문제를 가지고 온 경우에 이 가족에게서 폭력이 있었다고 한다면 사회복지사는 가족에게 때리지 말도록 지시를 하게 된다. 이러한 지시를 잘 따르도록 하기 위해서 사회복지사는 가족이 협력하고 돕도록 만든다. 두 번째는 사회복지사가 가족에게 어떤 행동을 하도록 만든다. 어떤 행동을 하도록 하기 위해서 사회복지사는 충고를 하거나 가족의 상호작용을 변화시킬 수 있는 지시를 한다.

충고를 하는 방법은 아마도 교육 수준이 높거나 사회복지사의 충고를 잘 받아들이는 가족에게 한정될 수 있다. 다른 가족은 충고를 따르지 않거나 또는 거부할 수 있다. 이러한 가족인 경우에는 다른 방법이 필요하다. 따라서 충고를 사용할 때는 가족의 상황이나 배경에 알맞게 형편을 고려해서 사용하도록 한다(김용태, 2000).

③ 제지기법

모든 치료에서 사회복지사는 증상에 대하여 낙관적 태도를 취하고, 지지적인 태도를 보이며, 클라이언트가 소극적일 때 적극적으로 개입하는 등 클라이언트의 변화를 촉진시키는 방향으로 격려하는 것이 기본 원칙이다. 그러나 이와 반대로 역설적 기법에서는 치료의 효과를 증진시키기 위하여 재발을 예측하여 경고하거나, 변화의 속도가 지나치게 빠르다고 지적하여 변화의 속도를 통제하기도 하는데 이를 제지기법이라 한다. 문제해결을 위해 상담자가 "너무 빨리 문제해결을 바라지 맙시다." 문제가 극적으로 갑자기 해결될 리가 없습니다."라고 말함으로써 오히려 천천히 시도한다. 그러면 내담자 가족은 자신들이 문제해결을 위해 더욱 서두르는 경향이 나타난다(엄명용 외, 2008).

전략적 치료모델은 문제의 증상에 초점을 두지만 내담자의 강점에도 초점을 두며 치료에 활용하는 편이다. 사회복지사의 전략적인 개입도 중요하지만 사회복지사와 내담자 간의 치료적 관계 형성이 먼저 선행되어야 하며 치료자의 인간적인 따뜻한 면모나 신뢰성, 수용성이 더 중요하다는 것을 강조하고 있는 추세다.

4) 경험적 이론

Satir는 오랜 임상경험으로 가족들이 상황적 위기에서 적절하게 대처하지 못해서 발생하는 역기능적인 영역을 개인과 가족에서 개인의 자아존중감, 의사소통 및 대처방식, 가족규칙, 지역사회와의 연계로 보았다. 그래서 Satir의 경험적 가족치료이론의 개입기술에서는 ① 의사소통 및 대처방식의 변화, ② 자아존중감과 자기가치, ③ 내담자의 원가족, 핵가족의 경험과 재구성, ④ 변화의 과정, ⑤ 치료자의 역할 순으로 살펴보고자 한다.

(1) 의사소통 및 대처방식의 변화

Satir는 사람들이 일반적으로 스트레스가 있는 상황에서 스트레스를 역기능적으로 처리하는 방법과 대인관계에서 거절당할 가능성이 있다고 느낄 때 자신을 역기능적으로 보호하는 방법을 역기능적 의사소통방법으로 간주하였고, 내담자들에게서 공통된 네 가지 유형을 발견하였다. Satir는 역기능적 의사소통의 유형을 비난형, 회유형, 초이성형, 산만형으로 명명하였다. 그리고 성장모델에서는 역기능적인 의사소통을 하는 것은 자아존중감에 위협을 느낄 때 사용하는 의사소통의 유형으로 자신의 생존유형으로 보았다.

자아존중감의 3대 요소를 자기, 타인, 상황으로 자기는 애착, 사랑, 신뢰, 존중을 통해서 자신에 대한 가치와 자신의 유일성을 말한다. 타인이란 다른 사람과의 관계성에서 형성되며 다른 사람에 대해 느끼고 반응하고 차이성을 인정하며 어떤 상호작용을 하는 것이다. 상황은 주어진 맥락으로 주로 부모나 원가족의 삼인군에서의 상황을 말한다.

〈표 17-4〉는 역기능적인 의사소통 네 가지 유형과 일치형의 의사소통의 행동, 언어, 지배적 정서, 자기개념, 자원, 공통된 신체적 심리적 증상, 공통된 DSM-IV 진단으로 구분하여 설명한다(Satir, 2002).

〈표 17-4〉 **의사소통의 유형**

① 회유형

행 동	언 어	지배적 정서	자기 개념	자 원
사과하는 간청하는 표정 우는 소리, 변명 애원하는 의존적인 지나치게 상냥한 지나치게 쾌활한	모두 다 내 잘못 난 아무것도 아니야 (당신 없이는) 난 중요치 않아 당신은 무엇을 하고 싶으세요? 아무거나 다 좋아	상처 슬픔 불안 억울함 억눌린 분노	자기 가치에 대한 부족 자신감 부족 자기와의 접촉에서 벗어나 있음 상대방의 기대에 초점을 맞추고 있음	배려하는 양육적인(보살피는) 민감함

공통된 신체적 증상들	공통된 심리적인 증상들	공통된 DSM-IV 진단
위장과 관련된 증상 편두통과 두통 심장이 뜀 피부질환(여드름, 건선, 습진, 발진들)	침울한 기분 화를 잘 냄 불안 겁먹은 공격들 자살충동	정동장애 불안장애 섭식장애 강박장애 의존적 인격장애

② 비난형

행 동	언 어	지배적 정서	자기 개념	자 원
탓하기	다 네 잘못이야	분노	낮은 자기 가치감	자기주장
소리치기	너는 뭐가 문제야?	좌절	실패	리더십
화난 표정	넌 제대로 하는 게	불신	자신과의 접촉에	에너지
위협	하나도 없어	분개	서 벗어나 있음	
판단	네가 ~만 했어도	억눌린 상처	통제력 부족	
명령하기	나에게 잘못된 것	통제력 상실에 대	무기력	
결점잡기	은 아무것도 없어	한 공포	자신의 기대에 초	
조정하기		외로움	점을 맞춤	

공통된 신체적 증상들	공통된 심리적인 증상들	공통된 DSM-Ⅳ 진단
근육의 긴장, 요통	분노와 격분	행동 이상
긴장에서 비롯된 두통	화를 잘 냄	반사회적 인격장애
고혈압, 뇌졸중	도전	경계선적 인격장애
심장병	적대적인	편집증적 인격장애
천식	편집증	충동-조절장애
류머티스 관절염	폭력	아이의 신체적/성적 학대/무시
사고가 나기 쉬움	반사회적 특성	

③ 초이성형

행 동	언 어	지배적 정서	자기 개념	자 원
딱딱하고 경직된	논리적이고 객관	감정을 거의 드	자신의 가치에 대	지적임
냉담한 듯함	적인	러내지 않는다.	한 확신 부족	세부적인 것에 주의
진지하고 우월한 척	규칙, 추상적인	아주 내적으로	자신감 부족	문제풀기
하는 표정	개념을 언급	민감하고	자신과의 교감에	
교묘하게 조정하는	긴 설명	외롭고	서 벗어남	
충고를 주려함	개인적, 감정적	고독감	통제력 부족을 느	
예민하지 못한	주제를 피함	공허감	끼고 감정을 보일	
비인간적으로	복잡한 횡설수설	통제력 상실에	수 없다	
객관적인	"사람은 논리적이	대한 공포		
무자비하게	어야 한다."	상처 입기 쉽다		
지루한				

공통된 신체적 증상들	공통된 심리적인 증상들	공통된 DSM-Ⅳ 진단
암	침울	정동장애
피부질환	강박관념	반사회적 인격장애
림프(임파선) 이상	강박감	강박장애
요통단핵	사회적으로 움츠러든	정신분열증
심장질환	감정이입의 부족	자기애적, 회피적, 자폐적 인격장애
	자폐성	

④ 산만형

행 동	언 어	지배적 정서	자기 개념	자 원
지나치게 활동적	주제를 바꿈	진짜 감정을 거의	낮은 자기 가치감	유머
이거나 낮은 활동	주위를 흩뜨리기	보이지 않음	자신감 부족	자발적 행동
불안한/항상 움직	위해	매우 민감	자신과의 교감에서	창의력
이는	한 가지에 집중할	외롭고/고립됨	벗어남	재미
조정하려고 함	수 없다.	걱정/슬픔	통제력 상실감	유연성
부적절한	개인적 또는 감정	공허감/오해받음	진짜 감정을 표현 못함	
둔감한 듯한	적 주제를 피한다	통제력 상실에 대	아무도 상관하지 않고	
바보스럽거나/피	농담을 하거나 난	한 공포	아무런 소속감도 없다.	
상적이거나	센스를 말함	상처받기 쉽다		
주의끌기 위한	끼어들기	혼란스러워 함		

공통된 신체적 증상들	공통된 심리적인 증상들	공통된 DSM-Ⅳ 진단
신경계통 이상	혼란스러워함	주의력-결핍
위장의 이상	부적절함	과잉행동장애
당뇨병	낮은 충동조절 능력	충동조절장애
편두통	침울	정신분열증
어지러움	감정이입의 부족	히스테리성 인격장애
조절기능 문제들	다른 사람의 권리를 위반 침해함	병적인 집착
	학습장애	학습장애

⑤ 일치형

행 동	언 어	지배적 정서	자기 개념	자 원
에너지가 넘치는	감정, 사고, 기대,	평화적	높은 자기 가치감	자기 인식
창의적인	원하는 것들, 싫어	차분하고	능력 있고	책임감 있으며
활발한	하는 것들에 대해	사랑스럽고	자신에 대해	개방적
자신감 있는	정직함.	자신과 다른 이들	감사해하고	자신과 다른 이를
경쟁력 있는	개방적이고 나누	을 받아들이고 안	자신의 독특함을	돌보고 온전함
(능력 있는)	어 가지려고 함.	정된	찬미하고	
책임감 있는	다른 사람 말에 경청		가치의 평등에 대해	
받아들이는	자신, 다른 사람과		받아들이고	
사랑스러운	상황을 존중한다.		생명력에 연계되	
균형 잡힌			어있고	

공통된 신체적 증상들	공통된 심리적인 증상들	공통된 DSM-Ⅳ 진단
건강	건강	건강

Satir(1991)는 내담자에게 일치적인 의사소통을 하도록 돕기 위하여 다음과 같이 시행한다.

- 자기 자신, 다른 사람, 상황에 대하여 자각하도록 한다.
- 다른 사람과 대화를 할 때 충분한 관심을 보이도록 한다.
- 신체적 메시지를 자각하도록 한다.
- 자신의 대처방식과 가족규칙을 자각하도록 한다.

일치성을 위한 작업에서는 내담자가 어떻게 느끼고 있는가를 알고 표현하는 것은 희망을 갖게 할 수 있다. 치료과정에서 어떤 사람이 말과 감정 사이에서 불일치를 보인다면 언어적 · 비언어적 메시지의 일치를 방해하는 요인이 무엇인지 탐색하고 그 차이를 해결하는 것이다.

사회복지사는 내담자가 먼저 자신의 감정과 접촉해서 그것을 수용하고 다른 사람에게 나눌 수 있도록 하며, 이것을 다루어 나가는 데 초점을 맞춘다. 즉, 내담자의 내적인 감정을 인정하고 수용하며 표현할 수 있도록 하는 데에 중점을 둔다.

Satir(1991)는 내담자의 성장을 활성화시키고 내적인 성장을 위하여 사회복지사의 일치적인 자세와 의사소통이 매우 중요하다고 강조한다. 사회복지사는 내담자와 평등한 관계로 인간적으로 아주 존중해야 하며 격려와 지지를 해야 한다. 일치적인 의사소통의 반응으로 변화하기 위하여 다음과 같은 단계들을 활용한다(김혜숙, 2008).

- 어떤 식으로 반응할 것인지에 대한 선택권은 나 자신에게 있다는 것을 자각하고 수용하게 한다.
- 현재 나의 마음 안에서 일어나고 있는 것과 모든 차원(기대, 지각, 감정 등)에서 접촉하도록 한다.
- 내가 한 말, 비언어적 메시지, 행동은 나의 것으로 인정하고 소유하도록 한다. I-Message로 반응하도록 한다. 나의 느낌과 상황을 표현한다.
- 말과 행동에 대한 책임을 스스로 지도록 한다.

- 다른 사람의 말과 행동을 보고 들을 뿐 아니라 내 마음에서 무엇이 일어나고 있는지를 서로 나누도록 한다.
- 다른 사람과 접촉할 때 신체적 거리에 주의를 기울이도록 한다. 눈높이를 맞추고 다른 사람과 평안한 거리를 유지한다.

(2) 자아존중감과 자기가치

자아존중감이나 자기가치는 타인이 자기를 보는 것과는 별개의 것으로 자기가 자신에게 가지는 애착, 사랑, 신뢰, 존중과 같은 것이다. 자아존중감은 항상 사람의 내면에 있으며, 자기 자신을 인정하고 인식하며, 정당화하기 위하여 의식적 · 무의식적으로 노력한다. 또한 자존감은 인간의 기본욕구로서 인간이 살아가는 데 있어서 최대의 에너지원이다. Freud가 성을 인간의 기본욕구로 보았다면 Satir는 자존감을 가장 원초적인 인간의 기본욕구로 보았다. 인간은 태어나면서 아버지-어머니-아동의 삼인군 원가족 체계를 접하게 되며, 이 체계는 아이가 하나의 성숙한 사회인으로 성장하기까지 가장 많은 영향을 주게 된다. 또한 원가족 삼인군은 인간의 가장 기본적인 욕구를 표현하고 충족하며, 심리사회적인 욕구를 충족하기 위한 에너지를 만들어 내는 체계이기도 하다. 자기가치와 자아존중감은 인간 속성의 유일성과 동질성, 삼인군 가족의 기능, 자기수용에 관한 개념을 통하여 설명된다. 특히 개인의 유일성과 동질성을 인식하는 과정을 통하여 자기존중감이 발달한다.

① 낮은 자아존중감 형성에 영향을 미치는 요소들

- 어린 시절 성장 시 부모의 비난과 학대 경험이 많았다.
- 불우한 (과거) 환경으로 부모의 지지와 인정, 칭찬의 결핍
- 다른 사람과의 비교되어 열등감 속에서 성장함
- 내가 누구인가, 자신의 분명한 정체성의 결핍으로 자신의 원함보다는 부모의 원함에 맞추어 사는 사람
- 자신의 과거의 실패에 집착하여 현재와 미래에 살지 못하고 과거 속에 머물러 있는 사람

② 낮은 자아존중감이 결혼에 미치는 영향

- 결혼 만족도가 낮다.
- 인생을 부정적으로 산다.
- 배우자를 잘 용서하지 않는다.
- 배우자를 있는 그대로 받아들이지 않는다.
- 배우자를 중요하게 여기지 않는다.
- 배우자에 대한 불만불평, 비난
- 인생을 아무렇게나 산다.

③ 낮은 자아존중감의 현상

- 자기중심적 사고와 행동으로 타인에 대한 배려와 존중이 부족하다.
- 지나친 열등감 표출로 작은 일에 상처를 받는다.
- 다른 사람과 자신을 비교하여 불만이 가득하다.
- 다른 사람의 칭찬이나 비난에 민감하게 반응한다.
- 다른 사람을 지나치게 의식하고 자기주도적인 판단이나 결정이 어렵다.
- 자기 확신이 없어서 행동하고 후회한다.
- 성공이나 업적만을 통해 인정받으려고 노력한다.
- 자신에 대한 만족이 없고 부족한 것만 생각한다.
- 다른 사람을 비난, 상처 주기, 비판, 회피, 거부한다.
- 자신의 삶에 직면하는 용기와 목표가 없다.

기능적인 가족들은 상호작용이 활발하고 서로에 대한 배려와 존중감이 있어서 정서적 균형과 조화를 이룬다. 역할에 충실하며 개인의 존재가치를 느끼고 각자의 원함이나 욕구가 표출되며 이루어지도록 노력도 한다. 그래서 건강한 가정은 의사소통을 통해서 관계가 활발하게 이루어진 반면 건강하지 못한 가정은 대화의 단절로 정서적 교류가 침체상태에 빠져 있다. 가족들의 방식은 고정적이고 일방적이어서 불공평하고 억울한 느낌을 갖지만 표현이 어렵고 위장하며 억압을 한다. 가족들은 이런 관계 속에서 억압된 분노나 상처, 두려움, 상실감, 좌절감 등 부정적인 감정 속에서 나름대로의 지속적인 생존방식을 터득하게 된다. 회피나 무시, 비난이나 단절로 심리적인 힘든 상황은 신체적 증상이 나타난다. 그래서 가족들은 전문가를 찾고 변화를 원하지만 현 상태를 깨지 않으려는 항상성의 특성을 띠게 되는데 이것은 생존을 위한 방식으로 자신이 알고 인식한 것에 최선을 다한 것이다. 문제의 가족들은 변화를 원하지만 진정한 변화는 다른 사람이 해야 한다고 생각한다. 그래서 가족원의 자기방어를 낮추고 가족의 기능이 이루어지도록 자신의 자아존중감을 높여서 적절하게 반응하고 자기주장으로 자기감정이나 원함을 표현하는 대화의 일치형으로 변화되도록 하는 것이다.

(3) 내담자의 원가족, 핵가족의 경험과 재구성

내담자의 역기능적인 대처유형은 거의 부모와 자녀관계에서 조화롭지 못한 경험에서 시작되었다고 가정한다. 특히 자신과 중요한 사람과의 상호관계에서 배우고 터득한 결과다. 인간은 누구나 태어나 자신을 다루는 방식, 타인이 나를 다루는 방식, 가족 내의 규칙과 역할을 배운다. 또한 위기를 극복할 수 있는 대처방식을 통해 삶의 여러 상황을 대처하고 자신을 보호하는 기능으로 발전시킨다. Satir(1991)는 내담자가 현재를 살고 있지만 과거의 인생 초기 방식이 거의 지배적이어서 불완전한 지각에서 벗어나지 못하고 있다고 보았다.

따라서 가족 재구성에서는 내담자가 과거를 잘 활용하여 현재를 잘 통찰하고 조화로운 생활을 할 수 있도록 하는 것이다. 과거의 경험과 상황에 의하여 결정되어진 것에서 현재의 상황을 잘 이해하고 변화하여 자신의 삶에 선택과 자유를 가질 수 있도록 도와주는 것이다. 가족 재구성은 내담자의 제한된 자각, 왜곡된 사고나 감정, 역기능적인 유형을 극복할 수 있도록 한다. 또한 내담자가 알고 있는 한계를 초월해서 새로운 삶의 목표를 가지고 더욱 성장하며 통합하여 최상으로 기능할 수 있도록 하는 데 초점이 맞추어진다.

가족 재구성을 위한 목표는 다음과 같다.

- 내담자가 가족 재구성을 통해 성취하고 싶은 목표, 즉 자신이 변화되고 싶고 바라는 것을 표현하도록 한다.

- 내담자와 가족들이 가지고 있던 신념, 무지, 세상을 왜곡된 방식으로 이해해서 생기는 자각의 결핍, 의도를 오해하는 것들을 드러나게 해서 가족 간의 진실된 의도를 자각할 수 있게 하므로 자기가치의 변화를 가져오도록 한다.
- 새로운 삶의 목표를 지향하고 성장할 수 있도록 한다.
- 내담자의 긍정적 · 부정적 경험에 대한 가치평가를 재조정하는 데에 있다. 단 한 번의 부정적인 경험이 긍정적인 자각을 제한하며 차단하게 한다.
- 내담자의 인생 초기에 형성된 지각이 가족에 대한 이해, 자기에 대한 지각을 왜곡시키는 경우가 많기 때문에 현재의 경험으로부터 과거에 대한 관점, 느낌을 변하도록 한다(김혜숙, 2008).

〈표 17-5〉 **내담자의 원가족 핵가족의 탐색과 개입하기**

- 내담자의 부모에 대한 탐색
  - 부모가 원가족에서 성장과정 중 특별한 사건이나 기억되는 것은?
  - 부모 원가족의 패턴(직업, 질병, 대처방안, 권력, 가부장적, 양성평등)
  - 가족이 중요시했던 가치관이나 신념
  - 가족의 비밀
  - 가족의 문제점이나 갈등요인
  - 가족의 위기나 스트레스 요인

- 내담자의 성장배경 탐색
  - 나의 유년기와 청소년기에 가장 영향력을 미친 사람은? 어떤 점에서?
  - 성장과정에서 가장 큰 어려움이나 좌절감 경험은 어떤 것이 있었는가? 어떻게 극복하였는가? 아직도 극복 중인가?
  - 아동기와 청소년기를 되돌아 볼 때에 감사하고 싶은 것들은?
  - 나의 청소년기 때의 행동방식이 달라진 것은 어떤 것이고 달라지지 않은 것은 어떤 것들인가?
  - 가족들이 나의 생일이나, 졸업, 특별한 날은 어떻게 축하해 주었는가?
  - 나의 부모가 나에게 기대하였던 것은 어떤 것이 있었는가?
  - 내가 부모에게 기대하였던 것은 어떤 것이 있었는가?

- 내담자 핵가족에 대한 탐색
  - 내담자의 원가족과 현재 핵가족을 보면서 어떤 점들은 반복적이며 어떤 점들은 부모와 차이가 있는지 설명하도록 한다.
  - 부부가 어떻게 만나서 결혼(재혼)하게 되었는지 결혼배경에 이야기하도록 한다. 또한 결혼할 당시 어떤 기대와 희망을 갖고 있었는가?
  - 결혼생활에서 가장 큰 위기는 무엇이었으며 어떻게 대처하고 극복하였는가?
  - 결혼 후 부모역할과 기대에 서로 원가족의 영향력은 어떤 것들이 있었는지를 이야기하도록 한

다. 지금도 갈등이 되는 것들은 어떤 것들인지, 극복하고 새로운 방식을 형성한 것은 어떤 것들이 있는지 이야기한다(자녀양육방식, 행동방식, 습관, 관심과 배려, 규칙, 가치관 등).
- 부부가 삶 속에서 이루고 싶어 하는 각자의 꿈과 공동의 꿈은 무엇이지 이야기한다.
- 부모가 자녀들에게 꼭 남기고 싶은 좋은 신념이나 가치관 같은 정신적인 유산으로는 어떤 것들이 있는지 나눈다.
- 현재 핵가족에서 가장 우선적으로 변하고 싶은 것은 어떤 것인가 이야기한다.

• 원가족의 감정경험 탐색
  - 내담자의 원가족에서는 감정에 대한 표현이 어떠하였는가? 억압, 수용과 지지, 공감, 무시, 부정하였는가?
  - 상처의 감정은?
  - 분노의 감정은?
  - 두려움과 공포의 감정은?
  - 즐거움과 기쁨의 감정은
  - 슬픔과 애도의 감정은?
  - 친밀감이나 사랑의 표현방식은?

• 원가족의 세대전수 탐색
  - 신체적인 특성
  - 습관, 행동방식이나 대처방식
  - 좋아하는 것과 싫어하는 것
  - 자녀양육방식
  - 가치나 신념
  - 종교관, 세계관
  - 가족의 긍정적 자원이나 특징

• 과거 미해결 문제탐색
  - 성장기의 경험 가운데 아직도 얽혀 있는 사건, 상황, 감정은 어떤 것인가?
  - 앞의 사건이 지금의 나에게 미친 영향은 어떤 것인가?
  - 아직도 집착하고 있는 배경은?
  - 개인의 내적 경험모델을 적용하여 빙산 탐색으로 자신의 감정, 지각, 기대, 열망, 자아 수준을 탐색해 본다.
  - 자아존중감을 높일 수 있는 방안은? 어떻게 가능한가?

출처: 김혜숙(2008: 145-147) 재인용

(4) 변화의 과정

Satir는 변화란 개인 내면의 부정적인 경험을 현 시점에서 잘 알아차림으로써 자기통찰과 깨달음으로 이어지고 사고의 변화, 감정의 변화, 행동의 변화를 가져올 수 있다고 보았다. 특히 새로운 대처방식이나 반응양식은 교육과 학습에 의한 새로운 적용으로 가능하다고 보았다. 내담자 가족들은 새로운 가치를 깨달으면 새로운 방식의 적용이 가능하며 서로가 지지와 가능성의 희망을 보일 때에 가족들은 변화가 가능하다고 보았다.

Satir의 변화의 과정은 내면의 병리적인 것을 치료하는 생의학적 모델이 아니라 신체와 정신을 통합하는 전인적인 모델이다. 그래서 무엇보다도 개인 내면에 무엇이 일어나고 있는지, 과거와 현재 사건의 영향력이 서로 어떻게 연관되어 있는지를 알아차리도록 하는 과정이 필요하다. 탐색과정을 통한 자기발견과 통찰이 우선적으로 이루어져야 한다.

사회복지사는 내담자의 내적 상태나 지각 능력을 잘 파악하는 것도 중요하지만 언어 이면에 드러나지 않은 기대나 열망을 다루는 것도 중요하다. 그래서 사회복지사의 직관 능력과 많은 경험이 요구되는 부분이다. 변화는 인간이 안전하고 편안한 가운데서 새로운 대처방식과 의사소통방식으로 관계를 개선하여 감정적 · 사고적 · 행동적 변화를 만들어 낸다.

Satir의 치료적 변화과정을 Loeschen(1998)은 초기, 중기, 말기로 3단계로 나누어 설명한다.

- 초기에는 준비단계로 접촉하기, 인정하기, 동기와 희망 갖기, 반영, 명료, 해석하기, 자각을 촉진하기, 심리내적 과정 촉진하기, 탐색하기, 조각하기가 있다.
- 중기에는 변화단계로 사회복지사의 개입으로 역기능적인 지각, 해석, 신념이나 기대에 도전하기, 새로운 대안을 교육하기, 모델화, 구체화시키기, 의사소통 교육하기가 있다.
- 말기에는 변화유지를 위한 단계로 실제를 지도하기, 긍정적인 변화를 부각시키고 강화하기로 나누어 설명하였다(정문자, 2007).

사티어의 경험주의이론에서는 가족들의 변화과정은 다음과 같은 단계를 통해서 일어난다(Satir et al., 1991; 한국버지니아사티어연구회, 2002).

① **가족들이 과거의 패턴에 정체해 있는 폐쇄상태**

역기능적인 가족은 상호작용이 활발하지 못하고 가족관계가 일방적이거나 억압적이거나 지배적이다. 이런 관계는 표면적으로는 문제가 없어 보이나 반복적인 관계패턴은 가족에게 누군가 희생양이 생기기도 하고 가족원은 신체적인 증상을 호소하기도 한다. 그래서 가족은 고통이나 증상을 통하여 변화의 필요성이 제기되기 시작한다. 현 침체상태를 깨려고 하는 것이 변화의 첫 단계다. 내담자가 현재에 처해 있는 그 시점에서부터 치료자는 변화를 위한 출발을 한다. 내담자의 문제나 대처방식은 곧 해결을 위한 자원이 될 수 있다.

- 내담자의 위협이나 고통스러운 감정 또는 두려움도 변화의 과정을 위해서는 촉진제로 사용될 수 있다. 예를 들어, "아이가 혹시 잘못되면……" 하는 엄마의 두려움이나 "남편이 도박을 끊지 않으면 난 헤어질 거예요."라는 위협적인 요인은 변화를 가능하게 하는 내적인 요인이 될 수 있다.
- 내담자의 삶의 동기나 희망, 열망도 내적인 요인으로 변화의 중요한 요인들이다.
  "우리 가정도 희망이 보입니다." "우리 부부관계가 좋아진다면 얼마나 좋겠어요."라는 희망을 갖게 되면 변화의 과정은 시작된 것이다.
- 내담자의 현재 절망감도 지금 변해야만 살 수 있다는 자각이 일어날 수 있어서 변화의 과정이 가능하다. 가족들의 폐쇄적인 상태나 침체상태는 새로운 변화를 만들기 위한 상태로 가족들의 희망과 동기부여, 변화의 필요성 등을 다룬다.

② **가족이 외적 요인의 개입을 수용하는 단계**

가족의 외적 요인으로는 가족원의 사건, 상황, 스트레스, 변화방해요인들로 지속적으로 탐색하며 개인들을 그대로 수용하며 존중해 준다. 가족들의 문제나 대처방식은 생존을 위한 방식으로 이해하며 가족들은 심리적인 안정과 편안함 속에서 문제정의나 변화목표들이 긍정적으로 진술되어야 한다. 치료자는 가족 중 힘 있는 사람과 결속하게 되면 다른 가족들의 저항에 부딪히게 되며, 가족체계에 깊숙이 관여하다 보면 객관성을 유지하기 어렵다. 가족들은 초기 변화과정에서 변화를 원하지만 현 상태를 유지하려는 경향 때문에 외부요인을 수용하지 않으려고 힘쓸 것이다. 이런 과정을 민감하게 대처할 수 있어야 치료자는 일치적인 모델로 가족들에게 일관성 있게 반응할 수 있다.

내담자 가족들은 때때로 다양한 요인으로 변화의 가능성에 저항을 드러내기도 한다. Satir는 변화의 방해물 중 하나는 자신의 감정을 부정하는 모든 규칙이고 다른 한 가지는 자신이 변화될 수 없다고 믿는 감정이라고 보았다. 그래서 개인적인 감정과 규칙을 확인하고 탐색할 필요성이 있다.

치료자는 인내심을 가지고 내담자를 초기에는 수용하고 존중해 주므로 내담자 가족들이 자신을 보호하기 위한 방어들을 스스로 볼 수 있는 여유가 생기도록 돕는다. 가족들은 방어가 아닌 안정과 신뢰 속에서 변화를 위한 개방이 일어날 수 있다고 본다.

③ 가족들이 개방하고 치료에 반응하므로 혼란과 불안을 겪는 혼돈기

가족들은 고정적인 패턴이나 방식이 외부체계에 개방되고 새롭게 반응하는 치료과정에서 불안감이나 혼란을 경험하기도 한다. 이 혼란의 단계는 가족들이 안정성에서 변화 쪽으로 향하는 과정으로 아직 새로운 모델이나 방식에는 정착하지 못한 상태다.

사회복지사는 내담자 가족들을 공감과 수용, 반영을 통하여 정서적인 지지를 하므로 지속적인 일치성을 보여 주어야 한다. 그래서 가족들은 불안과 두려움은 변화의 한 과정으로 받아들이고 새로운 가능성에 문을 열 수 있도록 해야 한다.

가족들은 점차적으로 개방을 통하여 자신들의 사고나 행동방식을 시인하며 객관적으로 볼 수 있게 된다. 치료자는 내담자 가족들의 불안이나 두려움에 지지와 수용과 격려로 단호하게 대처하여야 한다. 사회복지사의 불안감이 때로는 가족과 너무 밀착되거나 변화만을 강조하는 경우에는 치료자 개인적인 삶에서 미해결 부분들과 관련된 것들이다.

사회복지사는 내담자의 이야기 속에서 역기능적인 행동 속에서 변화의 가능성이나 상황의 변화가 가능하도록 개인의 자아존중감을 표현할 수 있도록 하였다. 자신에 관하여 보고 느끼고 말하는 것을 존중하므로 새로운 가능성에 문을 열게 한다.

Satir는 미지의 불안과 혼돈의 단계가 가족들이 역기능적인 침체상태에서 긍정적이고 창조적으로 변화되어질 수 있다고 보았다. Satir는 가족들과 함께 변화의 상황을 마련하고 개인들의 심리적인 과정과 서로 연결시키며, 어떤 특별한 사건이 문제가 된다면 조각을 하기도 하고 가족들의 기대를 드러나게 하여 서로 수용 가능하도록 하였다. 또한 가족들이 서로 얽혀 있던 감정, 기대, 인식을 잘 분리하도록 하였다. 가족들이 과거와 현재를 분리하며 현재 상황에서 자기인식과 기대를 재조명하고 변형을 위한 작업을 준비한다.

사용되는 기술로는 가족사를 통한 탐색, 내용에서 과정으로 역기능적인 상호작용에 초점 맞추기, 가족조각 등이 가능하다.

④ 가족들이 긍정적으로 설정된 목적을 향해 변화를 시도하는 변화단계

변화단계에서는 설정한 목적을 향하여 개인의 내면 변화와 가족의 변화가 일어날 수 있도록 치료자는 개입을 하며 많은 시간과 에너지를 사용한다. 이 시점에서 내담자 가족은 서로에 대한 공감과 지지도 경험하면서 새로운 감정을 느끼며 자아존중감이 높아지며 자기가치를 확인하기도 한다.

내담자의 역기능적인 사고나 행동에 심리내적 경험모델을 적용하여 개인의 내면탐색이 이루어진다. 그리고 지각이나 신념에 도전하기, 가족의 역기능적인 상호작용이나 의사소통에 직면시키기, 새로운 대안을 제시하여 시도하기, 구체적인 행동으로 전환하기, 예를 들어 말과 행동과 감정이 일치하는 대화모델을 지도하기, 자기감정을 다루고 통제하기, 친밀감을 표현하는 방법, 자신과 타인의 경계를 분명히 하는 타협점 찾기, 스트레스에 대처하기 등이다.

⑤ 변화된 것을 경험하고 새로운 모델을 시도하는 통합단계

가족들은 새로운 방식에 처음에는 생소하게 느끼고 어색하지만 점차적으로 변화에 안정적이 된다. 이전의 행동과 새로운 행동과의 변화를 확인하고 변화가 통합적으로 이루어지도록 한다. 내담자는 변화된 상황이나 현상을 인식하고 새로운 방식을 연습하며 치료자는 가족들의 긍정적인 자원과 에너지를 활용하여 새로운 행동에 대한 코치를 하며 개입한다.

가족 중 누구 한 사람만 변해도 관계는 변하고 다른 한 사람은 자동적으로 영향을 받을 것을 전제로 한다. 그래서 가족 가운데 치료자는 영향력 있는 사람, 예를 들어 이상행동의 자녀를 둔 부모라면 가장 영향력 있는 엄마가 먼저 변하도록 할 것이다. 사회복지사는 지지와 칭찬으로 새로운 시도가 더욱 자주 나타나도록 할 것이다.

실제적인 변화를 코치하기, 새롭게 학습한 행동을 연습하기, 변화를 확인하고 강조하기, 변화를 서로 나누고 공유하기, 미래의 되어질 부분을 상상하므로 변화 가능성을 제공하기 등이 활용된다.

⑥ 통합된 감정으로 성장과 기능적으로 행동하도록 변화를 시도하는 실행단계

인간은 누구나 새로운 것에 대한 두려움과 불안을 느끼게 된다. 그래서 과거의 익숙한 자기패턴으로 다시 돌아가려는 경향이 강하다. 변화에는 자기 자신의 통찰과 강한 의지력도 필요하다. 가족들은 서로 존중감을 느끼고 편안해지면 변화에 대한 불안이 낮으며 기능적으로 행동할 수 있게 된다. 가족들은 새로운 행동과 실천으로 신뢰가 회복되며 자아존중감이 높아진다. 자기감정에 솔직하며 부정적인 감정이나 긍정적인 감정을 통합할 수 있는 능력이 가능하다. 사회복지사는 실행단계에서 변화를 강화하며 잘 유지하기 위하여 과제를 부여한다. 새로운 행동변화를 강화하고 유지하기, 기능적인 행동의 방해물로부터 벗어날 수 있는 방법 모색하기, 자아가치를 발견하고 어떤 존재로 살기 원하는가? 삶에서 더 성장하고 싶은 것은 어떤 것인가? 등 자신의 성장과 전인성에 초점을 두고 기능적인 행동을 강화하도록 한다.

⑦ 기능적인 행동과 정서적인 안정감 새로운 자아상과 창조성이 발휘되는 건강함과 일치성의 단계

자신의 변화된 행동을 통해서 세상에 대한 인식과 감정이 달라진 것을 표현하므로 정서적인 안정과 평안함을 누릴 수 있다. 자신과 조화를 이루며 가족과도 긍정적인 관계를 이루며 참 기쁨과 충만함을 느낀다. 가족들은 변화된 순간이나 상황을 서로 공유하며 의미를 창조할 수 있다. 환희, 희망, 존경, 사랑과 행복의 감각을 충분히 지각하며 긍정적인 새로운 자아상을 형성한다. 가족은 자율성과 책임감이 증진되며 위기상황에 대한 대처 능력도 기능적으로 된다. 자신과 타인과 조화를 이루며 연결성을 갖게 된다. 변화의 최고 수준으로 Satir는 삼차 수준의 변화는 명상이나 영적인 훈련을 통해서 자기와 생명의 에너지, 영성(spirituality), 신과 조화를 이루는 단계로 보았다(김혜숙, 2008).

3. 가족상담 사례연구: 이혼위기로 인한 가족상담

다음 사례는 치료모델인 전략적 이론인 MRI 모델과 Bowen의 다세대적인 가족체계이론의 접근으로 이혼위기의 가족상담을 한 사례다.

1) 연구대상

이 사례는 지속적인 부부갈등과 아들의 행동문제로 클라이언트인 부인이 상담을 의뢰하여 총 15회기 동안 개별상담, 부부상담, 가족상담을 진행한 사례다. 부부갈등 상태를 살펴보고 이에 영향을 미친 클라이언트(부인)의 변화와 부부관계 및 가족관계의 변화에 영향을 미친 상담자의 개입방법을 분석하였다.

2) 사례내용 분석

(1) 내담자의 주요 호소

내담자(부인)는 2남 2녀 중 막내로, 1남 1녀를 두고 있었으며, 부부갈등으로 인해 무기력, 의욕상실, 가슴이 답답함을 호소하였고, 정신과에서 4개월간 우울증 치료를 받았으며 자녀들과 갈등관계에 있었다. 남편은 잦은 음주와 늦은 귀가, 자녀들에 대한 잔소리, 부인에 대한 무관심과 의도적 거부 등의 태도를 보이고 있었다. 특히 아들은 어릴 때부터 부모의 갈등 상황을 보고 자라 왔고 부모의 이혼문제에 대한 불안감을 느끼고 있었다. 이로 인해 아들은 학습태도 불량, 집중력 저하, 주의산만 등의 문제가 나타났으며 내담자는 이러한 아들의 문제를 인식하게 됨으로써 가족상담을 의뢰하게 된 사례다.

(2) 부부갈등

이 사례 부부는 결혼 초기에는 서로 전혀 문제가 없었다고 하고 7년 전부터 처가와의 동거, 직장 노조파업, 개업으로 인한 스트레스를 받게 되었을 때 부인이 대처했던 방식이 오히려 남편을 더 짜증나게 하는 방식으로 점점 부부갈등을 심화시켰다. 남편 또한 부인에 대한 불만을 대화로써 해소하지 못한 채 속으로 삭히고 부인을 무시하는 방식을 취하였다. 이와 같이 부부가 문제를 해결하려고 시도했던 방식이 오히려 부부관계, 부모자녀관계와 남매관계를 악화시키는 결과를 초래하였다. 부부갈등의 요인을 정리하면 다음과 같다.

① 소원한 관계

내담자 부부갈등의 내용으로 소원한 관계가 나타났다. 부부간에 서로 호칭을 부르지 않고 있었으며, 원가족에서 가족들 간에 정서적 애착관계가 없었고 스킨십이 부재하였던 남편은 부인의 감정표현에 대해 어색함을 느꼈고, 남편이 개업문제로 스트레스를 받게 되었을 때 부인은 남편을 지지하고 편을 들기보다 오히려 남편을 나무라는 식의 반응을 보였다. 이러한 부인의 비난적인 반응이 남편으로 하여금 더 이상 대화하고자 하는 의지를 차단시키는 결과를 가져왔다. 이로 인해 남편은 부인에게 의도적으로 무덤덤한 태도를 보였고 부인의 전화를 일부러 받지 않거나 문자 회신을 하지 않았다. 이러한 남편의 방식은 부인을 더욱 자극하게 되었고 부인 또한 남편을 차갑게 대하는 결과를 낳았다.

② 잦은 부부싸움

서로에 대한 공감적 반응이 없고 서로의 방식을 인정하지 않는 등의 태도를 보이므로 부부간에 지속적으로 반복해서 시도하고 있는 역기능적인 대처방식의 패턴은 부부갈등을 더욱 악화시키고 있었으며, 이로 인해 부부갈등이 심화되면서 남편은 음주상태로 귀가하는 경우가 많아졌고 언어폭력이나 물건을 집어던지는 행동이 나타났으며, 자녀들은 부모의 관계를 남북관계로 비유하였다.

③ 대화단절

부인은 스트레스를 해소하는 방식이 극단적이며 강압적이었다. 이에 남편은 벽을 느끼게 하는 부인의 표현방식과 비난하는 듯한 반응으로 더 이상 자신의 문제를 얘기하지 않게 되었고 점차 서로에게 무시하는 메시지가 내포된 표현을 하였다. 이와 같은 대화단절을 유발하는 표현방식과 부부간 충돌 시 부인의 목소리가 커지고 쏘아대는 식의 공격적 표현방식으로 인하여 부부간의 대화가 단절되었고 남편은 스트레스를 해소하는 대안으로 술을 마시게 되는 결과를 가져왔다.

④ 역기능적인 성적 관계

부부갈등의 또 다른 내용으로 역기능적인 성적 관계가 나타났다. 부부간에 3~4년 동안 성관계가 없었고 남편은 부인에 대한 성적 흥미가 전혀 없었으며, 자위행위를 통해 성적 욕구를 충족하였고, 성관계 시 중간에 발기가 되지 않은 심인성 발기부전의 양상이 나타나고 있었다. 또한 남편은 부인에게 나가서 바람을 피우라고 하며 무관심한 태도를 보였으며, 음주 시에만 부인에게 스킨십을 시도하는 스킨십 부재의 역기능적인 성적 관계가 나타났다.

⑤ 이혼위기의 긴장상황

가장 심각한 부부갈등의 내용은 이혼위기의 긴장상황이었다. 남편은 부부간의 소원한 관계가 지속됨으로써 이혼을 하고 싶은 마음이 늘 잠재되어 있었으며, 부인으로부터 벗어나고 싶어 하였고, 부인에게 직접적으로 이혼을 원한다고 표현하였다. 또한 부인에 대한 불만이 쌓이고 대화가 되지 않으므로 누적된 마음속의 불만을 속으로 삭히고 있었으며, 자녀양육에 대한 불만으로까지 확산되는 양상을 보였다.

(3) 부부갈등에 영향을 미친 요인

① 원가족에서의 미해결된 정서

부부갈등에 영향을 미친 요인으로 남편의 원가족에서 부모와의 미해결된 정서는 9개 하위범주와 5개 중간범주로 도출되었다. 하위범주는 어릴 적 황당한 사건, 소원한 관계, 말이 없음, 간접적 의사소통, 위축됨, 질책당함, 조급한 성격, 강압적 표현, 일방적 태도였고 중간 범주는 황당함, 정서적 단절, 위축함, 거부감으로 분석되었다.

남편은 원가족에서 어릴 적 어떠한 사건에 의해 다른 사람과의 대화 시 상대방을 의식하게 되어 생각한 후 말하게 됨으로써 말하는데 시간이 오래 걸리고 즉각적인 반응을 보이지 못하였다. 특히, 남편은 아버지와의 관계에서 즉각적인 반응을 하지 못한 것으로 인해 아버지에게 야단을 맞은 적이 많았다고 하였다. 또한 남편은 어릴 적 원가족에서 특히, 자신의 성격과 행동패턴이 상반된 유형의 아버지와 미해결된 정서로 인해 위축되고 부자간에 소원한 관계를 유지해 왔으며, 이로 인해 결혼을 통해 원가족에서 벗어나고자 하였다.

남편은 어머니와도 미해결 감정이 있었지만 상담 시작 며칠 전에 어릴 적 상황에 대해 솔직하게 얘기함으로써 어느 정도 어머니와의 미해결된 정서는 해소될 수 있었다.

② 역기능적으로 시도된 해결책

부부갈등에 영향을 미친 요인으로 역기능적으로 시도된 해결책의 분석에서 세대 간 전수되어 온 가족구성원 간의 유사점을 살펴볼 수 있었다. 유사점을 가지는 가족집단은 시어머니, 남편, 아들과 시아버지, 친정아버지, 부인(클라이언트), 딸의 두 개의 집단으로 나눌 수 있었으며 가족구성원 간에 서로 유사한 의사소통방식과 행동패턴이 세대 간 전수되고 있음을 살펴볼 수 있었다.

- 시어머니–남편–아들의 역기능적인 대처방식: 시어머니, 남편, 아들은 유사한 기질과 행동패턴을 소유하고 있었으며 가족관계에서 위기 개입 시 시도했던 문제해결방법에서 정서적 단절, 소극적 의사소통방식을 사용함으로써 오히려 문제를 해결하기보다는 반대유형의 가족구성원과 충돌하였다.

  행동패턴은 스트레스가 많음, 말이 없음, 반응이 느림, 무반응, 우회적 불만표현, 냉소적, 의도적 거부, 마음에 담아 놓음, 융통성 부재, 이런 특성을 보였다.
- 시아버지–부인–딸–친정아버지의 역기능적인 대처방식: 시아버지, 부인, 딸, 친정아버지의 역기능적 표현방식으로는 급한 성격과 집요한 성격으로 분석되었다. 시아버지, 친정아버지, 부인, 딸은 서로 유사한 기질과 행동패턴을 소유하고 있었으며 반대유형의 가족과의 관계에서 문제를 해결하기보다는 오히려 악화시키는 패턴을 유지하고 있었다. 즉, 말이 없고 반응이 느리고 무반응의 태도를 보이는 대상에게 강압적 표현방식, 일방적 태도, 조급하고 집요한 대처방식으로 인해 반대유형의 가족에게 위축감과 거부감을 갖게 하였다. 부인은 자신과 유사성을 가지는 딸과 차이점을 가지는 아들과의 관계에서도 소원하고 심한 잔소리로 인해 자녀들에게 스트레스를 주었고 자주 충돌하였다. 특히, 아들은 어머니로 인해 스트레스를 받으면서도 어머니와 같이 쇼핑을 다니며 도움을 제공하는 등 순응적인 모습을 보이기도 했으며, 어머니는 남편과 갈등 시 아들을 개입시켜 자신의 감정을 호소함으로써 삼각관계를 유도하였다.

  부인은 친정아버지의 강압적이고 공격적인 표현방식과 집요한 방식을 이어받아 사용하고 있었으며, 이러한 역기능적인 표현방식은 시아버지의 표현방식과도 매우 유사하였다. 남편은 어려서부터 자신의 아버지의 강압적이고 일방적이며 집요한 표현방식으로 상처를 많이 받았는데, 부인의 표현방식과 아버지의 표현방식이 유사하여 부인에게 더욱 질려 버리는 양상을 보였다.

- 남편의 역기능적인 대처방식: 남편의 역기능적인 대처방식으로는 소극적 의사소통방식, 정서적 단절과 애착 부재로 분석되었다.

〈표 17-6〉 남편의 역기능적 대처방식

상위 범주	하위 범주	개 념
역기능적 의사소통방식	비언어적 회피	부인과의 대화 시 남편은 시선을 고정하지 않음.
	언어적 회피	대화를 회피함.
	강압적 표현방식	부인이 말만 하면 언성이 높아짐, 부부싸움 시 욕을 퍼부어 대며 아들과 부인에게 폭언함.
	미숙한 표현방식	남편의 자유로운 표현경험이 부족함, 솔직히 말하지 않고 우회적으로 표현함. 말수가 적은 편임.
	일방적 표현방식	아들과의 대화 도중 말을 자름, 전후사정 묻지 않고 본론부터 얘기함.
역기능적 양육방식	편애	남매가 다툴 때 아들을 더 야단치고 누나 편을 듦.
	체벌	아빠에게 컴퓨터 사용을 양보하지 않은 경우 부로부터 맞음. 아들에게 손을 먼저 대고 화를 냄.
	화풀이	아들한테 화풀이하며 야단침.
	책임 전가	아들에게 부모의 말을 듣지 않으면 엄마를 속상하게 해서 슬프게 할 수 있다는 말을 하며 죄책감을 심어 줌. 부는 모가 우는 이유를 아들 탓으로 돌림.

- 부인의 역기능적인 대처방식: 부인의 역기능적인 표현방식은 급한 성격과 일방적인 대처방식, 집요한 성격으로 분석되었다.

〈표 17-7〉 **부인의 역기능적 대처방식**

상위 범주	하위 범주	개 념
역기능적 의사소통방식	극단적 표현방식	화났을 때 단호하고 극단적인 표현을 함, 남편의 실수에 대해 단호하고 퉁명스러운 표현을 함.
	과거지향적 표현	현재의 문제를 얘기하다가 과거 얘기를 먼저 꺼내서 얘기함.
	훈계하기	남편이 욕할 때 충고하고 가르치듯 말함, 남매의 다툼 시 훈계와 잔소리를 함.
	추궁하기	아들에게서 남편의 모습이 보일 때 아들을 나무라는 표현을 함. 남편에게 책임을 추궁함.
	일방적 표현방식	일방적으로 화를 내며 몰아부침. 모의 속상함을 그대로 표출함. 자녀들에게 죄책감을 가지게 하는 감정표현을 자주 함. 부부 다툼 시 자녀들 앞에서 이혼문제 표출
	강압적 표현방식	아들에 대한 체념과 폭언
역기능적 양육방식	편애	남매의 다툼 시 누나 편을 듦.
	집착	자녀들에게 몰입함.
	책임 전가	주변인의 자녀에 대한 문제인식에 대해 자녀에게 각인시킴.
	화풀이	부부 갈등 시 아들에게 화풀이를 함.
	억압하기	아들의 거짓말을 확인하기 위한 의도적 억압, 사실 확인을 위해 선생님을 찾아간다고 협박함.
	불신	아들을 믿지 못하므로 용돈을 주고 사용처를 매일 물어봄. 아들의 의견보다 선생님들의 의견을 더 존중함. 자녀의 행동으로 인해 피해보는 주변 사람을 더 배려하는 태도를 취하고 아들의 입장을 먼저 이해하지 않음.

결과적으로 이러한 역기능적 의사소통방식으로 인한 스트레스받는 관계유형은 순환적이고 상호 대치되고 있었고, 부부관계에서 나타나고 있는 갈등상태는 남매관계에서 유사하게 나타나고 있었다.

(4) 치료자의 개입방법

① 상담자 개입방법

상담자의 개입방법은 치료과정 초기, 중기, 종결과 치료 전 과정으로 구분하여 분석한 결과, 상담자의 개입방법은 모두 20개의 상위범주로 도출되었다.

〈표 17-8〉 **치료자의 개입기술의 개념추출과 범주화**

상위 범주	개 념
문제사정	가족구성원 간 의사소통 관계 확인, 남편의 원가족 탐색, 모의 원가족 탐색, 아들이 인식한 부모관계 확인. 부모의 양육방식 확인, 부모의 이혼문제에 대한 아들의 마음 확인 등
권한부여	자녀의 문제행동에 대한 클라이언트의 객관적인 의견 묻기, 남편과 대화가 안 되는 이유 묻기, 부와 친해질 수 있는 방법을 아들에게 찾음, 부부의 변화가 무엇인지 내담자에게 묻기 등
사례요구	모가 화났을 때의 반응에 대한 사례, 남편과 충돌했던 최근의 사례를 요구함, 대화가 안 되는 경우의 사례 요구, 아빠가 잘 대해 주지 않는 상황의 사례 요구, 최근의 체벌 사례요구 등
중재	아들과의 상담내용을 부모에게 전달함으로써 아들을 객관적으로 이해할 수 있도록 유도함, 상대방의 얘기를 끝까지 경청할 수 있게 중재함, 남편에게 부인의 입장을 이해시킴, 치료자가 인식한 아들의 문제와 마음상태를 부모에게 전달함 등
개인경험 노출	치료자의 개인적 경험 노출, 치료자 개인의 사례 들기를 통한 효과적인 방법 제시 등
변화 확인	재결합을 전제로 남편의 변화의지 확인, 아들과 모의 관계변화 확인, 상담 후 아들의 변화 확인, 모의 변화된 양육방식에 대한 아들의 느낌 확인 등
긍정적 경험 확인	부부간의 대화가 잘될 때 확인, 가족들 중에 아들의 마음을 알아주는 사람 확인, 고마운 마음의 표현 확인, 남편을 인정해 주었던 경험 확인 등
과제부여	무조건 아들 편들기 과제 부여, 아들의 변화를 위해 상담 종료 시까지 이혼 결정 보류 요구, 상대방의 말을 끊지 않고 들어주기 등
가능성 강화	재결합 가능성에 대한 기대 표출, 상담 세팅에서 부부간의 새로운 의사소통패턴 인식 강화 등
공감과 칭찬 (라포 형성)	부인의 입장 공감해 줌, 내담자(아들)의 마음을 공감해 줌, 아들의 편을 들어줌, 아들의 관찰력을 칭찬함, 모에게 아들이 표현력이 좋은 점을 칭찬함 등
통찰력 강화	클라이언트가 자녀의 문제행동의 원인을 통찰할 수 있는 기회 제공, 치료자의 입장에서 객관적으로 본 아들의 입장 대변을 통한 통찰력 강화, 상담 세팅에서 새로운 경험 확인을 통한 통찰 강화
설명	ADHD 증상의 설명, 모의 역기능적인 문제해결방법에 대한 설명, 아들의 문제해결을 위해서는 부부간의 대화가 가능해야 함을 설명, 부부의 표현방식이 역기능적임을 설명 등

(5) 가족상담의 효과

15회기 동안 가족상담을 진행하여 나타난 가족상담의 효과성을 가족구성원 개인과 가족관계유형별로 구분하여 살펴보고자 한다. 가족상담의 효과성은 의사소통방식의 변화, 인식의 변화, 태도의 변화, 행동의 변화, 긍정적 행동의 증가, 심리적 변화, 대처방식의 변화로 분석되었다.

① 가족구성원 개인별 변화유형

가족구성원 개인별 변화유형은 인식의 변화, 의사소통방식의 변화, 대처방식의 변화, 행동의 변화, 심리적 변화로 분석하였다. 부인의 경우 자신의 문제점을 인식하게 되면서 대화 도중 끼어들지 않고 자녀들을 비난하고 나무라는 표현과 짜증이 감소하였고 상대방에 대한 배려, 칭찬의 시도 등의 새로운 행동의 변화와 강한 표현의 감소와 말투의 변화 등 의사소통방식이 변화하였다. 남편의 경우 상담 전에는 집안일을 도와주면서 구시렁거리거나 잔소리가 심했으나 상담 후 말없이 도와주고 잔소리가 줄었으며, 음주 횟수와 늦은 귀가 횟수가 줄어들었다. 이와 같은 부모의 변화는 집중력 저하와 주의산만, 학습태도 불량 등의 증세를 가지고 있던 아들이 감정통제와 집중력이 향상되는 변화를 초래하였다.

② 가족관계의 변화

가족관계의 변화는 부부관계, 부자관계, 부녀관계, 모자관계, 모녀관계, 남매관계로 구분하여 분석하였다.

- 부부관계: 가족상담의 과정을 통해 가장 큰 변화는 부부관계의 변화로 대처방식의 변화와 심리적 변화가 나타났다. 대처방식의 변화로는 서로 충돌횟수가 감소하였고 남편이 스킨십을 시도하게 되었으며, 심리적 변화로는 부부간의 대화 시 심리적 편안함을 느낄 수 있게 된 점이 있다.
- 부자관계: 상담 초 부자관계에서 남편은 음주상태로 늦게 귀가하는 일이 많았고 스트레스를 스스로 해결하고 있었으며, 가족구성원과의 정서적 교류가 없었다. 음주상태로 귀가하여 자녀들이 자고 있을 때 일방적으로 귀찮게 스킨십을 시도하였고, 평소 하지 않았던 말을 하는 패턴을 반복하고 있었으며, 평소 공부문제로 자녀들에게 잔소리를 함으로써 자녀들과도 소원한 관계를 유지하고 있었다. 또한 아들보다 동생과 더 친밀한 관계이며 자신을 차별대우한다고 인식하고 있었다. 그러나 상담 후 부자간의 의사소통방식의 변화로 인하여 부자관계가 향상되었다.
- 부녀관계: 남편은 평소 아들보다 딸과 더 친밀한 관계가 유지되었으나 부인과

의 다툼이나 스트레스를 받을 때는 평소 하지 않는 잔소리와 공부할 때 딸에게 억압적인 태도를 보였다고 한다. 치료과정을 통해 부부관계에 긍정적 변화와 더불어 평소 좋은 관계를 유지했었던 부녀관계로 자연스럽게 회복될 수 있었다.

- 모자관계: 상담 초 부인은 남편과의 불화로 그에 오는 스트레스는 아들과의 관계에서 강요와 불신, 동생과의 편애, 잔소리, 일관성 없는 태도로 아들의 스트레스를 유발하였다. 하지만 상담 후 모자간에 솔직한 표현을 시도하게 됨으로써 모자간 충돌횟수가 감소되었다.
- 모녀관계: 이 관계의 변화는 대처방식의 변화와 의사소통방식의 변화로 분석되었다. 상담 전 둘 관계는 아들과의 관계보다 더 좋은 과계였다. 하지만 예를 들어, 딸이 어떤 실수를 할 때는 잦은 잔소리와 일관성 없는 양육태도로 자주 딸과 충돌하였다. 그러나 상담 후 부인은 딸을 무시하고 비난하며 소리 지르던 방식에서 변화가 나타났다.
- 남매관계: 이 관계 또한 대처방식의 변화, 의사소통방식의 변화로 분석되었다. 두 관계 또한 상담 전 컴퓨터 등으로 인한 충돌이 많이 있었다. 특히 부와 같이 조용히 말하는 오빠의 말투는 동생을 더 짜증나게 하는 요인으로 작용하였다. 아들은 나름대로 모의 양육방식에 대해 스트레스를 받고 있었는데, 그의 비슷한 양상을 보이는 여동생의 모습에 더 스트레스를 받으며 충돌하였다. 상담 후 동생의 순응적 태도의 변화와 오빠의 표현방식의 변화로 인해 서로 충돌하는 횟수가 줄어드는 결과를 보였다.

3) 결론 및 논의

이혼위기로 인하여 부인이 우울증을 겪고 있고 자녀가 학습문제를 가진 사례에 대한 가족상담 사례다. 앞의 사례에서 남편은 7년 전 처가와의 동거, 직장노조 파업, 개업으로 인한 경제적 곤란이라는 위기 사건에 직면하면서 스트레스가 가중되었고, 이로 인해 부부갈등이 초래되면서 갈등을 해결하려 했던 것이 오히려 역기능적으로 이혼위기의 부부갈등을 더욱 악화시켰다.

상담자는 개입전략으로 내담자 가족성원들의 문제사정, 중재하기, 과제 주기, 공감과 칭찬, 통찰력 강화, 성공적 경험 탐색, 내담자 중심 접근, 변화가능성 통찰, 재해석, 생략된 언어 탐색 등을 사용하였다. 이와 같은 치료과정 사례연구를 통해 내담자 가족에서는 부부갈등 완화, 자녀의 행동문제 완화, 가족구성원 개인과 가족관계의 변화가 나타났다.

상담을 통하여 부인은 친정아버지의 강압적이고 공격적인 표현방식과 집요한 방식을 이어 받아 사용하고 있었으며, 자신의 표현방식이 시아버지와 유사한 방식이며 이로 인해 남편과 아들과의 관계를 악화시키고 있었다. 남편 또한 남편은 어려서부터 자신의 아버지의 강압적이고 일방적이며 집요한 표현방식으로 상처를 많이 받았는데, 부인의 표현방식과 아버지의 표현방식이 유사하여 부인에게 더욱 질려 버리는 양상을 보였다. 아버지와의 미해결된 문제와 역기능적인 표현방식으로 인해 부인과 자녀들과의 관계에서 원활한 의사소통이 되지 않고 있어서 가족 전체에 영향을 미치게 되었다는 것을 인식하게 되었다.

상담자는 치료모델인 MRI 모델과 Bowen의 가족체계적 접근으로 상담의 효과성을 거둔 사례다.

첫째, MRI 모델에 근거한 상담자의 개입을 통해 부인은 남편과의 갈등을 해결하기 위해 시도했던 해결책이 오히려 친정아버지의 다혈질적인 기질과 유사한 표현방식, 그리고 남편과 상반된 표현방식으로 인해 부부갈등이 악화되었음을 확인할 수 있었다.

둘째, Bowen의 가족체계이론에 근거한 상담자의 개입을 통해 클라이언트의 부부문제와 부모－자녀 간 문제 속에는 남편의 경우 아버지와의 관계에서 미해결된 문제와 말이 없고 즉각적으로 반응하지 않는 역기능적 의사소통방식(이 방식은 남편의 어머니 표현방식임)을 사용함으로써 부부갈등을 유발하게 된 것을 확인할 수 있었다.

셋째, 이론적 배경으로는 Bowen의 가족체계이론과 MRI 모델에 근거한 가족치료 과정을 통해 클라이언트가 자신의 문제를 가족체계적 관점에서 통찰할 수 있게 함으로써 인식의 변화를 가져왔고, 이는 남편과의 의사소통관계가 변화되고 남편

또한 부인과 자녀들에게 직접적인 의사표현을 시도하게 됨으로써 가족관계 전체가 점차 변화되었다. 이러한 결과는 의사소통모델과 가족체계이론이 임상가들에게 가족문제에 대한 효과적인 접근법으로 보인다(박태영 · 박정화, 2010, 107-130 재구성).

예상문제

1. 다음 중 보웬(Bowen)의 세대 간 가족치료에 해당되는 것은?

가. 가족조각 나. 예외질문 다. 자아분화 라. 탈삼각화 마. 경계선 작업

① 가, 나
② 가, 나, 다
③ 나, 다, 라
④ 다, 라
⑤ 다, 라, 마

정답: ④

해설: 보웬의 개념에는 자아분화, 탈삼각화, 정서적 투사과정이 있다.

2. 구조적 가족치료에 대한 설명으로 옳은 것은?

가. 주요개념은 경계, 하위체계, 제휴, 가족구조 등이다.
나. 사회복지사의 역할은 가족구성원과 그 성원 간의 규칙 및 역할의 습득방법을 가족에게 이해시킴으로서 가족을 원조하는 것이다.
다. 대표적인 기법은 경계 만들기, 합류하기, 실연이다.
라. 구조적 관점의 개입에서는 현상의 이해보다는 활동이 강조된다.

① 가, 나, 다
② 가, 다
③ 나, 라
④ 라
⑤ 가, 나, 다, 라

정답: ⑤

해설: 구조적 가족치료는 가족구조의 불균형의 결과로서 가족문제가 발생한다고 보고 가족의 재구조화를 목표로 개입하는 치료다.

3. 전략적 가족 상담에서 MRI의 전반적인 개입절차에 해당되지 않는 것은?

① 클라이언트가 호소하는 문제를 구체적으로 정의

② 클라이언트의 과거 병력

③ 사회복지사가 치료과정 중 피해야 할 내용의 결정

④ 구체적 제안이나 전략 마련

⑤ 개입목적의 설정 및 성과 평가

정답: ②

해설: 과거병력보다는 클라이언트가 시도해 온 문제해결 노력방식을 파악

18

집단대상 실천기술의 이해

인간은 태어나면서부터 가족이라는 집단 안에서 생존하며 성장·발전하게 된다. 인간은 혼자서는 살 수 없는 사회적 동물로 친구집단, 학교집단, 직장집단, 종교집단 등 다양한 사회적 상호작용을 통해 발전한다. 결국 인간은 대인관계를 잘 형성하기 위해 가정에서부터 규범과 질서, 사회성을 키우며 성장한다. 사회복지현장에서 이루어지는 집단 활동은 사회에서 만나는 집단과는 차이가 있다.

사회복지사는 집단 형성에 의도적으로 분명한 목적을 가지고 집단경험을 촉진하며 문제해결을 위한 활동을 말한다. 사회복지사가 집단 프로그램을 통해 집단원들의 목표성취를 위하여 상호 간의 격려와 지지, 성장을 촉진하여 구성원의 문제해결을 위한 집단활동을 한다. 이런 집단활동이나 집단상담은 실제적으로 학교나 지역사회에서 아동들을 위한 캠프활동부터 충동적인 아동이나 학습부진아를 위한 집단상담, 비행청소년들을 위한 집단상담, 가정폭력 가해자를 위한 집단상담, 성폭력 피해자를 위한 자조집단, 정신과 병원에서 정신분열증 환자들을 위한 집단상담, 알코올중독자들을 위한 자조집단, 노인치매 예방을 위한 집단활동 등 다양하게 활용되고 있다. 이 장에서는 집단대상 사회복지실천의 개념, 집단의 종류, 집단의 구성, 집단의 사정, 집단의 발단단계의 특성과 사회복지사의 역할, 사회복지사의 회기운영기술 및 촉진기술에 대해서 알아보기로 한다.

1. 집단사회복지의 개념

1) 집단사회사업의 개념

1884년 영국의 William이 YMCA나 인보관에서 시작한 집단사회사업(Group Work)은 미국에서부터 도입되어 발전하게 되었고 그 발전의 기반은 YWCA, YMCA, 스카우트, 유대인센터, 인보관이나 4H 클럽과 같은 비공식적인 레크리에이션 조직으로 발전하였다. 이러한 기관을 중심으로 청소년, 빈곤아동, 이민과 같은 취약한 대상에게 교육, 사회화, 종교적 및 문화적 정체감 고취, 정서적 지지를 제공함으로써 복지전달의 중요한 방법으로 자리 잡게 되었다. 지금도 대부분의 사회서비스기관에서는 레크리에이션기술, 교육강좌, 사회화, 치료와 성장을 위한 집단으로 제공하고 있다.

1960년대는 개인의 치료와 변화를 위하여 정신병동, 병원, 아동복지관, 교도소, 학교 등에서 소그룹으로 상담과 집단활동이 활성화되기 시작하였다. 최근에는 학교에서 학교폭력 예방을 위한 집단상담을 회기별로 진행하고 있으며, 기업에서도 기업의 목표달성을 위한 인간관계훈련이나 개인성장을 위한 집단상담 등을 실시하고 있다. 병원이나 상담소에서도 다양한 형태의 집단목표에 따라 집단상담을 실시하고 있다. 이처럼 집단활동 및 집단상담은 치료적 목적뿐 아니라 예방적이고 교육적인 목적을 가지며, 의식적인 사고, 감정 및 행동을 강조하는 대인과정과 문제해결방법과 전략이 포함된다.

사회사업에서 집단은 공통의 목적이나 관심사를 지닌 3명 이상의 사람들로 구성된다. 성원들은 서로 정서적 결속과 상호작용이 이루어지며 성원들의 역할과 기능을 규제하는 규범이 있다. 집단활동 및 상담은 서로 공통의 관심사를 지닌 사람들이 집단구성원들과 상호작용을 통하여 개개인의 목표 혹은 집단의 목표를 달성하는 사회복지개입의 한 방법이다. 집단중심에서 추구하는 목표는 집단원의 재활추구, 집단원의 교육, 사회화, 자기성장, 집단원의 자기개발, 사회환경의 변화, 조직 및 환경에 대한 개인의 통제력 증진이 포함된다(김종옥 · 권중돈, 1993).

다양한 학자의 집단대상 사회복지실천에 대한 견해를 살펴보고자 한다.

- Trecker(1972)는 집단사회복지는 "집단에 속한 개인은 프로그램 활동을 통하여 상호작용하는 전문가의 도움을 받아 그들의 욕구와 능력에 따라 타인과의 관계나 성장의 기회를 경험하며, 나아가 개인, 집단, 사회의 발전을 도모하고자 노력하는 활동이다."라고 주장하였다.
- 이장호(1992)는 집단상담을 "생활과정상의 문제를 해결하고 보다 바람직한 성장발달을 위하여, 전문적으로 훈련된 상담자와 집단구성원의 역동적인 상호교류를 통해 각자의 감정, 태도, 생각 및 행동양식 등을 탐색 · 이해하고 보다 성숙된 수준으로 향상시키는 과정"이라고 말하였다. 또한 집단상담에서 다루어지는 문제는 병리적인 장애나 현실적인 문제보다 구성원의 발달과업에 초점을 맞춘 것이라고 하였다.
- Konopka(1983)는 "의도적인 집단경험을 통해 개인이 사회경험을 할 수 있는 능력을 높여 주고 개인, 집단, 지역사회의 여러 문제에 보다 효과적으로 대처할 수 있도록 사회자원을 동원하여 원조하는 사회복지의 한 방법이다."라고 주장하였다. 집단중심 사회복지실천, 집단상담, 집단치료, 집단지도의 개념을 나누어 설명하였다.

첫째, 집단중심 사회복지실천은 의도적인 집단경험을 통해 개인의 사회적 기능을 향상시키고, 개인 · 집단 · 지역사회의 당면 문제에 대해서 보다 효과적으로 대처해 나갈 수 있도록 원조하는 것이다.

둘째, 집단상담은 특별한 문제를 해결하거나 특정 상황을 수정 · 변경하는 데 중점을 두며, 성원들은 집단의 주제나 목적에 따라서 성장과 지지 기능향상에 초점을 둔다.

셋째, 집단치료는 전문가의 도움을 받는 특수하고 통제된 집단 상호작용을 통하여 집단성원의 개인적 · 사회적 기능을 향상시키고, 성원의 증상과 고통을 완화하며 기본적인 성격을 변화시키는 데 목적을 둔다.

넷째, 집단지도는 고통을 받는 개인뿐 아니라 건강한 개인으로 구성된 집단에 대한 지도까지를 포함한다.

결국 집단사회사업은 집단을 수단으로 하고, 전문가에 의해서 목표지향적 활동을 통하여 개인이 가진 문제를 해결하거나 개인의 사회적 기능을 강화시키고 집단이나 지역사회가 당면한 문제에 효과적으로 대처해 나가도록 돕는 사회복지실천 방법을 말한다. 저자는 집단대상 사회복지실천의 개념을 집단의 다양한 종류에서 보이듯이 집단사회사업, 집단활동, 집단상담, 집단치료를 모두 여기서 포함하여 설명하고자 한다.

2. 집단사회복지실천의 구성요인

1) 집단과 집단역동

집단은 공통의 관심사를 지닌 사람들의 목표를 달성하기 위해 지속적으로 상호작용하는 두 사람 이상의 집합을 말한다. 집단역동은 집단이 가진 특성을 통해 일어나는 집단성원들 간의 상호작용 혹은 집단과정에서 만들어진 힘으로서 개별 성원뿐만 아니라 전체적으로 집단에 영향을 미친다. 공통의 관심사를 가지고 공통의 목표를 달성하기 위해 집단을 형성하면서 지속적인 상호작용을 통해 집단역동이 생겨난다.

Alissi(1980)는 집단에서의 목적을 ① 치료: 사회적 해체 또는 개인적 역기능의 치료와 회복, ② 예방: 개인적, 사회적 문제의 예방, ③ 정상적 성장과 발달: 생활주기상 어려움에 부딪힌 개인의 정상적 성장과 발달과정을 촉진, ④ 개인적 성장: 의미 있는 대인관계를 통해 자아충족과 개인적 성장의 성취, ⑤ 시민으로서의 책임과 참여: 사회의 참여자로서, 집단성원으로서의 책임성이라고 주장한다(손광훈, 2009).

2) 집단성원

집단성원은 성장하고, 학습하고 치료되기를 원하는 개인으로서 다양한 목적을 가지고 집단에 속하게 된다. 집단구성원들은 집단경험을 통하여 자신이 필요한 기능적 역할을 수행해 나간다. 집단구성원들은 크게 나누어 집단과업 역할, 집단형성 및 유지 역할 그리고 자기중심적 역할 등 세 가지 역할을 수행한다. 집단의 성원은 대부분 자발적으로 집단에 참여하지만 의뢰나 강요에 비자발적으로 참여하는 경우도 있다. 예를 들어, 가정폭력 가해자나 학교폭력 가해자 집단, 알코올중독자 집단은 비자발적인 경우가 더 많다.

3) 집단지도자(사회복지사, 리더자, 촉진자)

집단에 속한 개별성원에 집단과 전체의 목적달성을 원조하기 위해 집단지도자인 사회복지사가 필요하다. 집단 내부에서 사회복지사는 집단 전체의 역동에 영향을 주기 위해 개입하고, 집단성원이 변화할 수 있도록 원조한다.

집단 외부에서는 기관의 정책이나 집단활동에 필요한 자원 확보에 노력하고, 집단이 기능하고 있는 환경에 영향을 미치기 위한 활동을 한다.

집단에서 수행되는 사회복지사의 중요한 역할을 가능하게 하는 사람(enabler)은 변화 매개자, 개입자 또는 자료 제공자 등이다. 이상과 같은 일반적 역할 외에도 상황과 집단 그리고 구성원의 특수성에 따라 여러 가지 역할을 수행할 수 있다. 집단구성원의 사회적 성숙도, 집단 내의 조직 그리고 집단 참가에 대한 열의 등을 중심으로 생각해 본다면 지도자, 관찰자, 선도자, 조언자, 교사와 같은 역할을 수행할 수 있다(남세진 · 조홍식, 1999).

4) 프로그램 활동

집단사회복지실천과정에서는 집단의 상호작용을 촉진하고 목적을 달성하기 위해서 적절한 프로그램을 활용한다. 집단을 개입하는 사회복지사의 실제적인 활동

내용은 대부분 프로그램을 어떻게 조직하고 전개하느냐로 구성된다. 집단의 개입에서 프로그램이 최대의 가치를 발휘하려면 ① 인간중심적이며 특정의 욕구에 대응하는 것이어야 하며, ② 집단구성원의 관심과 욕구에서 나온 것, ③ 구성원의 능력을 최대한 프로그램 활동과 계획에 반영시킨 것, ④ 전문가를 제공자로서가 아니라 조언자로서 이용하는 것이어야 한다(남세진 · 조홍식, 1999).

사회복지사는 프로그램 자체에 대한 지나친 강조로 집단성원에서 스트레스를 주지 않도록 유의해야 하며, 프로그램 활용의 시기적절성, 프로그램의 적합성, 집단성원의 참여 동의, 프로그램의 안정성 등을 고려해서 선택해야 한다.

3. 집단의 장점

사회복지에서 개입은 주로 개인을 통하여 이루어진다. 개인대상 실천에서는 시간이나 비용이 더 요구되고 비슷한 문제를 가진 사람들이 서로 나누고 배울 수 있는 기회가 없다는 제한점이 있다. 그러나 집단은 개인상담보다는 비용이나 시간면에서 절감이 된다. 집단은 유사한 문제나 고민을 갖고 있는 사람들로 서로 공감하며 지지해 줄 수 있는 장점이 있다. 그러가 하면 자연스러운 상호작용으로 정보교환이 이루어지고 서로 간에 배울 수 있는 기회가 더 많아진다. 안전하고 보호받을 수 있는 환경에서 자신의 대인관계기술이나 의사소통 능력을 배우며 문제를 해결할 수 있다는 이점이 있다. 개인상담보다 집단에서 함께 어울리며 지지와 도전, 흥미와 자극을 통해서 유익한 경험을 하면서 성장할 수 있게 된다. Malekoff(1997)나 Yolom(1993)은 집단사회복지실천의 장점을 다음과 같이 설명한다.

- 상호지지: 집단성원 간에 서로 위로나 지지, 격려 등 정서적인 감정을 나눔으로써 성원들 간에 도움을 주고받는 것이 가능하다.
- 일반화(보편성): 집단성원들은 문제로 인해 소외되고 자신을 이해해 주지 못하는 사람들이 많다고 생각하기 때문에 어려움을 겪게 되지만, 집단 내에서 다른 사람들도 자신과 비슷한 갈등이나 문제를 가지고 있다는 것을 알고 위로를

얻고 하나의 공동체적인 느낌을 가질 수 있다.

- 희망고취: 집단성원들이 여러 가지 문제에 봉착되어 있는 한계를 느낄 때 집단을 통해 문제가 해결 가능하다는 희망을 가질 수 있고, 희망은 그 자체로 치료적 효과가 있다.
- 이타심 향상: 자기 중심적인 관점이나 상황에서 벗어나 집단원들을 위해 지지나 위로, 제안을 통해 서로 도움을 주고받을 수 있다는 점에서 이타성을 기를 수 있고, 자존감을 향상시켜 준다. 이로 인해 타인에게 의존해 있던 자신을 보다 독립적인 자신으로 성장시킬 수 있다.
- 새로운 지식 및 정보 습득: 집단의 리더자나 집단원들을 통해서 자신의 잘못된 가치판단을 다룰 수 있게 되므로 문제에 대해 명확하게 이해할 수 있다. 집단원들과 올바른 정보를 공유하거나 직·간접적인 제안이나 충고로 서로 간에 새 정보의 교환이 가능하고 대인관계 형성의 새로운 방식을 습득할 수 있는 장이 된다.
- 집단의 성장 및 소속감: 집단성원 모두에게 동등한 기회를 제공하고, 비슷한 문제를 공유하며, 다른 사람들이 집단의 성장을 위해 공헌하게 되어 집단이 훌륭한 집단으로 성장할 수 있는 기회를 제공한다.
- 정화의 기능: 집단성원들이 자신의 문제에 대한 불안, 감정, 생각, 희망, 꿈 등을 공유하여 안전한 분위기 속에서 그동안 억압된 감정을 자유롭게 발산할 수 있다.
- 재경험의 기회 제공: 이전의 역기능적인 경험을 집단 내에서 재현할 뿐 아니라 집단성원 간의 역동성 속에서 역기능을 경험하기도 하기 때문에 이를 통해 성장할 수 있는 기회를 갖게 된다. 참가자는 부모형제와 상처받은 관계를 집단에서 재경험해 보며 그 과정을 통해서 미해결된 가족의 상처나 문제를 해결할 수 있다.
- 현실감각의 테스트 효과: 집단성원들이 서로 간의 잘못된 생각이나 가치를 집단성원들에게 표출해 봄으로써 잘못된 생각을 고쳐 나갈 수 있는 기회를 갖게 되고 또한 미리 원하는 행동을 연습해 보는 장을 갖게 된다.
- 대인관계학습: 집단원들은 서로 간의 다양한 상호작용 속에서 대인관계에서

자신의 약점이나 부족한 점을 스스로 통찰하며 더 자신 있고 자기주장적인 관계형성을 배워 나갈 수 있다.

이외에도 집단 안에서 긍정적인 경험은 집단원들의 강한 소속감과 응집력을 경험하며 집단 안에서 모방학습이 일어나고 사회적 기술이 발달할 수 있다. 자신에 대한 실존적인 책임과 판단을 더 의식하며 느낄 수 있도록 해 준다. 그러나 집단은 항상 역동성이 일어나기 때문에 개인적인 개입과는 다르게 구성원 간의 비교의식이나 서로 간의 갈등이 집단에서 영웅이나 때로는 희생양이 발생할 수 있다는 단점도 유의해야 한다.

4. 집단대상 사회복지실천 영역

- 아동 및 청소년의 건전한 발달과 특히 민주적 생활방식을 학습하는 기회를 제공하기 위한 집단활동이다. 각급 학교, 각종 산업 및 기업체, 지역사회에 있는 청소년단체, 사회복지관, 청소년회관 등에서의 동아리 활동이나 여러 가지 소집단활동이 이에 속한다. 아동의 경우 부모도 함께 대상이 될 수 있다.
- 가족, 직장, 이웃, 친구 등과 떨어져 정상적인 사회집단의 생활을 영구히 또는 일시적으로 영위하지 못하는 사람을 대상으로 이들에게 건강한 집단생활을 재구성해 주는 경우다. 가족과 떨어져 시설에 수용되어 있는 아동이나 노인, 장기요양을 위해서 병원이나 요양원에 입원하고 있는 사람이 속하며, 이별을 경험하고 있는 본인과 더불어 이들을 수용해야 하는 사람도 대상의 범위에 속한다.
- 사회문제에 관련된 집단을 대상으로 이들의 행동변화를 목적으로 하는 집단활동이다. 학교폭력 가해학생집단, 청소년 비행집단, 성인의 성폭력 가해자 집단 등이 전형적인 예다.
- 사회적 · 정서적 문제를 가진 개인을 대상으로 특수한 집단을 구성하는 경우다. 정서장애아의 치료시설, 아동상담소, 가족상담소, 정신병원 등에서 주로 실시된다. 자폐아, 학교 부적응아동 및 청소년, 정신분열증 집단, 알코올중독

자 가족집단 등이 대상이다.

- 사회복지시설이나 기관에서 교육이나 계몽적 사업을 실시하는 경우에 대비한 집단활동조직 보건소나 병원 등에서 환자의 가족에 대한 교육활동과 정서장애인, 정신지체인, 지체장애인을 고용하고 있는 사업주를 대상으로 한 계몽이 이에 포함된다.
- 사회복지의 일반적 영역에 걸쳐 동일 문제를 가지고 있으면서도 각자가 고립되어 있는 사람을 함께 모아 공통의 문제해결을 위해 집단을 대상으로 조직 운영하는 경우다.
- 개인이 가진 문제를 직접적인 사회복지서비스와 연결시키기 위한 운동을 위해 집단을 조직한다. 정신병원의 가족회의라든가 영세지역의 사회복지관에서 조직하는 의료보험수혜를 위한 가구주 모임, 문제 자녀를 가진 어머니 모임 등이 이에 속한다(남세진 · 조홍식, 1999).

5. 집단의 종류

집단사회복지실천에서 다양한 집단이 존재한다. 집단의 목적에 따라 치료집단과 과업집단을 나눈다. 치료집단에는 지지집단, 교육집단, 성장집단, 치료집단, 사회화집단으로 세분화하여 나눌 수 있다. 과업집단은 과업달성을 목적으로 하는 위원회, 행정집단, 대표회의 팀, 치료회의, 사회행동집단을 말한다. 치료집단, 과업집단, 자조집단의 특징, 목적, 집단에서의 사회복지사의 역할, 집단의 예들을 살펴본다(Toseland & Rivas, 1995; 김혜란 외, 2001).

1) 지지집단

- 지지집단(support group)의 목적은 삶에서 장차 일어날 사건에 좀 더 효과적으로 적응하기 위하여 대처기술을 발전시킴으로써 성원들이 삶의 위기에 대처하도록 돕는 집단을 말한다.

- 지지집단은 비슷한 문제를 경험한 사람들로 구성되기 때문에 유대감 형성이 쉽고, 자기개방 수준도 높다.
- 집단 리더자인 사회복지사는 집단원들이 상호 원조하면서 지지와 정보를 제공하고, 대처기술을 향상할 수 있도록 동기화시키며 희망을 촉진시킨다.
- 지지집단의 예는 이혼가정, 한부모가정의 취학아동모임, 암환자가족모임으로 환자에 대한 대처나 질병의 영향력, 정신병원에서 퇴원하여 지역사회에 적응을 키우는 집단이다.

2) 교육집단

- 집단의 목적은 집단성원들의 지식과 정보 및 기술 향상을 목적으로 한다. 집단성원들이 자기 자신과 자신이 속한 사회를 잘 이해할 수 있도록 원조한다. 직접적인 학습활동을 통해 기술을 가르치고 정보를 제공하며 지식을 습득할 수 있도록 돕는 데 있다.
- 교육집단(education group)의 특징은 집단성원들은 정보를 주고받기도 하지만 전문가의 강의 형태로 정보제공이 많이 이루어지며 집단성원 간 토론 등도 많이 활용된다. 지도자가 정보를 제공하는 형태이기 때문에 자기개방 정도는 비교적 낮다.
- 집단 리더자는 일반적으로 특정 분야의 전문자이거나 훈련을 받은 전문가인 경우가 많다. 집단 지도자는 교사와 같은 기능을 하고 집단 상호작용이나 토론 등을 장려한다.
- 교육집단의 예는 청소년 성교육 집단, 위탁가정의 부모가 되려는 집단, 입양에 관심을 갖고 입양에 대해 정보를 얻고자 하는 부모집단, 특정 약물이나 질병에 대해 정보를 얻고자 하는 집단, 예비부모교육을 받는 미혼 성인집단, 부모역할훈련집단 등이다.

3) 성장집단

- 성장집단(growth group)의 목적은 구성원들이 자기인식과 통찰을 증진시키고, 자신의 사고, 감정, 행동을 변화시키는 것을 목적으로 한다. 개인의 능력과 자의식을 넓히고 개인의 잠재력을 최대한 발휘할 수 있도록 기회를 제공하며 자아성장에 초점을 둔다.
- 성장집단은 병리적 현상을 치료하는 것보다는 심리적 건강을 증진시키는 데 중점을 둔다. 집단은 구성원들이 자신의 능력을 최대한 발휘하기 위한 하나의 도구로서의 의미를 지닌다. 집단의 이질성 자체가 성장의 밑거름이 될 수 있으므로 일반적으로 서로 다양한 속성을 지닌 성원들로 구성하는 경우가 많으며, 자기개방 정도가 높다.
- 성장집단의 예로는 부부를 위한 참만남집단, 청소년 대상의 가치명료화집단, 여성을 위한 의식고양집단, 퇴직 후의 노인집단, 잠재력이나 역량개발집단 등이 있다.

4) 치료집단

- 치료집단(therapy group)의 목적은 집단성원 스스로 자신의 행동을 바꾸고 개인적인 문제 개선, 상실된 기능 회복을 위해 원조하는 것이다. 사회적 외상 후 스트레스나 정신질환, 중독의 문제를 원상복귀할 수 있도록 돕는다.
- 치료집단은 일반적으로 다소 심한 정서적 · 개인적 문제를 가진 성원들로 구성한다. 상호지지를 강조함과 동시에 치유와 회복에 중점을 둔다. 집단의 공동 목적이 있지만, 성원들 개개인의 증상이나 문제가 다르기 때문에 개인마다 상이한 목적을 갖는다.
- 집단 리더자는 전문가로서 인간에 대한 지식을 가지고 있어야 하며 집단역동, 집단성원 능력과 행동변화를 가져올 수 있도록 집단을 활용할 수 있는 능력, 높은 인지 능력과 통찰 능력, 집단 내 건설적 분위기 유지 및 발달 능력 등이 요구된다. 사회복지사는 전문가, 권위적 인물, 변화 대리인의 역할을 수행한다.

- 집단의 예는 지역정신건강센터에서 심리치료를 받는 외래환자집단, 보호관찰을 처분을 받은 청소년집단, 외상 후 스트레스 장애집단, 마약중독자집단, 공황장애 치료를 받는 환자로 구성된 집단, 금연집단 등이다.

5) 사회화집단

- 사회화집단(socialization group)의 목적은 사회관계에 어려움이 있는 집단성원들이 사회생활에 필요한 사회적 기술을 배우거나 증진시키는 것을 목적으로 한다. 성원들이 사회적 기술을 습득하고 사회적으로 수용되는 행동유형을 학습함으로써 지역사회의 생활에서 효과적으로 기능할 수 있도록 원조한다.
- 사회화집단의 특징은 프로그램 활동에 참여함으로써 개인적 기술을 향상시키려고 하므로 '활동을 통한 학습'을 지향한다. 사회적으로 수용될 만한 행동이나 사회적 기술을 배우고자 하는 사람들로 구성한다. 사회화집단은 게임, 역할연습, 레크리에이션 활동 등으로 프로그램 활동에 참가하여 결속력을 다지며 대인관계기술을 향상시킨다.
- 집단의 예는 다음과 같다.
  - 사회기술훈련집단: 자기주장훈련집단처럼 의사소통에 어려움이 있거나 만족할 만한 사회적 관계를 맺지 못하는 사람들을 대상으로 사회적 기술 등을 가르쳐 주는 집단이다.
  - 자치집단: 정신병동이나 시설 거주자들이 전문가로부터 부당한 처우를 받을 때 자신들의 욕구를 해결하거나 권리를 주장하기 위해 형성한 집단이다.
  - 여가집단: 여가활동에 초점을 두는 집단으로 스카우트활동이나 클럽활동 등의 근원이 된다.
  - 집단 적응을 준비하는 정신병원의 정신장애인 집단이다.
  - 주의력결핍 과잉행동 아동을 대상으로 하는 사회화 집단이다.
  - 퇴원한 정신장애인을 위한 사교모임 등이다.

6) 치료집단의 유형

(1) 과업집단

- 집단의 목적은 조직이나 기관의 문제에 대한 해결책 모색, 새로운 아이디어 개발, 효과적 원조전략 수립 등의 과업 수행을 목적으로 한다.
- 과업집단의 특징은 집단과 함께 일하고 노력할 주제에 대해 관심이 많은 사람이나 특별한 재능을 가진 사람들로 구성된다. 조직적인 문제에 대한 해결책을 찾고 새로운 아이디어를 내며 결정한다. 과제가 수행되고 나면 기능이 정지되어 집단이 해체된다.
- 과업집단의 예는 치료회의팀, 처리위원회, 직원발전집단위원회나 자문위원회, 이사회, 사회행동집단, 연합체, 대표위원회, 행정집단, 협의체, 치료 외이 사회행동집단 등이다.

(2) 자조집단

- 자조집단이란 같은 어려움이나 문제를 가진 성원들이 자발적으로 집단을 만들어 집단원들끼리 경험을 나누어 개인적으로 바람직한 변화를 가져오도록 노력하는 상호 원조집단이다.
- 집단의 목적은 집단원 상호 간 문제상황에 대처할 수 있는 능력을 고양하도록 돕는 것을 목적으로 한다.
- 특징은 전문가의 도움보다는 집단성원의 경험에 기초하여 도움을 주고받는다.
  - 전문가의 도움보다는 집단성원의 경험에 기초하여 서로 도움을 주고받는다.
  - 대인 간의 상호지지, 자신의 삶을 책임질 수 있는 능력개발과 향상에 초점을 둔다.
  - 집단구성원들이 서로 도움을 주고받음으로써 스스로에 대해 긍정적으로 느끼게 되고, 자신의 삶에 대해 적극적으로 대처하고 통제한다는 장점이 있다.
  - 지지집단에서는 사회복지사의 역할 비중이 높지만, 자조집단은 원칙적으로 전문가의 도움 없이 운영된다.

• 집단 리더인 사회복지사는 집단에 대한 통제와 운영보다는 물질적 지지의 제공이나 다른 체계와의 연결기능, 정보와 지식, 자원 등을 알려 주는 자문기능 등을 한다.
• 자조집단의 유명한 사례는 두 명의 알코올중독자에 의하여 개발된 익명 술 중독자모임(alcoholics anonymous)이며, 가정폭력피해자집단, 도박집단, 장애인 가족집단, 술 중독자의 아내집단, 암환자와 그 가족집단, 편모집단, 말더듬이 집단, 과식자집단, 재소자가족집단, 보호관찰자집단, 독신자집단 등 수많은 종류의 집단이 있다.

6. 집단의 구성과 구조

1) 집단의 구성 준비

(1) 집단계획서 작성

사회복지사가 현장에서 집단을 대상으로 계획을 할 때 집단의 목적, 활용하고자 하는 기술, 전략 외에도 집단운영에 관한 전반적인 사항을 구체적으로 알고 준비를 철저히 해야 한다. 효과적인 집단을 운영하기 위해서는 집단형성부터 집단을 모집하기 전에 미리 집단의 구성을 위해 서면으로 준비를 해야 한다. 집단계획서 작성 시 고려해야 할 사항은 〈표 18-1〉과 같다.

(2) 집단홍보

사회복지사는 집단을 위한 프로그램과 계획이 완성되면 집단원들을 모집하기 위하여 홍보를 하게 된다. 집단 프로그램의 제목, 목표, 집단대상, 프로그램의 일시 장소 기간, 주최자 및 안내 전화번호 등의 내용을 담은 홍보물을 지역사회 대상자들에게 홍보하며 알리는 방식으로 모집을 하게 된다. 때로는 사회복지사가 직접 대상자들을 접촉하기, 인쇄물 배포, 지역사회의 TV 또는 라디오를 통한 홍보, 홈페이지를 통한 홍보, 지인의 소개나 추천으로 인한 홍보도 가능하다.

〈표 18-1〉 **집단계획서 작성 시 고려사항**

항 목	고려사항
집단의 필요성과 목적	현시점에서 집단이 필요한 이유는? 집단의 목적과 달성을 위한 세부목적은?
집단의 활동	세부목표달성을 위한 활동내용은?
집단의 구성	누구를 대상으로 하나? 선별절차는? 여성, 남성의 구성비율은? 집단원의 연령 제한이나 특성은?
집단의 유형	개방집단인가 또는 패쇄집단인가? 집단이 구조화, 비구조화, 반구조화 집단인가? 집단의 유형이 상담, 성장, 교육, 치료, 과업 등 어떤 특성을 갖나?
집단의 선별방법 및 홍보	개별면접 또는 집단면접을 통해서 선별하나? 또는 질문지를 활용할 것인가? 어떤 방법으로 잠재적 집단원에게 알리고 관심을 유발할 것인가? 자발적 선택이 원칙? 또는 비자발적 집단원을 수용할 것인가? 어떤 방법으로 알릴 것인가?
집단의 크기	집단원의 수는 몇 명으로 할 것인가?
집단의 일정	총 몇 회기로 계획할 것인가? 얼마나 자주 모일 것인가? 한 회기는 몇 분, 몇 시간으로 할 것인가? 집단회기의 시간대는 몇 시에서 몇 시까지 할 것인가?
모임장소	집단모임은 어떤 환경이나 조건을 갖춘 공간에서 할 것인가?
리더자 및 보조 지도자	한 명으로 아니면 공동 리더자? 관찰자나 기록자의 여부는?
기대 및 평가	집단원들에게 기대되는 효과는? 집단원들의 집단경험을 어떻게 평가할 것인가? 형성평가인가 종결평가인가?

*출처: 강진령(2011: 334) 재인용

학교에서의 학생들을 대상으로 하는 홍보방안으로는 ① 동영상 제작 및 학교 홈페이지 게시판에 게재, ② 교내 게시판 및 상담실 게시판에 부착, ③ 학교방문 학교교사들에게 직접 전달 및 공문 요청, ④ 가정통신문 발송 등이 있다.

(3) 집단성원의 모집과 선별

집단성원의 선별작업은 개별면접, 질문지, 의뢰방법이 있다.

- 개별적인 면접을 통해서 집단에 관한 약식 오리엔테이션을 실시하고 집단참여자에게 필요한 제반 정보를 설명해 준다. 집단의 목적, 기본규칙, 집단원의 역할, 프로그램 내용, 적극적인 참여성의 중요도를 강조하며 다른 집단원을 돕기 등을 상세하게 설명해 주며, 참여 동기를 부여할 수 있다. 또한 집단성원의 선별작업은 사회복지사가 운영하고자 하는 집단에 적합하지 않는 클라이언트, 집단에 참여할 수 있는 능력이 부족한 클라이언트, 집단과정을 방해할지도 모르는 클라이언트 등을 선별할 수 있는 기회를 제공할 수도 있다. 예를 들어 교육집단에 자살위험성이 높은 사람이나, 위기상황에 있는 클라이언트나, 반사회적인 성격장애를 나타내는 클라이언트 같은 경우에는 집단에 오히려 적합하지 않을 수도 있다(엄명용 외, 2005).
- 질문지를 이용하는 방법은 집단원이 적합한가를 알아보기 위해 사전에 질문지가 수록된 질문 문항을 통해서(예: 성별, 연령, 결혼 여부, 진단명, 질병에 대한 기록, 자녀 상황 등 집단의 참여목적, 집단참여 경험 여부, 집단에 대한 기대, 집단에 기여방법 등) 선별한다.
- 의뢰는 상담기관이나 학교, 교육청, 병원, 사회복지기관 혹은 법원으로부터 집단원을 의뢰받는 경우다. 집단상담자는 이들 기관 관계자에게 집단의 목적과 집단에 적합한 집단원에 관하여 상세하게 설명해 주어야 한다.

가정폭력 가해자나, 성폭력 가해자는 법원에서 의뢰되어 수강명령으로 인해 의무적으로 참여해야 하는 경우에는 일단 개별적인 면담을 한 후에 집단에 참여하게 하는 것이 동기유발에서는 더 바람직하다. 이런 내담자의 경우에는 자신의 어려움이나 관심사 등을 말하는 데에 경우에 따라서는 다소 어려움이 있을 수 있다.

그러므로 집단상담의 효과를 위해서는 첫째, 내담자가 도움 받기를 간절히 원해야 한다. 둘째, 내담자의 경험에 대해서 기꺼이 개방하고 내담자의 문제를 적절하게 노출할 수 있어야 한다. 셋째, 집단분위기에 잘 적응할 수 있어야 한다. 집단상담자는 집단의 특성과 목표에 적합한 내담자인지의 여부를 면담을 통해 파악해야 하고, 집단을 어떻게 구성할지를 결정해야 한다. 이런 과정을 통해 집단상담의 효과를 예측할 수 있어야 한다(Corey, 1994).

2) 집단의 구성

집단을 구성할 때 사회복지사는 집단에 어떤 대상을 고려하고 어떤 대상은 배제할 것인가를 생각해야 한다. 집단 지원자의 욕구나 목표가 잘 이루어질 수 있도록 하는 것이 좋다.

(1) 동질집단 · 이질집단

동질집단이란 집단성원들의 성별, 연령, 인종, 민족, 출신지역, 성장환경, 사회경제적 지위, 직업이 유사한 집단을 말한다. 예를 들어 성별, 나이나 문제유형이 비슷한 집단성원들은 집단과정에서 많은 것을 얻을 수 있다. 하지만 집단성원의 특성이 지나치게 동질적이면 오히려 부정적인 결과를 가져올 수도 있다. 청소년들이 모두 비행집단인 경우 규범을 어기고 집단의 역동을 부정적으로 만들 수도 있다.

이질집단이나 동질집단은 모두 장단점이 있다. 이질집단은 앞에서 열거한 특성과 배경이 전혀 다른 사람들로 구성된 집단이다. 나이나 성차, 교육 수준, 참여동기나 목적이 다른 집단으로 차이가 난 경우는 다른 사람의 문제해결에 대한 대처방식이나 인생경험 등을 학습할 수 있는 기회가 되며, 이질성은 집단의 자산이 될 수 있다. 하지만 집단성원의 특성이 지나치게 이질적이면 집단 전체 및 개별성원에게 역효과를 가져올 수도 있다. 대학생들 집단에 고졸 중퇴자가 편성되거나 실직자 집단에 전문직 집단원이 포함되면, 집단원의 욕구나 목적이 다르기 때문에 바람직하지 않다. 특히 정신분열증 환자집단에 우울증 환자나 알코올중독자가 섞여 있으면 치료목적이 서로 달라서 초점이 흐려진다(강진령, 2011).

(2) 개방집단 · 폐쇄집단

집단의 목표에 따라 집단의 운영을 폐쇄형으로 할 것인가 혹은 개방형으로 할 것인가를 미리 정해야 한다. 폐쇄집단은 상담이 시작될 때 참여했던 집단으로만 상담을 종결하며 중도에 집단원을 받아들이지 않는 것이다. 즉, 도중에 집단원 중 탈락자가 생겨도 새로운 구성원을 받아들이지 않는다. 그러므로 집단의 크기가 너무 작아질 염려가 있다. 일반적으로 대학상담실이나 청소년상담실 등에서는 단기상담에 적합한 주제로 이루어지는 상담을 주로 하기 때문에 폐쇄집단의 형태를 취하는 경우가 많다. 개방집단은 집단이 허용하는 한도 내에서 상담진행 중에 새로운 사람을 받아들이는 것이다. 이때에는 집단원 간에 의사소통이나 수용, 지지 등이 부족해지거나 갈등이 일어날 수 있다. 새로운 구성원을 받아들일 때에는 반드시 집단 전체가 그 문제를 충분히 논의해야 한다. 이러한 논의를 통해 집단의 기본적인 특성을 분명히 유지할 수 있다. 새로운 집단원은 간혹 집단의 흐름을 방해하는 경우도 있으나 오히려 집단과정에 활기와 도움을 줄 수도 있다(이장호 · 김정희, 1992).

개방집단과 폐쇄집단으로 운영 시 더 효과적인 집단을 설명하면 다음과 같다(엄명용 외, 2005).

〈표 18-2〉 **개방집단과 패쇄집단**

개방집단	폐쇄집단
- 거주시설, 병원 등에서 운영되는 치료집단으로 퇴원 후 여석이 생기면 합류한다. - 자조집단: 공개적인 알코올중독자들의 자조집단에 지역사회 내의 위기상황에 처해 있는 사람들	- 교육집단: 동일한 집단구성원들이 목적을 이루기 위해 시작하고 마무리하므로 성과를 내야 하는 교육집단 - 10대 미혼모집단: 미혼모들로 구성된 프로그램의 양육기술을 훈련시키고 교육시키는 집단 - 심리치료집단: 정신분열증 환자, 알코올 및 약물 중독 환자 등 심리치료를 목적으로 구성된 집단

(3) 집단의 구조

① 집단의 규모

집단의 규모는 집단성원의 연령, 집단의 유형, 집단의 목적, 공동 치료자의 참여 등을 고려하여 결정해야 한다. 집단의 규모는 집단의 목적에 따라서 달라질 수 있다.

집단성원이 너무 많을 경우 집단을 통제하기 어려운 점이 있고, 집단 규모가 작을 경우 집단성원들 간의 풍부한 상호작용을 기대하기 어렵고, 집단의 장점을 상실하기 때문에 집단성원의 연령, 집단의 목적 등을 고려하여 적정 규모의 집단을 유지하도록 해야 한다. 일반적으로 성인집단의 경우 8~10명 정도가 적합하다.

② 집단모임의 빈도와 시간

집단의 빈도나 시간은 아동이나 청소년의 경우 성인에 비해서 참을성이 적고 산만하기 때문에 가능하면 모임의 시간은 짧게 하면서 모임을 자주 갖는 것이 좋다.

모임의 시간은 성인의 경우 1시간 30분 또는 2시간 정도가 좋다. 아동이나 청소년 집단은 성인집단보다 짧게(60~90분) 운영하도록 한다. 집단이 모이는 시간에 대한 배려도 필요하다. 학교에서 운영 시에는 학생들의 수업을 고려해서 결정한다. 직장인 대상이라면 퇴근 후나 토요일이 적합하다. 주부 대상은 오전 시간대로 자녀들이 학교나 유치원에 가는 시간을 고려한다.

③ 집단의 기간

집단의 기간은 집단을 시작할 때 집단성원에게 미리 알려 주는 것이 좋다. 그 이유는 집단이 언제 종결되는지를 아는 것 자체가 집단성원에게 자극이 될 수 있기 때문이다. 집단의 기간이 지나치게 짧으면 집단성원들이 생산적이고 의미 있는 변화를 이루기에 부족할 수 있기 때문에 사회복지사는 집단의 기간을 결정할 때에 신중해야 한다. 아동, 청소년의 경우 집단의 목적에 따라서 3~10회기, 성인대상에도 3~12회 정도 운영하지만 치료집단인 경우는 20회기가 넘는 경우도 있다.

④ 모임의 장소

집단상담을 하는 공간은 집단원들에 비해 너무 크지 않으며 외부로부터 방해를 받지 않는 환경이 좋다. 또한 집단원들이 편안하고 안정감을 느낄 수 있는 공간이어야 한다. 일렬로 앉는 것보다는 원탁에 둘러앉거나, 원형 혹은 얼굴을 마주보고 대화할 수 있도록 앉는 것이 효과적이다. 프로그램과 참여자의 특성에 따라 원탁에 둘러앉아 진행하다가, 어느 정도 응집력이 생기면 바닥에 앉아서 진행하거나 책상 없이 둥근 모양으로 의자에 앉아 진행하기도 한다. 집단회기마다 집단원들의 비언어적 메시지를 중요시 여겨야 하며 내담자를 전체적으로 볼 수 있어야 한다.

⑤ 공동 진행자에 대한 고려

사회복지사는 집단을 운영할 때 집단의 목적, 크기, 성원의 특성에 따라 공동 진행자를 참여시킬 것인지를 결정해야 한다. 공동 진행자가 함께 집단운영에 참여하게 되면, 사회복지사가 집단과정에서 미처 파악하지 못한 부분을 공동 진행자가 파악해 줄 수 있을 뿐만 아니라 공동 진행자의 관점과 사회복지사의 관점이 공유되어, 협력관계가 형성되면 집단운영에 많은 혜택을 제공할 수 있다.

공동 리더가 바람직한 집단으로는 성적 학대아동, 에이즈환자를 위한 집단처럼 특화된 지식이나 기술을 요구하는 집단의 경우, 구타하는 남자집단과 같이 감정이 격화될 수 있는 집단, 남자와 여자 리더가 모두 필요한 부부집단에서는 공동 진행자가 더 효과적일 수 있다.

(4) 서약서 작성

개별면담이나 의뢰를 통해서 온 집단성원들은 집단에 참여하기 전에 서약서를 작성한다. 서약서에는 개개인이 빠짐없는 출석, 집단작업에 적극적인 참여 그리고 비밀유지에 대한 내용을 담는다. 서약서 작성은 자발적으로 이루어져야 한다.

(5) 집단의 기본규칙과 집단상담자의 윤리적 책무

집단의 규칙과 절차를 정한다. 집단원의 의견은 적극 수용하면서 필요한 규칙들을 논의하면서 주도해 간다. 집단의 규칙과 절차는 집단과정을 촉진하는 것이어야 한다. 집단과정을 촉진하는 규칙으로는 다음과 같다(강진령, 2011: 360).

- 지각, 조퇴, 결석 없이 모든 회기를 출석한다.
- 다른 집단원들이 집단 내에서 말한 것, 행동한 것에 대해 비밀을 유지한다.
- 집단참여를 통해 모색, 해결을 원하는 구체적인 관심사를 정한다.
- 집단참여 기간 동안 다른 집단원과 비윤리적인 관계를 갖지 않는다.

• 다른 집단원에게 물리적 폭력이나 언어폭력을 사용하지 않는다.

집단상담자의 윤리적 책무성은 최소한의 규칙과 윤리규준을 따르도록 제정한 것에 따르면 다음과 같다. 미국집단작업전문가협회(ASGW) 윤리규준은 다음과 같다.

- 집단원의 비밀을 유지한다.
- 집단원들이 기대하는 점을 파악한다.
- 집단참여에 따른 위험성을 집단원과 논의한다.
- 사적인 정보 유출 방지를 위하여 안전조치를 취한다.
- 집단원들을 과도한 압력이나 위협으로부터 보호한다.
- 집단원들에게 활용할 기법을 설명해 준다.
- 집단원들이 위험에 직면하게 되는 경우 신속히 대처할 수 있도록 돕는다(강진령, 2011: 360).

예상문제

1. 다음은 집단상담자를 위한 미국집단작업전문가협회(ASGW)의 윤리규준이다. 틀린 것은?
① 집단원의 비밀을 유지한다.
② 집단원들이 기대하는 점을 파악한다.
③ 집단참여에 따른 위험성을 집단원과 논의한다.
④ 사적인 정보 유출 방지를 위하여 안전조치를 취한다.
⑤ 집단원의 압력은 스스로 해결해야 할 과제로 개입해서는 안 된다.

정답: ⑤
해설: 집단원들을 과도한 압력이나 위협으로부터 보호한다.

2. 집단유형에 대한 설명이다. 틀린 것은?
① 지지집단의 예로는 이혼가정, 한부모가정의 취학아동모임, 암환자 가족모임 등이 있다.
② 교육집단의 예로는 청소년 성교육집단, 위탁가정의 부모가 되려는 집단 등이 있다.
③ 성장집단의 예로는 부부를 위한 참만남집단, 청소년 대상의 가치명료화 집단 등이 있다.
④ 치료집단으로는 보호관찰을 받은 청소년집단, 퇴직 후의 노인집단 등이 있다.

정답: ④
해설: 치료집단은 지역정신건강센터에서 심리치료를 받는 외래환자집단, 보호관찰을 처분을 받은 청소년집단, 외상 후 스트레스 장애집단, 마약중독자집단 등이 있다.

3. 폐쇄집단과 개방집단의 설명이다. 틀린 것은?
① 병원 등에서 운영되는 치료집단은 개방집단이다.
② 10대 미혼모 집단은 폐쇄집단으로 교육집단을 운영한다.
③ 정신분열증 환자들은 개방집단이 더 효과적이다.
④ 공개적인 알코올중독자들의 자조집단은 개방집단이다.

정답: ③
해설: 정신분열증 환자들은 다양한 환자들과 개방집단도 가능하지만 일반인과의 개방은 어렵다. 그래서 폐쇄집단이 더 효과적이다.

19

집단대상 사정기술

1. 집단에서의 사정

1) 사정의 정의

사정(assessment)은 원조과정을 위한 하나의 과정으로서 내담자의 정보를 수집하고, 정보에 관해서 판단을 내리며, 문제의 근원이 어디에 있는지를 찾아가는 과정이며 동시에 강점을 찾는 것이다. 그래서 사정을 통해서 문제해결, 성장증진, 기능향상, 잠재력 실현, 새로운 자원개발, 강점이나 자원개발 등 다른 긍정적인 요인을 평가한다. 집단에서의 사정은 개인에 대한 사정과 집단에 대한 사정이 있다.

집단과정에 대한 사정방법을 중심으로 개별성원과 집단에 대한 사정방법을 알아보기로 한다(김혜란 외, 2001: 240-246).

2) 개별성원에 대한 사정

집단성원의 성장발달과정에서 일어난 일, 현재의 건강상태, 심리상태, 정신위생, 교육, 직업, 수익, 취미, 신념, 기대, 동기 등에 대한 사정으로 의사, 사회복지사, 기타 전문가의 평가와 관찰, 성원 자신의 자기보고 등에 대한 정보를 기반으로 하여 사정이 이루어진다. 특정 문제를 가진 사람들의 치료집단이나 지지집단에서는 표준화된 척도나 질문지를 사용하여 집단 개시기의 사정자료나 종료 후 성원의 상태나 변화를 측정하는 평가자료로 활용하기도 한다(윤현숙 외, 2001).

(1) 대인관계와 집단성원 간 상호작용

집단이 시작되면 각 성원과 다른 성원과의 교류유형, 성원의 인간친화 능력, 집단 안에서의 역할, 예를 들어 중재역, 듣는 역, 처음 말을 꺼내는 역, 지도력, 집단 안에서 보이기 쉬운 성원의 행동, 태도, 각 성원의 장점, 단점, 집단에 대한 공헌 등에 대해서 사정한다.

집단에 참여하는 성원들의 상당수는 대인관계에서 그들 자신과 타인에게 스트레스를 야기하는 행동상의 역기능적인 특성을 가지고 있다. 개인은 자신의 행동패턴을 잘 인식하지 못할 수 있으며, 그것으로 대인관계에 문제가 생기는지 잘 알지 못한다. 이때 사회복지사의 역할은 개별성원들이 자신의 행동패턴을 인식하고, 행동을 변화시키도록 도와주는 것이다. 이를 위해서 사회복지사는 개별성원들에게서 반복적으로 나타나는 행동과 그 행동과 밀접히 관련되어 있는 인식에 초점을 맞추어야 한다. 집단에서 개별성원들은 집단의 임무를 수행하거나 문제해결을 직접적으로 돕는 역할을 맡을 수도 있으며, 집단의 기능을 유지, 변경, 강화시키는 데 관련된 역할을 맡을 수 있다. 또한 개인적인 목표만 추구하는 자기중심적인 역할을 할 수도 있다. 집단에서의 역할은 곧 다른 사회적 상황에서의 역할을 그대로 반영하는 것이므로 집단 내 역할에 대한 사정은 매우 중요하다(Hepworth & Larsen, 1997; 김혜란 외, 2001). 〈표 19-1〉은 집단원들의 행동방식을 기능적 · 역기능적으로 분류한 것이다.

〈표 19-1〉 **집단에서 기능적 · 역기능적 행동**

기능적 행동	역기능적 행동
• 집단성원에 대하여 관심을 표명함	• 타인의 말을 중단시키거나 타인의 생각을 무시함
• 집단에서 갈등 위기 시 지도력을 보여 줌	• 자신의 감정을 억압하고 참음
• 자신의 주장을 분명하게 표현함	• 다른 사람의 의견을 경시, 비판, 빈정대기
• 타인과 관계를 잘 유지하고 타인과 협동적임	• 다른 사람의 의견에 논쟁, 공격, 비난의 언어 사용
• 대화의 초점을 유지하고 공감력을 표출함	• 섣부른 조언과 충고를 함
• 자신의 감정을 솔직히 표현함	• 반감을 언어적 · 비언어적으로 표현함
• 타인의 말을 정확히 인식하고 이해한 바를 전달함	• 말을 너무 많이 장황하게 설명함
• 건설적인 피드백에 대해 솔직하고 긍정적으로 반응함	• 무관심하거나 움츠려들고 관람객의 역할을 취함
• 집단에 의해 정해진 지침 내에서 일함	• 주제에 관계없거나 옆길로 새는 이야기를 함
• 행동에 대한 책임을 지는 성숙한 면모를 보여 줌	• 타인의 말을 놀리거나 흉내 내며 분위기 조성
• 타인의 의견을 고려하고 그들의 의사결정에 포함시킴	• 즉각적인 반응으로 자기를 방어함
• 토론에 참가하고 타인도 참가하도록 원조함	• 타인을 분석하거나 판단하는 언어
• 타인의 장점과 성장에 대한 긍정적인 피드백을 줌	• 자신에게 초점을 맞추는 것을 회피하거나 개인적인 문제와 연관된 감정이나 근심을 억제함
• 자신의 장점과 성장을 인정함	• 자기 개인적인 주제보다는 타인에 대한 이야기를 많이 함
• 유머를 적절히 사용함	

〈표 19-2〉 **집단성원의 행동 프로파일의 예**

이 름	특 징	기능적 행동	역기능적 행동
A씨	35세 가정주부, 3명의 자녀	• 집단의 감정을 요약하는 데 뛰어남 • 집단참석에 관한 양가감정을 표현함	• 자신의 의견에 확신을 가지지 못함
B씨	30세 미혼	• 자신의 문제를 집단과 쉽게 공유 • 타인에 대해서 관심을 기울임	• 지속적인 자기 이야기를 통해 집단이 그를 불쌍하게 느끼도록 만드는 듯함
C씨	45세 점원 이혼 수속 중, 2명의 10대 자녀	• 타인이 이야기할 때 지지하는 표시로 고개를 끄덕임	• 집단에서 좀처럼 이야기하지 않음, 방관자 역할을 함
D씨	35세 택시운전사, 3명의 자녀, 1년 전 이혼	• 토론에 적극적으로 참여함 • 자신의 여러 장점을 인식함	• 두 차례 타인의 조언에 도전함, 공격적임 • 자신의 자녀를 비하함
E씨	31세 1명의 자녀, 회사원	• 자신의 문제를 해결하려고 열심히 노력함	• 여러 차례 쟁점에 대해서 자신의 느낌을 말하기보다는 타인을 진정시키려 함

F씨	34세 슈퍼마켓 관리인, 1년 전 이혼	• 여러 주제에 걸쳐 토론을 제안함 • 타인에 대한 관심은 표명함	• 타인의 의견에 좀처럼 수용하지 않음 • 여러 차례 집단회의에서 화를 냄 • 자기 이야기보다는 타인에 대한 이야기를 많이 함
G씨	35세 회사원, 8살 된 아들, 5년 전 이혼	• 여러 차례 긍정적인 피드백을 줌 • 자신의 감정을 분명히 표현함 • 자발적이며 집단에 에너지를 부여	• 과거의 일을 지나치게 많이 생각함 • 가끔 타인의 이야기를 방해하고 토론을 저해함

*출처: Hepworth & Larsen(1997); 김혜란 외(2001)

집단회기에서 나타나는 개인성원들의 행동양식과 특성을 개인별 프로파일로 만들어 장점, 단점이나 대인관계에서의 특성을 한눈에 알아볼 수 있도록 작성한다. 또한 개인의 변화과정을 확인할 수 있다.

3) 집단 전체에 대한 사정

전체 집단에 대한 사정 영역은 집단행동양식, 의사소통, 집단 내 하위집단 그리고 집단의 규범이나 가치 등을 포함한다. 집단에서 만들어진 독특한 특성을 집단리더자는 집단의 역동을 잘 활용할 수 있어야 한다.

- 집단 전체의 상호작용이 성원들 간에 지지적인가, 배타적인가?
- 집단은 목표를 달성하는 데 건설적인 방향으로 나가고 있는가? 집단은 상호작용을 독점하거나 집단의 목표를 달성하는 데 방해가 되는 성원에 대해서 책임 있게 대응하는가?
- 집단 내 권력이나 자원은 일부 성원이 독점하고 있는가, 아니면 공유되고 있는가?
- 집단 내 의사결정은 민주주의적 방식으로 이루어지는가?
- 집단 내의 규범이 기능적인가, 역기능적인가?

사회복지사는 집단의 규범을 확인하고, 그 규범들이 개별성원과 집단 전체에 도움이 되는지 또는 해가 되는지를 판단해야 한다. 집단규범이란 특정 상황에서 성원들이 어떻게 행동해야 하는가에 대한 성원 등의 상황에 대한 반응이나 집단이 제공하는 치료적 경험의 정도에 영향을 미친다. 사회복지사는 필요하다면 집단규범의 변화를 위한 긍정적인 분위기를 만들어야 한다(김혜란 외, 2001). 기능적인 집단의 규범으로는 다음과 같다.

- 자발적으로 자기를 표출한다.
- 집단사회복지사를 존경한다.
- 개인적인 문제해결을 위해서 노력하는 데 초점을 둔다.
- 모든 집단성원이 토론에 참여하거나 집단의 초점이 되도록 공평한 기회를 가진다.
- 개별성원들은 자신의 문제와 관련된 어떤 주제도 이야기할 수 있다.
- 타 성원들과 직접적인 의사소통을 한다.
- 집단의 목적을 달성하는 데 방해가 되는 장애에 대해 이야기한다.

2. 집단의 사정도구

사회복지사는 집단을 운영하면서 자신의 주관적인 관찰, 기록이나 녹음에 의한 것도 중요하지만 좀 더 객관적인 방법으로 집단을 사정하는 것도 필요하다. 사회복지사가 구조화된 방법으로 집단을 사정하는 데에 필요한 세 가지 도구를 소개하고자 한다. 의의차별 척도, 상호작용차트, 소시오그램이다.

1) 의의차별 척도

의의차별 척도(semantic differential scale)는 집단성원이 다른 집단성원을 평가하는 데 유용하다. 동료 성원에 대해 느끼고 판단하는 것을 평가하는 척도로 집단성원의 활동력, 잠재력, 평가에 대한 것이다. 예를 들어, 활동력 같으면 빠른/느린, 차가운/뜨거운, 긴장한/느슨한, 적극적인/소극적인 개념을 점수로 평가한다. 다음 〈표 19-3〉을 참고하기 바란다.

〈표 19-3〉 **의의차별 척도의 예**

당신이 ○○○에 대해 느끼고 있는 바를 가장 잘 묘사하고 있는 곳에 체크하시오.

	7 매우 그렇다	6 그렇다	5 약간 그렇다	4 모르겠다	3 약간 그렇다	2 그렇다	1 매우 그렇다	
1. 큰	____	____	____	____	____	____		작은(잠재력)
2. 가치 없는	____	____	____	____	____	____		소중한(평가)
3. 빠른	____	____	____	____	____	____		느린(활동력)
4. 차가운	____	____	____	____	____	____		뜨거운(활동력)
5. 행복한	____	____	____	____	____	____		슬픈(평가)
6. 약한	____	____	____	____	____	____		강한(잠재력)
7. 좋은	____	____	____	____	____	____		나쁜(평가)
8. 긴장한	____	____	____	____	____	____		느슨한(활동력)
9. 강인한	____	____	____	____	____	____		부드러운(잠재력)
10. 적극적인	____	____	____	____	____	____		소극적인(활동력)
11. 무거운	____	____	____	____	____	____		가벼운(잠재력)
12. 공정한	____	____	____	____	____	____		불공정한(평가)

활동력 = ____ + ____ + ____ + ____ = ____
　　　　 3　　 4　　 8　　 10

잠재력 = ____ + ____ + ____ + ____ = ____

평　가 = ____ + ____ + ____ + ____ = ____

*출처: 엄명용 외(2008: 277) 재인용

2) 상호작용 차트

집단성원들 간의 상호작용 또는 집단성원과 사회복지사 간의 상호작용의 빈도를 기록하는 것이다. 특정행동이 발생할 때마다 기록하는 방법으로, 예를 들어 대화에 참여할 때마다 기록한다. 또한 일정한 시간 동안 특정 행동의 발생빈도를 기록하는 방법이 있다. 예를 들어, 60분 모임에 10분마다 2분 동안 특정행동의 빈도를 기록한다. 사회복지사가 직접 집단을 진행하면서 관찰자를 따로 두어 집단성원들의 상호작용을 기록하는 방법이 있고 또는 집단모임을 녹화해서 모임이 끝난 후 녹화테이프를 보면서 집단성원들의 상호작용을 기록하는 방법이 있다. 이때 집단 리더자는 행동관찰에 대한 사전 동의를 집단성원들로부터 얻을 필요가 있다(엄명용 외, 2008). [그림 19-1]를 참고하기 바란다.

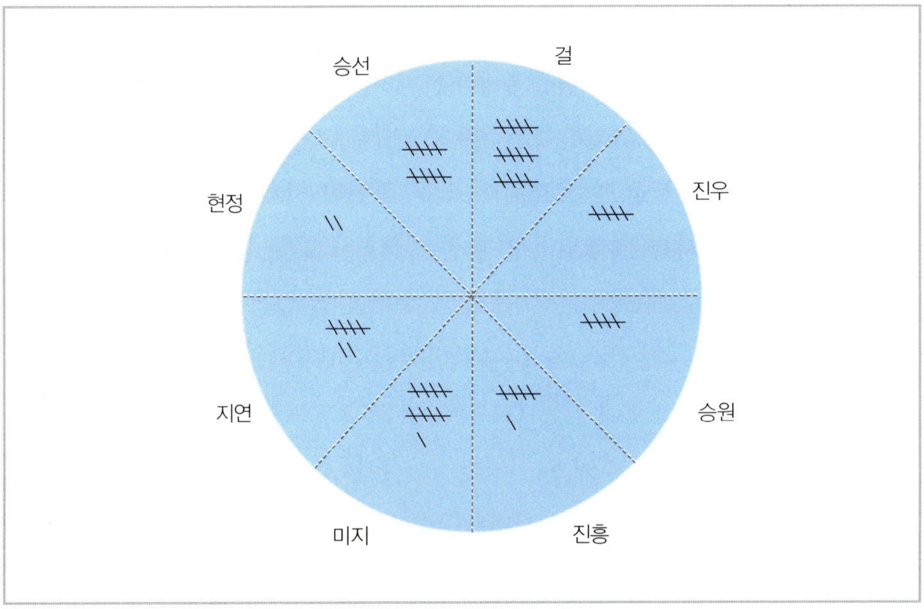

[그림 19-1] **상호작용차트의 예**

*출처: 엄명용 외(2008: 277) 재구성

3) 소시오그램

사회복지사는 집단 내부의 하위집단을 확인하고 또 그 집단의 전체 집단에 미치는 영향에 대해서도 사정해야 한다. 하위집단은 형성 그 자체만으로는 전체 집단에 해로운 것은 아니다. 집단의 성원들은 하위집단으로부터 더 많은 지지를 받기도 하고 친밀감을 발전시키기도 한다. 그러나 하위집단이 집단에 타 성원과 밀접한 관계를 허용하지 않는 것은 배타적인 집단이 되거나 전체 집단의 목표를 방해하는 경우에는 해가 될 수 있다. 하위집단의 형성을 알기 위해서는 집단성원 간의 수용 및 거부를 나타내는 소시오그램을 이용할 수 있다. 시기적으로 상이한 여러 번의 소시오그램 작성은 집단의 특징적 상호작용을 알게 하며 집단 내의 소외자 또는 경쟁, 친밀관계를 알 수 있다(김혜란 외, 2001).

소시오메트리는 사회적 선호도를 측정하는 것으로서 집단성원들이 서로 간의 관계에 대해 인식하고 있는 정도를 사정하는 방법이다. 사회복지사는 첫 번째는 집단성원에게 다른 성원의 이름을 적은 후 각 성원에 대한 호감도를 평가하도록 요청한다. 두 번째는 소시오그램을 활용하는 것이다. 소시오그램은 생태도와 마찬가지로 집단성원들 간의 관계를 선을 통해서 표현하는 것이다. 실선은 호감을 갖는 관계, 점선은 무관심한 관계, 끊어진 선은 불편한 관계를 의미한다. 화살표는 호감의 방향을 의미하며, 화살표가 없는 선은 상호관계를 의미한다.

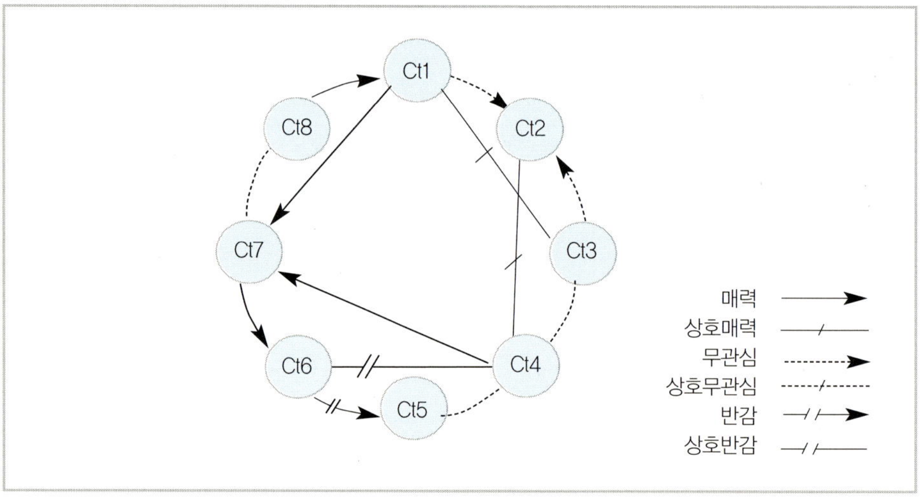

[그림 19-2] **소시오그램의 예**

*출처: 엄명용 외(2008: 277) 재인용

예상문제

1. 기능적인 집단의 규범으로 적합하지 않는 것은?

① 자발적으로 자기를 표출한다.

② 집단의 목적을 달성하는 데 방해가 되는 장애에 대해 이야기하지 않는다.

③ 개인적인 문제의 해결을 위해서 노력하는 데 초점을 둔다.

④ 모든 집단성원이 토론에 참여하거나 집단의 초점이 되도록 공평한 기회를 가진다.

⑤ 개별성원은 자신의 문제와 관련된 어떤 주제도 이야기할 수 있다.

정답: ②

해설: 집단의 목적을 달성하는 데 방해가 되는 장애에 대해 이야기한다.

2. 사회복지사는 집단을 운영하면서 집단을 사정하기 위한 것으로 적합하지 않는 것은?

① 자신의 주관적인 관찰

② 기록이나 녹음에 의한 것

③ 의의차별 척도

④ 사회적 지지망

정답: ④

해설: 사회적 지지망은 개인대상 사정도구다.

3. 이것은 사회적 선호도를 측정하는 것으로서 집단성원들이 서로 간의 관계에 대해 인식하고 있는 정도를 사정하는 방법이다. 이것은?

① 소시오메트리

② 의의차별 척도

③ 상호작용차트

④ 행동프로파일

정답: ④

해설: 행동프로파일은 집단구성원의 기능인 행동, 역기능적인 행동을 기록한 것이다.

20

집단대상 개입기술

아무리 뛰어난 등산가라고 해도 바로 정상을 오를 수 없듯이, 이 세상 어떤 노인도 질풍노도의 청년기를 겪지 않을 수 없다. 집단도 이런 발달적인 속성을 가지고 있다. 이러한 발달단계는 구성원의 행동, 지도자의 개입과 과업이나 활동의 성취에 영향을 미친다. 이 장에서는 집단의 발달단계에 따른 특성과 역할, 집단 사회복지사의 역할 및 실천 현장에서 대상에 따른 집단프로그램을 소개하고자 한다.

1. 집단의 발달단계

1) 집단의 발달유형

집단의 발달단계에 대하여 학자들마나 단계의 분류에서 차이가 나는 것은 동일한 범주나 개념을 사용하지 않고 변화의 정도나 집단 특성의 강도를 측정할 수 있는 척도가 개발되지 않았기 때문이다. Sarri와 Calinsky의 집단의 발단단계모델이 7단계라면, Garland와 Jones, Kolodny의 집단의 발달단계모델은 아동기관에서 3년에 걸쳐 작성된 집단과정의 기록 분석을 통해서 수립된 것이다(이화여대 사회사업학과, 1993). 〈표 20-1〉은 학자들마다 집단의 발달단계에 대하여 다양하

〈표 20-1〉 **집단의 발달단계모델**

	Garland, Jones, & Kolodny	Maier	Sarri & Galinsky	Shulman	Kindelsperger	Trecker	Corey
1	회원 가입 전 단계 (Pre-affiliation)	공통성 확인단계	발생단계	준비기	접근 또는 오리엔테이션	시작단계	초기단계
2	권력과 통제단계 (Power & control)	교환의 생성단계	형성단계	개시기	관계의 협상 또는 갈등	집단감정, 조직의 출현	전환단계
3	친숙단계 (intimacy)	상호 간의 신분개발 단계	중간단계 (1)	작업기	집단역할의 출현	유대, 목적, 응집력 개발	작업단계
4	변별단계 (differentiation)	집단정체감의 개발	수정단계	종결기	집단역할 우세의 동요	강한 집단감정-목표달성	종결단계
5	분리단계 (seperation)		중간단계 (2)		집단역할 우세	흥미의 전화 집단감정 감소	
6			성숙단계		제도화된 집단역할	종결단계-집단 종결결정	
7			종결단계				
8							
9							

*출처: 손광훈(2009)

게 제시하고 있다.

집단의 발달단계를 Corey가 제시한 초기단계-전환단계-작업단계-종결단계로 구분한 4단계로 나누어서 설명하고자 한다.

- 초기단계: 집단 형성과 탐색, 집단의 참가 동기나 목적 나누기
- 전환단계: 저항이나 갈등 다루기, 전체 성원을 대상으로 하는 의사소통기술, 집단응집력을 키우는 기술이 필요하다.
- 작업단계: 집단원들의 문제해결과 목적을 달성하기 위해 노력하며 집단의 응집력, 소속감이 커지며 집단 스스로 집단을 유지할 수 있도록 지지, 끊임없는 격려가 나온다.

• 종결단계: 통합과 종결로 집단성원들이 그동안 경험한 것을 소중히 여길 수 있게 하며 개인적인 피드백을 서로 나눈다. 집단에서 경험한 것을 평가하는 기술이 필요하고, 종결 후 성원 각자의 노력을 강조한다. 자신의 새로운 경험과 지지체계로 원하는 것을 실제 생활에서도 실천할 수 있도록 원조한다.

2) 초기단계의 특성과 진행

초기단계에서는 리더자의 오리엔테이션으로 집단원의 소개, 집단의 목적을 명확히 하기, 비밀보장의 한계와 규칙 정하기, 성원이 집단에 소속감을 느낄 수 있도록 원조하기, 집단참여에 대한 동기부여와 능력고취, 장애물 예측하기다. 이 시기에 집단원들이 신뢰감을 조성하기 위한 사회복지사의 기술은 주의집중, 적극적 경청과 공감적 반영하기 등이다. 구성원들의 초기 저항을 다루기 위해서는 철저한 준비가 필요하다. 사회복지사의 과업은 구성원들이 상호관계를 맺으며, 구성원들이 서로 공통적인 관심사를 연계하도록 돕고, 집단결속력이 발달하도록 격려한다. 집단상담사는 비슷한 흥미와 문제를 공유하면서 그들이 어떻게 이해할 수 있는가에 대한 기회를 제공한다. 처음 회기 시작은 사회복지사가 집단회기를 시작하겠다는 선언과 함께 시작한다.

① 사회복지사의 소개

사회복지사가 집단성원들과 처음 대면했을 때 자신에 대한 소개로, 예를 들어 자신의 이름, 직위, 앞으로 운영될 집단프로그램과 관련된 경력 등을 소개한다. 집단상담자는 자신을 상담자, 촉진자, 교육자로서의 역할로 소개하며 때로 초등학교에서는 상담선생님으로 자신을 소개한다. 그리고 집단성원들의 긴장과 불안을 완화시킬 수 있는 방법으로 진행한다.

의사소통 증진을 위한 집단

상담자: 저는 한국대학교 상담심리학과 교수 ○○○입니다. 저는 지난 몇 년 동안 효과적인 의사소통에 대해 연구해 오다가 교과지도와 생활지도에 있어서 선생님들이 학생들과의 의사소통기술을 습득할 수 있도록 효과적인 방법을 개발하게 되었습니다. 먼저, 나누어 드린 유인물을 살펴보면서 이 시간을 어떻게 활용할 것인지 대해 잠시 말씀드리겠습니다(강진령, 2011: 379).

② 집단성원의 소개 및 집단원들과의 관계 형성하기

사회복지사는 집단성원 각자 자신에 대한 소개를 집단 전체에게 할 수 있도록 부탁한다. 개인 소개방법, 둘씩 서로 소개하는 방법, 한 사람이 옆사람과 면담을 하고 나서 옆사람을 소개하는 방법 등 다양한 것 가운데 선택한다. 자기소개 시 집단의 참여동기나 목적, 기대들을 말하도록 한다. 또는 사전에 준비한 미완성된 문장을 작성하여 발표하는 시간을 가진다.

③ 집단 목적 소개

집단성원들이 동일한 문제 혹은 관심사를 가지고 있다 할지라도 사회복지사는 집단의 목적에 대해 명확하고 간결하게 설명해야 한다. 사회복지사는 집단의 목적을 소개하는 것과 더불어 집단에서의 구성원들이 동기를 부여하도록 역할에 대해서도 설명해야 한다. 예를 들면 다음과 같다.

예 음주운전자 수강명령 집단 프로그램 목적 소개

저는 법원으로부터 앞으로 8주 동안 이 교육집단을 운영해 달라는 요청을 받았습니다. 제가 아는 바로는 여러분은 음주운전으로 구속되었기 때문에 수감 가능성을 줄이기 위해 이 모임에 참여한 것으로 알고 있습니다. 여러분 모두는 지금 다른 곳에 있었으면 하고 바랄 것입니다. 또 여러분 중에는 여기에 있게 된 것에 대해 화가 나 있는 분들도 계실 것입니다. 만일 제가 여러분의 입장이라면 분노와 당황함을 느꼈을 것입니다. 그러나 이런 감정에도 불구하고 제가 바라는 것은 앞으로 있을 집단모임을 통해 음주와 운전에 대한 지식을 습득하여 이를 활용하셨으면 하는 것입니다(김인숙 · 김용석, 2002: 175).

④ 집단규칙 소개

집단 리더는 집단 내에서 집단성원들 간에 논의된 내용을 집단 밖에서 말하는 것을 금지하는 규칙을 집단성원에게 알리는 것이다. 사회복지사는 집단성원들과 관련된 정보 중에서 비밀보장을 해야 하는 정보와 외부에 보고해야 하는 정보를 알려 주는 것이 집단성원과 사회복지사 간에도 신뢰가 형성된다. 특히 초등학교 아동집단에서는 집단에서 알게 된 사실은 비밀로 하지만 문제해결에 도움이 되는 중요한 일에 대해서는 학부모와 교사들에게 상의할 것이라고 설명해 준다. 또한 자신이나 타인을 해치고 안전에 위협이 될 때는 교사나 학부모에게 알려야 한다는 점을 고지해 주어야 한다. 또한 다른 아동을 신체적 · 언어적으로 상처를 주는 것이나 타인의 소유물을 파괴하는 것은 절대 용납이 안 된다는 것도 알려 준다.

사회복지사는 집단성원들과 집단성원들의 행동과 관련된 규칙을 일일이 논의할 필요는 없고 해서는 안 되고, 해야 할 일들을 초기에 자연스럽게 설명하면서 동의를 구한다.

⑤ 집단원의 기대나 목표표현 돕기

초기에는 집단원들이 낯설어하고 신뢰관계가 아직 형성되지 않아서 깊은 대화를 나누기보다는 대체로 피상적인 수준에 머문다. 집단상담자는 참가자들이 자신이 집단에 대한 어떤 기대나 목표를 가지고 왔는지를 말하도록 한다.

> "자, 이제는 집단에 대해 여러분들은 어떤 기대를 가지고 왔는지 나누어 보도록 하겠습니다. 자 일분 동안 한번 생각해 보시고요, 준비된 사람부터 말해 볼까요?"

⑥ 집단원의 자기표현 촉진하기

집단원들이 자신의 사고와 감정을 분명하게 표현하도록 돕는 일이다.

다른 집단원들과 관계 속에서 사고와 감정을 비추어 보는 것은 자신을 깊이 탐색하고 이해의 폭을 넓힐 수 있는 계기로 자아성장의 발판이 된다. 대체로 참가자들은 초반에는 모호하고 분명하지 않게 말한다. 자신의 의사를 명확하게 표현하지 못하고 자기가 원하는 것도 분명하지 못할 때가 있다. 상담자는 자신의 생각이나 느낌을 잘 표현하도록 때로는 시범을 보이기도 하고 구체적이 되도록 촉진한다.

상담자는 참가자의 이야기를 듣고 받아들이는 요령과 자신의 말이 참가자에게 잘 받아들여지도록 말하는 요령이 필요하다. 대화를 주고받을 때도 대화의 수준이 사실 및 의미 듣기를 잘해야 한다. 유능한 상담자는 질문을 통하여 참가자의 동기나 의욕을 불러일으켜야 한다. 이런 경우 어떻게 해야 합니까? 라고 묻기보다는 "저는 이렇게 하고 싶습니다."라고 진술하고 참가자가 말이 없을 때도 "망설이고 있는데 무슨 생각을 하고 있습니까?"라고 묻기보다는 "말이 없으니 답답하고 궁금합니다."라고 진술한다.

〈표 20-2〉 **사례**

참가 목적과 수단을 잘못 이해하는 경우 리더는 명확하게 돕는다.

상담자: 이 집단에 참여한 이유가 무엇입니까?
참가자: 친구가 좋다고 권해서 왔습니다.
상담자: 아. 그래서 오셨습니까? 그런데 좋은 집단에 참여하면 당신은 무엇을 하고 싶었습니까?
참가자: 자신감을 되찾고 적극성을 기르고 싶습니다.
상담자: 네. 그렇습니까? 그렇다면 친구의 권유를 받고 자신감을 되찾으러 오셨군요(유동수 외, 2009; 15).

⑦ 첫 회기 종결하기

집단의 첫 회기를 종결 시에는 집단원들의 참여소감을 확인하고, 궁금한 점을 설명해 주며 기타 명확하게 확인하고 넘어갈 것들에 대해서는 시간을 좀 더 할애한다. 집단유형에 따라 다르지만 집단상담자는 다음과 같은 질문으로 반응과 소감을 확인한다.

- 집단의 첫 회기에 대한 소감은 어떠셨는지 한번 말해 볼까요?
- 오늘 집단에서 무엇을 배우셨나요?
- 집단에 대해서 가졌던 기대와 혹시 어떤 차이가 있었는지요? 있다면 어떤 차이인지 좀 말해 주시겠어요?

- 오늘 모임에서 어떤 점이 좋았나요?
- 혹시 마음에 들지 않은 점이 있었다면 어떤 것이 있었나요?
- 다음 회기에 대해서는 어떤 것을 기대하고 있나요?

3) 초기단계에서의 집단 리더의 역할

초기단계에서 리더는 참가자들 사이에 터놓고 이야기할 수 있는 분위기를 조성하고, 안정감과 친밀감을 확보하며, 신뢰를 형성해 나가는 것이 아주 중요하다. 집단상담자는 촉진자로서 다음과 같은 역할을 해야 한다(유동수 외, 2009: 159).

① 공감수용자의 역할

초기단계에서 참가자는 많은 혼란을 겪고 스트레스를 받는다. 이때 리더는 참가자의 입장에 서서 그 심정을 공감하고 수용하는 일은 매우 중요하다. 사람들은 아무리 큰 어려움을 겪을 때에도 자기 심정을 알아주는 사람이 단 한사람이라도 있다면 큰 위안을 얻는다. 촉진자가 자신의 입장이나 심정에는 관심도 없이 무리한 요구만 한다는 생각이 들면 반발이 일어날 수 있을 것이다.

② 참여자의 역할

이 단계에서 촉진자가 해야 할 가장 중요한 역할은 참여자의 역할이다. 이 역할은 촉진자가 다른 참가자와 같은 입장에 서서 적극적으로 참여해서 함께 배우는 것이다. 촉진자가 앞장서서 집단에 참여하고 스스로 배우는 태도를 보이면 다른 참여자도 이 집단에서 어떻게 참여하며 어떻게 배우는가를 익힐 수 있다.

③ 시범자의 역할

참가자가 혼란을 겪고 있거나, 학습방법을 제대로 익히지 못하고 있거나, 집단규범을 지키지 못하고 있을 때는 지적하거나 가르치기보다는 바람직한 행동을 바로 시범을 보일 수 있어야 한다.

④ 지도자의 역할

이 단계에서는 촉진자가 지도자의 역할도 많이 해야 한다. 그 이유는 대인관계 영역에서는 참가자가 바르게 알았다 하더라도 실천하기가 어려운데, 바르게 알지도 못하면서 바르게 행동할 수 없기 때문이다. 촉진자는 참가자에게 이성과 감성의 차이, 독백과 대화의 차이, 서로의 신뢰, 집단상담의 안내, 효과적인 참여방법 등을 가르쳐 주어야 한다.

⑤ 조정자 역할

초기단계에서는 많은 갈등이 있을 것이다. 참가자 중에는 감정적으로 과격한 언어나 행동을 하는 사람이 있을 수 있는데, 그 이유는 여러 가지가 있겠지만 크게 두 가지로 나눌 수 있다. 한 가지는 집단에서 겪고 있는 혼란이나 스트레스 때문이고, 다른 한 가지는 그 개인의 성격이나 행동특성 때문이다.

⑥ 추진자의 역할

초기단계에서 참가자들은 흔히 심리적으로 혼란과 불안을 겪을 수도 있다. 이런 참가자들로 하여금 희망과 용기를 갖게 하고 도전을 하도록 도와야 한다. 이를 위해서 참가자와 친밀감과 신뢰감을 조성하는 일이 매우 중요하다. 왜냐하면 참가자가 촉진자를 좋아하면 좋아할수록, 또 믿으면 믿을수록 더욱 용기 있게 도전할 수 있기 때문이다.

⑦ 자연스러운 분위기의 조성

집단에서는 불합리한 신념이나 명령어를 가지고 있는 참가자가 많을 수 있다. 이들은 '반드시 ~해야 한다. ~하지 않으면 안 된다.' 따위의 내면 명령어를 가지고 있다. 또한 대개 목적과 수단을 착각하고 있다. 가령, '잘해야 한다'는 내면 명령어를 가진 사람은 자신이 행복해지거나 사랑받기 위해서일 것이다. 그렇다면 자기 자신이 목적이고 잘하는 것은 자신을 사랑하거나 행복한 것은 수단이다.

4) 전환단계

(1) 전환단계의 특성

집단의 초기단계 이후 다소 도전적인 전환단계를 거친다. 이 단계에서는 집단원들이 자신의 불안과 방어, 갈등, 집단참여에 대한 양가감정을 경험하고 다루게 된다. 초기단계에서 표현하지 못했던 감정이나 생각, 행동을 기꺼이 표현하게 된다. 집단원들이 관계에서 격동기를 거치며 대인관계에 대한 불안이 드러나는데, 예를 들어 낯선 사람들에게 자신을 어느 정도 노출할 것인지, 다른 사람의 표현에 얼마나 직접적이고 강한 피드백을 줄 것인지 복잡한 심리적 경험을 겪게 된다(노안영, 2011).

이 단계 동안에는 '내가 이 집단에 속할까' 에서 '내가 어떤 영향력을 지닐까' 로 대치되는 것이 특징이다. 권력과 통제를 위한 투쟁이 의사소통의 욕구에 억압되어 있으며 구성원들은 어떤 쟁점을 둘러싸고 양극화하는 경향을 나타낼 수 있다. 그리고 구성원들 사이에 더 많은 탐색과 검증이 있게 된다. 집단은 잘 깨어지기 쉬우며 지도력이 충분한 안정감을 주지 못하면 집단은 계속 불안하게 될 것이다.

이 단계에서 집단원들은 규범형성하기를 통해 집단의 수행을 잘 한다. 집단이 발달함으로써 구성원들은 자신의 목표를 달성하기 위해 따라야 하는 언어적 · 비언어적 규칙을 보다 잘 자각한다. 집단원들은 자신의 행동을 규정하고, 평가하며, 조정하는 것을 학습한다. 다른 집단구성원에 대하여 개인적 의견을 표현하며 '애정' 을 살피기 시작한다. 협동, 정보의 공유 그리고 합의에 의한 의사결정은 더 좋은 결과를 가져온다. 사람들은 집단과 집단의 미래를 동일시하고 '우리' 라는 감정(we-feeling)을 발달시킨다. 높은 출석률, 자기 자리의 지정과 배타성은 새로운 성원이 합류하는 것을 어렵게 만들 수 있다. 집단규범에 대한 순응이 부족하면 속죄양이 되거나 집단압력을 받을 수 있다. 집단 내에서의 새로운 지도력은 기본적으로 집단규칙을 바꾸는 결과를 초래할 수도 있을 것이다(노안영, 2011; 김기태 외, 2002).

(2) 매 회기 시작 요령

집단의 매 회기의 시작과 끝은 집단 리더의 몫으로 일정한 구조와 절차가 있다. 한 회기를 마치면 집단상담자는 다음 회기에 대한 준비를 철저히 해야 한다. 무엇보다도 지난 회기에 대한 반성과 성찰이 항상 필요하다. 그래서 시작 전에 지난 회기에 대한 간단한 주제나 간단한 요약과 쟁점을 되돌아보고 미해결 사안에 대해서도 언급한다. 그래서 해결되지 못한 감정이나 사안을 잘 처리하므로 집단의 과정을 촉진하는 원동력으로 활용하도록 한다. 집단회기가 시작되면서 집단상담자가 흔히 범하는 실수가 집단원이 진술할 때마다 조급하게 반응하여 다른 집단원의 참여를 방해하는 것이다. 다음은 매 집단회기를 시작하면서 집단상담자가 진술할 수 있는 예다(강진령, 2011).

- 오늘 여기에 대한 당신의 느낌은 어떤가요?
- 오늘 회기를 시작하기 전에, 몇 분간 당신의 이번 주 생활을 돌아보고, 우리에게 말하고 싶은 것에 대해서 생각해 보세요.
- 당신은 당신이 원해서 여기에 있습니까?
- 오늘 시작하면서, 짧게 돌아가며 이야기해 봅시다. 이번 회기의 목적을 무엇이라고 하고 싶은지를 이야기해 보세요.
- 이 문장을 짧게 완성해 보세요. 오늘 나는 적극적으로 ~에 대해서 참여하고 싶다.
- 당신은 당신이 원하는 것을 위해서 무엇을 하려고 합니까?
- 집단에 오기 전에 어떤 생각과 느낌을 가지고 있었습니까?
- 이 방안에서 누구를 가장 의식하고 있습니까? 그리고 왜 그렇습니까?

(3) 집단성원의 불안을 다루는 기술

집단성원의 불안은 특히 초기단계에 자연스럽게 나타나는 현상임을 인식하고 이를 집단성원에게 설명하여 준다. 초기단계에서는 참가자들이 무엇을 해야 하며 어떻게 해야 되는지 몰라서 당황해하거나 또 자신이 하는 행동에 대해서 지적을 받기 때문에 심한 불안을 겪기도 한다. 그러나 전환단계에서는 초기단계와 다른 다음과 같은 불안을 느낄 수 있다(유동수 외, 2009).

- 참가자가 집단을 위해서 무엇인가 해야 하는 압력을 느끼는 불안이 있다.

- 참가자가 감정적으로 몰입하다 보면 평소에 자신이 억압해서 무의식화된 감정이 나타날 수 있다. 이 때문에 감정적으로 몰입하거나 자신이 주체하기 어려움 격한 감정을 나타내거나 유치한 감정이 나타날까봐 불안해하는 것이다.
- 다른 참가자에게서 공격이나 비난을 받지 않을까 하는 불안이 있을 수 있다.
- 상대에게 솔직한 자기감정을 표현했다가 상대를 화나게 만들거나 상대로부터 공격받을 것 같은 불안이 있을 수 있다.
- 집단원은 평소에는 감정의 중요성을 모르고 살아온 사람들이 많다. 이들은 자기감정을 솔직하게 표현하는 것이 서툴기도 하고 때로는 위험하다는 생각을 가지고 있기도 한다.
- 지금까지 습관적으로 해 왔던 행동의 변화를 요구받는 불안이 있다.

일상적으로 자기입장에 서서 사실지향적인 대화만 주고받던 사람에게는 상대의 입장에 서서 받아들인다는 것은 무리한 것일 수 있다. 또한 상대의 말만 듣는 것이 아니라 말을 듣고 의미, 기분, 성격, 본심을 알고, 칭찬, 인정하고, 대결, 지적하고 성격 특성에 맞추어 반응한다는 것은 참가자들에게는 쉬운 일이 아니다. 이런 변화를 위한 시도는 참자가자에게 상당한 스트레스를 줄 수 있다. 이들에게 감정을 표현하도록 훈련하는 일은 촉진자의 몫이다.

불안감에 비롯되는 집단원의 자기 독백은, 예를 들어 괜히 쓸데없는 말을 해서 미움 받을 필요가 없다는 식, 집단원들이 내 과거를 알면 분명히 날 경멸할 거야. 내 이야기만 한다고 날 이기적으로 보지 않을까? 등 불안을 더욱 조성한다. 집단상담자는 이런 자기 독백을 감정으로 표현하도록 돕는다. 그리고 서로 간의 감정표현을 통해서 상대에게 느낀 바를 솔직하게 피드백하므로 불안을 걸러 낼 수 있다. 피드백은 상대에 대한 내 감정을 솔직하게 알려 주는 것이다. 이 단계에서는 집단원들이 서로 피드백을 자유스럽게 주고받을 수 있는 분위기를 건설하는 것과 지적, 대결하는 요령을 익히는 일이다. 특히 다른 사람과 마찰을 일으키는 것을 싫어하는 사람들은 지적이나 대결하기를 힘들어한다. 이런 참가자에게도 서로가 서로에게 느끼는 것을 솔직하게 이야기하도록 만드는 것은 하나의 도전이다.

〈표 20-3〉 **사례: 촉진하는 기술**

상담자: 지금 A가 B에게 "당신 같은 사람은 재수가 없다."라고 말을 했는데 나는 그때 A가 B에게 어떤 감정을 느꼈는지 궁금합니다.
참가자 A: 답답하고 지루했습니다.
상담자: 그럼, A씨는 답답하고 지루한 느낌을 받는 사람은 재수 없는 사람이라고 생각하십니까?
참가자 A: 네, 그렇습니다.
상담자: 이럴 때에는 "나는 당신 이야기가 답답하고 지루하다."라고 자기감정을 알려 주면 고맙겠습니다(유동수 외, 2009: 166).

〈표 20-4〉 **사례: 관계개선 요령**

참가자 A: 제가 이야기를 하고 싶은데요. 음, 조금 주저되고…… B님, 저는 B님을 보면 반가운데 때때로 이해가 안 가요. 오늘 아침에 같은 방을 사용하면서 한마디 말도 없이 어떻게 혼자 식사를 하러 갈 수가 있어요?
참가자 B: ……저는 A님이 평소에 아침식사를 안 하시기에…… (잠시 침묵)
참가자 B: 그랬었군요! 지금…… 그런데 A님의 심정은 이해가 되는 것 같고…… 어떻게 반응해야 될지 막막하고……(잠시침묵) ……음 …… A님, 화가 나고 무시당한 것 같고, 그리고 저를 보면 얄밉고 의아하고…… 정말 많이 서운했을 것 같아요.
참가자 A: 정말 그랬어요.
참가자 B: 그런 기분을 느끼게 해 드려서 미안해요. 더구나 A님과 같이 정이 많으시고 따뜻하시며 남을 잘 배려하는 분이 같은 방을 사용하면서 아무런 말도 없이 혼자 식사를 하러 가는 저를 보시면서 얼마나 서운하고 이해하시기가 힘드셨겠어요?
참가자 A: 저에게도 잘못된 점이 있지요. 함께 식사하러 가자는 말도 하지 않고서 B님에게 투정만 부린 것 같아요. 고마워요. B님 덕분에 평소에 저의 이런 태도를 알아차리는 기회가 되었네요.
참가자 B: 정말 놀랍고 멋져요. 짧은 순간에 자기 자신의 모습도 되돌아보시고, 또 저에게 고마움을 전해 주시는 A님이요.
참가자 C: 두 분 모두 멋지세요. 훌륭하세요.
상담자: 두 분을 보고 있으면서 참 뿌듯하고 기분이 좋았어요. 두 분이 함께 만나는 모습이……(유동수 외, 2009: 187).

(4) 작업단계로 들어가기 전의 여부를 확인하는 기준

① 집단과정을 촉진하는 집단상담사 기술

집단과정을 촉진하는 기술은 사회복지사가 집단과정에 영향을 미치려는 의도가 있을 때 사용한다. 집단과정을 촉진하는 기술을 집단성원 간의 이해를 증진하고, 개방적 의사소통을 형성하며 신뢰감을 향상시키는 데 도움을 준다. Tosland와

Rivas(1995)는 집단과정에서 집단상담사가 집단을 촉진하는 기술을 다음과 같이 설명한다(김혜란 외, 2001; 사회복지교육연구센터, 2011).

- 집단성원의 참여를 촉진
  - 집단에 참여한 성원들 모두가 집단과정에 참여하는 것이 이상적이다. 따라서 사회복지사는 소외되거나 침묵하고 있는 성원들이 생기지 않도록 집단성원들의 참여를 촉진해야 한다.
  - 집단과정에서 활동참여에 소극적인 성원들을 토론에 참여시켜 자신의 생활경험을 나누고 문제해결방법을 찾도록 원조한다.
- 집단성원에게 질문하고 반영하기
  - 집단성원이 말하는 것이나 행동하고 있는 것에 주의를 집중하는 것으로써 구성원의 말을 반복하거나 다른 말로 표현하는 것이다. 집단원의 행동에 대한 느낌과 존중의 메시지를 전달하는 것이다. 집단성원이 말한 바의 이면에 숨어 있는 의미에 감정이입으로 반응하는 것, 집단성원과 눈 맞춤을 하거나 고개를 끄덕임으로써 집단성원들에게 관심이 있음을 표현하는 것 등이다.
- 피드백
  - 피드백이란 집단성원들에게 그들의 역할 수행이나 또는 서로를 어떻게 바라보는지에 대해서 명확한 정보를 제공하는 것이다.
  - 상대방에게 솔직하게 그리고 상대방이 느낄 수 있게 피드백을 제공한다면 집단성원들은 자신들의 행동이 다른 성원들에게 끼친 영향을 이해할 수 있게 되며, 더 나아가 긍정적인 변화를 이루는 계기가 될 수도 있다.
- 자기노출기술: 사회복지사는 집단성원들의 생각이나 느낌을 자유롭고 편안하게 표현하도록 원조하는 것이다. 집단성원들이 말하기를 꺼려하거나 어려워하는 주제에 대해 사회복지사가 먼저 자기노출을 하면 개방적인 의사소통이 이루어질 수 있는 계기가 된다.

  자기노출이란 언어적 표현 또는 비언어적 행동을 통해서 사회복지사가 자기 자신에 대한 정보를 의도적이고 의식적으로 누설하는 것을 의미한다. 첫 번째 유형의 자기노출은 사회복지사가 집단에서 현재 일어나고 있는 것에 관해 자신의 생각과 감정을 집단성원에게 공개하는 유형이다. 자기노출의 두 번째 유형은 사회복지사가 자신의 과거 경험 등을 집단성원에게 제시하는 유형이다.

- 반응기술: 특정한 집단과정에 선별적으로 반응하며 다음에 이루어질 집단과정에 영향을 미치는 기술이다. 집단성원의 노력을 지지하는 반응은 집단성원의 행동을 강화함으로써 그 행동을 계속하게 만들지만, 집단성원의 행동이나 말에 반응을 보이지 않거나 동의를 하지 않으면 집단원은 그 행동을 하지 않게 된다.
- 집단 의사소통의 초점 유지하기: 집단과정의 특정 영역에 초점을 둠으로써 관련 없는 의사소통을 감소시키고, 중요한 문제에 대해 심도 있는 탐색을 할 수 있게 하는 기술이다. 구체적인 초점유지기술로는 명확화, 특정 의사소통의 반복, 토론범위의 제한 등이 있다.
- 집단과정 명확하게 하기: 집단성원들이 어떻게 상호작용하고 있는가를 집단성원들이 인식할 수 있도록 도와주는 기술이다. 집단성원들이 자신의 감정, 사고 그리고 행동유형이나 상호작용에 대한 이해를 도모하기 위해 사용한다. 현재 일어나고 있는 일이 무엇이며 이에 대해 어떻게 생각하고 느끼는지, 특정한 상호작용 형태를 지적하거나 특정한 상호작용 형태가 만족스러운지 등을 물어봄으로써 집단과정을 명확히 할 수 있다.
- 내용 명료화하기: 집단성원 간 상호작용의 내용을 명료화하는 기술이다. 집단성원의 의사소통을 원활히 하기 위해 집단성원들이 자신을 분명히 표현할 수 있도록 원조하고, 특정한 메시지를 집단성원이 잘 이해했는지 질문하거나 검토하기도 한다.
- 집단 상호작용 지도: 집단의 목적달성을 위해 특정한 방향으로 집단을 이끌어 나가는 기술이다.

하위집단이나 역기능적 작용을 수정하고 집단의 과업성취에 도움이 되는 상호작용을 촉진하며, 의사소통의 방향을 재조정함으로써 개방적인 의사소통을 장려하기 위해 사용한다.

특정 성원의 의사소통을 제한하거나 격려하며, 성원 간 의사소통을 연결하여 집단의 상호작용 형태를 이끌어 간다.

〈표 20-5〉 **사례**

표면에 부정적인 감정이 느껴졌을 때 그 감정의 내면에 있는 다양한 계층의 감정을 찾아 들어가 본심을 표현하는 촉진자 역할을 한다.

참가자: 지금 아무도 말이 없는데…… 제가 발표는 하고 싶은데 막상 하려고 하니 불안합니다.
상담자: 그렇습니까? 그런데 A씨는 왜 불안하십니까?
참가자: 잘못할 것 같아서 불안합니다.
상담자: 그렇습니까? 그런데 제가 보기에 당신은 자기 자신을 오해하고 있는 것 같습니다.
참가자: 그게 무슨 말씀입니까?
상담자: 제 생각에 당신은 잘하고 싶은 욕구가 있었고 그 때문에 잘못하면 어떻게 하나 불안하게 된 것 같습니다. 만약에 당신이 잘하고 싶은 마음이 없다면 불안할 이유가 없을 것입니다. 그렇지 않습니까?
참가자: 듣고 보니 그러네요.
상담자: 그렇다면 앞으로 그런 경우에 불안하다고 말하지 말고 '나는 잘하고 싶다.'는 본심을 표현하면 어떻겠습니까?(유동수 외, 2009: 171).

5) 작업단계

(1) 작업단계의 특성

작업단계에서는 집단과 개인의 목표달성을 위해 가장 많은 시간을 할애한다. 작업단계를 수행단계, 생산단계 또는 행동단계라고도 한다. 이 단계는 집단구성원들이 자신의 문제를 이해한 것을 토대로 문제해결을 위해 행동하도록 촉진하는 단계다.

집단구성원들이 목표를 달성할 수 있도록 장애요소를 극복할 수 있도록 원조한다. 집단구성원들의 노력을 지지하여 집단의 역동을 촉진하며 성원 간의 상호관계와 집단응집력이 발달하고 문제해결, 형성, 유지, 친밀감, 성숙함 등으로 묘사될 수 있다.

작업단계에서는 집단의 신뢰성이 깊어지고 집단의 응집력이 강하게 나타난다. 이 단계에서는 건설적인 변화를 만들어 내고 구성원들의 두드러진 변화가 일어난다. 이 단계의 치료적인 요인으로는 자기노출과 집단구성원, 자기노출과 집단 리

더, 피드백의 활성화, 직면과 해석, 응집력과 보편성, 희망, 카타르시스, 기꺼이 모험하기 및 신뢰하기, 돌봄과 수용, 인지적 구성요인, 변화에 대한 다짐, 실험할 자유 그리고 유머 등이다(Corey & Corey, 2006). 무엇보다도 중요하게 생각하는 것은 아는 것을 실천할 수 있도록 행동의 변화를 요구하는 자리라는 것이다. 집단구성원들이 서로에게 도움이 되는 즉시성, 자기노출, 피드백, 유머, 직면과 같은 반응을 많이 하게 된다.

작업단계의 효과적인 활동은 다음과 같다(노안영, 2011).

- 지금–여기, 즉 현재 진행되는 것에 초점이 있다.
- 집단구성원들은 현재 느끼고 행동하는 것에 대해 직접적인 피드백을 전달한다.
- 집단구성원들은 자신들의 목표 및 관심사를 보다 쉽게 확인하고 그것에 대해 책임을 진다.
- 집단구성원들은 행동의 변화를 위해 집단에서 배운 것들을 집단 밖에서 기꺼이 실천해 본다.
- 대부분의 집단구성원들은 집단에 대한 강한 소속감을 느낀다.
- 서로를 경청하고 함께 생산적인 작업을 한다.

작업단계에서는 집단의 변화촉진 요인이 고르게 나타나고 개인적으로 의미 있는 사안이나 쟁점을 탐색하게 된다. 집단원들이 다양한 방식으로 상호작용하면서 다양한 집단의 역동이 발생하는 시기다. 이 단계에서는 집단원들의 깊은 신뢰가 형성되어 피드백의 교환이 활성화된다. 자신의 변화 시도를 위한 모험을 강행한다. 자발적인 자기개방을 통해서 다른 사람의 피드백을 받고 싶어 한다. 즉시성으로 지금 여기에 초점을 두고 직접적인 상호작용방식이 이루어진다. 상호 간에 배려, 보살핌, 지지수준이 높아지고 자기 자신과 다른 집단원에 대해 더 많은 것을 배운다. 집단원들은 집단에서 배운 행동이나 학습한 내용을 실제로 시연해 보고 자신의 목적 달성을 위해 행동한다(강진령, 2011).

(2) 작업단계에서 행동변화를 위한 기술

Toseland와 Rivas(1995)는 집단의 목적과 과업을 성취하도록 할 때 사용되는 행동변화를 위한 기술을 다음과 같이 제시하였다(사회복지교육연구센터, 2011: 310).

① 지지하기

지지하기는 심리사회적 기술 가운데 가장 핵심적인 기술로서 새롭고 어려운 상황에 대처하려는 자아를 지원해 주는 것을 목적으로 한다. 지지는 일상생활에서 겪는 스트레스에 대한 대처 능력을 행상시킬 뿐만 아니라 심리사회적 안녕도 향상시킨다. 지지적인 관계 속에서 집단성원들은 안도감과 확신을 갖게 되며, 수용되었다는 느낌을 가지고 덜 불안해진다. 집단성원들이 서로 관심사를 나누고 의견과 감정을 솔직하고 자유롭게 표현할 수 있도록 격려하려는 것, 성원들의 요구에 반응을 보여 주는 것, 현실적인 기대를 설정하는 것 등이다.

② 재구성 및 재명명(재정의)

집단성원들이 문제나 상황을 사실에 맞게 다른 관점에서 볼 수 있도록 원조하는 기술이다. 다른 관점에서 문제를 봄으로써 대안적인 행동범위가 향상되기도 하고, 적합한 문제해결방법을 찾게 된다. 위기상황을 또 하나의 기회로 여기며 변화와 성장의 기회로 여기며 대처하는 것이다.

③ 집단구성원의 의사소통을 연결하기

집단성원들이 집단상담사에게 혹은 집단상담사를 통해 이야기하는 경우가 많이 있는데, 이 기술은 집단성원들이 사회복지사와의 의사소통을 주로 하도록 하는 것이 아니라 성원들 간의 의사소통을 잘 할 수 있도록 원조하는 기술이다. 초기의 집단상담사와 구성원 간의 일방적인 대화 패턴을 방지하고 구성원 간의 상호작용에도 도움을 준다. 집단성원이 하는 말이나 행동에 대해 다른 성원에게 의견이나 느낌 등을 표현하도록 격려하거나 집단성원들이 서로서로 이야기하고 도움을 청하도록 독려하는 것 등이다.

④ 지시하기

집단상담사가 집단의 목적을 분명히 하고 성원들이 프로그램 활동에 참가하도록 원조하고, 토론을 이끌어 가며 정보를 공유할 때 집단의 활동을 지시하는 기술이다. 집단성원들의 승인 없이는 지시기술을 사용해서는 안 된다. 집단원들이 지시에 어떻게 반응할지 유의하면서 지시를 해야 한다.

⑤ 조언, 제안, 교육

집단의 구성원들이 특정 행동을 제안하거나 추천함으로써 직접적인 영향을 미치는 방법이다. 새로운 행동이 요구되거나 이해할 때, 문제상황을 바꾸려 할 때 사용한다. 집단상담사 혼자서만 사용해서는 안 되며 집단성원들이 서로 조언이나 제안을 주고받을 수 있는 원조체계가 되도록 격려해야 한다. 조언이나 제안을 한 뒤 집단성원들의 피드백을 구하는 것이 집단상담사나 집단성원들에게 도움이 된다.

⑥ 직면기술

직면은 집단원의 말과 행동, 사고, 감정 사이의 불일치를 극복하도록 원조하기 위하여 성원의 행동을 명확히 하고 탐색하며 도전하는 기술이다. 표현한 가치와 실행 사이의 모순을 구성원 자신이 주목하도록 하는 기술이다. 집단상담사는 충분한 신뢰관계를 이루고 집단원이 수용 가능할 때 사용하는 것이 효과적이다. 직면이 요구되는 집단원의 불일치는 다음과 같다.

- 고통스러운 이야기를 하면서도 얼굴에는 미소를 띠는 집단원
- 집단에 적극적으로 참여하겠다고 하면서도 관심사를 내놓기도 전에 집단이 끝나기를 바라는 집단원
- 집단참여에 편안함을 느낀다고 하지만 팔짱을 낀 채 입을 꾹 다물고 앉아 있는 집단원
- 언어적으로는 긍정적인 표현을 하지만 비언어적으로는 몸이 경직되고 입은 굳게 다문 상태로 화가 난 표정을 하는 집단원

〈표 20-6〉 사례

〈직면하기〉

상담자: 아미 씨는 고통스러운 경험에 대해 말하면서 눈물을 흘리면서도 웃고 계시군요. 제가 어떻게 받아들여야 할까요?

〈생산적인 직면과 비생산적인 직면〉

● "서연 씨는 마치 게임을 하고 계신 것 같아요."

○ "서연 씨가 울고 계셨을 때, 제 마음이 불편했습니다. 왜냐하면 서연 씨의 눈물이 공감하기 쉽지 않았기 때문이죠. 이 점에 대해서 좀 더 이야기를 나누고 싶습니다."

● "도대체 자인 씨가 집단에 참가한 이유가 뭐죠? 집단에서 하는 일이라고는 그저 앉아서 구경만 하시잖아요."

○ "저는 자인 씨에 대해 알고 싶어요. 자인 씨가 무슨 생각을 하고 있고, 어떤 느낌이 드는지도 관심이 있어요. 그러면서 자인 씨가 나를 혹시 재미있는 구경거리 정도로 여기지 않을까 염려되기도 하고요. 자인 씨에 대한 제 느낌이 바뀌면 좋겠습니다."

● "수하 씨는 항상 너무 비판적이어서 수하 씨 앞에서 말을 꺼내기가 너무 겁이 나요."

○ "저는 수하 씨를 대할 때마다 마음이 불편해져요, 수하 씨가 나를 어떻게 생각할까 두렵기 때문인 것 같아요. 수하 씨의 의견은 저한테 아주 중요하거든요. 그래서 수하 씨와 함께 있을 때 불편하기보다는 편안하고 싶어요"(강진령, 2011: 457).

⑦ 모델링, 역할극, 코치

모델링은 집단상담사나 성원이 특정 상황에서 행동에 대해 시범을 보이므로 다른 사람이 모방할 수 있도록 한다. 역할연습은 성원이 특정 상황을 실제로 연기해 봄으로써 성원의 기능을 평가하고, 다른 성원으로부터 피드백을 통해 개인의 행동을 변화시키는 데에 도움이 되도록 한다. 또한 역할연습은 자신의 배우자나 부모 같은 중요한 대상을 누군가가 역할을 하게 하므로 상황체험을 하게 한 후 집단원의 대인관계에 대한 인식을 통찰하도록 한다. 코치는 대인관계에서 대처하는 방식을 구체적으로 시범을 보여 지도해 주므로 수행할 수 있도록 한다. 과제집단이나 치료집단 모두에 유용하다.

⑧ 갈등해결

집단성원 간의 갈등, 집단 외부환경과의 갈등, 집단과 기관과의 갈등을 집단규칙, 협상, 중재 등을 통해 갈등을 해결하는 기술이다. 집단 내 갈등이 발생할 수 있으므로 집단의 규칙을 개발하고 성원들이 이를 지키도록 한다. 집단 내 갈등이 생겼을 경우 조정, 협상, 중재기술을 사용하며, 집단성원이 집단 외부환경과 갈등을 일으켰을 때는 사회복지사가 갈등 상황을 직접 개입하거나 성원들이 갈등을 해결할 수 있는 기술을 개발하도록 원조한다. 집단상담사는 집단원들에게 갈등을 직면하도록 하며 상호작용을 촉진하는 방법으로 건설적으로 함께 해결하도록 돕는다. 갈등중재기술로는 다음과 같다(강진령, 2011).

- 표출된 감정을 반영한다.
- 다른 집단원의 참여를 독려한다.
- 의사소통내용을 재진술 · 명료화한다.
- 무감각하거나 부적절한 공격적인 행동은 차단한다.
- 서로 공통적이거나 일치하는 부분은 연결시킨다.
- 갈등 상황에 있는 집단원들이 직접적인 의사소통으로 표현하도록 촉진한다.

(3) 집단상담사의 촉진자 역할

① 지도자, 시범자, 훈련자 역할

이 단계에서 촉진자가 해야 할 역할이 많이 있지만 그중에서도 학습방법과 의사소통 훈련, 감정의 분석, 대인관계에 대한 기본, 개입 시의 적절한 해석과 직면하기 등을 훈련하는 일이다. 또한 이 단계에서 촉진자는 참가자들이 바른 생각을 하고 감정적으로 안정을 되찾고, 다른 사람과 상생 행동을 할 수 있도록 여러 가지 문제해결 역량을 가르쳐야 한다. 그 때문에 촉진자는 참가자와 같은 입장에서 참여도 해야 하지만 시범을 보이고 지도하는 역할도 해야 한다.

② 친밀감과 신뢰감을 주는 역할

이 단계에서 촉진자가 해야 할 중요한 역할이다. 왜냐하면 참가자가 촉진자와 친밀하면 친밀할수록, 믿으면 믿을수록 안전하게 자신의 내면세계를 터놓고 이야기할 수 있는 범위가 커지기 때문이다. 촉진자가 참가자에게 친밀감을 얻기 위해서는 다음 세 가지가 필요하다. 첫째, 촉진자가 참가자를 좋아해야 한다. 왜냐하면 사람은 자기를 좋아하는 사람을 좋아하기 때문이다. 둘째, 참가자가 좋아할 수 있는 사람으로 자기 자신의 매력을 가꾸어 나가야 한다. 셋째, 친밀감을 주는 말투를 익혀서 관계지향적인 대화를 공감, 수용, 칭찬, 인정 등을 제대로 사용할 수 있어야 한다. 신뢰감을 얻기 위해서는 커뮤니케이션이나 대인관계에서 전문적인 지식과 저항하는 참가자를 만났을 때도 훈련된 역량으로 적절하게 공감, 수용하고 분명하게 피드백을 할 수 있어야 한다.

〈표 20-7〉 **집단원들 사이에 깊은 신뢰를 확인할 수 있는 단서**

1. 변화시도를 위한 모험을 감행한다.
2. 집단 내 경험을 진술하고 정확하게 표현한다.
3. 원하는 바를 실현할 수 있다는 변화 가능성을 신뢰한다.
4. 모험이 따를 만한 주제에 대해서도 기꺼이 자기를 개방한다.
5. 자발적인 자기개방을 통해 다른 사람의 피드백을 받고 싶어 한다.

③ 공감, 수용자 역할

이 단계에서 참가자는 많은 변화를 요구받기 때문에 혼란과 어려움을 겪는다. '착각' 에서 벗어나 '바른 생각' 을 한다는 것은 쉬운 일이 아니다. 왜냐하면 그들이 착각을 바른 생각이라고 생각할 수밖에 없는 경험이 있었기 때문이다. 감정적으로 불안정한 것이나 부적응 행동을 하는 것도 개인적으로는 그렇게 하는 것이 자신에게 도움이 될 것이라는 의식적 · 무의식적인 이유가 있기 때문이다. 잘못된 행동들을 깊이 공감하고 수용하면 할수록 참가자는 변화를 향해서 더욱 새롭게 도전할 수 있는 용기를 가질 수 있다.

④ 칭찬, 인정, 지지, 격려자 역할

칭찬, 인정, 지지, 격려는 친밀감을 얻을 수 있는 최고의 의사소통기술이다. 첫째, 칭찬은 상대가 잘했을 때 한다. 그 요령은 두 가지인데 사람 칭찬과 사실 칭찬으로 나눈다. 둘째, 인정은 상대의 성품을 알아주는 것인데 상대가 잘못했거나 잘하겠다고 마음을 먹었을 때 그 결심을 강화하고 동기를 육성하는 대화방법이다. 셋째, 지지는 정서적인 지지로 위로와 힘을 실어주는 대화를 한다. 넷째, 격려는 상대가 실패하거나 좌절했을 때 그 아픔을 공감, 수용하고 실패의 원인을 찾아서 다시 도전할 수 있는 방향을 분명히 제시하고 용기를 불러일으켜서 성공으로 안내하는 요령이다. 이 네 가지 대화의 요령 중에서 격려가 가장 어려운 기술이다. 집단 촉진자가 격려의 기술을 익혀서 제대로 사용할 수 있는 사람이 된다면 의사소통에서는 최고의 기술을 갖추었다고 볼 수 있다(유동수 외, 2009: 223-224).

6) 종결단계

(1) 종결단계의 특성

집단에서 종결은 집단원의 미해결과제가 해결되어 집단상담을 마무리하는 것을 말한다. 집단상담은 집단단계에서 구성원들이 원하는 목표를 달성하였는지 확인하면서 어느 정도 이루었고 또 어느 정도는 이루지 못하였고 그 이유는 무엇인지 나눈다. 종결은 집단의 리더와 집단구성원들이 유지해 온 친숙한 대인관계를 청산하는 단계다. 그래서 집단상담사는 집단의 종결에 의한 이별의 감정을 자연스럽게 수용하며 종결하도록 한다. 종결은 반드시 집단의 목표달성과 관련되는 것은 아니다. 다양한 이유로 집단을 더 이상 진행하지 못할 상황이 발생할 경우는 집단을 종결할 수 있다. 모든 집단은 언젠가는 끝내야 한다. 이러한 시간 제한이 있으므로 사회복지사가 집단을 지속하지 못하는 죄의식과 부담에서 자유로울 수 있다. 집단과정의 종결에 대하여 구성원들은 상실감과 때로는 거부감을 가질 수도 있지만 또한 성취감도 느낄 수 있다.

Jacobs와 Harvill(2011)은 종결을 위한 목표로 다음 일곱 가지를 제시하였다.

- 집단에서의 경험 검토하기
- 집단구성원들의 성장과 변화를 평가하기
- 미해결과제 처리하기
- 일상생활의 변화 적용하기
- 집단원들과 상호 피드백 제공하기
- 이별 감정 다루기

• 계속된 문제해결을 위하여 계획하기

(2) 종결의 유형

• 계획된 성공적인 집단의 종결은 목표성취로 인한 만족감이나 자존감이 높아진다. 이별에 대한 아쉬움과 상실감을 경험하기도 한다. 그래서 종결에 대한 감정적 반응을 다루어야 한다. 집단과정에서 일어난 일이 통합되는 단계로 집단과정을 통해서 획득된 변화나 기술, 기법 등이 집단이 종결된 이후에도 유지될 수 있도록 계획을 수립한다.
• 성공적이지 못한 집단의 종결은 계획되지 않는 종결이나 집단구성원이 중도탈락하거나 집단이나 성원의 목적을 달성하지 못한 채 종결되기도 한다.
  이런 종결은 목표를 이루지 못한 결과로 분노, 좌절, 실망, 절망, 죄책감, 책임전가, 비난 등이 발생할 수 있다. 집단의 리더는 목표를 달성하지 못한 이유나 목표달성의 대안 등을 토론하는 것이 좋다

(3) 종결단계에서 집단상담사의 역할

① 종결에 대한 감정을 다룬다.

종결단계에서는 사회복지사는 집단원들이 경험한 것 가운데 감정을 해소하고 "나를 찾았다." "마음이 편해졌다." "상대를 이해할 수 있게 되었다."라고 주로 듣게 된다. 이런 집단의 경험은 친밀감이나 일체감, 소속감이 지속되기를 바라나 헤어짐에 대한 상실감, 불안감을 느낀다. 이런 종결에 대한 아쉬움과 서운함을 표현하게 하며 자신감을 갖고 새 출발할 수 있도록 격려와 지지를 보낸다.

② 집단의 경험 피드백 나누기

집단상담사는 집단성원 모두가 집단경험을 통해 배운 것에 대해 구체적으로 검토할 수 있게 도와야 한다. 집단 경험의 소감이나 마지막 느낌을 함께 나누는 것은 체험이나 학습의 폭을 넓히는 데에 결정적인 도움이 된다. 집단에서 그 경험을 통해서 무엇을 배웠는가가 중요하다. 막연히 "많이 배웠다." "도움이 많이 되었다." 라고 말하는 경우 사회복지사는 어떤 점이 도움이 되었는지를 질문함으로써 집단

구성원들이 자신이 배운 것을 구체적으로 알고 이를 실제로 사회생활에서 활용할 수 있게 할 수 있어야 한다.

③ 배운 것의 수행과 통합

집단상담사는 집단 내에서 배우고 깨달은 것을 실제생활에 적용해 보고 싶은 것이 무엇이며, 변화를 시도해 보고 싶은 새로운 행동이 무엇인지를 정리하게 원조한다. 개인적으로 배운 것을 수행해 보고 필요하면 개인상담을 계속하는 방법을 통해 성장을 위한 지속적인 노력을 하도록 집단성원을 격려한다.

④ 응집력의 감소

종결단계에서는 의도적인 응집력 감소 지원기술이 필요하다. 집단에 대한 의존감을 감소시키기 위해서는 접촉빈도를 줄이고, 모임의 간격을 길게 하여 상호작용의 빈도를 감소하는 것이다.

⑤ 미해결 과제 다루기

집단을 마치기 전에 참가자에게 혹시 자신의 문제가 미해결로 아쉽거나 미진한 것이 있는지 또는 해결되지 않은 부정적인 감정으로 남아 있는 것이 있는지 물어보고 표현하도록 기회를 준다. 미해결 과제가 시간 제약으로 다루지 못할 경우에는 그 문제를 표현한 개인이나 집단원들에게 묻도록 한다. 대안으로는 시간을 연장해서라도 해결하는 것, 문제를 제안한 사람이 미해결로 두고 참는 것, 집단을 마치고 개별적으로 돕는 방법이 있다.

⑥ 사후관리와 평가

집단을 종결할 때 집단종결 후의 경험에 대해 이야기할 수 있는 사후관리모임을 위한 일시를 결정하는 것이 필요하다. 사후관리를 위한 집단모임은 집단 지도자에게는 집단의 성과를 평가할 수 있는 기회를 제공하고, 집단성원들에게는 모두에게 미친 영향력을 현실적으로 점검할 수 있는 기회를 제공하기도 한다.

집단에서 평가로는 과정평가와 종결평가가 있다. 과정평가는 집단이 어떻게 진행되고 규범, 역할, 진행방식 의사소통방식 등이 어떤가에 초점을 두고 집단원으로부터 피드백을 얻는다면, 종결평가는 집단이 시작할 때 설정한 목적이 어느 정도 이루었는지를 평가한다. 집단 리더에 대한 평가, 집단의 내용이나 프로그램에 대한 평가, 진행방식 참가자들의 목적달성도를 평가할 수 있다.

⑦ 의례행위

집단종결에서 자격증서나 수료증을 주는 것이다. 종결파티와 같은 의식을 통하여 성취에 대한 긍정적인 면을 강조하고 격려한다. 이별이나 아쉬움보다는 성취에 대한 긍정적인 의미를 부여하고 자신을 사랑하고 존중하도록 하는 데 의미가 있는 절차다. 가족이나 친구를 초대하여 감사를 나누는 것도 좋다(사회복지교육연구센터, 2011).

2. 집단 프로그램

1) 학교집단상담 프로그램

(1) 프로그램의 필요성

긍정심리학의 이론적 토대를 제공한 Seligman은 즐거운 삶, 적극적인 삶, 의미 있는 삶을 행복의 조건으로 제시하였다. 행복한 삶은 수용과 감사를 통해서 만족감을 느끼고, 자신의 성격적 강점과 잠재력을 최대한 발휘하며, 자신이 추구하는 활동에 열정적으로 참여하고, 타인과 사회를 위해 봉사하고 기여함으로써 그 효과가 검증된 기법은 다음과 같다.

- 축복 헤아리기
- 감사편지 쓰기
- 친절한 행동하기
- 미래의 최고의 모습 떠올리기

- 용서경험 떠올리기
- 성격강점 인식하기
- 성격장점 활용하기
- 적극적 · 건설적 피드백 주기
- 친밀한 사람의 성격 강점 인식하기
- 용서편지 쓰기 등이 있다.

이러한 긍정심리학의 연구성과를 토대로 학교 현장에서는 학생들의 행동을 상벌의 방법으로 외부적인 규제와 통제를 하기보다는, 학생들 누구나 잠재적인 능력과 덕성을 가지고 있다고 믿고, 스스로 잠재적인 능력과 덕성을 발견하도록 도와주고 이끌어 주려고 하는 관점의 전환이 필요하다. 이러한 관점에서 긍정성을 함양하는 명상, 웃음, 유머, 동기부여, 공감 증진, 몰입, 음악, 독서, 운동, 글쓰기, 용서훈련 등 여러 가지 방법이 소개되었는데, 이러한 것들은 학교 현장에서 단편적으로 적용될 뿐 전체적인 프로그램으로 적용되지 못하고 있다. 그래서 학생들의 행복증진을 위한 좀 더 적극적인 방안으로 성격의 강점과 사랑, 감사, 친절성, 낙관성, 유머 감각 등을 키우는 학교상담 차원의 체계적인 프로그램이 필요하다.

따라서 이러한 필요에 따라 학생들이 행복한 상태를 더 많이 경험하도록 하는 데 그 효과가 검증된 긍정심리학 기법을 활용하여 프로그램을 구성하였다. 이 프로그램은 청소년들에게 긍정적 정서와 자신의 성격 강점에 대한 인식을 높여 건강한 정서적 발달에 도움을 줄 뿐만 아니라, 학급원들 개개인의 고유한 강점에 대해서도 깊이 인식함으로써 신뢰하고 존중하는 학급 분위기 조성에도 기여할 것으로 기대된다.

(2) 프로그램의 목적 및 목표

이 프로그램은 청소년의 건강한 정서적 발달과 인성 개발을 통하여 행복을 증진시키고자 한다. 이를 위한 주요 목표는 다음과 같다.

- 자신의 강점을 발견하여 자기존중감을 향상시킨다
  - 과거와 현재의 긍정적인 정서를 경험하게 하고 긍정적인 자아상을 가진다.
  - 자신의 강점을 발견하고 발휘한 경험을 나누면서 자신의 강점을 자각한다.
  - 자기 자신에게 보상을 줌으로써 스스로 행복감을 증진시킬 수 있다.
- 적극적인 삶을 위한 낙관성을 증진시킨다
  - 부정적인 감정을 낙관적인 감정으로 전환할 수 있다.
  - 낙관하는 인생목표를 설정하여 적극적인 삶의 태도를 가진다.
- 대인관계 증진을 위한 실천력을 키운다
  - 미소 짓기와 친절한 행동하기를 위하여 대인관계의 폭을 넓힐 수 있다.
  - 타인의 강점에 대해 칭찬함으로써 느끼는 행복감을 자각할 수 있다.
  - 자신과 타인에 대해서 감사할 수 있다.

(3) 프로그램의 이론적 배경

행복에 대한 연구에서 나타난 행복감과 관계있는 구성요소에는 자기 존중, 낙관주의, 친구관계, 가정환경, 생리적 요인이 있다. 또 청소년들에게 지금보다 더 행복하기 위해서 필요한 것이 무엇인지 물었더니 친밀한 친구관계, 자신에 대한 긍정적이고 수용적인 태도, 삶의 목표와 방향 감각이라고 답하였다(고영미, 2010). 청소년들이 행복감에 대한 요소라고 생각하는 것과 연구에서 나타난 행복의 구성요소를 종합해 보면 자기 자신에 대한 긍정적이고 수용적인 태도인 자기존중, 낙관적인 삶의 목표, 친밀한 친구관계를 포함한 대인관계라고 볼 수 있다. 이와 같이 행복의 구성요소에 대한 연구를 근거로 이 프로그램에서는 자기존중감, 낙관성, 대인관계를 위주로 내용을 구성하였다(천성문 외, 2011: 218).

① 자기존중감과 행복

자기존중감은 개인의 자기평가와 관련한 것으로, 자신을 인정하는 태도나 불신의 태도를 나타내며 자신의 능력, 성공, 중요성, 가치 등을 믿는 정도를 말한다. 행복에 관한 많은 연구에서 자기존중감은 행복과 높은 상관이 있고, 인생에 대한 긍정적인 태도와도 높은 상관관계를 나타냈다. 자기 자신을 가치 있게 보고, 남들만큼 능력이 있다고 보는 긍정적인 생각과 자신이 사랑받을 만하다고 느끼는 자기존중감은 행복을 구성하는 중요한 요소다.

② 낙관성과 행복

낙관성은 미래에 나쁜 일보다는 좀 더 나은 일이 일어날 것이라는 보편적인 기대감을 의미한다. 행복과 낙관성에 관한 연구에서 미래에 대한 낙관적인 기대감은 행복과 상관관계가 있는 것으로 나타났다. 따라서 낙관성은 행복을 증진시키는 구성요소라고 볼 수 있다.

③ 대인관계와 행복

인간관계가 원만하고 친밀할 때 사람들은 기쁨과 행복을 느낀다. 이러한 관계에서 사람들은 사랑, 존중, 인정, 도움 등 사회적 지지를 받고 만족감을 느끼게 된다. 행복과 대인관계에 대한 연구에서 사회적 지지와 행복은 높은 상관관계를 나타냈다. 이것은 타인과 원만하고 친밀한 관계를 맺는 것이 행복과 관련이 높다는 것을 의미한다. 따라서 타인에게 관심을 가지고 타인과 관계를 맺는 방법, 즉 친밀감을 높이는 방법은 행복을 증진시키는 중요한 구성요소다.

④ 프로그램의 구성

'행복 그 주인공은 나!'는 도입, 자아 존중감 증진, 낙관성 증진, 대인관계 증진, 종결의 다섯 부분으로 구성되어 있다. 청소년의 행복감과 관련이 있는 구성요소인 자기존중감, 낙관주의, 대인관계 등이 긍정심리학의 행복관인 즐거운 삶, 적극적인 삶, 의미 있는 삶의 세 가지 요소와 조화를 이루도록 그 내용을 구성하였다.

총 10차시(차시당 45분)로 구성되어 있으며 매 차시에 실천과제가 있다. 프로그램의 차시별 목표와 구체적인 내용은 다음과 같다.

〈표 20-8〉 **프로그램 개요 '행복, 그 주인공은 나!'**

구분	차시	주제	목표	활동내용	
도입	1	행복 교과서	프로그램의 내용과 목적을 이해한다.	본시	– 프로그램의 목적과 활동방법 소개 – 행복과제 실천 약속
				과제	– 오늘 좋았던 일 기록하기
자기 존중감 증진	2	내 마음의 보석상자	행복한 자신을 발견하여 긍정적인 자아상을 가진다.	본시	– 사진으로 행복했던 때를 추억하기 – 최근의 행복한 순간 나누기
				과제	– 나의 자랑거리 30가지 기록하기
	3	깊은 산 속 옹달샘	자신의 강점을 발견하여 자기존중감을 스스로 키울 수 있다.	본시	– 나의 강점 캐릭터 찾기 – 나의 캐릭터 홍보하기
				과제	– '나도 반한 멋진 나' 기록하기
	4	나에게 주는 선물	몰입의 경험과 자기 자신에게 주는 보상을 통해 행복감을 스스로 만들 수 있다.	본시	– 즐거운 빙고판 맞추기 – 신나는 행복상자 만들기
				과제	– 나에게 선물주기
낙관성 증진	5	날개를 단 희망	부정적인 감정을 낙관적인 관점으로 전환하여 긍정적인 정서를 체험할 수 있다.	본시	– 부정적 관점의 눈덩이 던지기 – 낙관적인 관점으로 희망 만들기
				과제	– 어색한 친구에게 말 걸기
	6	행복이와의 인터뷰	미래의 최고 모습을 떠올리고 낙관적인 태도로 자신이 추구하는 삶을 계획한다.	본시	– 행복한 사람 6인과의 인터뷰 – 미래의 최고 모습인 나와 인터뷰
				과제	– 하루 한번 크게 웃기
대인관계 증진	7	새콤달콤 웃음 비타민	웃음이 행복한 마음과 관계 있음을 알고 미소 짓기와 웃음 나누기를 할 수 있다.	본시	– 행복을 키우는 웃음 나누기 – 베스트 프렌드, 웃기는 친구 뽑기 – 짝과 함께 자아상 그리기
				과제	– 친절한 행동하기
	8	행복이의 칭찬 샤워	친절한 행동에 대한 경험을 나누고 친구를 칭찬하면서 친밀감을 나눌 수 있다.	본시	– 감동의 친절왕 뽑기 – 칭찬 파도타기로 친구 칭찬하기
				과제	– 가족 칭찬하기
	9	세상여행의 시작 '감사'	나 자신과 나에게 도움을 준 사람에게 감사할 수 있다.	본시	– 나 자신에게 감사하기 – 감사편지 쓰기
				과제	– 감사한 일 기록하기
종결	10	행복달인 되다	프로그램을 정리하고 행복을 증진할 수 있는 여러 가지 방법을 실천할 수 있다.	본시	– 행복나무 그리기 – 행복달인 인증과 상장 수요

*출처: 천성문 외(2011: 219-220)

예상문제

1. 종결단계에서 집단상담사의 역할이 아닌 것은?

① 종결에 대한 감정을 다룬다.

② 집단의 경험과 영향력에 대한 피드백 나누기

③ 배운 것의 수행과 통합

④ 응집력이 강해짐

정답: ④

해설: 종결단계에서는 응집력이 약해진다.

2. 작업단계의 효과적인 활동으로 틀린 것은?

① 지금-여기, 즉 현재 진행되는 것에 초점이 있다.

② 집단구성원들은 현재 느끼고 행동하는 것에 대해 간접적인 피드백을 전달한다.

③ 집단구성원들은 자신들의 목표 및 관심사를 보다 쉽게 확인하고 그것에 대해 책임을 진다.

④ 대부분의 집단구성원들은 집단에 대한 강한 소속감을 느낀다.

⑤ 서로를 경청하고 함께 생산적인 작업을 한다.

정답: ②

해설: 작업단계에서는 간접적인 피드백보다는 직접적인 피드백을 전달한다.

3. 직면이 요구되는 집단원의 불일치에 대한 설명이다. 틀린 것은?

① 고통스러운 이야기를 하면서도 얼굴에는 괴로운 표정을 띠는 집단원

② 집단에 적극적으로 참여하겠다고 하면서도 관심사를 내놓기도 전에 집단이 끝나기를 바라는 집단원

③ 집단참여에 편안함을 느낀다고 하지만 팔짱을 낀 채 입을 꾹 다물고 앉아 있는 집단원

④ 언어적으로는 긍정적인 표현을 하지만 비언어적으로는 몸이 경직되고 입은 굳게 다문 상태로 화가 난 표정을 하는 집단원

정답: ①

해설: ①번의 경우는 언어적 · 비언어적 불일치가 아니라 일치적이다.

21

지역대상 실천기술의 이해

1. 지역사회복지의 관련 개념

1) 지역사회복지의 개념

지역사회(community)란 공통의 정서와 관심을 가지고 비슷한 문화를 공유하며 지리적으로 근접한 거리에서 생활하고 있는 집단이다. 즉, 지역사회는 지역주민을 구성원으로 하여 동일한 법과 제도권 내에서 감정과 정서로 뭉쳐 상호작용하는 사람들의 집단으로서 공통의 욕구와 관심이 존재하게 된다(서상철, 2006).

이처럼 지역사회복지는 어느 한 전문 분야에 한정되는 것이 아니라 지역사회주민의 복지를 증진시키기 위한 매우 광범위한 개념으로 전문적인 분야 또는 비전문적인 분야, 공식적인 분야 또는 비공식적인 분야 등이 지역사회 차원에서 지역사회문제를 해결하기 위해 지역사회 내외의 자원을 동원하여 문제를 예방하고 해결하고자 하는 총체적인 노력이라 할 수 있다.

2) 지역사회의 개념

사회학에서는 인간의 지역사회는 한 지역의 테두리에 같이 모여 사회조직을 이룩하고 문화를 공유하며, 그 공동체에 대한 일체감(sense of identity)을 지니는 삶의 터전이라고 풀이하고 있다. 심리적인 면에서 지역사회는 공동의 이익, 특성 혹은 연합을 의미하고(Warren, 1978; 박태영, 2008 재인용), 지리적인 면에서는 사람들이 함께 모여 사는 특정지역을 의미하며, 사회적으로는 이 두 가지 면을 결합시키는 것이라고 풀이하였다. 사회복지학에서의 지역사회 개념은, 첫째, 어떤 단일성 또는 분리성을 지적하는 물리적 · 지리적 · 지방적 경계선, 둘째, 사회적 · 문화적 동질성, 합의, 자조 또는 다른 공동행위와 상호작용 관계성의 형태를 말한다.

3) 지역사회사업

Ross는 지역사회에서 전문가들이 행하는 사업에는 다양한 방법이 있는데 이것을 통칭하여 지역사회사업이라고 하였으며, 지역사회개발, 지역사회조직, 지역사회관계로 구별할 수 있다고 하였다. 지역사회사업이란 개별적인 보호서비스와 지역사회개발기능 양자를 통합시킨 실천으로 정의할 수 있다. 즉, 지역사회를 하나의 자원으로 이해하고 지역사회와 사회보호 양자를 결합시킨 사회사업의 실천으로, 요보호대상자를 시설에 맡기자는 것이 아니라 지역사회에 통합시키고자 하는 것이라 할 수 있다.

4) 지역사회개발

지역사회개발이란 지역사회생활의 조건을 개선하고 지역사회의 일에 대한 자기방향 및 통합된 노력을 위한 사람의 능력을 개선하기 위한 사람들의 조직적인 노력이라고 하였다(Dunham, 1970; 이영철, 2003 재인용). 지역사회개발을 보는 관점을 보면, 첫째, 과정으로 보는 관점으로 주로 미국과 UN의 입장이다. 둘째, 방법으로 보는 관점으로 목표달성을 위한 하나의 수단, 즉 특정목표를 달성하기 위한 활동방식으로 보는 관점으로 목표달성 여부를 강조한다. 셋째, 프로그램의 관점으로 보는 계획으로 간주하기도 하는데, 프로그램에 규정된 절차를 수행하게 되면 활동이 달성된다는 가정에서 출발한다. 넷째, 운동으로 보는 관점으로, 지역사회개발을 가치중립적인 것으로 보지 않는다. 즉, 지역사회주민들은 지역사회개발에 대하여 찬성 또는 반대라는 감정적 요소를 반영하여 참여하게 된다. 개혁을 위한 운동은 과학적 성격이라기보다는 철학적 개념이다. 운동으로서 지역사회개발은 제도화의 가능성이 높다.

5) 지역사회조직

지역사회조직은 공·사 사회복지기관의 전문사회사업가에 의해서 보다 조직적이고 추구하는 변화에 대해서 의도적이고 계획적이며 과학적인 지식과 기술을 사용한다. 지역사회가 욕구 또는 목적을 발견하고, 확산시키며, 이것을 해결하기 위해서 내적·외적 자원을 동원하며, 그렇게 함으로써 지역사회에 있어서 협동적 태도와 실천을 증진시키는 과정이라고 하였다(Ross, 1955; 표갑수, 2003 재인용).

지역사회조직 유형을 지역사회개발, 사회계획, 사회행동으로 구분하여 설명하고 있는데(박태영, 2003), 지역사회개발은 지역사회의 변화를 가장 효과적으로 이룩하기 위해 주민들을 변화를 위한 목표결정과 실천행동에 참여시켜야 한다는 전제에서 나온 조직의 한 형태를 말한다. 사회계획은 비행, 주택, 정신건강과 같은 사회문제를 해결하고자 하는 기술적인 과정을 말한다. 사회행동은 지역사회 불우계층에 처한 주민들이 사회정의와 민주주의에 입각해서 보다 나은 많은 자원과 향상된 처우를 그 지역사회에 요구하는 행동을 말한다.

2. 지역사회복지의 원칙

지역사회복지 원칙이란 '지역사회복지사업을 수행하는 데 있어서 올바른 행동에 관한 규칙', 즉 '기본이 되는 법칙' '바탕이 되는 근거'이며 무엇이 건전하고, 좋은지 등의 지역사회복지를 위한 보편적인 진리이며, 가치판단의 기준을 의미한다. 따라서 지역사회복지의 실천이 잘 이루어지기 위해서 사회복지사는 지역사회복지의 원칙을 잘 숙지하고 있어야 한다. 학자들마다 다양한 원칙이 있지만 여기서는 Ross의 원칙을 살펴보겠다.

Ross(2001)는 지역사회조직을 전개하는 주체로서 사회조직체를 강조하며 이러한 조직체를 추진회(연합회)라 부르고 있다. 이 추진회는 지역사회의 문제해결을 위해 지역사회주민들(대표)에 의해 설립된 조직체로 이를 통해서 지역주민들의 욕구가 표현되고, 목표가 설정되며, 사업이 추진된다고 본다(최일섭 · 류진석, 2003). 그 내용은 다음과 같다.

- 현재 지역사회에 존재하는 불만으로부터 추진회의 결성이 이룩된다.
- 불만은 특정문제에 관한 계획을 세우고 실천에 옮길 수 있도록 집약되어야 한다.
- 지역사회조직을 위한 불만은 지역사회주민들에게 널리 인식될 필요가 있다.
- 지역사회조직을 위한 추진회는 지역사회 내에 있는 주요한 하위집단(sub-group)에 의해 지목되고 수용될 수 있는 지도자(공식적 · 비공식적)를 참여시켜야 한다.
- 추진회는 지역사회주민들로부터 고도의 지지를 받을 수 있는 목표와 운영방법을 가져야 한다.
- 추진회의 사업에는 정서적인 내용을 지닌 활동이 포함되어야 한다.
- 추진회는 지역사회에 존재하는 현재적 · 잠재적인 호의를 활용하려고 하여야 한다.
- 추진회는 그 자체 회원 상호 간이나 지역사회와의 활발하고 효과적인 대화통로(의사소통)의 통로를 개발해야 한다.
- 추진회는 협동적인 노력을 위해 참여하고 있는 다양한 집단을 지원하고 강화시켜야 한다.
- 추진회는 정상적인 업무상의 결정과정을 해치지 않는 범위 내에서 절차상에 있어서 융통성을 지녀야 한다.
- 추진회는 지역사회의 현존 조건에 따라 수행하는 사업의 보조를 맞추어야 한다.
- 추진회는 효과적인 지도자를 개발하는 데 힘써야 한다.

- 추진회는 지역사회 내의 지도자들을 참여시킬 수 있고, 어려운 문제를 해결할 수 있는 능력을 가져야 하며, 안정성이 있어야 하고 지역사회로부터 신망(신용)을 얻어야 한다.

3. 지역사회 사회복지실천기술

1) 지역사회 수준의 실천 의미

지역사회 수준의 실천이란 지역사회의 문제를 해결하는 데 있어 전문기술을 가지고 계획입안이나 운영관리의 기법을 함께 가지는 포괄적인 지역원조기술이다. 지역사회 수준의 실천은 클라이언트가 그 변화 노력의 초점이 개인이나 가족 혹은 치료집단보다 더 큰 지역사회 내에서의 사회복지활동을 묘사하는 용어다. 지역사회 수준의 실천의 주요 목적은 각 구성원의 복지를 증진시키기 위한 가능한 최고의 환경을 제공하는 것이다. 또한 지역사회사업은 지역사회의 환경 개선도 측면적인 과제로서 파악하고 있기 때문에 그 전개에 있어서 주체는 민간의 조직이나 단체만으로 한정시키지 않으며, 행정기관 등의 공공기관과의 협동이나 연계가 중요시된다. 그리고 당사자를 포함한 주민 참여의 촉진이 필수적인 요건이 되고 있다.

그러나 보다 효과적인 실천을 위해서는 지역사회복지사가 일반적인 지역사회와 조직에 대한 지식과 그가 활동하고 있는 특수한 지역사회와 조직에 대한 지식 그리고 모금의 원천과 모금의 순환에 대한 지식이 필수적이다. 다시 말해, 지역사회(체계) 수준의 실천의 원조기술이란 지역사회의 다양한 복지에 관한 문제를 해결하는 원조기술을 말하며, 지역사회에서 발생하고 있는 다양한 복지욕구에 대해서 실태를 파악하고 계획을 세우고, 원조활동을 행하는 것을 말한다(사회복지교육연구센터, 2011; 최일섭, 2010; 백종만 외, 2009).

2) 지역사회 수준 실천의 원조과정

지역사회 수준의 실천은 개별사회사업 실천이나 집단사회사업 실천과 기본적으로 공통으로 하는 문제의 파악, 계획의 책정, 계획의 실시, 기록과 평가라는 과정으로 전개되고 조직화나 사회자원의 동원, 개발의 방법을 활용하며, 각각의 과정에는 지침이 되는 중요한 사항이나 전문 기법이 있다. 그리고 지역사회 수준의 실천개입에는 지역사회 내 기관 간의 협력, 클라이언트 옹호, 사회적 지지체계의 개발, 서비스 조정 그리고 프로그램 개발 등이 포함된다(오정수 · 류진석, 2012; 지은구 · 조성숙, 2010; 홍현미라 외, 2010).

(1) 문제의 파악

① 문제의 발견

지역사회(체계) 수준의 실천 전개에 있어서는 지역사회를 역사적 · 문화적 · 사회적으로 고유의 요소를 가진 존재로 이해하고 문제를 개별화하여 파악하는 일이 전제된다. 이를 위해서는 지역구조와 특성—인구동태, 자치회 등의 주민조직, 사회자원, 산업구조— 외에 지역의 역사와 주민의식에 관한 기존 자료, 조사보고서 등을 수집하고 지역사회의 전체상을 명확하게 해야 한다.

다음은 주민의 욕구를 통해서 지역사회의 문제상황을 발견하는 단계다. 역시 기존의 관계 자료의 참조가 전제되지만 조사의 실시가 필요할 경우도 있다. 또한 대상이나 문제를 한정해서 지역답사를 한다든지, 주민간담회에 참가해서 욕구를 파악한 후에 이를 문제해결의 동기부여에 연결시키는 것도 중요하다. 이 단계에서는 생활환경 등의 주민에게 공통적인 문제와 고령자나 장애인 등의 특정 대상자별 문제를 양면적으로 파악하는 일이 중요하다.

② 지역진단

홍보활동은 계획수립에서 실시에 이르기까지 과정을 홍보하는 것이다. 그 목적은 지역사회의 문제상황과 지역사회복지실천의 필요성을 많은 주민에게 알려서 정보의 공유화를 도모하고, 문제해결을 위한 참여에 동기부여를 촉진하는 일이다.

(2) 계획수립

지역사회(체계) 수준의 실천에 있어서 계획수립 절차에는 대상자를 포함한 주민의 참가가 중시된다. 이 점에서 전문가인 지역사회복지사가 중심이 되어 행정계획을 만들어 가야 한다.

① 사업계획, 조직계획, 재정계획 수립

지역사회(체계) 수준의 실천에 있어서 계획은 사업계획, 조직계획, 재정계획 등 세 가지 수준에서 수립된다.

첫째, 사업계획은 문제해결의 우선순위를 확정한 후 달성할 목표를 설정하는 것이다. 구체적으로 단기 및 중장기적인 목표의 설정과 그 달성을 위한 시책, 사회자원의 동원 필요성 검토 등의 계획이 포함될 수 있다.

둘째, 조직계획에서는 문제해결을 위한 조직 만들기를 생각한다. 조직계획은 지역의 지도층 등을 핵으로 조직화하고, 이 조직활동이 지역 전체로 확충해 가는 과정을 목표로 하는 것이 일반적이다. 이러한 조직은 당사자의 참여가 원칙이며, 일반 주민에 대해서는 항상 개방되어 있지 않으면 안 된다. 또한 조직 내 구성원 간의 평등성을 유지하기 위해서 담당마다 적임자가 배치될 수 있도록 민주적인 절차를 확립해 주는 일이 중요하다.

셋째, 지역사회(체계) 수준의 실천을 추진하면서 재정은 대부분 자체적으로 재원을 확보하기 때문에, 재정계획은 공공기관의 예산보다도 유연한 성격을 갖고 있다. 재정계획은 공동모금 등의 기존의 민간재원 활용과 함께 자체적으로 재원을 확보하기 위해서 지역사회 바자회 등과 같은 주민참여를 촉진해 가는 것이지만 적극적으로 자리를 잡아갈 수 있다. 한편 행정기관으로부터 보조금을 받는 경우도 민간활동의 자주성이 손상되지 않도록 주의해야 한다.

② 홍보활동의 전개

홍보활동은 계획수립에서 실시에 이르기까지 과정을 홍보하는 것이다. 그 목적은 지역사회의 문제상황과 지역사회복지실천의 필요성을 많은 주민에게 알려서 정보의 공유화를 도모하고, 문제해결을 위한 참여에 동기부여를 촉진하는 일이다. 광고에는 컴퓨터 등 다양한 정보매체의 이용이 예상되지만, 일방적 형태인 매스컴에 의한 것만이 아니라 받아들이는 편의 반응이 파악되고 커뮤니케이션을 도모할 수 있는 주민간담회나 연수회와 같은 참여방식에 의한 것도 중요하다.

(3) 계획의 실시과정

계획의 실시과정에서는 주민의 복지에 대한 이해와 주체적인 활동을 촉진하는 지역조직화, 사회자원의 개발 및 공사의 관계기관, 시설, 단체 등의 연락조정을 도모하는 복지조직화의 전개가 중시된다. 더욱이 주민 스스로의 노력이나 사회자원의 동원만으로는 문제해결 사태가 진전되지 않는 경우 사회활동을 도모하는 일도 있다. 그 예로 주민집회를 들 수 있다.

① 지역조직화

지역조직화란 주민이 주체적으로 문제해결을 도모할 수 있도록 지역사회에서 활동하는 측면 원조의 과정이다. 이 과정에는 고령자나 장애인 및 그 가족 등의 대상자를 조직화하는 것이 제1의 포인트다. 대상자의 조직화에 의해서 각각의 고립화를 방지하고, 서비스 공급체계에의 참여나 지역사회와의 새로운 연대를 구축하는 일이 가능하다. 또한 지역사회에서의 활동을 위한 기반조직을 구성하는 일이 제2의 포인트가 된다. 그리고 지역조직화의 제3의 포인트는 대상자의 문제해결이나 욕구에 대응하는 볼런티어 활동의 촉진을 도모하는 것이다.

② 복지조직화

복지조직화는 우선 사회자원의 동원 및 개발이 제1의 포인트가 된다. 지역에 있어서 사회자원이란 시설, 서비스, 상담기능, 각종의 수당이나 융자제도 등의 제도적 자원 또한 대상자 조직이나 볼런티어 그룹 등의 지역조직자원이나 가족, 이웃관계 등의 비공식 자원까지도 포함된다.

사회자원은 항상 개조, 재편, 결합, 개발이 검토되는 것도 있고, 그 정비가 불충분한 지역에서는 주민과 행정이 협동해서 그 외 경제적 · 사회적 · 문화적 제 상태를 개선해 가는 지역사회개발이나 지역사회사업을 전개하는 기관, 단체가 사회자원의 개발에 관계하는 기관, 단체에 참여, 협력해 가며 지역주민의 협력도 연결해 가는 지역사회 관계의 기법을 이용해서 활동을 행하는 것이다. 그리고 사회자원을 정확하고 효율적으로 활용해서 욕구를 충족해 가기 위해서 관계 기관, 단체 간의 연락조정은 새로운 원조기술로서 사례관리의 사고방식과 공통성을 가지고 지역의 협력체제의 확립을 목표로 해서 전개되고 있다.

③ 주민집회

사회자원의 개발 등에서 주민 간의 이해 대립이 클 경우 지역조직화도 복지조직화도 곤란한 상황이 되는 일이 있다. 그 대립에 의해서 불이익을 받을 특정의 주민을 방치해서는 안 되기 때문에 지역사회복지는 구체적인 과정을 통해 대립을 해소하는 접근을 행해야 한다. 주민집회는 주민들 각자의 주체성과 자유의지를 존중하고, 각자의 욕구와 사고를 충분하게 반영한 자유로운 토의에 의해서 결론을 얻는 것을 목표로 한다.

(4) 평가

앞의 과정을 거쳐 지역사회(체계) 수준의 실천의 최종단계인 평가가 이루어진다. 평가는 목표달성도, 지역진단이나 계획 실시의 타당성, 이후의 과제 등이 중요한데 계획실시가 일정의 단계에 달했을 때뿐만 아니라, 계획의 책정단계에서도 평가는 중시되며, 게다가 계획수정이나 재조정, 환류체계는 지역사회 수준의 실천에서 제외할 수 없는 요소다. 또한 평가 시에는 과제 및 과정목표가 포함된다.

① 과제목표

과제목표는 사회자원의 개발, 정비 등의 구체적인 과제의 달성도다. 재정효과 정도 또는 주민의 욕구를 어느 정도 충족하였는가를 양적 및 질적으로 평가하는 기준이다. 더욱이 어떤 기관, 단체가 어느 정도 공헌했는가의 평가도 행해진다.

② 과정목표

과정목표는 계획수립에서 계획실시까지의 과정에서 주민의 주체 형성의 정도, 관계한 기관, 조직의 활동을 긍정적으로 평가하는데, 특히 활동에 대한 주민의 관심도나 참가도 및 연대감의 정도, 기관 · 조직 간의 연계나 협력체제의 수준, 지역사회 문제해결 능력 향상의 정도 등이 평가의 포인트가 된다. 과정목표에서 특히 주민의 권리의식이나 풀뿌리 민주주의의 정착이나 실행 정도, 자치단체의 구조 변혁이나 민주화의 정도를 관계목표로서 별도의 평가지표를 사용하기도 한다.

3) 지역사회 수준의 실천모델

지역사회 수준의 실천은 주민의 주체성 존중과 문제의 개별화, 사회자원의 최대 활용과 인간관계의 조직화를 특징으로 하고 있다. 지역사회복지사들이 연관되어 있는 거시적 노력의 종류에 따라 집단결정기술, 지역사회 인식기술, 대중접근법, 모금기술 그리고 로비정책 등의 기술이 사용될 수 있다. 거시적 접근법을 사용할 때는 지역사회의 가치 및 사회에서의 사회복지의 역할과 같은 가치의 문제와 윤리적 · 문화적 민감성이 고려되어야 한다. 거시적 지역사회 실천의 모델은 지역사회 개발, 지역개발, 사회계획, 사회행동, 지역사회 중개자활동 등을 포함한다.

Rothman은 1968년에 당시의 논문인 「지역사회조직실천(Community organization paractice)의 모델」을 통해 지역사회복지실천 모형으로 대표적인 지역사회개발모델, 사회계획/정책모델, 사회행동모델의 세 모델을 제시하였다.

① 지역사회개발모델

지역사회개발모델(locality development model)은 지역사회의 변화를 효과적으로 이룩하기 위해서는 광범위한 주민들의 변화를 위한 목표 설정과 주민을 실천행동에 참여시켜야 한다는 전제에서 나온 지역사회조직의 한 형태다. 이 모델에서 지역사회조직의 목표는 주민 스스로 지역사회에서의 활동 능력을 갖도록 하여 지역사회의 전체적인 조화를 추구할 수 있는 역량을 배양하여 궁극적으로는 자조, 자립을 위한 과정을 중시하는 것이다.

이러한 유형에 속하는 사례로는 지역사회복지관이나 세틀먼트 하우스의 지역사회사업, 평화봉사단(Peace Corps)의 지역사회활동, 성인교육과 공중보건교육 분야에서의 지역사회활동 등이 있다.

② 사회계획/정책모델

사회계획/정책모델(Social planning/policy Mode)은 지역사회의 특정한 문제를 해결하는 것 그 자체를 중시하는 과업 수행에 목표를 두고 있다. 지역사회에는 여러 문제, 즉 청소년 범죄, 주택문제, 건강문제, 여가활동 등이 산재되어 있는 것으로 본다. 이 모델은 지역사회개발모델과는 달리 과업의 성취에 역점을 두어 지역주민의 참여보다는 기술적 합리성을 더욱 중요하게 생각한다.

지역사회 구성원 간의 이해관계에 관한 전제는 조정 가능한 이해 또는 갈등상태에 있는 이해 정도로 보며, 클라이언트 집단을 소비자, 즉 사회계획이나 정책실천의 결과로부터 나오는 서비스의 소비자, 이용자, 수혜자로 보고 있다.

공동모금기관이나 지역사회복지협의회 같은 조직에서 추진하는 여러 가지 정책이 사회계획 · 정책 유형에 속하는 대표적인 지역사회복지실천 사례라고 할 수 있다.

③ 사회행동모델

사회행동모델(Social action model)은 지역사회의 어려운 계층에 처한 주민들이 사회정의와 민주주의 실현에 입각해서 보다 많은 자원과 향상된 처우를 그 지역사회에 요구하는 사회행동의 실천을 의미한다. 이 모델에서 지역사회조직의 목표는 기존 권력관계의 변화를 통한 자원의 이동 및 제도상의 변혁을 추구하는 것으로 과정과 과업 모두를 중시한다. 지역사회의 구조와 문제상황에 대한 전제는 지역사회 내에 불리한 입장에 놓여 있는 주민이 있고, 이들은 사회적 부정이나 박탈, 불평등 상황에 처해 있다고 본다.

사회행동방식은 1960년대 미국에서 크게 유행하였고, 아직도 여성운동, 빈민운동, 환경운동 등의 다양한 시민운동 조직에서 활용되고 있다.

예상문제

1. 지역사회체계 수준 실천에서 원조과정이 아닌 것은?

① 문제의 파악

② 계획의 실시

③ 평가

④ 계획수립

⑤ 계약

정답: ⑤

해설: ⑤는 개별사회사업실천에서의 원조과정이다.

2. 지역사회를 위한 실천방법으로 적절하지 않은 것은?

① 지역사회의 강점과 문제의 분석

② 개입전략의 개발

③ 지역사회문제에 관한 이해

④ 자원의 가용성 확인

⑤ 클라이언트의 욕구 파악

정답: ⑤

해설: ⑤는 개별사회사업에 대한 설명이다.

3. 다음의 설명은 어떠한 모델을 언급하는 것인가?

> 사회정의와 민주주의 실현에 입각하여 지역사회 빈곤계층에 처한 주민들에게 적합한 자원의 이동 및 향상된 처우 개선을 위한 제도상의 변화를 추구하는 과정과 과업에 중점을 둔다.

① 사회계획/정책모델

② 사회행동모델

③ 지역사회개발모델

정답: ②

해설: 사회행동모델은 지역사회의 구조와 문제상황에 직접 개입하여 지역사회 내 불리한 입장에 처한 주민의 입장에서 사회적 불평등 상황 개선에 초점을 둔다. 즉, 여성운동, 빈민운동, 환경운동 등을 예로 들 수 있다.

* Part 03 참고문헌

강진령(2011). 집단상담의 실제. 제2판. 서울: 학지사.

고영미(2010). 긍정심리학 기반의 행복증진 집단상담 프로그램이 아동의 행복감과 우울에 미치는 영향. 서울교육대학교 교육대학원 석사학위논문.

김규수 · 오현숙(2005). 가족치료. 경기: 양서원.

김기태 · 김수환 · 김영호 · 박지영(2002). 사회복지실천론. 경기: 양서원.

김용태(2000). 가족치료. 서울: 학지사

김유숙(2000). 가족치료. 서울: 학지사.

______(2006). 가족상담. 제2판. 서울: 학지사.

김종옥 · 권중돈(1993). 집단사회사업방법론. 서울: 홍익재.

김혜란 · 홍선미 · 공계순(2001). 사회복지실천기술론. 서울: 나남출판.

김혜숙(2003). 가족치료 이론과 기법. 서울: 학지사.

______(2008). 가족치료 이론과 기법. 제2판. 서울: 학지사.

김혜숙 · 박주현 · 이영주 · 임상록(2012). 가족상담 및 치료. 서울: 학지사.

권정혜 · 채규만(2002). 결혼만족도 검사 매뉴얼. 서울: 학지사.

노안영(2011). 집단상담 이론과 실제. 서울: 학지사

남세진 · 조홍식(1999). 집단지도방법론(전정판). 서울: 서울대학교출판부.

박태영(2003). 지역사회복지론. 경기: 현학사.

박태영 · 박정화(2010). 가족치료 사례연구, 한국 가족치료 학회지 18, (1).

박태영 · 김태환 · 김혜선 · 박소영(2008). 가족치료사례와 질적 분석. 서울: 학지사.

백종만 · 감정기 · 김찬우(2009). 지역사회복지론. 서울: 나남출판.

표갑수(2003). 지역사회복지론. 경기: 나남출판.

사회복지교육연구센터(2006). 사회복지실천기술론. 서울: 나눔의 집.

____________________(2011). 2012년 국가공인 자격서. 서울: 나눔의 집.

서상철(2006). 지역사회복지론. 서울: 홍익재.

성정현 · 여지영 · 우국희 · 최승희(2004). 가족복지론. 경기: 양서원.

손광훈(2009). 사회복지실천기술론. 경기: 공동체.

송성자(2002). 한국문화와 가족치료. 서울: 법무사.

엄명용 · 노충래 · 김용석(2005). 사회복지실천기술의 이해. 서울: 학지사.

____________________(2008). 사회복지실천기술의 이해. 제2판. 서울: 학지사.

여성부가족부 · 중앙건강가정지원센터(2006). 남성의 돌봄 노동참여를 위한 아버지 교육 프로그램.

오정수 · 류진석(2012). 지역사회복지론. 서울: 학지사.

유동수 · 김행수 · 배미화(2009). 한알 집단 상담. 서울: 학지사.

윤현숙 외(2001). 사회복지실천기술론. 서울: 동인.

이원숙(2004). 가족복지론. 서울: 학지사.

이장호 · 김정희(1992). 집단상담의 원리와 실제. 서울: 법문사.

이영철(2003). 사회복지실천론. 경기: 양서원.

이화여대사회사업학과 편(1993). 집단사회사업실천론. 서울: 동인.

장수미 · 최정숙 · 박형원(2010). 사회복지실천기술론. 서울: 학지사.

장혜경 외(2012). 가족의 미래와 여성 . 가족정책전망(I). 서울: 한국여성정책연구원.

정문자(2007). 사티어 경험적 가족치료. 제2판. 서울: 학지사.

정문자 · 정혜정 · 이선혜 · 전영주(2007). 가족치료의 이해. 서울: 학지사.

정수경(1993). 정신분열증 환자의 질병기간에 따른 가족기능의 효과성 연구. 연세대학교 대학원 박사학위논문.

조홍식 · 김인숙 · 김혜란(2006). 가족복지학. 서울: 학지사.

조희금 · 김경신 · 정민자 외(2008). 건강가정론. 경기: 신정.

지은구 · 조성숙(2010). 지역사회복지론. 서울: 학지사

천성문 · 박명숙 · 박순득(2006). 상담심리학의 이론과 실제. 서울: 학지사.

천성문 · 함경애 · 차명정(2011). 학교집단상담의 실제. 서울: 학지사.

최규련(2008). 가족상담 및 치료. 경기: 공동체.

최선화(2009). 쉽게 풀어 쓴 사회복지실천기술론. 경기: 신정.

최일섭 · 류진석(2003). 지역사회복지론. 서울: 서울대학교출판부.

최일섭(2010). 지역사회복지론. 서울: 서울대학교출판부

한국버지니아사티어연구회 역(2000). 사티어 모델. 서울: 김영애가족치료연구소.

한국버지니아사티어연구회(2002). 한국사티어 부부 가족상담사 훈련과정 워크숍 자료. 서울: 김영애가족치료연구소.

홍현미라 · 김가율 · 민소영 · 이은정 · 심선경(2010). 지역사회복지론. 서울: 학지사.

Barry, C. B. (2002). *The Social Work Skills Workbook* (3rd ed.). 사회복지실천기술 연습(김인숙 · 김용석 역). (원저 2002 출판). 서울: 나남출판.

Beavers, W. R. (1981). A systems model of family for family therapists: *Journal of Marriage and Family therapy.*

Burns R. C & Kaufman S. F. (1970). *Kinetic Family Drawings (KFD). An Introduction to understanding child Through kinetic drawing.* N. Y: Brunner. Mazel.

Carter, B. & McGoldrick, M. (1996). *The changing family life cycle. A framework for family therapy* (2nd ed.). N. Y: Gardener Press. 가족생활주기와 가족치료(정문자 역). 서울: 중앙서적 출판.

Corey, G. (1994). *Group counseling (4nd ed).* Monterey, Calif : Brooks/Cole.

Corey, M. S., & Corey, G. (2006). *Groups: process and practice* (7th ed). Pacific Grove, CA: Brooks/Cole.

Dattilo, F. M., Jongsma Jr. A. E. (2006). *The Family Therapy Treatment Planner.* John Wiley & Sons. 가족치료 및 상담치료 계획서(신선인 · 김순천 · 서혜석). (원저 2000 출판). 경기: 신정.

Epstein, N. B. & Bishop, D. S. & Levin S. (1978). The Mc Master model of Family functioning. *Journal of Marriage and Family counseling.*

Fisch, R., Weekland, J., & Segal, S. (1982). *The Tactics of change: Doing Therapy briefly.* san Fransisco: Jossey-Bass.

Hepworth, D. H., Rooney. R, H. & Larsen, J. A. (1997). *Direct Social Work Practice: therapy & skills* (5th ed). Pacific Grove, CA: books/Cole.

Hepworth, D. H., Ronny, R. H., Ronny, G.D., Strom Gottfried, K., & Lasen, J. A. (2010). *Direct social work practice: Theorie and skills* (8th ed.). Pacific Grove, CA:Brooks/Cole.

Jacobs, E. E., Masson, R. L., & Harvill, R. L. (2011). *Group counseling: Strategies and skills* (7th ed.). pacific Grove, CA: Thomson Books/Cole.

Jackson, D. D. (1965). The Study of the family, *Family Process, 4(1), 1-20*

Loeschen, S. (1998). *Systemic Training in the skills of Virginia Satir.* Pacific Grove, CA.: Books/Cole Publishing Co.

Malchiodi, C. A. (2001). 아동미술심리이해(김동연 · 이재연 · 홍은주 공역). 서울: 학지사.

Malekoff, A. (1997). *Group Work with Adolescents: principles and practice.* New York: The Guilford Press.

Kerr, M. E. Bowen, M. (2005). *Family evaluation.* NY: Norton. 보웬의 가족치료 이론(남순현 · 전영주 · 황영훈 공역). (원저 1988 출판). 서울: 학지사.

Minuchin, S. (1988). *Families and family therapy.* MA: Havard University Press. 가족과 가족치료(김종옥 역). (원저 1974 출판). 서울: 법문사.

Minuchin (1974). *Family and Family therapy.* Cambridge, MA: Harvard University press.

Murdok, G. P. (1949). *Social structure.* New York: Macmaillan.

Nichols, M. P. & Schwartz, R. C. (2004). *Family therapy: concept and methods* (6th ed). *need-*

ham Heights. Mass: Allyn and Bacon. 가족치료: 개념과 방법(김영애 외 역). (원저 2004 출판). 서울: 시그마프레스

Nick & Stinnet & Beam, (2004). *Fantastic Families*. Howard Publishing Co. 환상적인 가족 만들기(제석봉 · 박경 역). (원저 1999 출판). 서울: 학지사.

Olson, D. H., Russell, C. & Sprenkle, D, H. (1983) *Circumplex model of marital and family system: VI*. Theoretical update. family process.

Patterson, J. L. Williams, C. Grauf-Grounds, & Chamow, L. (1998). *Essential Skills in Family Therapy: From the First Interview to Termination*. New York: Guilford.

Ross, M. G. (1955). *Community Organization: Theory and Principles*. Harper & Brother.

Rothman, J. (1968). Three Methods of Community Organization Practice, Fred M., Cox, et al. (Eds.) *Strategies of Community Organization: A Book of Readings*. Itaska, Ⅲ.: F. E. Reacock Publishers.

Satir, V. (1972). *People making*. Polo Alto. Science and Behavior Books. Inc.

Satir, V. (1979). *Famailienbebandlung*. Freiburg. Lambertus.

Sgrio, S. M. Porter, F. S. & Blick, L. C. (1985). Handbook of clinical intervention in child sexual Abue. D. C. Heathe and company.

Toseland, R. W. & Rivas, R. F. (1995). *An introduction to group work practice* (2nd ed). New York: Macmillan.

Watzlawick, P., Weakland, J. H., & Fisch, R. (1974). *Loesungen*. stuttgart. Huber.

Yolom, I. D. (2008). *The Therapy and practice do group psychotherapy*. 집단정신치료의 이론과 실제(최혜림 · 장성숙 공역). (원저 1993 출판). 서울: 하나의학사.

〈학교폭력 상담 및 전문기관〉

117 학교 여성폭력 피해자 긴급지원센터(http://www.117.go.kr/ 117).

학교폭력 사이버(1388 www.cyber1388.kr).

자녀안심하고 학교보내기(02-3453-5227 http://www.1318love.net).

청소년폭력예방재단(02-574-3305, 052-234-1844 http://www.jikim.net).

한국청소년 쉼터 협의회(02-403-9171 http://www.jikimi.or.kr).

학생고충 상담 전국청소년상담지원센터(1388 http://www.1388.or.kr).

한국청소년상담원(02-730-2000 http://www.kyci.or.kr).

부 록

I

상담신청서

접수일: 년 월 일 접수번호:

<table>
<tr><td colspan="2">성 명</td><td colspan="3"></td><td>남/여</td><td colspan="3">년 월 일생(만 세)</td></tr>
<tr><td colspan="2">현주소</td><td colspan="4"></td><td>전화번호</td><td colspan="2"></td></tr>
<tr><td colspan="2">직 업</td><td></td><td colspan="2">병 역</td><td>필 · 면제 · 의병제대</td><td>직장전화</td><td colspan="2"></td></tr>
<tr><td colspan="2">결혼상태</td><td colspan="4">기혼 · 미혼 · 이혼 · 사별 · 별거</td><td>최종학력</td><td colspan="2"></td></tr>
<tr><td colspan="2">성장지</td><td colspan="4">광역시 · 소도시 · 농촌 · 어촌 · 산촌 · 광촌</td><td>종 교</td><td colspan="2"></td></tr>
<tr><td colspan="2">오게 된 경위</td><td colspan="7">신문광고 · 방송광고 · 친구친척 소개 · 간판광고 · 기타( )</td></tr>
<tr><td colspan="2">상담경험</td><td colspan="7"></td></tr>
<tr><td rowspan="6">가
족
관
계</td><td></td><td>성 명</td><td>관 계</td><td>연 령</td><td>직 업</td><td>학 력</td><td>종 교</td><td>동거 여부</td></tr>
<tr><td>1</td><td></td><td></td><td></td><td></td><td></td><td></td><td></td></tr>
<tr><td>2</td><td></td><td></td><td></td><td></td><td></td><td></td><td></td></tr>
<tr><td>3</td><td></td><td></td><td></td><td></td><td></td><td></td><td></td></tr>
<tr><td>4</td><td></td><td></td><td></td><td></td><td></td><td></td><td></td></tr>
<tr><td>5</td><td></td><td></td><td></td><td></td><td></td><td></td><td></td></tr>
<tr><td colspan="2">주거상황</td><td colspan="7">자택 · 전세 · 월세 · 친척집 · 하숙 · 자취 · 기숙사 · 기타( )</td></tr>
<tr><td colspan="2">생활 정도</td><td colspan="7">월수입: 50만 원 이하( ) 51~100만 원( ) 101~150만 원( )
151~200만 원( ) 201~250만 원( ) 251~300만 원( )
301~350만 원( ) 351~400만 원( ) 401~450만 원( )
451~500만 원( ) 501만 원 이상( )</td></tr>
<tr><td colspan="2">원하는 상담내용</td><td colspan="7">가족문제 · 부부갈등 · 부모자녀문제 · 자녀양육문제 · 성격문제 · 대인관계 · 종교문제 · 이성교제 · 진로문제 · 가족문제 · 학업문제 · 경제문제 · 기타( )</td></tr>
<tr><td colspan="2">현재 본인이 느끼는 어려움</td><td colspan="7"></td></tr>
<tr><td colspan="2">상담비</td><td colspan="7"></td></tr>
<tr><td colspan="2">비 고</td><td colspan="7"></td></tr>
</table>

초기면접양식

면접일: 년 월 일 접수번호:

성 명				성 별	남/여	생년월일		
주 소						전화번호		
최종학력		직 업		직 책			종 교	
결혼 여부		가정 내 위치				주거상태		

의뢰인		의뢰인 소속	
의뢰이유			

정보제공자		의미 있는 타자	
상담을 요청한 주된 문제(기관에 오게 된 동기/의뢰 이유)			
이전에 사회복지서비스를 받은 경험			

성장과정: 유아기, 유년기, 청소년기, 장년기, 노년기별 특기사항 정리	
유아기	
유년기	
청소년기	
장년기	
노년기	

가계도

사회복지사: ______________________

생태도

사회복지사 견해

본인은 귀 기관을 통해서 받는 상담내용이
본인의 문제해결 목적을 달성하기 위한 것임을 알며,
이를 위한 전문가의 정보교환에 동의하고
전문가의 훈련 및 학문적 목적을 위해서 사용되는 것을
허락하고 동의합니다.

클라이언트 이름: ____________________
서명: ____________________

본 사회복지사는
사회복지사 윤리강령에 입각하여 실천할 것이며
본인 및 본 기관에서는 위의 목적 이외의 어디에든
개인의 신상을 노출하지 않을 것을 서약합니다.

사회복지사 이름: ____________________
서명: ____________________

사회력 조사지

클라이언트 이름: ____________ 날짜: ____________

* 개인력

1. 학교 다닐 때, 출석률은 어떠했습니까?

   ① 매우 좋았고 개근하였다.
   ② 매우 드물게 결석하였다.
   ③ 결석을 조금 하였다.
   ④ 결석을 많이 하였다.

2. 학교 때 성적은 ① 상위권 ② 중위권 ③ 하위권

3. 청소년기에 ① 많은 친구가 있었다.
   ② 몇몇 친구가 있었다.
   ③ 친구가 전혀 없었다.

4. 현재는 ① 많은 친구가 있다.
   ② 몇몇 친구가 있다.
   ③ 친구가 전혀 없다.

5. 친구관계를 어떻게 설명하시겠습니까?

   ① 매우 가깝고 별다른 문제가 없다
   ② 가까우나 약간의 문제가 있다.
   ③ 별로 가깝지 않다.
   ④ 매우 불안정하고 많은 문제가 있다(부연설명을 하시오).

   ____

6. 10대에 청소년 감호소와 관련된 적이 있습니까?

   ① 아니요
   ② 예(어떤 관련이 있었는지 설명하시오)

   ____

7. 지금까지 법적 문제에 연루된 경험이 있습니까?

   ____

8. 아동기의 신체적 학대

① 없다.
② 있다(당시 나이, 가해자, 내용에 대해 간단히 서술하시오).
____

9. 아동기의 성적 학대

① 없다.
② 있다(당시 나이, 가해자, 내용에 대해 간단히 서술하시오).
____

10. 아동기의 정서적 학대

① 없다.
② 있다(당시 나이, 가해자, 내용에 대해 간단히 서술하시오).
____

* 병 력

1. 당신의 신체건강을 어떻게 생각하십니까?

① 우수 ② 보통 ③ 불량(설명하시오) ______________

2. 건강문제로 입원한 적이 있습니까?

① 아니요
② 예(설명하시오)______________________

3. 당신의 정신건강을 어떻게 생각하십니까?

① 우수 ② 보통 ③ 불량(설명하시오)______________

4. 정신건강문제로 입원한 적이 있습니까?

① 아니요
② 예(설명하시오)______________________

5. 현재 복용하는 약은 있습니까?

① 아니요
② 예(설명하시오) ______________________________

6. 술을 드십니까?

① 아니요
② 예(얼마나 자주 마시는지 설명하시오)____________________

7. 어떤 종류의 술을 드시는지 표시하시오.

① 맥주 ② 소주 ③ 양주 ④ 포도주 ⑤ 기타 ________________

8. 우울증(감)을 경험해 본 적이 있습니까?

① 아니요
② 예

9. 자살을 생각해 본 적이 있습니까?

① 아니요
② 예(얼마나 자주 마시는지 설명하시오) ___________________

* 취업력

1. 현재 직업이 있습니까?

① 아니요
② 예(무슨 일인지 얼마나 해 왔는지 설명하시오)
____

2. 현재 직업이 없다면, 취업하실 의사가 있습니까?

① 아니요 ② 예(분야:)

3. 현재 직업을 바꾸고 싶은 의사가 있습니까?

① 아니요 ② 예(무엇으로:)

4. 취업에 도움이 될 만한 자격증이 있습니까?

5. 과거 취업 경험은 무엇입니까?

* 가족력

1. 부의 직업(직업의 종류)
   모의 직업(직업의 종류)

2. 가족의 경제상태

   ① 상 ② 중 · 상 ③ 중 ④ 중 · 하 ⑤ 하

3. 경제적 문제를 경험한 적이 있습니까?

   ① 아니요
   ② 예(설명하세요)

4. 가족을 어떻게 설명하시겠습니까?

   ① 매우 가깝고 별 큰 문제가 없다.
   ② 가까우나 약간의 문제가 있다.
   ③ 별로 가깝지 않다.
   ④ 매우 불안정하고 많은 문제가 있다(부연설명을 하시오).

5. 가족 중 누구와 가장 가까웠다고 말할 수 있습니까? (   )

6. 가족 간에 술이 문제가 된 적이 있습니까?

   ① 아니요
   ② 예

7. 가족원이 약물을 사용한 적이 있습니까?

   ① 아니요
   ② 예(부연설명을 하시요)
   ____

8. 가족 간에 폭력이 있었습니까?

   ① 아니요
   ② 예(누가 폭력적이었고, 누가 폭력의 희생자였는지 서술하시오)
   ____

9. 가족원 중 신체건강문제로 입원한 적이 있습니까?

① 아니요
② 예(설명하시오)
____

10. 가족원 중 정신건강문제로 입원한 적이 있습니까?

① 아니요
② 예(설명하세요)
____

■ 기 타

생애사에서 가장 중요한 경험은 무엇입니까?

1.
2.
3.

■ 사회복지사 견해:

사회복지사: ______________________

사정 질문지

클라이언트 이름:________________ 날짜:________________

주요문제:____

1. 누가 문제에 관여되어 있는가?(부모, 언니, 친구, 애인, 선배, 상사, 동료)

____

2. 어떻게 관여되어 있는가?

____

3. 클라이언트가 문제에 어떤 의미를 부여하는가?(문제에 대한 클라이언트의 시각인지)

____

4. 언제, 또 어떤 상황에서 문제행동이 일어나는가?(예: 오전 · 오후, 목욕할 때, 식사할 때)

____

5. 어느 장소에서 문제행동이 일어나는가?(예: 집, 학교, 친구와 있을 때)

____

6. 얼마나 자주 문제행동이 일어나는가?(하루 한 번, 항상, 한 달에 한 번)

____

7. 언제부터 문제행동이 있어 왔는가?(예: 초교 때, 중 · 고 · 대학 들어와서, 이번 학기)

____

8. 문제에 대한 클라이언트의 정서적 반응은 어떠한가?

____

9. 클라이언트는 그동안 문제에 어떻게 대처해 왔는가?

____

10. 그동안 해 온 문제대처방식의 문제는 무엇인가?

____

11. 문제를 해결하는 데는 어떤 기술이 필요한가?

____

12. 클라이언트는 어떤 강점과 약점을 갖고 있는가?

____

13. 클라이언트는 어떤 기술을 갖고 있는가?

____

14. 클라이언트가 갖고 있는 내 · 외적인 자원은 무엇인가?

____

15. ① 문제와 관련하여 충족되지 않는 욕구는 무엇인가?

____

② 어떤 요인이 이 욕구충족을 방해하는가?

____

③ 이 욕구충족을 위해 어떤 자원이 필요한가?

____

사회복지사: ______________________

자원조사지

클라이언트 이름:______________ 날짜:______________

주요문제:____

1. 개인 기본 자원

<table>
<tr><td rowspan="8">신체
자원</td><td rowspan="2">건강</td><td>매우 건강</td><td>건강</td><td>보통</td><td>불건강</td><td>매우 불건강</td></tr>
<tr><td colspan="5">내용:</td></tr>
<tr><td rowspan="2">에너지 수준</td><td>매우 높음</td><td>높음</td><td>보통</td><td>낮음</td><td>매우 낮음</td></tr>
<tr><td colspan="5">내용:</td></tr>
<tr><td rowspan="2">식습관</td><td>매우 좋음</td><td>좋음</td><td>보통</td><td>나쁨</td><td>매우 나쁨</td></tr>
<tr><td colspan="5">내용:</td></tr>
<tr><td rowspan="2">기타</td><td>매우 좋음</td><td>좋음</td><td>보통</td><td>나쁨</td><td>매우 나쁨</td></tr>
<tr><td colspan="5">내용:</td></tr>
<tr><td rowspan="10">지적/
인지
능력</td><td rowspan="2">돕는 과정(기관 활동)에
대한 확신</td><td>매우 높음</td><td>높음</td><td>보통</td><td>낮음</td><td>매우 낮음</td></tr>
<tr><td colspan="5">내용:</td></tr>
<tr><td rowspan="2">결과를 명확하게
예상할 수 있는 능력</td><td>매우 우수</td><td>우수</td><td>보통</td><td>미약</td><td>매우 미약</td></tr>
<tr><td colspan="5">내용:</td></tr>
<tr><td rowspan="2">행동원칙에 대한 이해</td><td>매우 높음</td><td>높음</td><td>보통</td><td>낮음</td><td>매우 낮음</td></tr>
<tr><td colspan="5">내용:</td></tr>
<tr><td rowspan="2">합리적 기대 수준</td><td>매우 높음</td><td>높음</td><td>보통</td><td>낮음</td><td>매우 낮음</td></tr>
<tr><td colspan="5">내용:</td></tr>
<tr><td rowspan="2">기타</td><td>매우 우수</td><td>우수</td><td>보통</td><td>미약</td><td>매우 미약</td></tr>
<tr><td colspan="5">내용:</td></tr>
<tr><td rowspan="4">물질</td><td rowspan="2">현재</td><td>매우 많음</td><td>많음</td><td>보통</td><td>적음</td><td>아주 적음</td></tr>
<tr><td colspan="5">내용:</td></tr>
<tr><td rowspan="2">잠재적인 자원</td><td>매우 많음</td><td>많음</td><td>보통</td><td>적음</td><td>아주 적음</td></tr>
<tr><td colspan="5">내용:</td></tr>
<tr><td rowspan="4">동기</td><td rowspan="2">문제해결동기</td><td>매우 높음</td><td>높음</td><td>보통</td><td>낮음</td><td>매우 낮음</td></tr>
<tr><td colspan="5">내용:</td></tr>
<tr><td rowspan="2">문제해결욕구</td><td>매우 높음</td><td>높음</td><td>보통</td><td>낮음</td><td>매우 낮음</td></tr>
<tr><td colspan="5">내용:</td></tr>
</table>

2. 개인기술 관련 자원

<table>
<tr><td rowspan="10">사회
생활
기술</td><td rowspan="2">자기강화기술</td><td>매우 우수</td><td>우수</td><td>보통</td><td>미약</td><td>매우 미약</td></tr>
<tr><td colspan="5">내용:</td></tr>
<tr><td rowspan="2">스트레스대처기술</td><td>매우 우수</td><td>우수</td><td>보통</td><td>미약</td><td>매우 미약</td></tr>
<tr><td colspan="5">내용:</td></tr>
<tr><td rowspan="2">문제해결기술</td><td>매우 우수</td><td>우수</td><td>보통</td><td>미약</td><td>매우 미약</td></tr>
<tr><td colspan="5">내용:</td></tr>
<tr><td rowspan="2">자료수집기술</td><td>매우 우수</td><td>우수</td><td>보통</td><td>미약</td><td>매우 미약</td></tr>
<tr><td colspan="5">내용:</td></tr>
<tr><td rowspan="2">기타</td><td>매우 우수</td><td>우수</td><td>보통</td><td>미약</td><td>매우 미약</td></tr>
<tr><td colspan="5">내용:</td></tr>
<tr><td rowspan="18">대인
관계
기술</td><td rowspan="2">친구 만들기</td><td>매우 우수</td><td>우수</td><td>보통</td><td>미약</td><td>매우 미약</td></tr>
<tr><td colspan="5">내용:</td></tr>
<tr><td rowspan="2">친숙한
관계형성기술</td><td>매우 우수</td><td>우수</td><td>보통</td><td>미약</td><td>매우 미약</td></tr>
<tr><td colspan="5">내용:</td></tr>
<tr><td rowspan="2">갈등해결기술</td><td>매우 우수</td><td>우수</td><td>보통</td><td>미약</td><td>매우 미약</td></tr>
<tr><td colspan="5">내용:</td></tr>
<tr><td rowspan="2">불필요한 갈등대처기술</td><td>매우 우수</td><td>우수</td><td>보통</td><td>미약</td><td>매우 미약</td></tr>
<tr><td colspan="5">내용:</td></tr>
<tr><td rowspan="2">필요한 지지획득기술</td><td>매우 우수</td><td>우수</td><td>보통</td><td>미약</td><td>매우 미약</td></tr>
<tr><td colspan="5">내용:</td></tr>
<tr><td rowspan="2">정보획득기술</td><td>매우 우수</td><td>우수</td><td>보통</td><td>미약</td><td>매우 미약</td></tr>
<tr><td colspan="5">내용:</td></tr>
<tr><td rowspan="2">전문인에게 도움을
청하는 기술</td><td>매우 우수</td><td>우수</td><td>보통</td><td>미약</td><td>매우 미약</td></tr>
<tr><td colspan="5">내용:</td></tr>
<tr><td rowspan="2">서비스 제공자와의
교류기술</td><td>매우 우수</td><td>우수</td><td>보통</td><td>미약</td><td>매우 미약</td></tr>
<tr><td colspan="5">내용:</td></tr>
<tr><td rowspan="2">기타</td><td>매우 우수</td><td>우수</td><td>보통</td><td>미약</td><td>매우 미약</td></tr>
<tr><td colspan="5">내용:</td></tr>
<tr><td rowspan="6">여가
기술</td><td rowspan="2">혼자서</td><td>매우 우수</td><td>우수</td><td>보통</td><td>미약</td><td>매우 미약</td></tr>
<tr><td colspan="5">내용:</td></tr>
<tr><td rowspan="2">다른 사람들과</td><td>매우 우수</td><td>우수</td><td>보통</td><td>미약</td><td>매우 미약</td></tr>
<tr><td colspan="5">내용:</td></tr>
<tr><td rowspan="2">가족들과</td><td>매우 우수</td><td>우수</td><td>보통</td><td>미약</td><td>매우 미약</td></tr>
<tr><td colspan="5">내용:</td></tr>
</table>

3. 개인직업 관련 자원

직업 관련 기술	직업력	매우 우수	우수	보통	미약	매우 미약
		내용:				
	현재의 직업기술	매우 우수	우수	보통	미약	매우 미약
		내용:				
	일에 대한 욕구	매우 높음	높음	보통	낮음	매우 낮음
		내용:				
	일을 갖고자 하는 욕구	매우 높음	높음	보통	낮음	매우 낮음
		내용:				
	기타	매우 우수	우수	보통	미약	매우 미약
		내용:				

4. 가족 자원

	관 계	이 름	자원내용	활용 가능성		
				높음	보통	낮음
가족구성원 및 친척						
개발 가능 가족자원	관 계	이 름	자원내용	높음	보통	낮음

5. 지역사회 자원

내 용		활용 가능성		
		높음	보통	낮음
공식 자원				

내 용		활용 가능성		
		높음	보통	낮음
비공식 자원				

내 용		활용 가능성		
		높음	보통	낮음
개발 가능한 자원				

사회복지사 견해:

사회복지사: ____________________

목표설정 및 계약 기록지

클라이언트 이름:________________ 날짜:________________
문제:____________________________

1. 목 표

2. 세부목표

세부목표 1	
세부목표 2	
세부목표 3	

3. 클라이언트 과업

과업 1	
과업 2	
과업 3	
과업 4	
과업 5	

4. 사회복지사 역할 및 과업

역 할		과 업	
역할 1		과업 1	
역할 2		과업 2	
역할 3		과업 3	

5. 사회복지사 견해

역 할		과 업	
역할 1		과업 1	
역할 2		과업 2	
역할 3		과업 3	

클라이언트: ____________________

사회복지사: ____________________

목표설정 및 계약 기록지

클라이언트 이름:_______________ 날짜:_______________

문제:_________________________

1. 면담목표: ____

2. 면담내용

면담내용	면담내용 분석
사회복지사: 클라이언트:	

3. 면담 총평

4. 면담목표 달성평가

5. 다음 면담계획

사회복지사: _______________

종결보고서

클라이언트 이름:______________ 날짜:______________

1. 주요 문제

2. 상담과정 요약

3. 문제해결

1) 해결된 문제: 2) 남아 있는 문제:

4. 사후관리계획

1) 문제해결 유지를 위한 클라이언트 및 가족의 이용 가능한 자원: 2) 남아 있는 문제를 위한 사후대비계획:

부 록

II

재가대상자 선정기준표

관리번호(1): ______________________ 대상자(2): ______________________ (남. 여/세)

작성일시(3): ______ 년 ______ 월 ______ 일 사례관리자(4): ______________________

영 역	구 분		평가기준	배점기준	평 가 W'er	비 고
주거 상황	주거형태 (30)		자가	5	5	
			전세(2천만 원 초과)	10		
			전세(2천만 원 이하)	15		
			월세(15만 원 초과)	20		보증금 500만 원 이하
			월세(15만 원 이하)	25		
			무료임대(위탁)	30		
	주거환경 (40)	난방기 화장실(10)	난방기, 화장실, 상태 양호	5		
			난방기, 화장실, 상태 취약	10	10	
		부엌 냉장고(10)	부엌, 냉장고 양호	5	5	
		세탁기(10)	세탁기 유	5		
			세탁기 무	10		
		벽지 상태(10)	벽지상태 양호	5	5	
			벽지상태 취약	10		
경제 상황	대상기준 (25)	소득형태 (15)	저소득	5		
			조건부 수급자	10		
			수급자	15	15	
		의료보호 (10)	의료보호(2종)	5		
			의료보호(1종)	10	10	
	수입내역 (총수익/가족 수) (20)		월 41~50만 원	5		
			월 31~40만 원	10		
			월 21~30만 원	15		
			월 10~20만 원	20		

영 역	구 분	평가기준		배점기준	평 가 W"er	비 고
경제상황	생활비 (총수익/가족 수) (20)	월 10~20만 원		5		
		월 21~30만 원		10		
		월 31~40만 원		15		
		월 41~50만 원		20		
부양의무자수 (15)→(7)		부양 의무자 건강 양호		5		
		부양 의무자 건강 취약		10		
		없음		15	15	
건강상태 (15)→(8)		상(거동 가능)		5		노인 건강 평가표 체크
		중(거동 불편)		10		
		하(거동 불가)		15		
사회 · 정서 (50) ↓ (9)	생활상태(15)	동거가족	유	5		
			무	10		
		독거		15	15	
	사회관계망(20)	비공식적 관계망		5		
		공식적 관계망		10		
		비공식적 · 공식적 관계망		15		
		전혀 없음		20		
	정서심리상황(15)	양호		5		
		보통		10	10	
		심각		15		
사회복지사 평가		사회복지사 의견	심각	30		
			보통	20		
			양호	10		
최대점수	245점	총 평점		160		
대상자 우선순위(12)		신규대상자 판정 결과		기존신규대상자 판정 결과		
		□ 긴급대상자(245~205점) ■ 우선대상자(204~164점) □ 일반대상자(164~123점) □ 기타(11점 이하)		□ 지속: 124~145점 (긴급, 우선, 일반) □ 종결: 100점 이하 □ 보류: 121~101점 이하		

재가대상자 선정기준 매뉴얼

[서식-2] 재가대상자 선정기준표 작성방법

(1) 관리번호 대상자의 관리번호를 기록한다.
(2) 대상자 대상자의 이름을 기록한다.
(3) 작성일시 제가대상자의 선정기준표를 작성한 일을 기록한다.
(4) 사례관리자 담당사회복지사의 이름을 기록한다.
(5) 주거상황
① 주거형태: 대상자의 주거형태를 파악한 후 점수를 체크한다.
(자가, 전세, 월세, 무료임대)
② 주거환경
- 난방기, 화장실: 난방기, 화장실의 상태가 양호한지 취약한지를 파악한 후 점수를 체크한다.
- 부엌, 냉장고: 부엌, 냉장고의 상태가 양호한지 취약한지를 파악한 후 점수를 체크한다.
- 세탁기: 세탁기의 유, 무를 파악한 후 점수를 체크한다.
- 벽지상태: 벽지상태가 양호한지 취약한지 파악한 후 점수를 체크한다.
(6) 경제상황
① 대상기준
- 소득형태: 저소득, 조건부, 수급자 등 대상자에 해당하는 사항에 점수를 체크한다.
② 주의료보호: 대상자의 의료보호가 1종인지 2종인지 해당하는 사항에 점수를 체크한다.
- 수입내역: 대상자의 총수입에 대해 해당하는 사항에 점수를 체크한다.
- 생활비: 대상자의 총지출에 대해 해당하는 사항에 점수를 체크한다.
(7) 부양의무자
대상자의 부양의무자의 건강상태가 양호한지, 취약한지, 없는지에 대해 해당하는 사항에 점수를 체크한다.
(8) 건강상태 대상자의 거동 여부를 파악한 후 해당하는 사항에 점수를 체크한다.
(9) 사회정서
- 생활상태: 대상자의 동거가족 능력 유, 무 및 독거인지 파악한 후 해당하는 점수를 체크한다.
- 사회관계망: 대상자의 비공식적 · 공식적 관계망을 차악한 후 해당하는 점수를 체크한다.
(10) 사회복지사의 평가
사회복지사의 의견: 재가대상자의 선정기준표를 작성하고 그에 대해 판단하여 점수를 체크한다.
(11) 총 평점 각 항목에 체크한 점수를 합한 점수다.
(12) 대상자
- 우선순위-신규대상자 판정 결과: 총 평점을 기준으로 체크한다.
- 기존 신규대상자 판정 결과: 기존 대상자 재사정 후 서비스 여부를 체크한다.

건강평가표

<table>
<tr><td>대상자명(1)</td><td colspan="2">임○○ (■남 □여 / 세)</td><td colspan="2">대상자번호(2)</td><td>○○-○○</td></tr>
<tr><td>주민번호(3)</td><td colspan="2">○○○○○○-○○○○○○○</td><td>의료수혜(4)</td><td colspan="2">□의료보험
■의료보호 ■1종 □2종</td></tr>
<tr><td colspan="6">건강상태 평가</td></tr>
<tr><td colspan="2">상</td><td colspan="2">중</td><td colspan="2">하</td></tr>
<tr><td colspan="2">□ 양호</td><td colspan="2">■ 보통</td><td colspan="2">□ 불량</td></tr>
<tr><td colspan="6">일반적인 건강상태(6)
- 시력: 정상( ) 비정상(V) - 안경착용 유, 무
- 청력: 정상(V) 비정상( ) - 보청기 착용 유, 무
- 의사소통: 원만(V) 곤란( ) 불가능( ) 언어장애( )
- 정서상태: 안정(V) 불안( ) 우울( ) 분노( )
- 음주: 가끔 반주 삼아 드심 - 흡연: 하루 반 갑(10개피)
- 수면장애: X - 현재 복용하는 약물: X</td></tr>
<tr><td colspan="6">사용하는 보조기구(없음, 있음)
□지팡이 □의치 □워커 □보조기 □이동식변기 □보청기 □휠체어 □기타</td></tr>
<tr><td colspan="6">현재의 질병(8)
□심장질환 □뇌혈관질환 □신장 및 전립선 장애 □갑상선 장애 □알레르기 □녹내장
□백내장 □당뇨 □결핵 □천식 □고혈압 □암 □간질 □간질환 □위궤양
□낙상 또는 골절 □류마티스성 관절염 또는 골관절염 ■기타</td></tr>
<tr><td colspan="4">일상생활 능력</td><td>총 점</td><td>31</td></tr>
<tr><td>문 항</td><td>매우 어려움
(5점)</td><td>약간 어려움
(4점)</td><td>약간 쉬움
(3점)</td><td>약간 쉬움
(3점)</td><td>합계</td></tr>
<tr><td>1. 식사하기</td><td></td><td>V</td><td></td><td></td><td>4</td></tr>
<tr><td>2. 침대나 의자에 앉았다 일어나기</td><td></td><td></td><td>V</td><td></td><td>3</td></tr>
<tr><td>3. 얼굴과 손 씻기</td><td></td><td></td><td>V</td><td></td><td>3</td></tr>
<tr><td>4. 화장실 사용하기</td><td></td><td></td><td>V</td><td></td><td>3</td></tr>
<tr><td>5. 목욕하기</td><td></td><td></td><td>V</td><td></td><td>3</td></tr>
<tr><td>6. 집안에서 왔다 갔다 하기</td><td></td><td></td><td>V</td><td></td><td>3</td></tr>
<tr><td>7. 층계 오르기</td><td></td><td></td><td>V</td><td></td><td>3</td></tr>
<tr><td>8. 옷 갈아입기</td><td></td><td></td><td>V</td><td></td><td>3</td></tr>
<tr><td>9. 소변 조절하기</td><td></td><td></td><td>V</td><td></td><td>3</td></tr>
<tr><td>10. 대변 조절하기</td><td></td><td></td><td>V</td><td></td><td>3</td></tr>
<tr><td colspan="6">담당자 의견(10)
오른쪽 눈에 인공안구를 착용하고 계셔서 시각장애 6급 판정을 받으셨고, 척추 뼈가 튀어나와 허리 통증을 호소하셨지만 대체적으로 보장구 없이 거동을 하심</td></tr>
<tr><td colspan="6">작성일(11): 2○○○년 ○월 ○일
작성자(12): ○○○(인)</td></tr>
</table>

건강평가표 매뉴얼

[서식-3] 건강평가표 작성법

(1) 대상자명　　대상의 이름을 기록한다.

(2) 대상자 번호　대상자의 관리번호를 기록한다.

(3) 주민번호　　대상자의 주민등록번호를 기록한다.

(4) 의료수혜　　의료보험인지 의료보호인지 파악한 후 체크한다.

(5) 건강상태 평가 일상생활 능력을 기준으로 대상자의 건강상태를 파악한 후 체크한다.

(6) 일반적인 건강상태

- 시력: 시력의 이상 유, 무를 파악하여 체크한다.
- 청력: 청력의 이상 유, 무를 파악한다.
- 의사소통: 다른 사람과의 의사소통을 파악하여 체크한다.
- 정서상태: 대상자의 현재 및 정서상태를 파악하여 기록한다.
- 음주: 대상자의 음주 여부 및 주량을 파악하여 기록한다.
- 흡연: 대상자의 흡연 및 흡연량을 파악하여 기록한다.
- 현재 복용 중인 약물: 대상자가 현재 복용하고 있는 약을 파악하여 기록한다.

(7) 사용하는 보조기구

- 없음: 대상자가 사용하는 보조기구가 없을 경우를 체크한다.
- 있음: 대상자가 사용하는 보조기구가 있을 경우를 체크한다.
  (지팡이, 의치, 워커, 보조기, 이동식 변기, 보청기, 휠체어, 기타)

(8) 현재의 질병

대상자가 앓고 있는 질병을 체크한다.

(심장질환, 뇌혈관질환, 신장 및 전립선 장애, 갑상선 장애, 알레르기 녹내장, 백내장, 당뇨, 결핵, 천식, 고혈압, 암, 간질, 간질환, 위궤양, 낙상 또는 골절, 류마티스성 관절염 또는 골관절염, 기타)

(9) 일상생활수행 능력 대상자가 일상생활을 하면서 느끼는 정도를 파악하여 체크한다.

(식사하기, 침대나 의자에서 앉았다 일어나기, 얼굴과 손 씻기, 화장실 사용하기, 목욕하기, 집 안에서 왔다갔다하기, 층계 오르기, 옷 갈아입기, 소변 조절하기, 대변 조절)

(10) 의견 대상자의 건강에 대해 담당 사회복지사의 의견을 기록한다.

(11) 작성일 건강평가표를 작성한 날짜를 기록한다.

(12) 담당사회복지사의 이름을 기록한다.

정신장애인 대상 욕구 사정표

욕구 영역		사정 항목
1	소득	- 소득과 출처 - 사회보험 및 공적부조 수급 여부 - 주요 부양자
2	주택	- 주거소유형태(전월세, 자가, 친척집 등) - 주거설비구조(양옥, 한옥, 화장실 형태, 층수, 방수 등) - 난방 습도 등 - 주거의 불편사항
3	고용, 직업	- 현재 직업 및 직종 - 이전 직업 경험 - 직업소득 - 취업 혹은 이직 욕구 - 직업 관련 계획
4	건강	- 현재의 질병상태 - 과거병력 - 건강에 관한 자기 인식 - 건강관리 방법
5	정신건강	- 정신질환여부 - 음주문제 - 정서상태 및 성격
6	사회활동	- 가족 및 대인관계 - 지역사회 활동
7	여가활동	- 여가활동 기회 - 여가활동 종류 - 희망여가활동
8	일상활동	- 자기관리(세면, 목욕, 옷 입기 등) - 음식준비 - 주거관리
9	이동수단	- 거동상태 - 교통수단
10	법률	- 법적인 보호나 상담욕구
11	교육	- 교육수준 - 교육 욕구 및 욕구 분야

일상생활 기능 사정표

영 역	항 목	1 독립적으로 가능	2 조언만으로 충분	3 약간의 도움이 필요	4 많은 도움이 필요	5 전적으로 의존
자기관리	목욕					
	머리손질					
	면도					
	양치					
	세탁					
	의복관리					
음식준비	장보기					
	음식물 만들기					
주거관리	집안청소					
	건물보수					
	잠자리 정돈					

한국판 간이 정신상태 검사

구 분			구 분	점 수
지남력	1	시간	오늘은 몇 년입니까?	(1)점
	1		오늘은 몇 월입니까?	(1)점
	1		오늘은 며칠입니까?	(1)점
	1		오늘은 무슨 요일입니까?	(1)점
	1		요즈음은 어떤 계절입니까?	(1)점
	1	장소	당신은 어떤 나라에 살고 있습니까?	(1)점
	1		당신은 어떤 도시에 살고 있습니까?	(1)점
	1		당신이 있는 곳은 무엇을 하는 곳입니까?	(1)점
	1		여기가 어디입니까?	(1)점
	1		여기가 몇 층입니까?	(1)점
기억력	3	기억등록	세 가지 물건 즉시 암기 (나무, 자동차, 모자)	(1)점
주의집중 및 계산	3	기억회상	5분 후 아까 말한 단어 세 가지를 말해 보세요.	(2)점
언어기능과 시공간 구성 능력	5	수리력	100에서 7씩 계속해서 뺄셈을 하세요. 또는 '삼천리강산'을 거꾸로 말해보세요.	(1)점
	2	이름대시	연필, 시계	(2)점
	3	3단계 명령	제가 지금 말씀드리는 것을 잘 들으시고 말씀드린 대로 잘 해보세요. 오른손으로 종이를 들어서 반으로 접어 무릎 위에 올려놓으세요.	(3)점
	1	따라 말하기	'간장 공장 공장장' 따라 하기	(1)점
	1	겹쳐진 오각형 복사 그리기	오각형 2개 그리기	(1)점
이해 및 판단 능력	1	이해	옷은 왜 빨아 입습니까?	(1)점
	1	판단	길에서 주민등록증을 주웠을 때 어떻게 하면 주인에게 쉽게 돌려줄 수 있습니까?	(1)점
전체 점수	(24)점		치매 정도	■ 24점 이상 정상 □ 20~23점 치매 위험 □ 19점 이하 치매

한국판 노인 우울증 척도지

<table>
<tr><td rowspan="32">정신장애
우울증</td><td colspan="3">질 문</td><td>예</td><td>아니요</td></tr>
<tr><td colspan="3">1. 쓸데없는 생각들이 자꾸 떠올라 괴롭다.</td><td></td><td></td></tr>
<tr><td colspan="3">2. 아무것도 할 수 없을 것처럼 무기력할 때가 있다.</td><td></td><td></td></tr>
<tr><td colspan="3">3. 안절부절하고 초조할 때가 자주 있다.</td><td></td><td></td></tr>
<tr><td colspan="3">4. 밖에 나가기보다는 주로 집에 있으려 한다.</td><td></td><td></td></tr>
<tr><td colspan="3">5. 앞날에 대해 걱정할 때가 많다.</td><td></td><td></td></tr>
<tr><td colspan="3">6. 지금 내가 살아 있다는 것이 참 기쁘다.</td><td></td><td></td></tr>
<tr><td colspan="3">7. 인생은 즐거운 것이다.</td><td></td><td></td></tr>
<tr><td colspan="3">8. 아침에 기분 좋게 일어난다.</td><td></td><td></td></tr>
<tr><td colspan="3">9. 예전처럼 정신이 맑다.</td><td></td><td></td></tr>
<tr><td colspan="3">10. 건강에 대해서 걱정하는 일이 많다.</td><td></td><td></td></tr>
<tr><td colspan="3">11. 내 판단력은 여전히 좋다.</td><td></td><td></td></tr>
<tr><td colspan="3">12. 내 나이의 다른 사람들 못지않게 건강하다.</td><td></td><td></td></tr>
<tr><td colspan="3">13. 사람들과 잘 어울린다.</td><td></td><td></td></tr>
<tr><td colspan="3">14. 정말 자신이 없다.</td><td></td><td></td></tr>
<tr><td colspan="3">15. 즐겁고 행복하다.</td><td></td><td></td></tr>
<tr><td colspan="3">16. 내 기억력은 괜찮은 것 같다.</td><td></td><td></td></tr>
<tr><td colspan="3">17. 미쳐버리지나 않을까 걱정된다.</td><td></td><td></td></tr>
<tr><td colspan="3">18. 별일 없이 얼굴이 화끈거리고 진땀이 날 때가 있다.</td><td></td><td></td></tr>
<tr><td colspan="3">19. 농담을 들어도 재미가 없다.</td><td></td><td></td></tr>
<tr><td colspan="3">20. 예전에 좋아하던 일들을 여전히 즐긴다.</td><td></td><td></td></tr>
<tr><td colspan="3">21. 기분이 좋은 편이다.</td><td></td><td></td></tr>
<tr><td colspan="3">22. 앞날에 대해 희망적으로 느낀다.</td><td></td><td></td></tr>
<tr><td colspan="3">23. 사람들이 나를 싫어한다고 느낀다.</td><td></td><td></td></tr>
<tr><td colspan="3">24. 나의 잘못에 대하여 항상 나 자신을 탓한다.</td><td></td><td></td></tr>
<tr><td colspan="3">25. 전보다 화가 나고 짜증이 날 때가 많다.</td><td></td><td></td></tr>
<tr><td colspan="3">26. 전보다 내 모습(용모)이 추해졌다고 생각한다.</td><td></td><td></td></tr>
<tr><td colspan="3">27. 어떤 일을 시작하려면 예전보다 힘이 많이 든다.</td><td></td><td></td></tr>
<tr><td colspan="3">28. 무슨 일을 하든지 곧 피곤해진다.</td><td></td><td></td></tr>
<tr><td colspan="3">29. 요즈음 몸무게가 많이 줄었다.</td><td></td><td></td></tr>
<tr><td colspan="3">30. 이성에 대해 여전히 관심이 있다.</td><td></td><td></td></tr>
<tr><td>총 계</td><td>(12)점</td><td>우울증 정도</td><td colspan="2">■ 0~13점 정상 □ 14 ~18점 경증
□ 19~21증 중증 □ 22~30증 최중</td></tr>
<tr><td>우울증
진단</td><td colspan="5"></td></tr>
</table>

부 록

III

1. 맥매스터의 가족사정 척도

(1) 척도구성

FAD의 원문항은 총 53문항(Epstein, Bishop, Ryne, Miller, & Keitner, 1993)이지만 한국의 문화적 특성을 고려해 수정된 단축형 34문항(정수경, 1993)이 주로 사용된다. 단축형의 각 하위 영역에 해당하는 문항은 다음과 같다.

- 문제해결 문항: 14, 22, 34
- 의사소통 문항: 2, 10, 25, 33
- 가족역할 문항: 8, 13, 20, 27, 30
- 정서적 반응성 문항: 5, 11, 18, 23
- 정서적 관여 문항: 15, 17, 19, 21, 24, 31
- 행동통제 문항: 4, 9, 17, 26, 28
- 가족의 일반적 기능 문항: 1, 3, 6, 12, 16, 29, 32

각 항목의 점수를 합하고, 건강하지 않은 기능을 기술하는 문항은 역으로 채점하여 합산한다. 총점이 높을수록 가족기능이 건강한 것이다.

(2) 척도내용

〈표 1〉 **FAD의 척도**

FAD(Family Assessment Device)

* 다음은 귀하의 가족을 나타낸 질문입니다. 해당하는 곳에 표시해 주시기 바랍니다.

매우 그렇다	그런 편이다	그렇지 않다	전혀 그렇지 않다
1	2	3	4

우리 가족은

1. 서로를 잘 이해하지 못하기 때문에 우리가 해야 할 일을 계획하지 못한다——(　)
2. 누군가가 기분이 나쁘면 왜 그런지 안다———(　)*
3. 위기가 닥치면 서로에게 도와달라고 부탁할 수 있다——(　)*
4. 갑자기 큰일을 맞게 되면 어찌할 바를 모른다———(　)
5. 서로에 대한 애정표현을 하지 않으려고 한다——(　)
6. 슬픈 일이 있어도 서로에게 그런 얘기를 하지 않는다———(　)
7. 자신에게 중요한 일일 때만 서로에게 관심을 가진다——(　)
8. 집에서 할 일이 충분히 나뉘어 있지 않다———(　)
9. 규칙을 어겨도 그냥 지나간다——(　)
10. 빗대서 말하기보다는 직접 솔직하게 이야기한다———(　)*
11. 감정적으로 반응하지 않는 식구들이 있다——(　)
12. 우리가 두려워하는 일이나 걱정에 대해 이야기하기를 꺼린다———(　)
13. 각자의 역할을 다하지 못한다——(　)
14. 집단문제를 해결하려고 애쓴 후에 그것이 잘되었는지 아닌지에 대해 이야기하곤 한다——(　)*
15. 지나치게 자기중심적이다——(　)*
16. 서로에게 감정을 표현할 수가 있다———(　)*
17. 화장실을 사용하는 방식이 정해져 있지 않다———(　)
18. 서로에 대한 사랑을 표현하지 않는다———(　)
19. 우리에게 관계있는 일에만 서로 관여하게 된다———(　)
20. 식구들이 개인적인 관심사를 알아볼 시간이 별로 없다 ———(　)
21. 개인적으로 얻는 것이 있다고 생각할 때 서로에게 관심을 보인다———(　)
22. (나쁜) 감정문제가 나타나면 거의 풀고 지나간다———(　)*
23. 다정다감한 편은 아니다———(　)
24. 어떤 이득이 있을 때만 서로에게 관심을 보인다———(　)

25. 서로에게 솔직하다——(　　)*
26. 어떤 규칙이나 기준을 고집하지 않는다———(　　)
27. 어떤 일을 부탁하고 나서 나중에 다시 일러 줘야 한다——(　　)
28. 집에서 지켜야 할 약속들을 어기면 어떻게 되는건지 모른다———(　　)
29. 함께 있으면 잘 지내지 못한다——(　　)
30. 가족으로서 각자가 해야 할 일에 대해 불만을 가지고 있다——(　　)
31. 비록 좋자고 하는 것이지만 서로의 생활에 너무 많이 개입한다——(　　)
32. 서로를 믿는다——(　　)*
33. 누가 해 놓은 일이 마음에 들지 않으면 그 사람에게 말한다——(　　)*
34. 문제를 해결하려고 할 때 여러 가지 방법을 생각해 본다——(　　)*

*은 역채점 문항/점수가 높을수록 가족기능이 좋은 것임

*출처: 정수경(1993).

2. 가족강점 척도

1 거의 전혀	2 가끔 한 번씩	3 때때로	4 빈번하게	5 거의 항상

( ) 1. 우리 가족은 서로를 위해 좋은 일을 한다.
( ) 2. 우리 가족은 느끼는 대로 말할 수 있다.
( ) 3. 우리는 가족을 자랑스러워한다.
( ) 4. 문제가 있을 때 자녀의 제안도 환영받는다.
( ) 5. 우리 가족은 필요 시 도움을 요청할 수 있는 친구와 친척이 있다.
( ) 6. 우리는 서로에게 관심이 있다는 사실을 표현한다.
( ) 7. 우리는 서로의 이야기를 경청한다.
( ) 8. 우리는 가족으로서 함께 뭉친다.
( ) 9. 우리 가족은 유사한 가치와 신념을 가진다.
( ) 10. 우리 가족은 지역사회 혹은 종교집단 및 활동에 참여한다.
( ) 11. 나는 우리가 가족으로서 친밀한 것에 대해 행복하다.
( ) 12. 우리는 서로에 대한 감정을 이해하는 것이 중요하다고 믿는다.
( ) 13. 우리는 가족 전통을 가지고 있고 이를 지켜 나간다.
( ) 14. 자녀는 규칙과 훈육에 대한 의견을 말할 수 있다.
( ) 15. 문제가 있을 때, 우리는 동일한 문제에 직면한 다른 가족에게 기꺼이 도움을 요청할 의사가 있다.
( ) 16. 우리는 가족 내 타인이 어떻게 느끼는지에 대해 관심을 쏟는다.
( ) 17. 우리는 논쟁하지 않으면서 문제에 대해 이야기할 수 있다.
( ) 18. 우리는 우리 가족의 역사에 대해 자랑스러워한다.
( ) 19. 집안일은 가족에게 공정하게 나눈다.
( ) 20. 우리 가족은 필요할 때 외부의 전문적 도움을 얻을 의사가 있다.
( ) 21. 우리는 서로를 존중한다.
( ) 22. 우리는 함께 이야기 나누는 것을 즐거워한다.
( ) 23. 가족원은 서로에게 충성심을 느낀다.
( ) 24. 주요한 가족문제를 결정할 때 각 가족원은 의견을 표명할 기회를 가진다.
( ) 25. 떨어져 사는 가족원과 접촉을 유지하고 있다.

개별적 강점 점수표	
가족 돌봄	1, 6, 11, 16, 21번 문항의 총점 ( )
의사소통	2, 7, 12, 17, 22번 문항의 총점 ( )
가족 자부심	3, 8, 13, 18, 23번 문항의 총점 ( )
가족 결속감	4, 9, 14, 19, 24번 문항의 총점 ( )
지역사회 및 가족유대	5, 10, 15, 20, 25번 문항의 총점 ( )

*출처: 이원숙(2004: 125-126)

3. 가족사정 틀

〈표 3〉 **가족사정을 위한 틀**

1. 기본 정보
   1) 가계도
      ① 3세대 간의 관계 형성: 배우자, 부모, 자녀, 조부모
      ② 형제순위, 사망, 별거, 이혼 등을 포함한 여러 가지 변화
      ③ 가족원의 관계(밀착, 소원, 단절)
   2) 가족원의 배경
      연령, 성(性), 교육, 직업, 종교, 취미 및 여가활동, 스트레스, 가족의 위기, 죽음
   3) 각 가족원의 병력, 정신병력, 법력
      주요 정신질환(정신분열증. 조울병)의 유무, 우울, 자살, 도박,
      알코올 또는 약물복용 남용, 사고, 법적 소송문제

2. 현재의 문제
   1) 가족과 관계된 최근의 호소문제, 갈등, 증상문제 파악
   2) 발생 요인이나 환경, 문제의 변화상황 기술
   3) 가족이 과거의 문제를 해결하기 위해 시도했던 방법
   4) 가족의 치료목표 및 가족들의 기대, 치료 동기 여부

3. 가족의 문화적 배경
   1) 결혼: 부부의 결혼과정, 결혼동기, 부모들의 기대
   2) 세대
      ① 핵가족(부부, 미혼자녀)
      ② 직계가족(부부, 부모, 미혼자녀)
      ③ 확대가족(부부, 부모, 부부의 결혼한 형제 및 그들의 자녀)
   3) 가족의 권위와 힘, 의사결정권
      ① 가부장(부계): 아버지 또는 할아버지
      ② 모계: 어머니 또는 할머니
      ③ 양성평등주의
      ④ 민주주의
   4) 가족의 가치/믿음/태도
      ① 도덕적, 윤리적 태도, 남녀에 대한 태도
      ② 종교, 가족계획, 유산, 가족 크기, 형제순위 등에 대한 태도
      ③ 생활철학, 자녀양육에 대한 가치
      ④ 배우자, 부모, 형제, 자녀에 대한 역할 기대
      ⑤ 노후에 대한 생각
      ⑥ 세대 차이
   5) 가족의 의식
      ① 가족의 행사: 생일, 결혼, 기념일, 회갑, 고희 등

② 가족 전통: 제사, 명절, 직업, 가훈
③ 가족의 일상에서 상호작용 방식(인사 나누기, 식사시간, 여가활동)

4. 가족주기의 특성

1) 가족주기의 단계
① 결혼 형성기
② 자녀양육기(아동기)
③ 자녀 청소년기
④ 자녀 독립기(대학생, 직장)
⑤ 자녀 결혼기
⑥ 부부의 노년기

2) 가족 발달상 변화
① 별거/이혼의 경력
② 한부모가족
③ 재혼가족, 혼합가족

5. 최근 가족 기능

1) 경제력
① 사회적 지지망(친인척, 종교, 친구집단, 여가집단)
② 가족의 사회화, 오락, 공동 취미, 여가 활용
③ 가족 업무 및 역할 분담
④ 가족의 기능: 경제력, 의사결정권, 의사소통방식, 애정 표현, 역할, 양육방식

6. 가족의 상호작용 기능(가족의 정신상태)

1) 경계
① 가족들 간의 규칙과 규범
② 명료-애매 모호
③ 폐쇄적-개방적
④ 경계의 투과성 여부
⑤ 침해 정도

2) 연합: 가족들 간의 결합 유무 및 정도, 삼각관계

3) 결속: 가족원 간의 감정적 · 심리적 거리

4) 세력/조절
① 권위적, 방종적, 민주적
② 완고-융통성
③ 세력의 표현: 은연중 명료히
④ 강약 세력의 결여

5) 의사소통
① 가족들 간의 감정과 사고의 상호작용 활발/경직
② 명료/혼돈스러움 의사소통

③ 방법: 직접적인가 / 간접적인가(누가 누구를 통해 말한다)
④ 일치성 정도: 말과 행동의 일치, 언어적 의사소통과 비언어적 의사소통의 일치 정도
⑤ 의사소통방식: 비난적(상대방 비난), 회유적(참고 억압)
초이성적(감정 없고 논리적), 산만적(조리가 없고 횡설수설)
일치적(말과 행동, 말과 의도, 언어적 · 비언어적 일치)

6) 반응: 공감적/비공감적
7) 책임감: 책임감/책임감 부족
8) 목적 지향적 타협과 조정 능력: 효율적/비효율적

7. 가족관계

1) 부부관계: 의사결정권이나 대화방식: 상호 보완적(결정에 순종적)
대칭적(의사결정권에 평등적)
갈등 대립적(싸움이 많다)
정서적으로 분리적

2) 부모-자녀 관계: 자녀 주도형/부모 주도형/상호작용적인 민주적,
통제적/허용적, 관심적/방임적, 칭찬적/처벌적
3) 형제관계: 경쟁적, 협조적, 친밀적, 거리감

8. 정서적인 상호작용

1) 감정표현: 개방적/직접적, 제한적(경직)/간접적
2) 분위기: 친숙-서먹서먹(어색함)
온정적 유쾌한-분노/적개함/냉소적
낙관적/유모적-비관적

9. 역할 구분

1) 명확한-혼돈된-불명확한
2) 고정적-융통적
3) 적절한-부적절한
4) 조화된-상호 보완적

10. 가족 스트레스/문제

1) 문제의 종류
① 일상생활 속의 문제
② 매일 집안일
③ 재정적 스트레스
④ 임신/출산
⑤ 자녀양육
⑥ 부모/10대 관계
⑦ 연애/결혼
⑧ 확대가족

⑨ 가족 위기(실직, 외도, 결혼, 가족원의 죽음)
⑩ 일(work)
⑪ 수험생 자녀(중학생 3, 고등학생 3, 재수생 등)
⑫ 예정에 없는 사건/상황
⑬ 사회문화적 요인

2) 스트레스의 본질
① 문제 발단의 시점과 역동성
② 문제/스트레스에 대한 가족의 지각 정도
③ 위기에 대처할 만한 자원

11. 문제해결 양상

1) 문제해결을 위한 사용할 수 있는 대처유형
① 타협과 절충 가능
② 적극적으로 문제해결함
③ 사회적인 지지 구함
④ 정신적인(또는 영적) 지지 찾음
⑤ 재구성함(문제를 대처하기 위한 문제를 다시 구성)

2) 역기능적 대처방식
① 갈등 회피
② 희생양 됨
③ 상반된 감정으로 마비상태
④ 극단적인 복종(순종)
⑤ 극단적인 권위주의

3) 적응(문제해결을 하기 위해 가족이 융통성 있게 변화해 가는 방법)

12. 가족의 강점

① 각자에 대한 관심과 서로 서로에 대한 관심과 기대
② 가족과의 약속 및 건의
③ 가족에 대한 긍지와 충성심
④ 긍정적인 가치 및 믿음
⑤ 외부 자원의 활용, 종교

13. 가족문제의 본질과 역동적 핵심

① 부부의 결혼생활에 대한 만족도
② 가족원들이 가족생활이나 대한 만족도
③ 가족문제의 본질과 역동성을 요약하는 포괄적이고 통합적인 기술

찾아보기

인 명

저자 소개

김혜숙

독일 퀼른대학교 사회복지학과 학사
독일 퀼른대학교 대학원 사회복지학과 석사(Diplom, Heilpaed.)
독일 퀼른대학교 교육대학원 교육학 박사(교육과 상담 전공)
현 백석대학교 사회복지학부 교수
　마인드웰심리상담센터 공동소장

주요 저서

상담이론과 실제(공저, 파란마음, 2007)
가족치료 이론과 기법(2판, 학지사, 2008)
이혼상담과 이혼법(공저, 학지사, 2008)
가족상담 및 치료(공저, 신정, 2012) 등 다수

나임순

이화여자대학교 영어영문학과 학사
가톨릭대학교 대학원 사회복지학 석사
숭실대학교 대학원 사회복지학 박사
현 백석대학교 사회복지학부 교수

주요 저서

노인케어의 이해와 실천기술(서울특별시사회복지협의회, 2005)
사회복지개론(공저, 신정, 2010)
사회복지실천론(공저, 양서원, 2011) 등 다수

김현경

연세대학교 영문학과 학사
숭실대학교 대학원 사회복지학과 석사
이화여자대학교 대학원 사회복지학과 박사
현 호원대학교 사회복지학과 교수

주요 논문

북한이탈주민의 결혼행복감에 관한 연구(사회과학연구, 2012)
탄력성(resilience) 관점에서 조명한 북한이탈여성의 생애 연구: 북한과 중국에서의 생활을 중심으로(젠더와 문화, 2011)
범죄피해자의 심리적 외상(psychological trauma) 이후 용서 체험(한국사회복지질적연구, 2011) 등 다수

사회복지실천기술론

2013년 3월 25일 1판 1쇄 발행
2018년 1월 25일 1판 5쇄 발행

지은이 • 김혜숙 · 나임순 · 김현경

펴낸이 • 김 진 환

펴낸곳 • (주) 학지사

04031 서울특별시 마포구 양화로 15길 20 마인드월드빌딩 5층

대표전화 • 02) 330-5114 팩스 • 02) 324-2345

등록번호 • 제313-2006-000265호

홈페이지 • http://www.hakjisa.co.kr
페이스북 • https://www.facebook.com/hakjisabook

ISBN 978-89-997-0049-1 93330

정가 19,000원

저자와의 협약으로 인지는 생략합니다.
파본은 구입처에서 교환하여 드립니다.